Hans-Lothar Merten

Standortverlagerung

Hans-Lothar Merten

Standortverlagerung

Durch Brückenschlag ins Ausland
Steuern und Kosten sparen

Mit zahlreichen Checklisten
und aktuellen Länderinformationen

GABLER

FINANCIAL TIMES
DEUTSCHLAND

Bibliografische Information Der Deutschen Bibliothek
Die Deutsche Bibliothek verzeichnet diese Publikation in der Deutschen Nationalbibliografie; detaillierte bibliografische Daten sind im Internet über <http://dnb.ddb.de> abrufbar.

1. Auflage Juni 2004

Lektorat: Maria Akhavan-Hezavei

Der Gabler Verlag ist ein Unternehmen von Springer Science+Business Media.
www.gabler.de

Umschlaggestaltung: Nina Faber de.sign, Wiesbaden
Druck und buchbinderische Verarbeitung: Wilhelm & Adam, Heusenstamm
Gedruckt auf säurefreiem und chlorfrei gebleichtem Papier
Printed in Germany

ISBN 3-409-12579-5

Geleitwort

Planungssicherheit bei Investitionsentscheidungen ist ein wichtiger Entscheidungsfaktor – mehr als nur niedrige nominale Steuersätze. Waren die Steuersätze in Deutschland im internationalen Vergleich schon hoch, so konnte man doch lange in Deutschland einen Hort der Konstanz mit stabilen steuerlichen Rahmenbedingungen sehen, was diesen Nachteil ausglich. Doch seit einigen Legislaturperioden vergeht kein Jahr mit immer neuen „Steuerreformen". Von Reformen im Arbeits- und Tarifrecht ganz zu schweigen.

Teilweise wird im Steuerrecht mit der Senkung der Steuersätze die richtige Richtung eingeschlagen, andererseits fördert die aktuelle Gesetzgebung zusätzliche Steuerbelastungen für Privatpersonen und die Unternehmen zu Tage. Jüngstes Beispiel im Bereich der Unternehmenssteuern ist § 8a KStG, der Vergütungen für Fremdkapital (Darlehenszinsen) in bestimmten Fällen als verdeckte Gewinnausschüttung an den Gesellschafter einer Kapitalgesellschaft fingiert und so die Freiheit der Wahl der Finanzierungsmöglichkeit durch den Investor einschränkt. Auch die Beschränkung der Nutzung von Verlustvorträgen sowohl für Privatleute wie auch Unternehmen und die permanente Diskussion um die Verschärfung der Erbschafts- bzw. Schenkungssteuer oder gar die Wiedereinführung der Vermögenssteuer schafft eine bisher nie da gewesene Rechtsunsicherheit. Sind hierin noch Anreize zu Investitionen in Deutschland zu sehen?

Eher das Gegenteil kommt zum Tragen, Produktions- und Unternehmensverlagerungen, aber auch der Wegzug von Privatpersonen sind an der Tagesordnung. Die sicher begrüßenswerte EU-Osterweiterung wird diese Effekte noch verstärken. Schließlich bedeutet für viele kleine und große Unternehmen, aber auch Privatleute, die Steuerbelastung eine existenzielle Herausforderung. Allein im Jahr 2002 wurden durch Privatpersonen hunderte von Millionen Euro in „Steuersparmodelle" investiert. Und auch große Unternehmen versuchen die ihnen gegebenen Möglichkeiten auszuschöpfen.

Doch beim „Steuersparen" kann man vieles richtig und alles falsch machen.

Dies ist auch kein Wunder, da auf der einen Seite die steuerrechtlichen Vorgaben immer komplexer werden, andererseits aber eine Vielzahl von ausländischen Staaten ein steuergünstiges Klima gerade auch für Deutsche schaffen, um ihr Land im Wettbewerb der Standorte zu positionieren. So kann es nicht verwundern, dass einzelne Staaten immer wieder versucht haben, ihren „Wegzüglern" steuerliche Fallstricke in den Weg zu legen.

In Deutschland wird hierzu das Außensteuergesetz genutzt, das beispielsweise bei einem Wohnsitzwechsel ins Ausland eine fiktive Besteuerung der in wesentlichen Beteiligungen (mindestens ein Prozent) an Kapitalgesellschaften vorhandenen stillen Reserven auslöst. Dies bedeutet Steuern für einen Veräußerungsgewinn zu zahlen, obwohl eine Veräußerung gar nicht stattgefunden hat, der Wegzügler also auch keinen Veräußerungspreis zur Bezahlung der Steuer erhalten hat.

Glücklicherweise sahen die EuGH-Richter in der französischen Regelung zur Wegzugsbesteuerung, die der Regelung des deutschen Außensteuergesetzes mehr als ähnlich ist, einen Verstoß gegen das europäische Grundrecht auf Niederlassungsfreiheit. Nach einer Meldung des Handelsblattes vom 29.04.2004 wird Bundesfinanzminister Eichel sich voraussichtlich einer Aufforderung der EU-Kommission beugen und die Wegzugsteuer abschaffen, um nicht auch vor dem Europäischem Gerichtshof verklagt zu werden. Das Bundesfinanzministerium geht davon aus, dass das o. g. EuGH-Urteil im Fall du Saillant de facto alle Wegzugsteuern, auch die für Unternehmen, innerhalb der EU kippt.

Gegenüber Drittländern, wie der Schweiz, wird sich aber vermutlich trotz Gleichbehandlungsklausel im DBA vorerst wenig in der bisherigen Handhabung ändern. Und auch innerhalb der EU will Eichel um Übergangsfristen bis zum Wegfall der Wegzugsbesteuerung mit Brüssel verhandeln, nämlich bis das Ziel erreicht ist, EU-weite Körperschaftssteuer-Mindestsätze als Korridor – ähnlich den schon bestehenden Umsatzsteuersätzen – durchzusetzen.

Das vorliegende Werk gibt einen exzellenten Überblick über die Möglichkeiten und Folgen für Privatleute wie auch Unternehmen, das Recht auf Niederlassungsfreiheit für sich in Anspruch zu nehmen. Leider haben manche die Zeichen der Zeit noch nicht erkannt, und versuchen immer noch den Wettbewerb der Standorte durch dirigistische Maßnahmen verstärkt einzuschränken.

Und getreu dem Motto, dass die Säulen des Erfolgs „Können, Wollen und Wissen" sind, gibt der Autor einen vertiefenden Überblick des Wissens über Standorte im Steuerwettbewerb. Das Wollen, das Recht auf Niederlassungsfreiheit auch auszunutzen, bleibt dem geneigten Leser überlassen.

München, April 2004

Humbert Lechner
Partner der Sozietät,
Richter Huber König Müller Schönherr
(Richter & Partner)*

---

* *Humbert Lechner* ist Steuerberater und geschäftsführender Gesellschafter der RHKP Treuhand GmbH, Wirtschaftsprüfungsgesellschaft, München
Für nähere Angaben zur *Sozietät Richter & Partner* siehe S. 276 im Anhang

Vorwort

Von einem Leben im Paradies, in dem sich auch noch Steuern sparen lassen, hat jeder Steuerpflichtige schon einmal geträumt. Es ist schon eine verlockende Idee, die Koffer zu packen und Deutschland den Rücken zu kehren. Weg in ein Land, in dem man am besten überhaupt keine Steuern mehr zahlt.

Doch so einfach es auch klingt – in der Praxis ist ein Wegzug aus Deutschland allein aus steuerlichen Gründen ein nicht zu unterschätzendes Unterfangen. Denn der deutsche Fiskus schaut in solchen Fällen ganz genau hin. Fürchtet er doch den Verlust von Steuereinnahmen.

Nicht nur Privatpersonen versuchen, der deutschen Steuer zu entrinnen. Auch Konzernlenker und mittelständische Unternehmer erkennen zunehmend die Vorteile einer Ansiedlung in attraktiven Nachbarländern. Ob Start-up oder alteingesessener Betrieb, ob Großkonzern oder Familienbetrieb: In deutschen Unternehmen hat der Frust über Steuern, Planungsunsicherheit und Bürokratie einen Höhepunkt erreicht. Immer mehr Unternehmen beabsichtigen daher, Betriebsteile ins Ausland zu verlagern.

Dabei sind es nicht mehr nur die kalt rechnenden Konzernchefs, die schon seit Jahren bevorzugt jenseits der Grenze investieren und Unternehmensgewinne auf dem Globus dort anfallen lassen, wo diese einem möglichst niedrigen Steuersatz unterliegen. Es zieht zunehmend auch Bodenständige in die Ferne – jene also, die bislang in Treue fest zum Standort Deutschland standen.

Der Exodus hat den Mittelstand erreicht. Ein alarmierendes Signal. Die Stimmung ist die schlechteste seit zehn Jahren, stellt das IRES-Institut für Unternehmensforschung in Düsseldorf fest. Folge: Die Nachbarländer nutzen die depressive deutsche Seelenlage. Sie buhlen hierzulande um Superreiche, Mittelständler und Großunternehmen.

Ausschlaggebend für Investitionen von Unternehmen im Ausland sind neben der Höhe der Steuern und Abgaben u. a. Löhne und Gehälter der Mitarbeiter, Umweltauflagen, Bürokratielasten, Transportkosten oder Zölle. Neue Möglichkeiten ergeben sich für sie dabei aus der EU-Ost-Erweiterung im Mai 2004: Polen, Tschechien, Ungarn und andere Beitrittsländer bieten sich als Produktionsorte an: Die Arbeitskosten sind konkurrenzlos niedrig. Schnell werden da Betriebsfunktionen wie Produktion, Finanzierung, Vertrieb oder interne Services an Standorte mit besserem Geschäftsklima verlagert.

Was Unternehmen grenzüberschreitend verwirklichen, erscheint auch wohlhabenden Bundesbürgern unwiderstehlich: sich durch Sitzverlagerung, beispielsweise in die Schweiz, dem deutschen Fiskus zu entziehen und dabei gleich auch noch Millionenbeträge einzusparen – durch landesspezifische Steuerprivilegien. Sie nutzen, was Unternehmen längst grenzüberschreitend praktizieren, nämlich Geld- und Immobilienvermögen im Ausland über Trusts, Stiftungen und andere Rechtsträger verwalten zu lassen.

Auf Erträge werden dann häufig nicht nur Null-Steuern gezahlt; auch die für 2005 geplante EU-Zinsbesteuerung wird damit unterlaufen. Und ganz nebenbei können die neuen „residents" ihr Vermögen anonymisieren und vor der Erbschaftssteuer retten.

Zweifelsohne haben sich in Zeiten von Globalisierung und Mobilität Wertvorstellungen und Lebensentwürfe drastisch gewandelt. Die Grenzen sind offen, in der Europäischen Union herrscht Niederlassungsfreiheit. Die jungen „high potentials" sind international ausgebildet und von ihren Auslandsaufenthalten geprägt. So wundert es nicht, dass viele Deutsche „Heimat" nicht mehr als biografisches Faktum begreifen, sondern als individuelle Option. Für sie ist die Wahl des Wohn- oder Unternehmensstandorts das Ergebnis einer rationalen Kalkulation, bei der neben wirtschaftlichen Aspekten natürlich auch persönliche Beweggründe eine Rolle spielen.

Die legalen Möglichkeiten rund um den Globus zu nutzen, hat weder bei Privatpersonen noch bei Unternehmern etwas mit fehlendem Patriotismus zu tun. Im Gegenteil. Investitionen deutscher Unternehmen im Ausland helfen, neue Märkte zu erschließen, und tragen zur Sicherung bestehender Arbeitsplätze in Deutschland bei. Und es hat auch nichts mit rücksichtloser Profitmacherei oder entfesseltem Kapitalismus zu tun – wie es von politischer Seite in letzter Zeit immer häufiger zu hören ist. Es ist ein wirtschaftliches Erfolgsrezept, bei dem die Integration der Märkte für Kapital und Arbeit letztlich den Wohlstand aller erhöht. Dazu stellt das Kieler Institut für Weltwirtschaft fest: Jeder Unternehmer, der es schafft, kostenträchtige Sparten ins Ausland zu verlegen, stärkt verbleibende Arbeitsplätze in Deutschland.

Doch die Verlegung des Wohnsitzes oder die Verlagerung von Unternehmensteilen ins Ausland sollte wohl bedacht werden: Auch im Zuzugsland gibt es Finanzbehörden. Es empfiehlt sich also, zur rechten Zeit u. a. die im Zielland gültigen Steuergesetze zu prüfen. Darüber hinaus sind insbesondere die restriktiven Bestimmungen des deutschen Außensteuergesetzes und die Missbrauchsbestimmungen zu beachten. Eine individuelle Lösung fußt daher auf einer Vielzahl von Faktoren:

- Für Privatpersonen sind neben nationalen und internationalen Steuerfragen je nach privatem Umfeld auch zivil-, gesellschafts- und familienrechtliche Fragen relevant sowie schenkungs- und erbrechtliche Konstellationen und im Zielland Themen wie Niederlassungsbestimmungen, Zuzug von Familienmitgliedern oder das Grundverkehrsrecht.

- Für Unternehmen sind neben Steuervergünstigungen vor allem attraktive Grundstücke zu guten Konditionen, finanzielle Fördermittel, die Qualität der Mitarbeiter oder Lohnkosten von Bedeutung.

All das erfordert ein Zusammenspiel von Spezialisten vor Ort, die mit den bisherigen Partnern in der Heimat (Steuerberater, Wirtschaftsprüfer, Rechtsanwälte, Banken) zusammenarbeiten müssen, um eine vernünftige, grenzüberschreitende Lösungen zu erarbeiten. Denn eine rein steuerliche Sitzverlagerung ins Ausland ist weder für Privatpersonen noch für Unternehmen sinnvoll.

Der Wegzug oder die Betriebsverlagerung ins Ausland verlangen klare Entscheidungen. Wer da als Privatperson oder Unternehmer halbherzig agiert, wird sich nicht nur mit fiskalischen Problemen in der Heimat konfrontiert sehen, er wird auch scheitern.

Die folgenden Ausführungen geben einen Überblick über die aktuellen Bedingungen und Vergünstigungen für Privatpersonen und Unternehmer in den interessantesten Zuzugsländern. Sie zeigen legale Möglichkeiten auf, durch Sitzverlagerung nicht nur Steuern zu sparen. Dazu gehören auch kompetente Adressen vor Ort, um den Schritt über die Landesgrenzen sicher zu machen. Mit diesem Rüstzeug können Sie Ihre persönlichen oder unternehmerischen Schritte ins Ausland bestmöglich vorbereiten.

In diesem Zusammenhang gilt den Herren Humbert Lechner und Peter Schulz von der auf grenzüberschreitende Steuerfragen spezialisierten Kanzlei Richter & Partner, München, mein Dank für ihre fachlichen Anregungen.

München, April 2004 *Hans-Lothar Merten*

Inhaltsverzeichnis

Teil I

Standortverlagerung von Privatpersonen

1 Standortverlagerung von Privatpersonen

Seit den siebziger Jahren sind mehr als 1 Million Bundesbürger ausgewandert, ein Teil davon nach Übersee, der andere hauptsächlich in die Nachbarschaft – überwiegend in die Schweiz. Dazu kommen die Sonnenhungrigen, die auf die Inseln im Mittelmeer und im Atlantik wechselten. Aus einst vereinzelten Wegzüglern ist zwischenzeitlich ein richtiger Trend geworden. Unternehmer, Handwerksmeister, Freiberufler und vermögende Privatiers suchen nach Wegen, der Misere in der Heimat zu entrinnen.

Doch wer sich mit dem Gedanken trägt, seinen Wohnsitz ins Ausland zu verlegen, sollte dies nicht nur wegen der Steuerersparnis tun. Wenn Geld allein nicht glücklich macht, so gilt das ganz besonders für die Emigration:

- Häufig gibt es Spannungen in den Familien,
- auf fremdem Boden wird nicht jeder heimisch, und
- manche Auswanderer werden unglücklich. Schon bald müssen sie erfahren, dass es auch im neuen Domizilland Finanzämter gibt.

Deshalb ist es notwendig, bereits vor dem großen Umzug u. a. die im Zielland gültigen Steuergesetze zu prüfen.

1.1 Standortverlagerung ins Ausland – die Motive

Ausflaggen = Steuern sparen. Diese Gleichsetzung kann nicht verwundern. Deutschland zählt zu den Hochsteuerländern, und es vergeht kaum ein Tag, an dem nicht die immensen Kosten aufgelistet werden, die ein Deutscher in seinem Heimatland hat:

- 14.234 EUR Steuern zahlen die Bundesbürger pro Sekunde,
- 5.463 EUR beträgt die Belastung pro Kopf und Jahr, vom Baby bis zum Greis,
- 57,1 Prozent betrug die Belastung der Einkommen mit Steuern und Sozialabgaben,
- 3.500 EUR je Arbeitsplatz kostet Selbstständige der Dienst für den Staat.

Betrachtet man die Steuerlast im Ländervergleich, ist auf den ersten Blick zu erkennen, dass der Abstand zu den USA gigantisch ist, vor allem deshalb, weil dort der Spitzensteuersatz sehr viel später greift; Gleiches gilt für die Schweiz.

1.1.1 Steuerlast im Ländervergleich

Für einen mobilen Hochverdiener stellt der Vergleich der internationalen Einkommenssteuerlasten jedoch nur einen begrenzten Nutzen dar. Was zählt, ist der Effektivsteuersatz und der Punkt, an dem die Spitzensteuersätze der Einkommenssteuer zu greifen beginnen: Vor die Wahl zwischen zwei gleichgut bezahlten Stellen in Deutschland oder z. B. der Schweiz gestellt, kann man beispielsweise einem deutschen Angestellten nur raten, die letztere zu wählen, wenn alle anderen Bedingungen gleich sind. So greift der Spitzensteuersatz in Deutschland ab einem Einkommen von rund 55.000 EUR, wohingegen etwa im Schweizer Kanton Basel der kombinierte Spitzensteuersatz von 40,5 Prozent erst ab einem zu versteuernden Einkommen von über 682.800 EUR erhoben wird.

Mit der Arbeitskraftmobilität, die innerhalb der EU bereits gilt und seit Anfang 2003 auch für EU-Bürger in der Schweiz zugesichert ist, bietet sich damit sicherlich für Angestellte im Top-Management eine interessante Alternative. Hier kann die Botschaft nur lauten: Wenn man schon nicht in ein Niedrigsteuerland auswandern kann, sollte man seinen Arbeitsplatz dort wählen, wo das Steuersystem den Immigranten freundlich empfängt. Doch über das steuerliche Motiv hinaus gibt es eine ganze Reihe weiterer Gründe, Bundesbürger aus Deutschland zu vertreiben (siehe Tabelle 1.1).

Tabelle 1.1: Spitzensteuersätze (in Prozent) in ausgewählten Ländern im Vergleich (ESt = Einkommenssteuersatz in Prozent; VSt = Vermögenssteuersatz in Prozent)

Land/Territorium	**ESt**	**VSt**	**ErbSt/SchenkSt**
Deutschland	45 + KiSt+Solz	0	50 / 50
Österreich	50	0	60 / 60
Schweiz	11,5 (Bund)	1	0 / 60 (je n. Kanton)
Großbritannien	40	0	40 / 40
Monaco	0	0	16 / 16
Kanalinseln	20	0	0 / 0
Isle of Man	20	0	0 / 0
Liechtenstein	17,82	0,891	27 / 27
Andorra	0	0	0 / 0
Malta	35	0	0 / 0
USA	39,6 (Bund)	0	55 / 55 (Bund)
Bermudas	0	0	15 / 0
Cayman Islands	0	0	0 / 0

1.1.2 Das Verlangen nach Sicherheit

Das Bedürfnis nach Sicherheit wächst gerade in wirtschaftlich turbulenten Zeiten. Drei wesentliche Bereiche lassen sich derzeit identifizieren:

Politische Sicherheit: Im Laufe der letzten Jahre hat dieses Thema aufgrund der politischen Orientierungslosigkeit zunehmend an Bedeutung gewonnen. Der Wunsch konkretisiert sich im natürlichen Verlangen nach mittel- bis langfristiger Planungssicherheit, was vor allem im Rahmen der Diskussionen um die Alters- oder Pensionsvorsorge oder das Ansparen im Allgemeinen deutlich wird.

Wirtschaftliche Sicherheit: Diese äußert sich im begründeten Bedürfnis nach Erhaltung des eigenen Erwirtschafteten über längere Zeit oder gar über Generationen hinweg. Als Beispiel bietet sich die Strukturierung über Stiftungen oder Trusts an, mit der gleichermaßen dem Aspekt der Nachfolgeregelung wie dem der Substanzerhaltung Rechnung getragen werden kann.

Sicherheit des Vermögenserhalts: Sicherung vor dem eigenen Zugriff (Anspar- oder Versicherungsgedanke), vor dem Zugriff der Familie (Erbregelung), vor dem Zugriff durch Dritte (asset protection) und vor dem unvorhersehbaren Zugriff durch den Fiskus (Vermeidung von Mehrfachbesteuerung).

1.1.3 Vertraulichkeit

Auch der Wunsch nach Vertraulichkeit steht nach verbreitetem Verständnis, wie im Übrigen das Bankgeheimnis selbst, in enger, anrüchig anmutender Verbindung mit unerlaubter Steuerminderung, Steuerhinterziehung oder gar Steuerbetrug. Dabei fußt er auf einem der freien Marktwirtschaft seit jeher innewohnenden Bedürfnis. Wenn die Vertraulichkeit in einem nationalen Rahmen nicht mehr gegeben ist, wächst der Bedarf nach Alternativen, die diesem Aspekt Rechung tragen. Der Wunsch nach Diskretion von einem immer noch geltenden natürlichen Zurückhaltungs- und Intimitätsverlangen, Persönlichkeitsschutz und Integrität stehen im Vordergrund.

Vertraulichkeit steht schließlich auch in engem Zusammenhang mit Vertrauen, hier besonders mit dem Vertrauen in die eigene Regierung, die für das wirtschaftliche und regulatorische Umfeld verantwortlich ist. Der Bruch dieses Vertrauens bedeutet auch den Verlust jeder Planungssicherheit. In einem solchen Umfeld treten reine Kostenüberlegungen in den Hintergrund.

1.1.4 Aufwandsbezogene Motive

Neben diesen außersteuerlichen Motiven können auch Kostengründe sowie steuer- und abgabenrelevante Überlegungen stehen. Der nationale Steuerwettbewerb ermöglicht internationale Steuergestaltungsmöglichkeiten, die legitim und betriebswirtschaftlich sinnvoll sind. Stehen solche nicht zur Verfügung, neigt Kapital zur Anlage im Ausland. Dabei werden in der Heimat weiterhin bestehende Steuerpflichten häufig „vergessen". Mit Einführung der Kontrollmitteilungen innerhalb der EU wird das künftig schwieriger werden.

1.2 Die Grenzen bei der Standortverlagerung ins Ausland

Ausgeprägte nationale Fiskalinteressen haben zu einschneidenden gesetzlichen Bestimmungen geführt, ergänzt durch die Rechtsprechung und Verwaltungspraxis. Sie sollen den Vermögensabfluss durch Standortverlagerung reduzieren. Charakteristisch hierfür ist das deutsche Außensteuergesetz. Daneben gelten beispielsweise die restriktiven Missbrauchsbestimmungen, die erhöhte Mitwirkungspflicht bei Auslandssachverhalten, die Benennungspflicht (ausländischer Zahlungsempfänger) und die faktische Beweislastumkehr, bei der immer der Beklagte nachweisen muss, dass eine Anschuldigung (des Fiskus) nicht berechtigt ist.

Diese Fülle an steuerrechtlichen Abwehrmechanismen bildet ein relativ engmaschiges Netz, welches sich mitunter noch enger gestalten kann, wenn neben den steuerlichen Restriktionen noch außersteuerliche Faktoren hinzukommen. Dazu gehören insbesondere gesellschafts-, familien-, erbschafts- und schenkungsrechtliche sowie konkurs- und insolvenzrechtliche Bestimmungen.

Vor allen rechtlichen Überlegungen stellen sich Fragen des sozialen Umfelds und des persönlichen Wohlbefindens. Dieser Aspekt ist dann wichtig, wenn das „Ausflaggen" mit einem persönlichen Wegzug verbunden ist. Weitere Faktoren sind zu beachten: Planungshorizont, laufender Finanz- und Lebensunterhaltsbedarf, Ansparquote und Risikobereitschaft.

Eine rein steuerlich motivierte Standortverlagerung ins Ausland ist selten sinnvoll. Neue steuerrechtliche und strafrechtliche Bestimmungen bergen nämlich zunehmend Risiken, insbesondere bei so genannten Steuervermeidungsstrategien in Form von Steuerverkürzungskonstruktionen, die häufig von Banken und Beratern im Ausland als standardisierte Lösungen angeboten werden.

1.3 Standortverlagerung – wer scheitert?

Die häufigsten Ursachen für ein Scheitern des Wegzugs liegen darin, dass bei der Standortverlagerung halbe Sachen gemacht werden:

- Die fiskalisch motivierte Trennung von der Familie: Oft gibt es Gründe, weshalb die Familie in Deutschland bleiben möchte. In letzter Zeit wird vermehrt gefragt: „Kann mein/e Partner/in mit den Kindern in Deutschland bleiben, wenn ich beispielsweise in der Schweiz lebe und nicht mehr als 183 Tage in Deutschland verbringe?“ Die Antwort lautet definitiv: Der Lebensmittelpunkt muss in die Schweiz verlegt werden. Bleibt die Familie in Deutschland zurück, so sind auch die Lebensinteressen für den in der Schweiz wohnenden Ehemann weiterhin in Deutschland.
- Das schlafende Bett: Aber auch der international tätige Unternehmer, der etwa in Zürich ein Apartment mietet und sein Haus in Hamburg nicht verkaufen will, weil er an 40 Tagen im Jahr in Deutschland leben und seinen Freundeskreis dort pflegen möchte, läuft Gefahr, der unbeschränkten deutschen Steuerpflicht unterstellt zu werden. Boris Becker lässt grüßen!
- Die unternehmerische Aktivität bleibt in Deutschland: Der deutsche Unternehmensberater/Architekt etc., der vor allem Kunden in Deutschland berät, kann zwar vielleicht aus der unbeschränkt persönlichen Besteuerung flüchten. Allerdings wird er aufgrund seiner deutschen Aktivität nicht aus der beschränkten Steuerpflicht ausscheiden können, wenn er in Deutschland eine Betriebsstätte begründet.

Fazit: Wer sich zu Hause wohl fühlt, sollte nur ins „Ausland abwandern“, wenn das Ziel – realistisch betrachtet – eine mindestens ebenso gute oder eine bessere Umgebung bietet wie die Heimat. Kein Steuervorteil kann ein Leben in Einsamkeit und Entfremdung wettmachen. Außerdem muss bei einem Scheitern in der Fremde mit anschließender Rückkehr in die Heimat mit zuweilen katastrophalen steuerlichen Konsequenzen gerechnet werden (s. Kapitel 2).

1.4 Die Ansässigkeit des Steuerpflichtigen im Inland

Der steuerliche Wohnsitz einer Person bestimmt sich nach den tatsächlichen Umständen und nicht nach dem Willen der Person. Der Wohnsitz besteht dementsprechend dort, wo der Steuerpflichtige eine Wohnung innehat, die er als solche tatsächlich benutzt und die seinen Lebensmittelpunkt begründet. Auf die polizeiliche Meldung beim Einwohnermeldeamt kommt es dabei nicht an.

Der Begriff Wohnsitz ist dabei weit auszulegen: von einer festen Räumlichkeit, die mit Möbeln ausgestattet und beheizbar ist und über eine Kochgelegenheit verfügt, bis hin zur Zweitwohnung, einem Sommer- oder Ferienhaus, einem feststehenden Campingwagen oder langfristig genutzten Hotelzimmer. Der Wohnberechtigte muss die Wohnung innehaben und auch tatsächlich (nicht ständig) benutzen.

Befindet sich der Wohnsitz des Steuerpflichtigen nicht im Inland, ist entscheidend, ob die Person ihren gewöhnlichen Aufenthalt im Inland hat. Ein Steuerpflichtiger hat seinen gewöhnlichen Aufenthalt dort, „wo es die Umstände vermuten lassen, dass sein Aufenthalt nicht nur vorübergehend ist". Bei einem Aufenthalt von mehr als sechs Monaten sind die Voraussetzungen für einen gewöhnlichen Aufenthalt im Inland gegeben. Die Person ist somit in Deutschland uneingeschränkt steuerpflichtig.

1.4.1 Aufgabe des Wohnsitzes

Wer die Besteuerung seiner Einkünfte in Deutschland vermeiden will, muss zum einen den Wohnsitz ins Ausland verlegen und darf zum anderen auch keine Einkünfte mehr aus Deutschland beziehen. Der inländische Wohnsitz gilt im Allgemeinen dann als aufgegeben, wenn sich die tatsächlichen Lebensverhältnisse derart ändern, dass kein Wohnsitz im Inland mehr vorhanden ist.

Bei der steuerlichen Beurteilung dieser Frage kommt es allerdings weniger auf die tatsächliche regelmäßige Nutzung der Wohnung an als vielmehr darauf, ob die Wohnung in einem nutzungsbereiten Zustand gehalten wird. Eindeutig gilt ein Wohnsitz als aufgegeben, wenn die Wohnung aufgelöst oder an Dritte vermietet ist. Das trifft auch zu, wenn die Wohnung dauerhaft nicht mehr benutzt wird. Wer sich aber länger als zwei Monate im Jahr in Deutschland in dieser Wohnung aufhält, ist für das Finanzamt unbeschränkt steuerpflichtig.

1.5 Standortverlagerung verlangt maßgeschneiderte Lösungen

Den Ausgangspunkt jeglicher strategischer Überlegungen sollten die Ziele und Bedürfnisse der involvierten Personen bilden. Diese Ziele und Bedürfnisse dürfen nicht punktuell, sondern müssen ganzheitlich formuliert werden. Das erfordert maßgeschneiderte Konzepte und die richtigen Partner, denn es gibt für Personen mit Deutschland als Domizilland keine standardisierten Lösungen.

1.5.1 Von der Idee zum Konzept

Aus deutscher Sicht sind insbesondere die restriktiven Bestimmungen des Außensteuergesetzes und die Missbrauchsbestimmungen zu beachten. Die individuelle Lösung muss daher eine Vielzahl von Faktoren beachten:

- Wohnsitz / Lebensmittelpunkt / gegebenenfalls Nationalität des Steuerpflichtigen, von dessen Familie oder sonstiger zu bedenkender Personen in Deutschland, außerhalb Deutschlands oder in sich überschneidenden internationalen Bereichen (Wechselwirkung),
- Familien- und erbrechtliche Verpflichtungen,
- Ausgangs- und Zielstruktur des Vermögens,
- Verfügbarkeit des Vermögens (laufender Finanz- und Lebenshaltungsbedarf, Lebenszyklus),
- Planungshorizont,
- Risikobereitschaft.

Neben nationalen und internationalen Steuerfragen werden also je nach privatem und beruflichem Umfeld auch zivil-, gesellschafts- und familienrechtliche Fragen tangiert sowie in Folge auch schenkungs- und erbrechtliche Konstellationen und im anvisierten Land noch öffentlich-rechtliche Fragen, wie Niederlassung, Zuzug von Familienmitgliedern und das Grundverkehrsrecht. Checkliste 1.1 zeigt, welche Grundüberlegungen bei der Wohnsitzverlagerung angestellt werden müssen.

Unter Berücksichtigung all dieser Faktoren müssen folgende Ansätze verfolgt und umgesetzt werden:

- Wegzug in ein anderes Domizilland,
- Strukturierung in Deutschland,
- Grenzüberschreitende Strukturierung.

1.5.2 Zusammenarbeit der Experten

Um eine optimale Entscheidung treffen zu können, müssen unterschiedliche Spezialisten kooperieren. Hier sind Experten gefragt, die mit den bisherigen Partnern (Steuerberater, Wirtschaftsprüfer) zusammenarbeiten, um grenzüberschreitende Lösungen zu erarbeiten, in die sie ihr Wissen über Wechselwirkungen und Interdependenzen nationaler Bestimmungen einfließen lassen. Dabei kommt es vor allem auf eine vertrauensvolle Beziehung zwischen „Auswanderungswilligem“ und Beratern an, um eine maßgeschneiderte Lösung zu finden.

Checkliste 1.1: Schlüsselüberlegungen bei der Wohnsitzverlagerung

Tatsächliche Aufgabe des Wohnsitzes

→ Problematik Welteinkommensprinzip bei der Einkommensteuer

→ Tie-Breaker-Rules bei den Doppelbesteuerungsabkommen

Erbschaftsplanung

→ Problematik der erweiterten, unbeschränkten Erbschaftssteuerpflicht in Deutschland

→ Unterscheidung von Domicile und Residence im anglo-amerikanischen Rechtsgebiet

Wegzugbesteuerung / Exit-Besteuerung

→ Beispiel Deutschland, Schweden

Richtiges Timing für den Wohnsitzwechsel

→ Steuerrechtliche Gestaltung und Vorbereitung des Wohnsitzwechsels

Steuerpflicht aufgrund wirtschaftlicher Zugehörigkeit

→ Beschränkte Steuerpflicht, z. B. aus Immobilien

Abstimmung der Krankenversicherung

→ Internationale Versicherungslösung

→ Problematik Wohnsitzwechsel im Alter ohne internationale Versicherungsdeckung

Lebensqualität / Abstimmung des Wohnsitzwechsels auf die aktuellen familiären und geschäftlichen Gegebenheiten

2 Steuerliche Auswirkungen des Wegzugs in Deutschland

Mit dem Wegzug endet die unbeschränkte Steuerpflicht und beginnt grundsätzlich die beschränkte Steuerpflicht (§ 1 Abs. 4 EStG), wenn eine inländische Steuerquelle vorliegt (§ 49 f. EStG). Danach verbleibt Deutschland als Quellenstaat auch bei Doppelbesteuerungsabkommen das ausschließliche Besteuerungsrecht für folgende Einkünfte:

- Deutsche Betriebsstätteneinkünfte, Einkünfte aus in Deutschland gelegenem unbeweglichem Vermögen,
- Einkünfte aus selbständiger sowie unselbständiger in Deutschland ausgeübter Tätigkeit (mit Einschränkungen),
- Einkünfte aus öffentlichen Kassen.

Der Wegzug ins Ausland löst in Deutschland folgende Steuerwirkungen aus (siehe auch Checkliste 2.1):

- Bei gleichzeitiger Betriebsverlagerung ins Ausland wird die Aufgabe des Betriebes oder freiberuflicher Tätigkeit angenommen. Es kommt zu einer Versteuerung des „Aufgabegewinns", der sich aus dem Unterschiedsbetrag zwischen dem Buchwert des Betriebsvermögens und dem gemeinen Wert ergibt.
- Für eine Kapitalgesellschaft hat die Sitzverlegung ins Ausland die Wirkung einer Liquidation (§§12, 11 KStG). Bei der Ermittlung des Gewinns der Schlussbesteuerung tritt an die Stelle des zur Verteilung kommenden Vermögens der gemeine Wert des vorhandenen Vermögens der Kapitalgesellschaft.
- Bei Steuerpflichtigen, die insgesamt mindestens zehn Jahre vor dem Wegzug in Deutschland unbeschränkt einkommenssteuerpflichtig waren, deren unbeschränkte Steuerpflicht durch Aufgabe der Wohnung endet und die an einer inländischen Kapitalgesellschaft wesentlich beteiligt sind (mehr als 10 Prozent), greift die fiktive Veräußerungsgewinnbesteuerung (§ 6 AstG). Dabei tritt an die Stelle des Veräußerungspreises der gemeine Wert der Anteile zum Zeitpunkt des Wegzugs. Voraussetzung dieser Steuerpflicht ist nicht der Wegzug in ein Niedrigsteuergebiet. Auch Doppelbesteuerungsabkommen (DBAs) stehen dem nicht entgegen, da diese Bestimmungen keine Wirkung über den Zeitpunkt des Wegzugs hinaus entfalten. Eine Übersicht zu den DBAs findet sich im Anhang.
- Bei Einbringung eines inländischen Gewerbebetriebs in eine ausländische Kapitalgesellschaft, die zumeist steuerneutral möglich ist, kommt es zu einer steuerlichen Verstrickung der Anteile an der ausländischen Kapitalgesellschaft. Dies führt im

Falle eines nachfolgenden Wegzugs zu einer Besteuerung der in den Anteilen enthaltenen stillen Reserven (§ 21 UmwStG).

- Gemäß § 2 Abs. 1 Nr. 1 b ErbStG ist die unbeschränkte Erbschaftssteuerpflicht auf deutsche Staatsangehörige erweitert, die sich zur Zeit des Todes bzw. der Ausführung der Schenkung nicht länger als fünf Jahre dauernd im Ausland aufgehalten haben, ohne in Deutschland einen Wohnsitz zu haben (siehe Abschnitt 2.3). Das heißt, deutsche Staatsangehörige unterliegen nach ihrem Wegzug aus Deutschland noch für weitere fünf Jahre nach Wohnsitzverlegung ins Ausland der unbeschränkten deutschen Erbschaftssteuerpflicht.

Checkliste 2.1: Wegzug ins Ausland – steuerliche Konsequenzen

Wer seinen Wohnsitz in ein möglichst niedrig besteuertes Land verlagern will, sollte sich über die Folgen im Klaren sein:

Mit der Aufgabe des Wohnsitzes und/oder gewöhnlichen Aufenthaltes in Deutschland tritt an die Stelle der unbeschränkten Steuerpflicht die erweitert beschränkte Steuerpflicht der §§ 2 bis 5 Außenbesteuerungsgesetz (AStG), wenn der Auswandernde weiterhin inländische Einkunftsquellen hat. Als wesentliche wirtschaftliche Interessen gelten u. a.:

→ eine wesentliche Beteiligung an einer Kapitalgesellschaft i. S. des § 17 EStG,

→ Inlandseinkünfte von über 62.000 EUR,

→ Inlandsvermögen von mehr als 154.000 EUR oder wenn

→ die inländischen Einkünfte oder das Inlandsvermögen mehr als 30 Prozent der Gesamteinkünfte bzw. des Gesamtvermögens ausmachen.

Zu den Gebieten mit niedriger Besteuerung i. S. des § 2 Abs. 1 AStG (Steueroasen) gehören:

→ Gebiete, in denen keine Einkommenssteuer besteht oder erhoben wird: Andorra, Bahrein, Campione, Monaco, Bahamas, Bermudas, Turks- & Caicos-Islands, Tonga, Neue Hebriden,

→ Gebiete, in denen unter 31,2 Prozent Steuer erhoben wird (günstiger Tarif): Kanalinseln (Alderney, Guernsey, Jersey, Sark) Gibraltar, Isle of Man, Liechtenstein, Schweiz (außer in den Kantonen Genf, Neuenburg, Wallis und Waadt sowie in einzelnen Gemeinden der Kantone Aargau, Bern, Luzern, Tessin, Thurgau, Zürich), Angola, Niederländische Antillen, St. Helena,

→ Gebiete, in denen eine wesentliche Vorzugsbesteuerung besteht: Schweiz (Besteuerung nach dem Verbrauch bei der direkten Bundessteuer), Panama (steuerfrei sind ausländische Dividenden sowie Einkünfte aus im Ausland abgeschlossenen Geschäften).

Im Verhältnis zu bestimmten Ländern, wie beispielsweise Österreich und der Schweiz, besteht jedoch für Vermögensübertragungen von Todes wegen ein Erbschaftssteuer-DBA. Diese Abkommen gehen vor die nationalen Vorschriften über die erweitert unbeschränkte Erbschaftssteuerpflicht. Die im DBA vorgenommene Zuweisung des Besteuerungsrechts gilt auch für die erweitert unbeschränkte Erbschaftssteuerpflicht.

Von ausschlaggebender Bedeutung ist die erweitert unbeschränkte Erbschaftssteuerpflicht aber für Schenkungen, sofern der Schenker die deutsche Staatsangehörigkeit besitzt, da lediglich mit den USA ein DBA abgeschlossen wurde, das auch Schenkungen mit einbezieht.

Um Wettbewerbsvorteile zu verhindern, die durch die Ausnutzung günstigerer ausländischer Steuersätze erreicht werden können, regelt das Außensteuergesetz eine erweiterte beschränkte Steuerpflicht für die Einkommens- und Erbschaftssteuer (§§ 2, 4):

- Bei Wegzug natürlicher Personen, die in den letzten zehn Jahren fünf Jahre lang unbeschränkt einkommenssteuerpflichtig waren, in ein Niedrigsteuerland (§ 2 Abs. 2 AstG) – Österreich gilt nur für vorzugsbesteuerte Zuzügler als Niedrigsteuerland, in der Schweiz kantonsabhängig –, erstreckt sich bis zum Ablauf von zehn Jahren nach Ende des Jahres, in dem die unbeschränkte Steuerpflicht geendet hat, die beschränkte Einkommenssteuerpflicht über die in § 49 EstG genannten Einkünfte hinaus auf alle anderen Einkünfte, die nicht ausländische Einkünfte im Sinne des § 34 c EStG sind.
- Für die Erbschaftssteuer wird der für die Steuerpflicht nach § 2 Abs. 1 Nr. 3 ErbStG maßgebliche Inlandsvermögensbegriff analog zur Einkommenssteuerregelung erweitert. Das betrifft also auch Kapitalforderungen gegen Schuldner im Inland, Spar- und Bankguthaben bei Geldinstituten im Inland, Aktien und Anteile an Kapitalgesellschaften im Inland.

Checkliste 2.2: Wegzug aus Deutschland – organisatorische Konsequenzen

Die Aufgabe des Wohnsitzes bedeutet:

→ Abmeldung bei der Gemeinde

→ Abmeldung des Autos

→ Beendigung aller Mietverträge

→ Es verbleibt kein Bestand an eingerichteten Häusern,

→ ... keine Ferien-, Sommer- oder Jagdhäuser,

→ ... kein eingerichtetes Zimmer bei Verwandten oder Bekannten,

→ Abmeldung des deutschen Telefonanschlusses

→ Abmeldung des deutschen Handy-Anschlusses

→ Aufgabe inländischer Bankkonten

→ Aufgabe der Mitgliedschaft in Verbänden und Vereinen

→ Keine dauerhafte Anmietung von Hotelzimmern

→ Keine Unterhaltung eines Wohnwagens auf einem auf Dauer gemieteten Campingplatz

„Kein gewöhnlicher Aufenthalt" in Deutschland beinhaltet:

→ Weniger als sechs Monate pro Jahr in Deutschland

→ Übergang von unbeschränkter zu beschränkter Steuerpflicht

→ Auflösung stiller Reserven bei Betriebsverlegung, §§ 16 Abs. 3, 18 Abs. 3 EStG

→ Wegzugbesteuerung nach § 6 AStG / § 21 UmwStG

→ Erweiterte unbeschränkte Schenkungs- / Erbschaftssteuerpflicht § 2 ErbStG

→ Erweiterte beschränkte Steuerpflicht nach § 2 und 4 AStG

2.1 Das Außensteuergesetz (AStG)

Deutsche, die ihren Wohnsitz ins Ausland verlegen wollen, müssen verschiedene Aspekte des sogenannten Außensteuergesetzes (AStG, auch „Lex Horten" genannt) berücksichtigen. Das AStG regelt Besteuerungstatbestände für Privatpersonen, die in ein Niedrigsteuergebiet umziehen und ihren bisherigen deutschen Wohnsitz aufgeben.

2.1.1 Anwendungsvoraussetzungen des AStG

- Es muss sich um eine natürliche Person mit deutscher Staatsangehörigkeit handeln.
- Von den letzten zehn Jahren vor dem Wegzug muss die Person mindestens fünf Jahre in Deutschland steuerpflichtig gewesen sein (nicht notwendigerweise am Stück).
- Der Umzug erfolgt in ein Gebiet mit niedriger Einkommenssteuer. Ein Niedrigsteuergebiet (die österreichische Abgeltungssteuer fällt nicht darunter) wird dort angenommen, wo die Einkommenssteuer um ein Drittel geringer ist als in Deutschland.

- Der Aussiedler behält wesentliche wirtschaftliche Interessen in Deutschland. Beispiele für solche Interessen sind:
  - → die Beteiligung von mehr als 25 Prozent an einer Personengesellschaft (KG, GbR) mit einer Betriebsstätte in Deutschland,
  - → eine Beteiligung von mehr als 1 Prozent an einer deutschen Kapitalgesellschaft (AG, GmbH),
  - → deutsche (d. h. aus deutschen Quellen stammende) Einkünfte pro Jahr von mehr als 62.000 EUR oder
  - → ein deutsches (also dort belegenes) Vermögen von mehr als 154.000 EUR.

Wird eine dieser Voraussetzungen erfüllt, ist das Außensteuergesetz grundsätzlich anwendbar und eine erweiterte beschränkte Steuerpflicht des Aussiedlers gegeben. Die Dauer dieser erweiterten beschränkten Steuerpflicht gemäß § 2 AStG beträgt grundsätzlich zehn Jahre. Dieser Zeitraum wird im Einzelfall zwischen Deutschland und dem Zuzugsland durch DBA modifiziert.

2.1.2 Konsequenz für Vermögensanlagen

Bei Anlagen sollte auf Einkünfte (Dividenden, Zinsen) von deutschen Schuldnern verzichtet werden. Diese müssen nach wie vor in Deutschland versteuert werden, und zwar zum deutschen Steuersatz, der auf das gesamte Welteinkommen des Aussiedlers angewandt wird (Progressionsvorbehalt). Dies gilt auch für Spekulationsgewinne. Dabei ist es egal, ob der Kapitalgewinn aus deutschen oder ausländischen Quellen erzielt wurde. Eine Verrechnung von Kapitalverlusten und Kapitalgewinnen ist jedoch möglich.

Wichtig: Durch eine entsprechende Anlageplanung kann die erweiterte beschränkte Steuerpflicht des Aussiedlers umgangen werden.

2.1.3 Wegzugbesteuerung (§ 6 AStG)

Wer an einer Kapitalgesellschaft (AG, GmbH) wesentlich im Sinne von § 17 Einkommenssteuergesetz (EStG) beteiligt ist und Deutschland dauernd verlässt – wohin auch immer –, hat die in dieser Beteiligung eventuell vorhandenen stillen Reserven aufzudecken und in Deutschland zu versteuern. Wichtig ist, dass diese Besteuerung bei jedem Wegzug aus Deutschland, also auch bei einem Wegzug in ein Hochsteuerland, zur Anwendung gelangt (also beispielsweise auch nach Österreich).

- Bei einer Beteiligung an einer deutschen Kapitalgesellschaft in Höhe von mehr als ein Prozent wird gem. § 6 AStG i. V. m. § 17 EStG ein Verkauf fingiert. Allerdings muss die Person sich vor dem Wegzug nicht nur fünf von den letzten zehn Jahren in Deutschland aufgehalten haben (wie bei der erweitert beschränkten Steuerpflicht), sondern für die letzten vollen zehn Jahre in Deutschland steuerpflichtig gewesen sein.

Sind diese Voraussetzungen gegeben, tritt folgende Konsequenz ein: Der erzielte (fingierte) Gewinn (die Differenz zwischen Buch- und Verkehrswert) wird mit sofortiger Wirkung voll als Einkommen versteuert und zur Zahlung fällig.

Wird aus steuerlicher Sicht der Lebensmittelpunkt (Wohnsitz) ins Ausland verlegt und fließen gleichzeitig aus Deutschland weiterhin laufende Bezüge (Rente, Pension), regelt ein OECD-Musterabkommen, in welchem Land diese Bezüge im Einzelfall zu versteuern sind (siehe Tabelle 2.1).

Tabelle 2.1: Versteuerung von Ruhestandseinkünften beim Wegzug ins Ausland

Einkunftsart	**Zahlungs- bzw. Belegenheitsstaat**	**Quellensteuer**	**Wohnsitzstaat**
Beamtenpension	Voller LSt-Abzug	Entfällt	Steuerfrei
BfA- und LVA-Rente	Steuerfrei	Entfällt	Steuerpflicht, Freibetrag beachten
AHV-Leistungen (CH)	Steuerfrei	Entfällt	Steuerpflicht, Freibetrag beachten
Betriebsrente	Steuerfrei	Entfällt	Steuerpflicht, Freibetrag beachten
Mieteinkünfte	Volle Steuerpflicht mit AfA	Entfällt	Steuerfrei
Dividenden und Zinsen, Lizenzgebühren	Steuerfrei	Nach DBA	Volle Steuerpflicht, Abzug evtl. Quellensteuer
Unterhaltszahlungen	Steuerfrei	Entfällt	Steuerfrei
Rente aus Lebensversicherung	Steuerfrei	Entfällt	Steuerpflichtig
Leibrente aus Betriebsveräußerung	Steuerfrei	Entfällt	Steuerfrei
Leibrente aus Immobilienverkauf	Steuerfrei	Entfällt	Steuerfrei
(Geld-)Leistungen der Pflegeversicherung	Steuerfrei	Entfällt	Steuerfrei
Veräußerungsgewinne Immobilien	Volle Steuerpflicht	Entfällt	Steuerfrei
Veräußerungsgewinne Wertpapiere	Steuerfrei	Entfällt	Steuerpflichtig
Löhne und Gehälter	Anteilig, soweit dort Arbeit ausgeübt wird	Evtl. Lohnsteuer	(Anteilig) Steuerpflicht
Wirtschaftsunfall	Steuerpflichtig	Entfällt	Steuerpflichtig mit Anrechnung

Quelle: Deutsche u. Schweizerische Schutzgemeinschaft für Auslandsgrundbesitz e. V.

2.2 Deutsche Erbschafts- und Schenkungsbesteuerung

Eine Wohnsitzverlagerung ins Ausland kann aus erbschaftssteuerlichen Gründen vor allem vor dem Hintergrund in Betracht gezogen werden, dass beispielsweise einige Kantone in der Schweiz keine Erbschaftssteuer erheben und auch die USA planen, die Erbschaftssteuer gänzlich abzuschaffen. Tabelle 2.2 zeigt, für welche Fälle unbeschränkte bzw. beschränkte Steuerpflicht bei Wohnsitzverlagerung ins Ausland gilt.

Bei allen Überlegungen sollte man berücksichtigen, dass in Deutschland eine nachwirkende Erbschaftsbesteuerung gem. § 2 Abs. 1 1. B ErbStG, die sogenannte unbeschränkte Erb- und Schenkungssteuerpflicht, besteht.

Konsequenz: Erben eines ins Ausland ziehenden Deutschen müssen im Einzelfall deutsche Erbschaftssteuer zahlen ohne Rücksicht darauf, wo sie selbst ansässig sind. Das heißt:

In den ersten fünf Jahren nach dem Wegzug sind die Erben mit dem gesamten Vermögensanfall in Deutschland erbschaftssteuerpflichtig. Erst ab dem 6. Jahr, also mit Ablauf dieser erweitert unbeschränkten Steuerpflicht, beginnt die aus dem AStG folgende erweitert beschränkte Steuerpflicht für die Erbschaftssteuer. Daher sollte der Aussiedler mit seinem Wegzug alle Konten in Deutschland auflösen.

- Für ein in Deutschland belegenes Grundstück ist immer Erbschaftssteuer zu zahlen, auch nach Ablauf der zehn Jahre (beschränkte Erbschaftssteuerpflicht). Mögliche Erbschaftssteuern im Zuzugsland sind natürlich anzurechnen.

Das Ziel eines Wohnsitzwechsels, nämlich Erbschafts- bzw. Schenkungssteuer zu sparen bzw. zu verhindern, gestaltet sich noch schwieriger als ein Wegzug aus ertragssteuerlichen Gründen. Dies beruht zum einen darauf, dass die unbeschränkte Erbschaftssteuerpflicht in Deutschland nicht nur an den Erblasser / Schenker anknüpft. So unterliegt eine Erbschaft bzw. Schenkung auch unbeschränkt der deutschen Erbschaftssteuer, wenn der Erwerber seinen Wohnsitz oder gewöhnlichen Aufenthalt in Deutschland hat.

Fazit: Die unbeschränkte Erbschaftssteuerpflicht kann nur dann verhindert werden, wenn sowohl der Erblasser / Schenker als auch der Erbe / Beschenkte keinen Wohnsitz oder gewöhnlichen Aufenthalt in Deutschland haben (siehe auch Tabelle 2.2).

Tabelle 2.2: Übersicht: „Erbschaftssteuerpflicht bei Wohnsitzverlagerung ins Ausland"

Fallgruppe	Vorschrift	Voraussetzung für den Eintritt	Vermögensumfang	Wirkung
I. Unbeschränkte Steuerpflicht				
a) Steuer-Inländer mit Auslandsvermögen „allgemeine unbeschränkte Steuerpflicht"	§ 2 Abs. 1 Nr. 1 a und 1 d ErbStG	Erblasser/Schenker oder Erwerber besitzen Wohnsitz bzw. gewöhnlichen Aufenthalt im Inland	„Weltvermögen"	Auf Antrag Anrechnung nach § 21 ErbStG evtl. subsidiär zum DBA
b) Fiktive Steuer-Inländer „verlängerte unbeschränkte Steuerpflicht"	§ 2 Abs. 1 Nr. 1 b ErbStG	Erblasser oder Erwerber besitzen keinen Wohnsitz oder gewöhnlichen Aufenthalt im Inland, aber deutsche Staatsangehörigkeit und weniger als fünf Jahre im Ausland	„Weltvermögen"	Auf Antrag Anrechnung nach § 21 ErbStG evtl. subsidiär zum DBA
c) Fiktive Steuer-Ausländer „erweiterte unbeschränkte Steuerpflicht"	§ 2 Abs. 1 Nr. 1 e ErbStG	Erblasser oder Erwerber besitzen keinen Wohnsitz oder gewöhnlichen Aufenthalt im Inland, aber deutsche Staatsangehörigkeit, und unabhängig von Fünfjahresfrist besteht ein Dienstvertrag mit inländischer juristischer Person	„Weltvermögen"	Auf Antrag Anrechnung nach § 21 ErbStG evtl. subsidiär zum DBA
II. beschränkte Steuerpflicht				
a) Steuer-Ausländer mit Inlandsvermögen	§ 2 Abs. 1 Nr. 3 ErbStG	Erblasser **und** Erwerber besitzen keinen Wohnsitz bzw. gewöhnlichen Aufenthalt im Inland	Inlandsvermögen S. § 121 Abs. 2 BewG	Keine Anrechnung
b) Steuer-Ausländer mit erweitertem Inlandsvermögen (kein Deutscher)	§ 4 Abs. 1 AStG	Wegzug des Erblassers aus dem Inland unter Aufgabe der deutschen Staatsangehörigkeit	Erweitertes Inlandsvermögen für die Dauer von zehn Jahren	Keine Anrechnung
c) Steuer-Ausländer Ausländer mit erweitertem Inlandsvermögen (Deutscher)	*Erste fünf Jahre*: § 2 Abs. 1 Nr. 1 b ErbStG *zweite fünf Jahre*: § 4 Abs. 1 AStG	Wegzug des Erblassers aus dem Inland unter Beibehaltung der deutschen Staatsangehörigkeit	*Erste fünf Jahre*: „Weltvermögen" *zweite fünf Jahre*: erweitertes Inlandsvermögen	*Erste fünf Jahre*: Anrechnung möglich *zweite fünf Jahre*: keine Anrechnung

Quelle: Ernst & Young, Grundsatzgruppe Steuern

2.3 Steuerliche Risiken des Wegzugs

Ein Wegzug muss gut überlegt und geplant sein. Sollten die Finanzbehörden beispielsweise aufgrund einer deutschen Urlaubswohnung, die nur wenige Wochen im Jahr aufgesucht wird, von einem Wohnsitz in Deutschland – mit der Folge der unbeschränkten Steuerpflicht – ausgehen, könnte dadurch die ganze Wegzugstrategie zunichte gemacht werden.

Eine Verlagerung des Wohnsitzes macht aus steuerlicher Sicht nur dann Sinn, wenn auch die Einkunftsquellen mit ins Ausland transportiert werden. Ist das nicht möglich oder gewünscht, muss die Konsequenz der beschränkten Einkommens- und Erbschaftssteuerpflicht in Deutschland einkalkuliert werden. Im Rahmen des Steuererhebungsverfahrens gelten eine Reihe von Spezialvorschriften, die regelmäßig zu einer Benachteiligung des Steuerausländers führen. Dazu gehören u. a. die Versagung des Ehegattensplittings und die Besteuerung auf Bruttobasis.

Auch die Erbfolge muss vor dem Wegzug geplant werden. Im Erbschaftsrecht spielt nämlich neben der Art des Vermögens auch der Wohnsitz der Erben eine wichtige Rolle. Sollten diese weiterhin in Deutschland wohnen bleiben, unterliegt die auf sie entfallende Erbschaft der deutschen Erbschaftssteuer. Komplikationen kann es darüber hinaus hinsichtlich des anwendbaren Erb- und Erbverfahrensrechts geben. Nicht selten muss mit dem Wegzug auch eine Nachlassplanung bzw. die Unwirksamkeit des deutschen Testaments miteinkalkuliert werden.

Um diese erbschaftssteuerliche Konsequenz zu umgehen, bietet sich zum Beispiel die Gründung einer ausländischen Stiftung an. Dabei sollte jedoch unbedingt die erweiterte unbeschränkte und beschränkte Schenkungssteuerpflicht beachtet werden. Für ausländische Stiftungen und Trusts gilt außerdem, dass unbeschränkt steuerpflichtige Bezugs- oder Anfallsberechtigte der Ertragsbesteuerung nach § 15 AStG ausgesetzt sein können. Dies ist auch bei späteren Rückzügen von Begünstigten nach Deutschland zu bedenken. Checkliste 2.3 zeigt die grundsätzlichen Risiken eines Wegzugs aus Deutschland auf.

Auch nur kurzfristige Wohnsitzbegründungen in Deutschland lösen wieder den Neubeginn der betreffenden Steuerfrist aus. Deshalb gilt: Nur wer sämtliche Zelte hinter sich abbricht, ist vor dem deutschen Fiskus sicher.

Checkliste 2.3: Risiken des Wegzugs

- Nachteile der beschränkten Steuerpflicht (u. U. Versagung des Ehegattensplittings, Bruttobesteuerung)
- Erbschaftssteuer bei Wohnsitz der Erben in Deutschland bzw. Inlandsvermögen (keine persönlichen Freibeträge, wenn lediglich Inlandsvermögen)

- Zurechnungsbesteuerung (§ 15 AstG) bzw. Schenkungssteuer bei Gründung von Familienstiftung oder Trust
- Zukünftige Maßnahmen des Gesetzgebers (Deutschland / Ausland), z. B. Initiative zur Änderung des Außensteuergesetzes (AStG) – Umstellung von Freistellung auf Anrechnung
- Devisenkontrolle, Kontrollmitteilungen
- Internationales Privatrecht, Erbverfahrensrecht, Testamentsform
- Geltungsbereich des gesetzlichen Kranken- und Rentenversicherungsschutzes
- Sitten und Gebräuche des Zuzugslandes
- Gefahren bei Trust- oder Stiftungsgründungen im Ausland

→ Gründung einer Stiftung oder eines Trust ist frühestens fünf Jahre nach Wegzug möglich, sonst fällt Schenkungssteuer in Steuerklasse III (17 bis 50 Prozent) an

→ Hinzurechnungsbesteuerung nach § 15 AStG, wenn:
  - Rückzug nach Deutschland oder Nebenwohnsitz bzw. Begünstigte in Deutschland und
  - Familienstiftung, d. h. Stifter und seine Angehörige > 50 Prozent bezugs- oder anfallsberechtigt
  - § 15 AStG > DBA wegen § 20 AstG
  - Besteuerung der Stiftungserträge unabhängig von Ausschüttungen
  - § 15 AStG > § 22 EStG, daher keine Doppelbesteuerung bei tatsächlicher Ausschüttung

- Anwendbarkeit von deutschem oder ausländischem Erbstatut

→ Testament zwingend erforderlich, in den USA werden handschriftliche Testamente nicht anerkannt

2.4 Steuerliche Begleitmaßnahmen

Ein Wegzug bewirkt nicht automatisch den Übergang des Besteuerungsrechts hinsichtlich sämtlicher Einkünfte des Steuerpflichtigen weg vom deutschen Fiskus. Soll die Standortverlagerung zu einer größtmöglichen Einsparung führen, sind zusätzliche Begleitmaßnahmen empfehlenswert:

- Erzielt der Wegziehende als Unternehmer oder Mitunternehmer eines inländischen Gewerbebetriebes inländische gewerbliche Einkünfte, kommt als Begleitmaßnahme die Aufgabe oder Veräußerung des Gewerbebetriebes bzw. Mitunternehmeranteils unter Inanspruchnahme der Tarifvergünstigungen des § 16 in Verbindung mit § 34 EStG in Betracht.

- Statt über eine Betriebsstätte oder einen ständigen Vertreter sollte der Abwanderer künftig seine wirtschaftlichen Aktivitäten in Deutschland nach Möglichkeit in Form sogenannter Direktgeschäfte abwickeln. Sofern kein Sondertatbestand des § 49 EStG oder die erweiterte beschränkte Steuerpflicht greift, lässt sich auf diese Weise das Besteuerungsrecht umgehen.
- Aber auch eine Betriebsverpachtung ist möglich. Der Zugriff des Fiskus sowohl auf die laufenden Einkünfte als auch auf einen etwaigen Veräußerungsgewinn kann dann verhindert werden, wenn der Verpächter sein Wahlrecht zugunsten der Fortführung des Betriebs ausübt. Das kann einem beschränkt Steuerpflichtigen seitens des Fiskus nicht mit dem Hinweis auf die Sicherstellung der Besteuerung der stillen Reserven verwehrt werden.
- Bei in Deutschland belegenen Immobilien bietet sich eine Veräußerung derselben und Wiederanlage der Veräußerungserlöse im Ausland an, denn Immobilien bleiben in Deutschland einkommens- und erbschaftssteuerverhaftet. Solange dabei nicht die Grenzen zum so genannten „gewerblichen Grundstückshandel" überschritten werden, lässt sich ein Gewinn aus dem Verkauf der Immobilien steuerfrei vereinnahmen (Zehnjahresfrist beachten).
- Für Zinsen aus sonstigen Kapitalforderungen, die erst nach Beendigung der unbeschränkten Steuerpflicht zufließen, verliert der deutsche Fiskus das Besteuerungsrecht. Dies eröffnet Steuerpflichtigen bereits während der Zeit ihrer unbeschränkten Steuerpflicht in Deutschland Gestaltungsspielräume, um die einkommenssteuerliche Belastung zu reduzieren. Da Einkünfte aus Kapitalvermögen grundsätzlich erst bei Zufluss besteuert werden dürfen, muss dazu nur in eine Kapitalanlageform investiert werden, bei der die Zinseinnahmen nicht laufend, sondern als Gesamtbetrag am Ende der gesamten Laufzeit zufließen. Hier bieten sich Zerobonds oder fondsgebundene Lebensversicherungen an.
- Um die Folgen des § 6 AStG zu vermeiden, kommt unter anderem in Betracht, eine eventuell bestehende wesentliche Beteiligung durch Veräußerung oder Verschenken eines Teils derselben unter die Wesentlichkeitsschwelle zu drücken (§ 17 EstG). Dabei muss jedoch beachtet werden, dass der verbleibende Anteil weiterhin fünf Jahre besteuert wird (§ 17 EstG).
- Eine zusätzliche Möglichkeit, die Steuerpflicht nach § 6 AStG zu umgehen, bietet eine formwechselnde Umwandlung einer Kapitalgesellschaft in eine Personengesellschaft. Das Besteuerungsrecht für die Personengesellschaft verbleibt dabei jedoch in Deutschland.
- Ist der Wegzügler nicht zu 100 Prozent an der Kapitalgesellschaft beteiligt und kann er deshalb gesellschaftsrechtlich den Formwechsel nicht durchsetzen, bietet sich alternativ die Einbringung seiner wesentlichen Beteiligung in eine GmbH & Co. KG an.

- Um die fünfjährige deutsche Erbschafts- und Schenkungssteuerpflicht zu vermeiden, könnte der Wegzügler an das Ablegen der deutschen Staatsbürgerschaft denken. Diese Maßnahme wird jedoch häufig aus nichtsteuerlichen Gründen abgelehnt.
- In diesen Fällen können Trustkonstruktionen weiterhelfen. Derzeit löst die Trusterrichtung hier zu Lande jedenfalls noch keine Schenkungsteuer aus.

Angesichts der aufgezeigten Steuerwirkungen ist ein dauerhafter Wegzug aus Deutschland in erster Linie für

- Besitzer von Kapitalvermögen,
- Berufstätige mit Einkunftsquellen außerhalb Deutschlands und
- Pensionäre und Rentner, die ihre Bezüge nicht aus öffentlichen Kassen erhalten,

steuerlich interessant. Richtig angegangen, kann die Wohnsitzverlagerung enorme Steuerspareffekte bringen.

Trotzdem sollte die Standortverlagerung nie ausschließlich aus steuerlichen Gründen erwogen werden. Denn mit dem Umzug ins Ausland ist die Aufgabe des gesamten Umfeldes – Unternehmen, Freunde, Verwandte, Vereinsmitgliedschaften – verbunden. Auch sollten potenzielle Schwierigkeiten mit der Mentalität der Menschen und eventuell der Sprache im Zuzugsland im Vorhinein bedacht werden.

Kommen zu den rein steuerlichen Überlegungen jedoch weitere Gründe, wie

- besseres (auch politisches) Klima,
- höhere Lebensqualität und
- bereits bestehende Verbindungen zum Zuzugsland

hinzu, kann ein Wegzug ins Ausland ernsthaft ins Auge gefasst werden.

Checkliste 2.4: Auswirkungen des Wegzugs ins Ausland auf die Vermögens- und Nachfolgeplanung

Was soll erreicht werden?

- Steuerbelastung senken: Laufende Ertragssteuer, Erbschafts- (ggf. Vermögens-)-Steuer
- Außersteuerliche Gründe

Kriterien des Zuzugslandes

- Ansiedlungs-Voraussetzungen
- Lebensqualität (Kultur, Sprache, Sicherheit, Politik)

- Steuerliche Rahmenbedingungen
- Doppelbesteuerungsabkommen (ESt, ErbSt)
- „überdachende" Besteuerung, z. B. in CH und GB

Status quo des Vermögens, der Einkünfte (siehe Tabelle 2.3)

- immobil (Unternehmen, Immobilien, abhängige Tätigkeiten, Organtätigkeiten)
- mobil (Kapitalvermögen, Beteiligungen, Kunst)
- neutral (Drittstaatseinkünfte)

Was und wie kann gestaltet werden?

- Welche Vermögensteile / Einkunftsquellen sollen veräußert, verpachtet, vorweggenommen vererbt, transformiert oder mitgenommen werden?
- Soll die Staatsangehörigkeit des Zuzugslandes angenommen und die deutsche Staatsangehörigkeit aufgegeben werden?

Was bedeutet und bewirkt ein Wegzug einkommenssteuerlich?

- Aufgabe von Wohnsitz / gewöhnlichem Aufenthalt in Deutschland
- Bei Nicht-DBA-Ländern wie Liechtenstein, Monaco u. a.: vollständige Aufgabe ohne Ausnahme erforderlich
- Bei DBA-Ländern (OECD-Raum): Doppelwohnsitz möglich, doch überdachende Besteuerung (z. B. in CH und GB) beachten

Wirkung der Aufgabe von Wohnsitz / gewöhnlichem Aufenthalt in Deutschland

- Wegfall der deutschen unbeschränkten Steuerpflicht, sogenannte „Entstrickung" bei der ESt, nicht bei der ErbSt
- Allenfalls verbleibende beschränkte Steuerpflicht, zeitlich unbeschränkt
- Erweitert beschränkte Steuerpflicht eines Deutschen bei Wegzug in ein Niedrigsteuerland, gegebenenfalls Beschränkung durch DBA nach Ablauf des fünften Jahres nach Wegzug
- Zurückforderung der „Riester"-Zulagen und -Vergünstigungen

Was bedeutet und bewirkt ein Wegzug für die Veranlagung zur Erbschaftssteuer?

- Erbschaftssteuer:
  → Durch Wegzug des Erblassers / Erben keine Vermeidung deutscher Erbschaftssteuer, wenn Erbe / Erblasser seinen Wohnsitz / gewöhnlichen Aufenthalt in Deutschland hat oder Inlandsvermögen vererbt wird

→ Weitere Verschärfung durch Fiktion der (erweitert) unbeschränkten Erbschaftssteuerpflicht des Erblassers / Erben in den ersten fünf Jahren seit seinem Wegzug

→ Erweitert beschränkte Erbschaftssteuerpflicht des Schenkers / Erblassers, § 4 AStG, bei Wegzug in ein Niedrigsteuerland nach Ablauf der erweitert unbeschränkten Steuerpflicht

→ Liegt ein DBA vor, gelten teilweise die Grenzen des deutschen Besteuerungsrechts.
Wichtig für die Vermögensumschichtung: Liquidation von Inlandsvermögen, Verlagerung in das Zuzugsland. Möglichkeiten der vorweggenommenen deutschen Erbfolge nutzen.

Steuerliche „GuV"

- Der steuerwirksame Wegzug gelingt vollständig = Idealfall
- Der steuerwirksame Wegzug gelingt nur teilweise, dann stellt sich die Frage: Lohnt die laufende ertragssteuerliche Entlastung?
- Vorteile bezogen auf die eigene Lebenszeit (Barwert)
- Kosten der Aufgabe und Neuansiedlung
- Verluste aufgrund antizyklischer Veräußerungen
- Kosten für Berater, Makler, Vermittler u. a.
- Lohnt die erbschaftssteuerliche Entlastung?
- „Gewichtung" einer niedrigen / fehlenden Erbschaftssteuer

Steuerliche Hürden / „Fallstricke"

Wegzugsbesteuerung gem. § 6 AStG

- Voraussetzungen:
  → Beteiligung einer natürlichen Person an inländischer Kapitalgesellschaft
  → Beteiligung gem. § 17 EStG
  → Mindestens zehn Jahre unbeschränkt steuerpflichtig vor Wegzug
  → Beendigung der unbeschränkten Steuerpflicht
- Rechtsfolge:
  → Besteuerung der Differenz zwischen Anschaffungskosten und gemeinem Wert
  → Halbeinkünfteverfahren
  → Besteuerung unabhängig vom Verlust des deutschen Besteuerungsrechts

Beachtung „nachlaufender“ Inlandspflichten

- Erweiterte unbeschränkte Einkommenssteuerpflicht, § 1 Abs. 2,3 EStG
- Erweiterte unbeschränkte Erbschaftssteuerpflicht, § 2 Abs. 1 Nr. 1b ErbStG
- „Überdachende“ Besteuerung gem. DBA Deutschland / Zuzugsland, Steuererklärungspflicht bei unbeschränkter Einkommenssteuerpflicht für Welteinkommen
- Steuererklärungspflicht auch bei beschränkter Einkommenssteuerpflicht (z. B. Gewerbetrieb, selbständige Arbeit, private Veräußerungsgeschäfte, Vermietung, Verpachtung), soweit Steuerschuld nicht durch Steuerabzug abgegolten

Nachteile / Vorteile der unbeschränkten gegenüber der beschränkten Steuerpflicht

- Unbeschränkte Steuerpflicht
  → Ehegattensplitting
  → Sonderausgabenabzug
  → eventuell niedriger Eingangssteuersatz
- Beschränkte Steuerpflicht
  → Beschränkung auf wirtschaftlichen Zusammenhang mit inländischen Einkünften
  → Verlustverrechnung nur mit inländischen Einkünften
  → Sonderausgabenabzug grundsätzlich ausgeschlossen
  → Mindeststeuersatz von 25 Prozent bei Veranlagung
  → Abgeltungswirkung von Abzugssteuern (Lohnsteuer, Kapitalertragsteuer, AR-Vergütungen, gewisse gewerbliche / freiberufliche Einkünfte i. S. d. § 50 a Abs. 4 EStG)

Tabelle 2.3: Auswirkungen auf verschiedene Vermögens- / Einkunftsarten

	Vermögen / Einkünfte in D (insbesondere)	**Durch Wegzug gestaltbar?**	**Hürden / "Fallstricke"**
immobil	Unternehmen, Immobilien, abhängige Tätigkeiten, Organtätigkeiten	nein, aber	– § 12 KStG – § 16 Abs. 3 EStG – §§ 7–14, 15 AstG – DBA
mobil	Kapitalvermögen, Beteiligungen (an Kapitalgesellschaften), Kunst, Edelmetalle, Liquidität	ja, aber	– § 6 AstG – § 21 UmwStG – DBA
neutral	Drittstaat-Einkünfte	grundsätzlich ja	Frage der konkreten DBA

2.5 Wohnsitzverlagerung aus erbschaftssteuerlichen Gründen

Eine Wohnsitzverlagerung kann auch aus erbschaftssteuerlichen Gründen in Betracht gezogen werden. Vor allem vor dem Hintergrund, dass beispielsweise einige Schweizer Kantone keine Erbschaftssteuer kennen und auch die USA plant, die Erbschaftssteuer abzuschaffen, kann eine Wohnsitzverlagerung zur Reduzierung der Erbschaftssteuerbelastung in Deutschland interessant sein. Die Erbschaftssteuerpflicht ist in Deutschland wie folgt geregelt.

Auch im Bereich der Erbschaftssteuer wird zwischen der unbeschränkten und der beschränkten Erbschaftssteuerpflicht unterschieden (siehe auch Tabelle 2.2). Hinzu kommen Erweiterungen der Steuerpflicht, wenn ein Wohnsitzwechsel ins Ausland stattgefunden hat:

- *Unbeschränkte Steuerpflicht im Erbschaftssteuergesetz:* Die unbeschränkte Steuerpflicht nach § 2 Abs. 1 Nr. 1 ErbStG, die das gesamte Weltvermögen umfasst, tritt ein, wenn der Schenker / Erblasser oder der Erwerber zum Zeitpunkt des Vermögensübergangs Inländer ist.
- *Die erweitert unbeschränkte Steuerpflicht:* Daneben findet gemäß § 2 I Nr. 1b ErbStG eine Verlängerung der unbeschränkten Steuerpflicht auf der Basis des Staatsangehörigkeitsprinzips statt. Danach unterliegen auch sämtliche Vermögensanfälle unbeschränkt der deutschen Erbschaftssteuer, wenn es sich auf mindestens einer Seite der Beteiligten um Steuerpflichtige handelt, die im Besitz der deutschen Staatsangehörigkeit sind und die sich nicht länger als fünf Jahre im Ausland aufgehalten haben. Ferner wird eine unbeschränkte Steuerpflicht unabhängig von der Fünfjahresfrist begründet, wenn der Erwerber oder Erblasser / Schenker zu einer inländischen juristischen Person des öffentlichen Rechts in einem Dienstverhältnis steht und dafür Arbeitslohn aus einer inländischen öffentlichen Kasse bezieht.
- *Beschränkte Steuerpflicht:* Vermögensübergänge, bei denen weder auf der Seite des Erblassers / Schenkers noch auf der Seite des Erwerbers ein Inländer im Sinne des § 2 Abs. 1 Nr. 1 ErbStG beteiligt ist, unterliegen dann der beschränkten Steuerpflicht nach § 2 Abs. 1 Nr. 3 ErbStG, wenn es sich um Inlandsvermögen handelt. Der Umfang des Inlandsvermögens ist im § 121 BewG festgelegt.
- *Steuerpflicht nach dem Außensteuergesetz:* Nach § 4 AStG wird die beschränkte Steuerpflicht für die Dauer von zehn Jahren nach Wegzug des Erblassers / Schenkers ins Ausland auf diejenigen Vermögensübergänge erweitert, die nicht Auslandsvermögen darstellen. Diese tritt jedoch nur ein, wenn der Erblasser / Schenker nach den Voraussetzungen des § 2 Abs. 1 AStG auch erweitert beschränkt einkommenssteuerpflichtig ist.

So führt ein Wegzug des Erblassers / Schenkers aus dem Inland unter Aufgabe der deutschen Staatsbürgerschaft für die Dauer von zehn Jahren zur beschränkten Steuerpflicht nach § 4 AStG.

Die beschränkte Erbschaftssteuerpflicht des AStG kann aber verhindert werden. Dazu muss nachgewiesen werden, dass für die Teile des Erwerbs, die nach dieser Vorschrift über den Umfang der beschränkten Erbschaftssteuerpflicht hinaus steuerpflichtig sind, im Ausland eine Steuer zu entrichten ist, die mindestens 30 Prozent der deutschen Erbschaftssteuer beträgt. Sofern der Erblasser / Schenker nach dem Wegzug ins Ausland entgegen der oben dargestellten Situation im Besitz der deutschen Staatsangehörigkeit bleibt, unterliegt der Steuerpflichtige für die ersten fünf Jahre der unbeschränkten Erbschaftssteuer und für die folgenden fünf Jahre der beschränkten Steuerpflicht.

Mit der Erweiterung sowohl der beschränkten als auch der unbeschränkten Steuerpflicht beabsichtigt der Gesetzgeber, kurzfristige Wohnsitzverlagerungen ins Ausland zur Vermeidung der Erbschaftssteuer zu verhindern. Das Ziel eines Wohnsitzwechsels, um damit Erbschafts- bzw. Schenkungssteuer zu sparen bzw. zu verhindern, gestaltet sich somit noch schwieriger als ein Wegzug aus ertragssteuerlichen Gründen. Das beruht zum einen darauf, dass die unbeschränkte Erbschaftssteuerpflicht in Deutschland nicht nur an den Erblasser / Schenker anknüpft. Eine Erbschaft / Schenkung unterliegt auch dann unbeschränkt der deutschen Erbschaftssteuer, wenn der Erwerber seinen Wohnsitz oder gewöhnlichen Aufenthalt in Deutschland hat (Tabelle 2.2 zeigt, unter welchen Voraussetzungen im Erbfall unbeschränkte bzw. beschränkte Steuerpflicht besteht).

Die unbeschränkte Erbschaftssteuerpflicht kann also nur verhindert werden, wenn sowohl der Erblasser / Schenker als auch der Erwerber keinen Wohnsitz oder gewöhnlichen Aufenthalt in Deutschland besitzt. Ein Beispiel dafür ist der Molkerei-Magnat Müller, der beim Wohnsitzwechsel in die Schweiz gleich seine Kinder mitgenommen hat, um der deutschen Erbschaftssteuer auch tatsächlich zu entgehen.

Checkliste 2.5: Planungen vor dem Wegzug

- Planungen der Privatperson
  - → Verkauf von Immobilien
  - → Erwerb von Zerobonds zur Vermeidung von jährlichen Zinszahlungen
  - → Fondsgebundene Lebensversicherung
  - → Abgabe der Staatsbürgerschaft
  - → evtl. Kauf von Auslandsimmobilien zur Pflichtteilsvermeidung
- Planungen des Unternehmers
  - → Steuerbegünstigter Verkauf
  - → Betriebsverpachtung
  - → Umwandlung bzw. Einbringung einer Kapitalgesellschaft in Personengesellschaft

Um das Scheitern eines Wechsels ins Ausland zu vermeiden, ist es wichtig, rechtzeitig einige grundsätzliche Überlegungen anzustellen (siehe Checkliste 2.6).

Checkliste 2.6: Grundsätzliche Überlegungen vor dem Schritt ins Ausland

- Mieten Sie eine Immobilie, bevor Sie eine kaufen. Nehmen Sie sich Zeit, bevor Sie ein geeignetes Objekt kaufen.
- Der Immobilienkauf im Ausland ist meist ein Verlustgeschäft. Wählen Sie also Ihre Immobilie sorgfältig aus. Lage, Infrastruktur, medizinische Versorgung und Bausubstanz müssen stimmen.
- Nehmen Sie nicht Ihren gesamten Hausstand mit ins Ausland – ein Umzug ist teuer. Vieles, was Sie mitnehmen wollen, ist vor Ort günstiger zu bekommen als dafür anfallende Transportkosten.
- Seien Sie ehrlich zu sich selbst. Nicht jeder Städter ist reif für die Insel. Und so mancher kann die Hitze und Feuchtigkeit in der Karibik nicht vertragen.
- Das Erlernen der Landessprache ist ein Muss.
- Häufig müssen Sie in Ihrem Domizilland auf gewohnten Komfort verzichten können.
- Seien Sie ehrlich zu Ihrem Partner. Haben Sie wirklich gleiche Ideale und Vorstellungen von Ihrem neuen Domizil? Wenn nicht, geben Sie Ihre Auslandspläne lieber auf.
- Vergessen Sie im Ausland nie die üblichen Vorsichtsmaßnahmen beim Kauf einer Immobilie oder der Gründung oder dem Kauf einer Firma. Unternehmen Sie nichts, was Sie nicht auch in der alten Heimat tun würden.
- Im Ausland ist nichts so wie in der Heimat. Seien Sie aufgeschlossen für Neues. Erwarten Sie nicht, dass im Ausland alles so läuft wie in Deutschland. Keep cool – behalten Sie immer Ihren Humor.
- Keine Panik, falls Sie Ihren Entschluss nach einiger Zeit bereuen. Ein Scheitern müssen Sie in Ihre Planung immer einkalkulieren.

3 Standortziel Steueroase

Die OECD nennt folgende Merkmale als typische Kennzeichen einer „klassischen Steueroase“:

- Steuerfreiheit bzw. Niedrigbesteuerung für alle Einkünfte und Vermögenswerte oder für bestimmte Teile davon,
- Ein ausgeprägtes Bank- und Geschäftsgeheimnis, mitunter sogar Befreiung von der Erstellung von Jahresabschlüssen,
- Keine oder geringe Devisenkontrollen,
- Erhöhte Bedeutung des Bankenapparates, vielfach bestehen Privilegien für Offshore-Bankgeschäfte (Bankgeschäfte Nichtansässiger in Fremdwährung),
- Gute Kommunikationsmöglichkeiten, insbesondere Flugverbindungen, funktionierende Telekommunikation,
- DBA ohne wirksame Rechtshilfeklausel,
- Andere Merkmale wie politische Stabilität, großzügiges Handelsrecht, professionelle Finanz-, Rechts- und Steuerberater.

Grundsätzlich unterscheidet man zwischen den typischen Steueroasen, die durch eine geringe (maximal 20 Prozent) bis gar keine Besteuerung für Privatpersonen gekennzeichnet sind und Staaten, die in Einzelfällen erhebliche Steuervorteile bieten, deren allgemeines Steuerniveau jedoch nicht als oasenverdächtig eingestuft wird. Tabelle 3.1 gibt eine Übersicht über Steueroasen für Privatpersonen. Zur erstgenannten Kategorie gehören vor allem kleinere Länder / Territorien, wie Andorra, Antigua, Bahamas, Bahrein, Bermudas, Brunei, Cayman Islands, Isle of Man, Kanalinseln, Liechtenstein, Malta, Monaco u. a. Diese Staaten / Territorien haben nur selten Doppelbesteuerungsabkommen abgeschlossen, die einen gewissen Schutz vor der deutschen Besteuerung bieten. Deshalb muss gerade beim Wegzug in diese Zielgebiete darauf geachtet werden, dass keinerlei Anknüpfungspunkte zu Deutschland bestehen bleiben, die dem Fiskus hier zu Lande Anlass bieten, die unbeschränkte deutsche Steuerpflicht aufrechtzuerhalten.

Als Länder, die Privatpersonen generell oder nur bestimmten Personengruppen besondere Vorteile bieten, ohne gleich als klassische Steueroase eingestuft zu werden, sind wegen der Nähe zu Deutschland vorrangig Österreich (Kapitalendbesteuerung, Privatstiftung) und die Schweiz (Pauschalbesteuerung und Erbschaftssteuerfreiheit in einzelnen Kantonen) zu nennen. Aber auch durch einen Wegzug nach Belgien, Großbritannien, Irland oder Zypern lassen sich unter Umständen interessante Steuervorteile erzielen (siehe Tabelle 3.1). Mit diesen Staaten bestehen DBA zumindest auf dem Einkommens-

Tabelle 3.1: Steueroasen für Privatpersonen

Steueroasen für Privatpersonen	
Kategorie	Länder / Territorien
Vergünstigungen im Gesellschaftsbereich	
Vermögensverwaltung	Bermudas, Britische Jungferninseln, Cayman-Islands, Gibraltar, Hongkong, Isle of Man, Kanalinseln, Liechtenstein, Mauritius, Monaco, Nauru, Panama, Turks- und Caicos-Inseln, Vanuatu, Zypern
Inhaberaktien	Anguilla, Bahamas, Barbados, Britische Jungferninseln, Cayman-Islands, Cook-Inseln, Costa Rica, Gibraltar, Hongkong, Isle of Man, Liberia, Liechtenstein, Luxemburg, Mauritius, Nauru, Niederlande, Niederländische Antillen, Panama, Schweiz, Seychellen, Saint Kitts and Nevis, Turks- und Caicos-Inseln, Vanuatu, Zypern
Steuervergünstigungen	
Keine Einkommenssteuer	Andorra, Anguilla, Antigua, Bahamas, Bahrain, Bermudas, Brunei, Campione, Cayman-Islands, Monaco, Nauru, Insel Norfolk, Turks- und Caicos-Inseln, Vanuatu
Niedrige Einkommenssteuer	Britische Jungferninseln, Hongkong, Isle of Man, Kanalinseln, Liechtenstein, Malta, Mauritius, Schweiz, Zypern
Steuer auf überwiesenes Einkommen	Britische Jungferninseln, Gibraltar, Seychellen, Singapur, Zypern
Keine Erbschaftssteuer	Andorra, Anguilla, Antigua, Bahamas, Bahrain, Britische Jungferninseln, Campione, Cayman-Islands, Isle of Man, Kanalinseln, Mauritius, Nauru, Panama, Turks- und Caicos-Inseln, Vanuatu
Steuerbefreiung	Britische Jungferninseln, Ciskei, Costa Rica, Irland, Sri Lanka, Zypern
Sonstige Vergünstigungen	
Bankgeheimnis	Andorra, Anguilla, Bahamas, Cayman-Islands, Isle of Man, Liechtenstein*, Luxemburg, Mauritius, Nauru, Österreich*, Panama, Schweiz, Singapur, Turks- und Caicos-Inseln, Ungarn, Vanuatu

* eingeschränkt

steuersektor, mit Österreich und der Schweiz wurden zudem Erbschaftssteuer-DBA abgeschlossen. Einige steuerliche Effekte lassen sich in diesen Fällen somit allein durch die Verlegung des Lebensmittelpunktes (Doppelwohnsitz) erzielen.

Ziel einer Wohnsitzverlegung ist aus steuerlicher Sicht zunächst, dem Zugriff der deutschen Steuerverwaltung im Rahmen der unbeschränkten Steuerpflicht zu entgehen. Soweit lediglich die Verlagerung des Hauptwohnsitzes in einen ausländischen Staat unter

Beibehalt eines deutschen Nebenwohnsitzes erfolgt, muss zunächst geprüft werden, ob Deutschland mit dem jeweiligen Zuzugsland ein DBA abgeschlossen hat. Nach den DBA kann nämlich nur ein Staat als Wohnsitzstaat für Besteuerungszwecke gelten. Dies ist bei allen gängigen DBA der Staat, in dem sich der Mittelpunkt der persönlichen und wirtschaftlichen Lebensinteressen der betreffenden Person befindet. Gelingt also der Nachweis, dass der Hauptwohnsitz im Ausland liegt, lassen sich einige Besteuerungsfolgen in Deutschland vermeiden.

Mit in Deutschland belegenen Gewerbetrieben und Immobilien unterliegt man aber weiterhin der deutschen Besteuerung. Darüber hinaus muss beachtet werden, dass einige DBA ein überdachendes Besteuerungsrecht für den deutschen Fiskus für den Fall vorsehen, dass in Deutschland noch ein Wohnsitz beibehalten bleibt und dass DBA häufig nur für Ertragssteuerzwecke, nicht aber für Erb- und Schenkungssteuerzwecke abgeschlossen sind. Personen, die also in ein Land ohne DBA mit Deutschland ziehen wollen, müssen sämtliche Verbindungen nach Deutschland kappen, um die gewünschten steuerlichen Effekte erzielen zu können.

Maßgeblich dafür sind dafür allein die schon in der Checkliste 2.2 aufgeführten tatsächlichen und objektiv nachvollziehbaren Umstände. Bei Nichtbeachtung dieser Punkte wird die Aufgabe des deutschen Wohnsitzes unter Umständen nicht anerkannt. Außerdem muss vermieden werden, dass der Fiskus dem Steuerpflichtigen weiterhin einen gewöhnlichen Aufenthalt i. S. d. § 9 AO, der ebenfalls unbeschränkte Steuerpflicht in Deutschland zur Folge hat, unterstellen kann.

Die Kriterien für die Begründung eines steuerlichen Wohnsitzes sind in den Steueroasen in der Regel vergleichbar, aber nicht identisch. Problematischer ist da in einzelnen Ländern schon eher das Erlangen einer Aufenthaltsgenehmigung. Ausreichendes Einkommen bzw. Vermögen sind Grundvoraussetzung für die Wohnsitznahme (außer innerhalb der EU). In manchen Staaten, beispielsweise den Bermudas, ist darüber hinaus die Wohnsitznahme für Ausländer nahezu unmöglich.

4 Die beliebtesten Auslands-Destinationen für Privatpersonen

4.1 Steuerliche Konsequenzen des Domizilwechsels

Statistiken der Auslandsvertretungen der Zuwanderungsstaaten machen die begehrtesten Auswanderungsziele sichtbar:

- Auswanderer aus Deutschland, Österreich und der Schweiz bevorzugen als Ruhewohnsitz Frankreich, Italien und Spanien.
- Als Arbeitsort liegen die jeweils benachbarten Ländergebiete im Trend.
- Außerhalb Europas liegen vor allem Australien, Kanada und die USA im vorderen Bereich der Statistiken.
- Bei vermögenden Privatpersonen sind neben den klassischen Steueroasen auch die europäischen Nobelorte Cannes, Genf, Monaco und St. Moritz beliebte Zielpunkte.

Ob eine Wohnsitzverlagerung ins Ausland zu bemerkenswerten steuerlichen Vorteilen führt, ist letztlich davon abhängig, in welcher Höhe der ausländische Staat die Einkünfte seines „Neu-Bürgers" besteuert. Die für den Abwanderer unter steuerlichen Aspekten interessantesten Staaten lassen sich in folgende Ländergruppen unterteilen:

- Länder, die auf die Erhebung von Einkommenssteuer vollständig verzichten (Null-Steuer-Länder); z. B. Andorra, Monaco.
- Niedrigsteuerländer: Beispielsweise die Isle of Man (ESt-Spitzensteuersatz 20 Prozent); die Kanalinseln Alderney und Guernsey (pauschaler E-Steuersatz 20 Prozent); Liechtenstein (ESt-Steuerspitzensatz 18 Prozent).

4.2 Länder mit generellen steuerlichen Vergünstigungen für bestimmte Einkünfte (Einkunftsartenprivilegierung)

4.2.1 Belgien

In Belgien gibt es die Kapitalertragssteuer mit Abgeltungscharakter; es erfolgt also keine Einbeziehung in die Einkommenssteuerveranlagung für Dividenden (25 Prozent) und Zinsen (13 Prozent).

Was Zuzügler erwartet – Belgien

Fläche:	32.545 qkm
Hauptstadt:	Brüssel
Einwohner:	10,3 Millionen
Landessprache:	Französisch, Niederländisch, regional Deutsch
BIP je Einwohner:	25.460 EUR
Doppelbesteuerungsabkommen:	Ja
Fiskalische Auslieferungsabkommen:	Belgien leistet umfassende Rechts- und Amtshilfe, Banken erteilen den Behörden Auskunft

Steuersystem

- Über die Besonderheit der Coordination-Center koordinieren und finanzieren ausländische Unternehmen ihre weltweiten Aktivitäten. Diese Gesellschaftsform ist steuerlich gesehen interessant, denn sie wird mit 10 Prozent besteuert, Betriebskosten können gegengerechnet werden
- Körperschaftsteuer 34 Prozent
- Quellensteuer 10 Prozent, Ausländer sind noch befreit
- Dividendensteuer 25 Prozent, Ausländer sind noch befreit
- Keine Steuer auf Lizenz- und Patenteinnahmen
- Ausländische Sportler und Künstler werden pauschal besteuert

Sonstiges

Der ostbelgische Raum zwischen Eupen und Malmedy zieht verstärkt Deutsche an, die sich dort wegen der günstigen Lebenshaltungskosten und den im Vergleich zu Deutschland noch niedrigen Immobilienpreisen niederlassen, weiterhin aber in Deutschland arbeiten.

4.2.2 Großbritannien

Drei Besonderheiten ermöglichen es dem Wechselwilligen, in Großbritannien keine Steuern entrichten zu müssen:

- das deutsch-britische Doppelbesteuerungsabkommen,
- der in Großbritannien übliche Unterschied zwischen „Residence" und „Domicile" und
- die generell liberale Einstellung gegenüber allen möglichen Steuerspar- und Offshore-Konstruktionen.

Entscheidend für die unbeschränkte Steuerpflicht ist das „domicile". So kann ein Ausländer ohne englische Abstammung „resident" sein, aber in Großbritannien kein „domicile" haben (siehe Checkliste 9 „Resident non domiciled"). Dafür ist neben der Abstammung auch der Wille des Ausländers ausschlaggebend, für immer in Großbritannien zu bleiben (in der Praxis ist dies nicht nachweisbar!). Das hat zur Folge, dass Einkünfte aus UK-Quellen normal zu versteuern sind. Weitere Folge: Ausländische Einkünfte sind nur dann zu versteuern, wenn diese nach Großbritannien überwiesen werden (remittance basis).

Für Ausländer bedeutet das:

- Wenn alle Konten im Ausland (z. B. in der Schweiz) geführt werden, sind nur die nach Großbritannien überwiesenen Einkommensteile steuerpflichtig. Alle anderen Vermögenswerte oder Vermögenserträge sind nicht steuerpflichtig.

Vor dem Zuzug nach Großbritannien sollte die Vermögensbuchhaltung daher wie folgt strukturiert werden:

- 1. Konto: Ausgangssumme bzw. Ausgangskapital
- 2. Konto: Veräußerungs-(Kapital)gewinne
- 3. Konto: Vermögenserträge (Zinseinkünfte etc.)

Diese detaillierte Buchführung ist für den steuerfreien Status von größter Wichtigkeit, denn Einkommenssteuern werden in Großbritannien nur dann erhoben, wenn aus dem Konto Nr. 3 Zahlungen ins Königreich erfolgen. Alle anderen Zahlungen aus den Konten Nr. 1 und Nr. 2 sind steuerfrei – siehe Checkliste 4.1.

Checkliste 4.1: Resident non domiciled – was muss beachtet werden?

Maßnahmen vor Wohnsitznahme in GB

- Eröffnung eines Offshore-Kontos als Kapitalkonto
- Schließung sämtlicher Konten, auf die Zinserträge geflossen sind und Transferierung auf das Kapitalkonto
- Transfer von Geldvermögen anderer laufender Konten auf das Kapitalkonto
- Eröffnung eines Kontos für Einkünfte aus nichtselbstständiger Tätigkeit – ausgeübt in GB
- Eröffnung eines eigenen Kontos für Auslandseinkünfte aus nichtselbstständiger Tätigkeit
- Eröffnung eines Offshore-Kontos für Kapitaleinkünfte
- Eröffnung eines Offshore-Kontos für Kapitalgewinne
- Zinsen, die auf irgendeinem der genannten Konten anfallen, sollten direkt auf das Kapitaleinkünftekonto fließen
- Separate Portfolios für Investments mit legalem Kapital sowie mit steuerverstricktem (schwarzem) Kapital

Maßnahmen nach Wohnsitznahme in GB

- Überweisung nach GB in folgender Reihenfolge:

  → Konto (1) mit in GB versteuerbaren Einkünften (Steuersatz Einkommen / Kapitalgewinn erreicht schnell 40 Prozent)

  → Reines Kapitalkonto (2)

  → Kapitalgewinnkonto (3)

  → Kapitaleinkünftekonto (4)

- Überweisung von GB ins Ausland: in umgekehrter Reihenfolge

Steuerliche Konsequenz

Es müssen nur zusätzliche Steuern zu Konto (1) gezahlt werden, wenn aus den Konten (3) und (4) Gelder nach GB überwiesen werden. Zahlungen aus dem Konto (2) sind steuerfrei.

Planungsschritte

In GB sind steuerpflichtige Einkünfte zu vermeiden. Sie sollten vorrangig aus dem Kapitalkonto leben und jedes Jahr aus Konto (3) und (4) wieder Kapital generieren.

Weitere Aspekte

- Nach siebzehn von zwanzig Jahren wird eine ausländische Person mit dem Status „residence“ in Großbritannien steuerpflichtig. Dies umgeht man mit der Gründung eines Trusts, in den alle Vermögenswerte eingebracht werden.
- Wird in Großbritannien eine Immobilie gekauft, dann sollte diese über einen Trust gehalten werden, um

  → Kapitalgewinnsteuer beim Verkauf und

  → Erbschaftssteuer im Todesfall

zu vermeiden. Wer also aus Deutschland nach Großbritannien zieht, sollte nach fünf Jahren einen Trust gründen.

Der Wegzug von Deutschland nach Großbritannien als legale Steueroptimierung ist unbedingt eine Überlegung wert. Denn selbst wenn Sie in Deutschland eine Wohnung oder ein Haus haben und sich darin oft aufhalten, sind Sie dennoch in Großbritannien steuerpflichtig, wenn Sie dort eine etwas größere Immobilie besitzen, in der Sie sich häufiger aufhalten. Ihre Steuerpflicht in Deutschland ist damit beendet.

Nun geht es nur noch darum, wie Sie auch in Großbritannien fiskalisch ungeschoren davonkommen. Dies schafft man durch den Unterschied zwischen „residence“ und „domicile“. Dazu benötigen Sie zunächst eine Residenz in GB (formlos, da es kein Meldegesetz gibt). Das bedeutet: Wenn Sie in GB eine Wohnung mieten oder ein Haus kaufen und sich darin mehr als 183 Tage im Steuerjahr aufhalten, können Sie eine „residence“ in Großbritannien beanspruchen. Wenn Sie dann mindestens sechs Monate pro Jahr bzw. über einen Zeitraum von vier Jahren im Schnitt drei Monate jährlich dort verbracht haben, gilt der Status „residence“ als erfüllt. Damit Sie dann auch in Großbritannien steuerfrei leben, ist die Frage des „domicile“ entscheidend – s. o.

Fazit: Großbritannien kann bei entsprechender Beratung eine Steueroase für jene Personen sein, deren „domicile“ außerhalb des Königreichs liegt.

Checkliste 4.2: Zuzug nach Großbritannien

Falls Sie planen, in Großbritannien ansässig zu werden, sollten Sie die britischen Steuervorschriften ausnutzen, bevor Sie dort einen Wohnsitz einrichten:

- Planen Sie für das beabsichtigte Anfangsdatum Ihrer Ansässigkeit voraus sowie dafür, ab wann Sie als Steuerinländer betrachtet werden. Die nachfolgend aufgeführten Punkte müssen daher zeitlich so abgestimmt werden, dass sie vor diesem Datum in Angriff genommen werden. Sie sollten sich über den Status Ihres Domizils im Klaren sein. Dazu ist fachmännischer Rat einzuholen.
- Stellen Sie sicher, dass Sie das richtige Einreisevisum erhalten, wenn Sie nicht bereits ein Anrecht auf einen Wohnsitz in Großbritannien haben.

- Falls angebracht, sollten Sie eine Offshore-Bankverbindung einrichten, um Ihr nicht besteuerbares Kapital von zukünftigen Einkünften oder Erträgen zu trennen. Diese können bei einer Überweisung steuerpflichtig sein.
- Nach Ihrer Ankunft in Großbritannien müssen Sie sich um folgende Angelegenheiten kümmern:
  - Wenn Ihre Steuerexponierung in Großbritannien begrenzt ist, sollten Sie einen Fragebogen in Bezug Ihres Domizils ausfüllen (DOM 1). Das sollte nicht ohne kompetenten Rat erfolgen.
  - Beim Erwerb eines Eigentumsobjektes sollte immer fachmännischer Rat hinzugezogen werden.
  - Wenn Sie vorhaben, Ihre Vermögenswerte nach Großbritannien zu verlegen, erwägen Sie eventuell, in Großbritannien ein Testament zu machen. Dazu müssen sowohl in der alten Heimat als auch in Großbritannien erbschaftssteuerliche Vorschriften beachtet werden. Auch dazu benötigen Sie Fachleute in beiden Ländern.
  - Arbeiten Sie eine langfristige Strategie aus. Falls erforderlich, ziehen Sie für im Ausland gelegene Immobilien „Ausschließliche Immobilienfonds" in Erwägung.
  - Prüfen Sie, ob Ihr Status als Ansässiger in Großbritannien Möglichkeiten eröffnet, Ihre Besteuerung in anderen Ländern, z. B. in der Heimat, zu reduzieren bzw. auf Null zu stellen.

Was Zuzügler erwartet – Großbritannien

Fläche:	242.900 qkm
Hauptstadt:	London
Einwohner:	60,1 Millionen
Landessprache:	Englisch
BIP je Einwohner:	27.740 EUR
Doppelbesteuerungsabkommen:	Ja
Fiskalische Auslieferungsabkommen:	Keine

Steuersystem

- Einkommenssteuer maximal 40 Prozent
- Erbschaftssteuer 40 Prozent ab 150.000 £
- Kumulierung der innerhalb einer Siebenjahresfrist getätigten Vermögensübertragungen mit Nachlass

- Bestimmte Zuwendungen unter Lebenden sind steuerfrei, beispielsweise zwischen Ehegatten
- Capital Gains Tax maximal 40 Prozent
- Besteuerungsunterschiede je nach Ansässigkeitsstatus: Non-ordinary resident / ordinary resident / domiciled / non-domiciled Personen werden auf „remittance-basis" besteuert, d. h. nur und soweit Überweisung nach Großbritannien erfolgt

4.2.3 Irland

Die Besteuerung findet wie in Großbritannien auf Remittance-Basis statt. Darüber hinaus sind die Einkünfte von Schriftstellern, Komponisten, Kunstmalern und Bildhauern steuerfrei. Entsprechende Tantiemeneinkommen aus dem Ausland sind neben der irischen Einkommensteuer auch von ausländischer Quellensteuer wegen der von Irland geschlossenen Doppelbesteuerungsabkommen befreit. Gleiches gilt für Einkünfte aus Patentverwertungen, wenn die Forschungs- und Entwicklungsarbeiten in Irland geleistet werden. Es gibt keine Vermögensteuer, aber eine progressive Erbschaftssteuer, die je nach Erbschaftsgrad bis zu 55 Prozent beträgt.

Der Immobilienerwerb ist für EU-Bürger bis 5 acre (ca. 20.000 qm) problemlos. Es erwarten den Zuzügler jedoch andere Formen des Immobilieneigentums, siehe „Was Zuzügler erwartet".

Die attraktivste Immobilienadresse liegt in Dublins Stadtteil Temple Bar am Südufer des Liffey. Das Gros der Zuzügler zieht es jedoch in den milden Südwesten, auf die fünf Halbinseln zwischen Waterford und dem Ring of Kerry. Hier findet man historische Immobilien bereits ab 50.000 EUR, in Topzustand mit schönem Meerblick ab 125.000 EUR. Richtung Norden, entlang des Shannon, liegen die für Bootsbesitzer interessantesten, aber auch sehr regnerischen Regionen. Der Regen hält das Preisniveau für Immobilien niedriger als im Süden. Renovierungsbedürftige Cottages findet man im Landesinnern bereits ab 15.000 EUR, Burgen und Schlösser gibt es in renovierungsbedürftigem Zustand ab 150.000 EUR, gut erhaltene Manors oder Castles kosten dagegen 500.000 EUR aufwärts.

Ortsansässig in Irland zu sein bedeutet nicht nur, dass man einen dauerhaften Wohnsitz auf der grünen Insel hat und mindestens 183 Tage pro Jahr oder 280 Tage in zwei Steuerjahren dort verbringt, sondern man darf auch nicht in einem anderen Staat ortsansässig sein.

Steuersystem

- Natürliche inländische Personen progressiv zwischen 20–60 Prozent
- Gänzlich steuerbefreit sind Künstler: Schriftsteller, Komponisten, Maler, Bildhauer

- Körperschaftssteuer bis Ende Dezember 2005 nur 10 Prozent, ab 2006 bis 2025 gelten 12,5 Prozent
- Keine Vermögenssteuer
- Progressive Erbschaftssteuer, nach Freibeträgen für Ehegatten und Abkommen zwischen 20 und 55 Prozent
- Schenkungssteuer ermäßigt sich auf dreiviertel der Erbschaftssteuersätze

Was Zuzügler erwartet – Irland

Fläche:	70.273 qkm
Hauptstadt:	Dublin
Einwohner:	3,9 Millionen
Landessprache:	Irisch, Englisch
BIP je Einwohner:	33.240 EUR
Doppelbesteuerungsabkommen:	Ja, ausgenommen Non Resident Companies
Fiskalische Auslieferungsabkommen:	Keine

Sonstiges

Der Immobilienkauf ist problemlos, jedoch gibt es Sonderformen des Immobilieneigentums:

- Freehold estate: Erwerb einer Immobilie auf Dauer, eingeschränkt lediglich durch Nutzungsbeschränkungen (convenants) oder aufgrund von Gesetzen
- Leasehold estate: Entspricht weitgehend der deutschen Erbpacht. Der Erbpachtberechtigte (tenant) erhält vom Erbpächter ein zeitlich beschränktes Eigentumsrecht (in der Regel 35 Jahre) gegen Zahlung einer Pacht (rent)
- Fee farm grant estate: Entspricht einem Pachtvertrag mit zeitlich unbeschränkter Nutzung gegen Zahlung eines Pachtzinses

4.2.4 Monaco

Monaco ist eine typische Steueroase. Mit Ausnahme des 1963 mit Frankreich geschlossenen Vertrages besitzt das Fürstentum kein DBA. Auch gibt es keine Abkommen über Informationsaustausch oder fiskalische Auslieferungsabkommen. Und es gibt keine gesetzlichen Vorschriften, die eine Offenlegung der Einkünfte und des Vermögens verlangen.

Privatpersonen, die in Monaco ansässig sind, unterliegen keiner Einkommens- oder Vermögensbesteuerung. Auch Grund- oder Gewerbesteuern wurden abgeschafft. Lediglich selbständig Erwerbstätige, die im Fürstentum einer Tätigkeit nachgehen, werden mit 33 1/3 Prozent besteuert, wenn mehr als 25 Prozent ihres Umsatzes von außerhalb Monacos stammen. Das zieht viele Ausländer nach Monaco – auch rund eintausend Deutsche.

Doch die Voraussetzungen für ein Leben unter den Reichsten der Reichen sind hoch:

- Besitz einer „carte de résidence" für EU-Bürger
- Nachweis eines bestehenden Mietvertrages in Monaco (ca. 7.000 bis 10.000 EUR monatlich)
- Aktueller Grundbuchauszug über Immobilienbesitz oder ein gültiger Kaufvertrag
- Bestätigung einer in Monaco ansässigen Bank über ein Kundenguthaben von mindestens 700.000 EUR
- Wohnsitz im Fürstentum
- Anwesenheitsnachweis in Monaco von mindestens 90 (Aufenthaltsberechtigung drei Jahre) bzw. 180 Tagen (Aufenthaltsberechtigung zehn Jahre) pro Jahr
- Eine Arbeitsbewilligung muss separat eingeholt werden und ist an strenge Kriterien geknüpft

Lediglich Erbschaftssteuer wird erhoben:

- Davon ausgenommen sind allerdings Ehepartner und Nachkommen
- Für Drittpersonen beträgt der Steuersatz 16 Prozent vom Nachlass

Dabei sind Pflichtteile zu beachten. Es besteht jedoch die Möglichkeit, über einen zwischengeschalteten Trust die Pflichtteilsrechte auszuschließen (aufgesetzt/bestätigt durch eine in Monte Carlo notariell-beglaubigte Urkunde).

Nur seinen Wohnsitz in Monaco anzumelden und die meiste Zeit im Ausland zu verbringen, funktioniert allerdings nicht. Die monegassischen Behörden überwachen Ausländer sehr strikt. Geschlossene Rollläden, nicht geleerte Briefkästen, verdächtige Strom-, Gas- und Telefonrechnungen sowie geschwätzige Hausmeister führen schnell zur Aberkennung einmal eingeräumter Steuerprivilegien und häufig auch zur Ausweisung.

Was Zuzügler erwartet – Monaco

Fläche:	1,95 qkm
Einwohner:	32.000, davon 5.000 Monegassen
Landessprache:	Französisch
BIP j. Einwohner:	k. A.
Doppelbesteuerungsabkommen:	Nur mit Frankreich
Fiskalische Auslieferungsabkommen:	Keine

Steuersystem

- Keine Einkommenssteuer
- Steuern auf Gewinne aus gewerblicher Tätigkeit in Monaco (33 ⅓ Prozent)
- Erbschafts- und Schenkungssteuer auf alle beweglichen und unbeweglichen Gegenstände, die sich in Monaco befinden oder dort registriert sind (nicht steuerpflichtig sind Ehegatten und Verwandte in direkter Linie, ansonsten 8–16 Prozent – je nach Verwandtschaftsgrad)
- Register-, Stempel- und Hypothekensteuern
- Trust-Vermögen ist mit Zahlung einer Steuer von 0,2 Prozent von Vermögens-, Schenkungs- und Erbschaftssteuern befreit
- Zinsen und Dividenden sind (noch) quellensteuerfrei

Sonstiges

- Mondänstes Steuerparadies weltweit, die Lebenshaltungskosten entsprechen denen von Paris
- Immobilienpreise sind extrem hoch, Quadratmeterpreise bis 20.000 EUR sind keine Seltenheit
- Starke Kontrollen, mindestens sechs Monate Aufenthalt pro Jahr

4.2.5 Österreich

Die Alpenrepublik ist durch ihre politische und wirtschaftliche Stabilität und durch die gemeinsame Sprache und Geschichte in hohem Maße mit Deutschland verbunden. Wesentliche Rechtsbereiche haben dieselbe Quelle, und es ist somit nicht verwunderlich, dass bis heute in beiden Ländern zahlreiche Rechtsvorschriften gleich oder zumindest ähnlich sind. Seit 1995 ist Österreich zudem Mitglied der EU.

Gründung eines Wohnsitzes

Um einen Wohnsitz zu gründen, kann man wahlweise ein Objekt anmieten oder Grundvermögen erwerben. Die Anmietung einer Immobilie ist unkompliziert. Es sind keine Bewilligungen erforderlich, da jeder EU-Staatsbürger in einem anderen Mitgliedsstaat einen Wohnsitz haben darf. Man muss sich nur bei der Behörde registrieren lassen.

Auch der Erwerb von Grundvermögen ist durch EU-Bürger grundsätzlich möglich. Dafür muss allerdings die Zustimmung der Grundverkehrsbehörde eingeholt werden. Sie wird dann erteilt, wenn es sich um den Hauptwohnsitz handelt. Freizeitwohnsitze werden dagegen in der Regel nicht genehmigt.

Der Erwerb von Grundvermögen unterliegt der Grunderwerbssteuer in Höhe von 3,5 Prozent des Kaufpreises. Zusätzlich sind Gebühren für die Eintragung im Grundbuch zu entrichten. Einschließlich der Vertragsausarbeitung belaufen sich die Nebenkosten beim Grunderwerb auf 5–7 Prozent des Kaufpreises. Die laufende Besteuerung (Grundsteuer an die Gemeinde) ist relativ gering.

Wird das Grundvermögen innerhalb einer Frist von zehn Jahren ab dem Kaufdatum weiterveräußert, ist ein daraus erzielter Spekulationsgewinn einkommenssteuerpflichtig. Sollte sich auf der Liegenschaft der Hauptwohnsitz befinden, beträgt die Spekulationsfrist dagegen nur zwei Jahre.

Die Schenkung oder Vererbung von Grundvermögen unterliegt der Erbschafts- und Schenkungssteuer. Diese Steuer wird vom dreifachen Einheitswert berechnet. Die Höhe der Steuer ist daneben abhängig vom Verwandtschaftsgrad zwischen dem Schenkenden / Erblasser und dem Beschenkten / Erben. Die amtlich festgesetzten Einheitswerte sind in aller Regel sehr niedrig und liegen im Durchschnitt bei etwa 10–20 Prozent des Verkehrswertes. Für Personen, die sowohl in Österreich als auch in Deutschland ansässig sind, sieht das DBA Zuteilungsregeln vor, um eine doppelte Erfassung von Vermögensübertragungen zu vermeiden.

Steuersituation in Österreich

Grundsätzlich ist erzieltes Einkommen einkommenssteuerpflichtig. Der Einkommenssteuertarif ist progressiv mit einem Höchststeuersatz von 50 Prozent. Die Alpenrepublik ist also kein Niedrigsteuerland. Allerdings gibt es Steuervorteile:

Besteuerung von Kapitaleinkünften:

- *Zinserträge:* Zinserträge von Privatpersonen aus Einlagen bei Banken, aus Anleihen, Hypotheken etc. werden mit einer Kapitalertragssteuer von 25 Prozent belastet. Die Einbehaltung der Steuer erfolgt durch das Kreditinstitut, beim Finanzamt braucht keine Steuererklärung eingereicht zu werden. Mit dem Abzug der Kapitalertragssteuer ist die Steuerpflicht vollständig abgegolten, auch wenn andere Einkünfte vorliegen (Endbesteuerung). Die Endbesteuerung ist eine Bruttosteuer. Es ist daher nicht möglich, die erzielten Zinserträge mit Ausgaben/Verlusten zu verrechnen. Auf Antrag können die endbesteuerten Kapitaleinkünfte beim Finanzamt auch veranlagt werden – dabei sind jedoch alle Kapitaleinkünfte anzugeben. Ist diese Steuer niedriger als die Pauschalbesteuerung von 25 Prozent, wird die Differenz erstattet. Da bei diesem Antrag alle Vermögenswerte offen gelegt werden müssen, wird davon aber nur in Ausnahmefällen Gebrauch gemacht.

Die Abgeltung durch die Endbesteuerung betrifft bei Privatpersonen nicht nur die Einkommenssteuer, sondern auch die Erbschaftssteuer, nicht aber die Schenkungssteuer!

Die Vererbung von Bankeinlagen, Anleihen und ähnlichen Wertpapieren ist damit vollständig von der Erbschaftssteuer befreit. Die Vermögenssteuer wurde in Österreich abgeschafft.

- *Erträge aus Dividenden:* Dividendenerträge werden mit der 25 prozentigen Kapitalertragssteuer endbesteuert. Auch hier kann durch eine beantragte Veranlagung beim Finanzamt eine Steuerrückvergütung erfolgen. Seit dem Jahr 2001 ist für Personen mit dem Lebensmittelpunkt in Österreich auch die Vererbung von Aktien oder ähnlichen Wertpapieren von der Erbschaftssteuer befreit, wenn der Anleger maximal ein Prozent am Gesamtkapital der AG hält.
- *Spekulationssteuer:* Beträgt der Zeitraum zwischen Anschaffung und Verkauf eines Wertpapiers weniger als ein Jahr, so ist ein daraus erzielter Gewinn im Rahmen der normalen Einkommenssteuerveranlagung steuerpflichtig. Für Zeiträume über einem Jahr besteht keine Einkommenssteuerpflicht, wenn der Anleger weniger als ein Prozent des Gesamtkapitals der AG hält.

Steuerliche Besonderheiten

- *Allgemeine Pauschalierung von Einkommen:* Zahlreiche prominente und wohlhabende Personen, wie Formel-1-Pilot Ralf Schumacher, Bayern-München-Präsident Franz Beckenbauer oder der Ex-Unternehmer Karl Friedrich Flick haben ihren Wohnsitz nach Österreich verlegt. Das hat handfeste steuerliche Gründe. Einer dieser Gründe liegt zweifellos in der oben angeführten günstigen Besteuerung von Kapitaleinkünften.
- Ein weiterer Grund ist die *Pauschalierung für bestimmte Berufsgruppen:* Insbesondere für Sportler sieht das österreichische Einkommenssteuergesetz bzw. ein dazu ergangener Erlass ebenfalls eine sehr günstige pauschale Ermittlung des Einkommens vor. Auch diese „Sportlerbesteuerung" hat viele ausländische Spitzensportler dazu bewogen, den *Wohnsitz* nach Österreich zu verlegen.

Einkünfte aus betrieblicher Tätigkeit

Gewinne aus betrieblichen Tätigkeiten in Österreich sind nach dem Einkommenssteuertarif voll steuerpflichtig. Es gilt grundsätzlich dieselbe Rechtslage wie in Deutschland. Die Erträge von Kapitalgesellschaften unterliegen der Körperschaftssteuer. Das DBA zwischen Deutschland und Österreich sieht Maßnahmen vor, die eine Doppelbesteuerung vermeiden sollen:

- Befinden sich Wertpapiere im Betriebsvermögen eines Unternehmens, so gilt die Endbesteuerung auch bei Einzelunternehmen und Personengesellschaften. Bei Kapitalgesellschaften ist keine Endbesteuerung vorgesehen, allerdings gibt es hier weiter gehende (teilweise auch internationale) Befreiungen von Beteiligungserträgen.

Erbschafts- und Schenkungssteuer nach DBA Deutschland / Österreich

Das DBA mit Österreich eröffnet für die Erbschaftssteuer interessante Gestaltungsmöglichkeiten. Es gilt allerdings nur für die Erbschaftssteuer, nicht für die Schenkungssteuer:

Für Schenkungen finden allein die deutschen Vorschriften Anwendung. Maßgebend für die Besteuerung im Erbfall ist nach dem DBA grundsätzlich die Ansässigkeit des Erblassers. Ob der Erbe seinen Wohnsitz in Deutschland beibehält, ist unerheblich.

Wichtig ist dabei die sofortige Abkommensberechtigung, wenn der Hauptwohnsitz mit Wegzug in Österreich begründet wird. Ein Nebenwohnsitz in Deutschland muss – wie beim Einkommenssteuerrecht – für die Abkommensberechtigung nicht aufgegeben werden. Auch wird die „nachhängende" Besteuerung nach deutschem Steuerrecht (fünf Jahre nach Wegzug) durch das DBA ausgeschlossen.

Das DBA mit Österreich sieht die Freistellungsmethode vor:

- In Deutschland ist nur dort befindliches Grund- und Betriebsvermögen steuerpflichtig.
- In Österreich gelegene Vermögensgegenstände sind von der deutschen Besteuerung (ggf. unter Progressionsvorbehalt) auszunehmen.

Damit ergeben sich Optimierungsmöglichkeiten bei der Nachlassplanung, etwa

- durch Einsatz von österreichischen Betriebsstättenvermögen

oder

- durch Einrichtung einer österreichischen Privatstiftung von Todes wegen.

Erbschaftssteuer durch Verlagerung nach Österreich minimieren

Das Ziel, die Erbschaftssteuer auf Null zu reduzieren, kann nicht erreicht werden, solange das Vermögen des Erblassers in erster Linie aus deutschem Immobilienvermögen besteht. Das Besteuerungsrecht für in Deutschland belegenes unbewegliches Vermögen steht nach wie vor dem deutschen Fiskus zu.

Als Ausweg bietet sich die Veräußerung des Vermögens an die potenziellen Erben an. Der Veräußerungserlös kann dann in endbesteuertes Kapitalvermögen investiert werden, so dass im Erbfall weder in Deutschland noch in Österreich Erbschaftssteuer anfällt. Dieser Verkauf kann zudem so gestaltet werden, dass er keine Umsatzsteuer bzw. Grunderwerbsteuer auslöst. Wenn dann auch noch die zehnjährige Spekulationsfrist beachtet wird, kann beim Veräußerer Einkommenssteuer vermieden werden. Für die Immobilienerwerber (Kinder) ergeben sich darüber hinaus ertragssteuerliche Vorteile. Die AfA-Bemessungsgrenzen für die Gebäude werden angehoben, und notwendige Finanzierungskosten können als Werbungskosten abgezogen werden.

Nun können minderjährige Kinder in Deutschland nicht ohne weiteres Kredite aufnehmen, um Immobilien zu erwerben. Außerdem möchte der Erblasser häufig auch nicht die Kontrolle über „seine" Immobilien verlieren. In diesen Fällen bietet sich die Gründung eines Familienpools in der Rechtsform der KG an. Der Erblasser, eventuell gemeinsam mit seinem Ehepartner, wird persönlich haftender Gesellschafter, ohne am Vermögen der KG nennenswert beteiligt zu werden. Die Kinder werden Kommanditisten. Der persönlich haftende Gesellschafter führt die Geschäfte und vertritt die KG nach außen hin. Er haftet gegebenenfalls auch für die von der KG aufgenommenen Kredite. Die Haftung der Kinder ist aufgrund der Kommanditisten-Stellung beschränkt.

Einer vormundschaftsgerichtlichen Genehmigung steht – anders als bei einer GbR – somit nichts im Wege. Die Kinder sind überwiegend an der KG beteiligt und somit am Vermögen und Ertrag. Die Erträge müssen – erzieherisch durchaus gewollt – in erster Linie für Zins und Tilgung verwendet werden. Da nach dem ErbSt-DBA Österreich dem Hauptwohnsitzstaat des Erblassers das ausschließliche Besteuerungsrecht für Kapitalvermögen zugewiesen wird, löst eine Vererbung von in Österreich endbesteuertem Kapitalvermögen durch den in Österreich ansässigen Erblasser an seine (gegebenenfalls) in Deutschland lebenden Kinder weder in Deutschland noch in Österreich Erbschaftssteuer aus.

Übersicht: Doppelbesteuerungsabkommen Österreich / Deutschland für Erbschaftssteuer

- → Besteuerung von Grund- bzw. Betriebsvermögen nur im Belegenheitsstaat (Progressionsvorbehalt am Wohnsitz)
- → Besteuerung von sonstigem Nachlassvermögen nur im Wohnsitzstaat des Erblassers
- → Besteuerung von sonstigem Nachlassvermögen bei Doppelwohnsitz nur am Ort des Mittelpunkts der Lebensinteressen des Erblassers
- → Keine Fünfjahresfrist zu beachten und Wohnsitz der Erben irrelevant

Was Zuzügler erwartet – Österreich

Fläche:	83.858 qkm
Hauptstadt:	Wien
Einwohner:	8,1 Millionen
Landessprache:	Deutsch, regional Slowenisch und Kroatisch
BIP j. Einwohner:	26.760 EUR
Doppelbesteuerungsabkommen:	Ja
Fiskalische Auslieferungsabkommen:	Keine

Steuersystem

- Einkommenssteuer max. 50 Prozent
- Körperschaftssteuer 34 Prozent
- KESt-Endbesteuerung 25 Prozent für Zinsen aus Bankeinlagen, Erträge aus Wertpapieren, Zuwendungen von Privatstiftungen
- Abgeltungswirkung für Einkommens-, Vermögens- und Erbschaftssteuer – nicht Schenkungssteuer
- Stiftungs-, Gewerbe- und Vermögenssteuer sind abgeschafft

Sonstiges

- Bankgeheimnis
- Vorteil DBA Erbschaftssteuer

4.3 Länder mit Zuzugsbegünstigung oder Vorzugsbesteuerung

4.3.1 Belgien

Ausländische Mitarbeiter von Unternehmen, die nicht unter belgischer Kontrolle stehen, sind nicht mit ihrem Welteinkommen, sondern nur mit ihren Einkünften aus belgischen Quellen einkommenssteuerpflichtig.

Vor allem für Bundesbürger aus dem Rhein / Ruhr-Raum ist der ostbelgische Raum um Eupen / Malmédy interessant. Hier bekommt man guten Wohnraum zu günstigen Preisen, dazu Natur pur und kurze Wege zur Arbeit in der Heimat. Für Grenzbewohner stellt eine Wohnsitznahme in Belgien eine geldwerte Alternative dar.

4.3.2 Luxemburg

Zuzügler haben die Möglichkeit, mit dem Finanzministerium in einem individuellen Steuervertrag eine pauschale Einkommenssteuer auszuhandeln. Dieser Vertrag hat eine Laufzeit von maximal zehn Jahren. Grundsätzlich aber ist ein Wegzug nach Luxemburg wegen der hohen Besteuerung vor Ort nicht empfehlenswert. Die Luxemburger tolerieren zwar die Ausländer, bleiben jedoch weitgehend unter sich. Das gesellschaftliche

Leben ist sehr ruhig. Eine örtliche Universität gibt es nicht, und das kulturelle Leben lässt zu wünschen übrig.

Zwar haben die ländlichen Gegenden einen besonderen Charme, allen voran die Wälder und Hügel der „kleinen Schweiz" nahe der deutschen Grenze, doch wenn die Luxemburger Abwechslung suchen, ziehen sie es vor, mit dem Auto in zwei Stunden nach Brüssel, Paris, Amsterdam, Köln oder Düsseldorf zu fahren.

Als Wohnsitz ist Luxemburg nur für jene geeignet, die dort bei den EU-Behörden oder den zahlreichen Niederlassungen deutscher Banken arbeiten. Und die pendeln in der Regel täglich aus dem grenznahen Trierer Raum.

Was Zuzügler erwartet – Luxemburg

Fläche:	2.586 qkm
Hauptstadt:	Luxembourg
Einwohner:	443.000
Landessprache:	Letzebuergisch, Französisch, regional Deutsch
BIP je Einwohner:	50.430 EUR
Doppelbesteuerungsabkommen:	Ja, finden jedoch keine Anwendung auf Holdinggesellschaften
Fiskalische Auslieferungsabkommen:	Keine

Steuersystem

- Ansässige: Progressive Einkommenssteuer bis 51,25 Prozent
- Erbschaftssteuer bis 48 Prozent für Einheimische, für Ausländer keine
- Körperschaftssteuer 33,3 Prozent
- Holdings zahlen keine Einkommens- oder Körperschaftssteuer
- (Noch) Keine Quellensteuer
- Keine Steuern auf Veräußerungsgewinne
- Kapitalertragssteuer 25 Prozent

Sonstiges

- Intaktes Bankgeheimnis, für Kapitalanleger empfehlenswert
- Interessant für Gesellschaftsgründungen in Holdingform
- Hohe Lebenshaltungskosten

4.3.3 Malta

Der Inselstaat im Mittelmeer zeichnet sich durch seine zentrale Lage zwischen Europa, Afrika und dem Nahen Osten aus. Die Einkommenssteuer gehört mit 15 Prozent zu den niedrigsten der Welt. Weitere Steuern wie Vermögenssteuer, Grundsteuer, Erb- oder Schenkungssteuer gibt es nicht. Wer sich dort dauerhaft niederlassen will, muss entweder ein monatliches Einkommen von 10.000 Lm oder ein Vermögen von 150.000 Lm für die Dauer seines Aufenthalts auf Malta nachweisen. Hinzu kommt entweder ein Haus für mindestens 50.000 Lm bzw. eine Wohnung von 30.000 Lm. Weiterer Vorteil: Die Mitgliedschaft zur EU ab Mai 2004.

Was Zuzügler erwartet – Malta

Fläche:	315,6 qkm
Hauptstadt:	Valletta
Einwohner:	382.000
Landessprache:	Maltesisch, Geschäftssprache Englisch
BIP je Einwohner:	10.480 EUR
Doppelbesteuerungsabkommen:	Ja
Fiskalische Auslieferungsabkommen:	Keine

Steuersystem

- Ansässige Personen 15 Prozent, mindestens 1.000 LM
- Keine Steuern auf Veräußerungsgewinne
- (Noch) Keine Quellensteuer
- Keine Grundsteuer
- Keine Vermögenssteuer
- Keine Erbschafts- und Schenkungssteuer, stattdessen wird eine Verwaltungsabgabe von 3,5 bis 7 Prozent erhoben
- Wer seinen steuerlichen Wohnsitz und sein Domizil auf Malta hat, muss sein weltweites Einkommen mit 18–35 Prozent versteuern
- Totale Steuerbefreiung für Exportunternehmen (zehn Jahre)
- Teilweise Steuerbefreiung für Trading Companies
- Unternehmen aus Zukunftsbranchen werden in den ersten sieben Jahren mit 5 Prozent besteuert, danach moderate jährliche Steigerung auf bis 15 Prozent im 14. Jahr nach Gründung

Sonstiges

- Wohnsitznahme setzt voraus, dass jährlich mindestens 10.000 Lm nach Malta fließen oder ein bankbestätigtes Kapital von 150.000 Lm auf Malta ist, das teilweise in eine Immobilie investiert werden muss
- Für den Erhalt des Dauerwohnrechts ist der Kauf einer Immobilie zwingend
- Günstige Lebenshaltungskosten, Wohnsitznahme empfehlenswert
- Unternehmen können Produktionsmittel und Erzeugnisse zollfrei ein- bzw. ausführen
- Lohnkosten liegen (noch) bei etwa 30 Prozent des deutschen Lohnniveaus
- Attraktiver Standort für Offshore-Gesellschaften
- Besondere steuerliche Anreize für Trusts
- Niedrige Firmengründungskosten

4.3.4 Niederlande

Ausländische Spezialisten (Arbeitnehmer), die auf dem niederländischen Arbeitsmarkt nicht zu finden sind, können 35 Prozent ihres Grundgehalts steuerfrei beziehen. Diese Regelung gilt für längstens zehn Jahre. Angesichts der kurzen Wege für Bundesbürger aus Nordwestdeutschland liegt es nahe, in den Niederlanden auch eine Immobilie zu erwerben. Aus Kostengründen empfiehlt es sich dabei, einen Makler einzuschalten. Dabei sollte man jedoch wissen, dass eine als Ferienimmobilie deklarierte Immobilie auch nur als solche genutzt werden darf. Eine „normale" Wohnung muss also ständig benutzt werden. Auch ist ein Daueraufenthalt mit Wohnsitz und Anmeldebestätigung nachzuweisen – das wird streng kontrolliert.

Was Zuzügler erwartet – Niederlande

Fläche:	41.864 qkm
Hauptstadt:	Amsterdam
Einwohner:	16,1 Millionen
Landessprache:	Niederländisch, regional Friesisch
BIP je Einwohner:	27.680 EUR
Doppelbesteuerungsabkommen:	Ja
Fiskalische Auslieferungsabkommen:	Ja

Steuersystem

- Erbschaftssteuer progressiv untergliedert je nach Abkommensstufe in drei Steuerklassen
- Vermögensteuer 0,8 Prozent, maßgeblich bei Immobilien ist der Verkehrswert
- Beteiligungsgesellschaften zahlen auf Erlöse keine Einkommens- und Quellensteuer und keine Steuern auf Veräußerungsgewinne
- Dividendenzahlungen von Beteiligungsgesellschaften unterliegen einer 25 prozentigen Quellensteuer
- Innerhalb der EU sind Dividendenzahlungen an Muttergesellschaften in anderen Staaten quellensteuerfrei
- Unternehmen, die Patent- oder Know-how-Lizenzen halten, haben über den Umweg der Niederländischen Antillen zahlreiche Steuerumgehungsmöglichkeiten

Sonstiges

- Interessant für Immobilienkauf, vor allem an der Küste
- Ferienwohnungen dürfen nur als solche benutzt werden, nicht dauerhaft
- Wohnimmobilien müssen bewohnt werden, wird kontrolliert
- Lebenshaltungskosten entsprechen deutschem Niveau
- Ausländer erhalten bei Banken Nummern- und auf Kennwort geführte Konten
- Deutsche Ehepaare können bis zu 130.000 EUR steuerfrei und legal bei niederländischen Banken anlegen

4.3.5 Schweiz

Wohnsitzverlagerung mit Pauschalbesteuerung: Hinsichtlich der Besteuerung von Deutschen und deren Domizilnahme in der Schweiz ist die Schweizer Gesetzgebung für alle Kantone und Gemeinden grundsätzlich einheitlich und lässt den Zuzug relativ einfach zu. Schwierigkeiten bereitet jedoch der Wegzug aus Deutschland. Grundsätzlich gilt:

- In der Schweiz ist eine Besteuerung nach dem Aufwand grundsätzlich für jeden Ausländer an jedem Ort in der Schweiz möglich, wenn er bestimmte Voraussetzungen erfüllt.
- Damit die deutschen Steuerbehörden den Wohnsitz in der Schweiz anerkennen, muss auf jeden Fall der Lebensmittelpunkt in der Schweiz sein. Diese Voraussetzung allein bewirkt aber noch nicht die komplette Steuerbefreiung in Deutschland.

Vorteil: Die Besteuerung des gesamten Weltvermögens des Wegzüglers erfolgt in der Schweiz zu einem minimalen Satz, sofern die Vermögensstruktur dies erlaubt. Über die Pauschalsteuer kann in jeder Steuerperiode neu entschieden werden.

Will man auch in der Nachfolgeplanung die Steuervorteile und die nicht vorhandene Erbschaftssteuer der Schweiz nutzen, müssen Erblasser und Erben in der Schweiz wohnen.

Für die Besteuerung nach dem Aufwand (siehe auch Tabelle 4.1) gelten vier Voraussetzungen, die unabhängig voneinander erfüllt sein müssen:

- Erstmalige Wohnsitznahme oder nach mindestens zehnjähriger Landesabwesenheit steuerrechtlicher Wohnsitz bzw. Aufenthalt (mindestens 90 Tage) in der Schweiz

  → Gegenüber Deutschland muss der Lebensmittelpunkt in der Schweiz sein (Vorsicht, Beispiel: Boris Becker)

  → Ein Scheinaufenthalt wird durch die Schweiz nicht gestattet (Mindestaufenthalt, um die Steuerpflicht zu erlangen)

- Der Deutsche darf in der Schweiz keiner Erwerbstätigkeit nachgehen:

  → Keine haupt- oder nebenberuflichen Erwerbseinkünfte

  → Die Person kann aber in der Schweiz angestellt sein, mit Tätigkeit im Ausland (Beispiel: Formel-1-Pilot Michael Schuhmacher)

  → Einkünfte aus Schweizer Wertpapieren unterliegen der Schweizer Steuer

- Je nach Kanton und Vereinbarung mit den lokalen Behörden müssen ein Mindestvermögen sowie eine Mindeststeuer vorhanden sein:

  → Mindestvermögen je nach Gemeinde zwischen Null und 4 Mio. CHF

  → Mindestens zu versteuerndes Einkommen von ca. 150.000 CHF

- Nachweis über eine Krankenkassenversicherung

Die Höhe der Schweizer Steuer berechnet sich nach unterschiedlichen Methoden. Wichtig ist dabei, ob das DBA Deutschland / Schweiz in Anspruch genommen werden soll. Die Pauschalbesteuerung endet mit:

- Aufnahme einer Erwerbstätigkeit in der Schweiz
- Erwerb des Schweizer Bürgerrechts (bei EU-Bürgern)
- Verlegung des Wohnsitzes in einen anderen Kanton bzw. in eine andere Stadt

Kantonale Unterschiede bei der Steuerbelastung

Beispiel: Verheirateter ohne Kinder, steuerbares Einkommen 500.000 CHF, Vermögen 5 Millionen CHF

- Wohnsitz Freienbach SZ: Kantons- und Gemeindesteuern CHF 40.718,–
- Wohnsitz Zürich: Kantons- und Gemeindesteuern CHF 150.601,–
- Wohnsitz Genf: Kantons- und Gemeindesteuern CHF 201.812,–

Direkte Bundessteuer in allen drei Fällen CHF 53.174,–

Quelle: CSPB

Tabelle 4.1: Übersicht Pauschalbesteuerung

Wer hat Anspruch auf die Besteuerung nach dem Aufwand?	Nach dem Aufwand dürfen nur diejenigen natürlichen Personen besteuert werden, die – erstmals oder nach mindestens zehnjähriger Landesabwesenheit steuerrechtlichen Wohnsitz oder Aufenthalt in der Schweiz nehmen *und* – in der Schweiz keine Erwerbstätigkeit ausüben. Es kann sich also grundsätzlich sowohl um ausländische Staatsangehörige als auch um Schweizer Bürger handeln. Bei letzteren ist allerdings die Dauer der Aufwandbesteuerung bis zum Ende der laufenden Steuerperiode beschränkt. Bei ausländischen Staatsangehörigen, welche die genannten Voraussetzungen erfüllen, wird das Recht auf Entrichtung der Steuer nach dem Aufwand bei der direkten Bundessteuer und den meisten Kantonen unbegrenzt eingeräumt.
Bemessungsgrundlage	Die Bemessungsgrundlage bildet der jährliche Lebenskostenaufwand, wobei die meisten Kantone den fünffachen Jahresmietzins bzw. -eigenmietwert resp. gewisse Minima zugrunde legen. Sind die Erträge aus inländischer Quelle plus jene aus ausländischer Quelle, für die ein Doppelbesteuerungsabkommen beansprucht wird, höher, so ist dieser Betrag maßgebend. – Jahresmietzins resp. -eigenmietwert – Erträge aus inländischer Quelle[1] – Erträge aus ausländischer Quelle, für die ein DBA beansprucht wird

[1] bei Wertschriften und Guthaben: nur verrechnungssteuerpflichtige Einkünfte, unabhängig vom Verwahrungsort

Bemessungsgrundlage der Pauschalbesteuerung

Die Pauschalsteuer wird nach folgenden Verfahren ermittelt, wobei das höchste Ergebnis zählt:

- Effektiver, jährlicher Lebenskostenaufwand des Steuerpflichtigen und aller von ihm unterhaltenen, in der Schweiz lebenden Personen oder
- Fünffacher Jahresmietzins bzw. -eigenmietwert der Immobilie in der Schweiz (in der Praxis am häufigsten)

oder

- Erträge aus inländischen Quellen (bei Wertschriften und Guthaben nur verrechnungssteuerpflichtige Einkünfte, unabhängig vom Verwahrungsort) plus Erträge aus ausländischen Quellen, sofern ein DBA beansprucht wird
- Vermögen (Kanton): Zu fünf Prozent kapitalisierter Betrag des maßgeblichen – oben geschätzten – Aufwands, unabhängig vom tatsächlichen Vermögen

Tabelle 4.2 zeigt anhand eines Beispiels, wie sich die Pauschalsteuer errechnet.

Wer in die Schweiz übersiedeln will, sollte bei der Wahl seines Domizils neben der Einkommenssteuer immer die Erbschaftssteuer des „Zielkantons" berücksichtigen, die sich nach Verwandtschaftsgraden bemisst:

- In vielen Kantonen (z. B. Zürich) für Ehegatten und Kinder abgeschafft
- Bei nicht verwandten Personen teilweise sehr hoch (z. B. Zürich bis zu 36 Prozent)
- Ausnahme Schwyz, hier fällt grundsätzlich keine Erbschaftssteuer an
- Zusätzlich errechnen einige Kantone die Steuer auf Basis des geschätzten Aufwands. Davon werden fünf Prozent in kapitalisierter Form als Steuer erhoben. Die tatsächliche Höhe des Vermögens spielt keine Rolle.

Wer seinen Wohnsitz von Deutschland in die Schweiz verlagern will, ohne mit den deutschen Finanzbehörden und dem Außensteuergesetz Ärger zu bekommen, und gleichzeitig die Anwendungsvoraussetzungen für eine Schweizer Pauschalbesteuerung erfüllen will, sollte wissen:

- Grundsätzlich müssen in Deutschland alle Brücken abgebrochen werden. Insbesondere darf kein Wohnsitz mehr bestehen, weder als Wochenendhaus noch als „Zimmer für den Notfall".
- Insbesondere Immobilien und Betriebsstätten werden auch weiterhin in Deutschland besteuert.
- Bei Kapitalgesellschaften mit wesentlicher Beteiligung (ab ca. zehn Prozent) werden im Zeitpunkt des Wegzugs die stillen Reserven zum Einkommenssteuersatz besteuert (Halbeinkünfteverfahren).

Tabelle 4.2: Berechnung der Pauschalsteuer am Beispiel

Ausgangslage	
+ Jahresmiete für Wohnung in der Schweiz	30.000 CHF
+ Aufwand (fünffache Jahresmiete)	150.000 CHF
+ Maßgebliche Einkommensfaktoren (z. B. Einkünfte aus dem in der Schweiz belegenen Grundvermögen o. Zinsen bzw. Dividenden inländischer Quellen)	80.000 CHF
+ Maßgebliche Vermögensfaktoren (z. B. in der Schweiz belegenes Grundvermögen oder der schweizerischen Quellensteuer unterliegendes Kapitalvermögen)	2.000.000 CHF
+ Steuersatz für Einkommenssteuer (Bund, Kanton, Gemeinde)	30 Prozent
+ Steuersatz für Vermögenssteuer (Kanton, Gemeinde)	0,5 Prozent

Steuerberechnung		
Steuerbasis	**Aufwand**	**maßgebliche Steuerfaktoren**
+ Steuer nach Aufwand	150.000 CHF	
+ maßgebliches Einkommen		80.000 CHF
+ maßgebliches Vermögen		2.000.000 CHF
Jahressteuer		
+ Einkommenssteuer (30 Prozent) pro Jahr	45.000 CHF	24.000 CHF
+ Vermögenssteuer (0,5 Prozent) pro Jahr	10.000 CHF	
+ Total	**45.000 CHF**	**34.000 CHF**
+ Geschuldete Steuer (der höhere der beiden Beträge)	**45.000 CHF**	

- Liegt eine Mehrheitsbeteiligung vor, kann diese – um die Steuerpflicht in Deutschland zu umgehen –, beispielsweise auf eine belgische AG (§ 23 IV UmwStG) übertragen werden.
- Personengesellschaften, die eine Betriebsstätte darstellen, werden ebenfalls weiterhin in Deutschland besteuert.

Wichtig: Der Formwechsel einer Gesellschaft oder ein Transfer von Beteiligungen (als Schenkung) kann Steuerfolgen in Deutschland auslösen. Auch sollte § 42 AO berücksichtigt werden. Grundsätzlich aber gilt:

- Bei einer Pauschalbesteuerung gibt es keine Kontrolle über die Entwicklung des weltweiten Einkommens und Vermögens durch Steuerbehörden während des Aufenthaltes in der Schweiz.

Zur Nachfolgeplanung muss gesagt werden, dass auch nach dem Wegzug des Erblassers der deutsche Fiskus noch zur Kasse bittet: fünf Jahre in voller Höhe und zehn Jahre bezüglich inländischer Konten.

Wichtig: Erben müssen im Einzelfall noch deutsche Erbschaftssteuer zahlen ohne Rücksicht darauf, wo sie ansässig sind. Hier sollte man immer fachkundigen Rat einholen. Eine Wohnsitznahme in der Schweiz nur aus steuerlichen Gründen wird nicht akzeptiert.

Das Ziel besteht darin, die schweizerischen Steuerfaktoren so zu strukturieren, dass sie keine höhere als die auf dem Aufwand berechnete Steuer auslösen.

Aufenthaltsbewilligung

Neben dem Steuerabkommen benötigt man auch eine Aufenthaltsbewilligung in der Schweiz, die nach dem 1. Juni 2002 aufgrund der bilateralen Abkommen Schweiz / EU für EU-Bürger überhaupt kein Problem mehr darstellt.

- Die tatsächliche Aufenthaltsdauer in der Schweiz sollte 90 Tage pro Kalenderjahr betragen. Es sollte jedoch kein Steuerwohnsitz errichtet werden.

Alternative: Modifizierte Pauschalsteuer

Wenn man auf das DBA Deutschland / Schweiz angewiesen ist, besteht die Möglichkeit, statt der einfachen Aufwandbesteuerung die modifizierte Pauschalbesteuerung zu wählen. Dies ist mit einer höheren Steuerbelastung in der Schweiz verbunden, da die Basis für die Steuerberechnung zwar gleich bleibt, der Mindestbetrag der zu zahlenden Aufwandsteuer aber höher angesetzt wird. Generell gilt:

- Bei der modifizierten Aufwandbesteuerung werden alle aus Deutschland stammenden Einkünfte (Ausnahme: Einkünfte aus Liegenschaften) so behandelt, als wenn sie im normalen Steuerverfahren in der Schweiz besteuert würden.

Worauf deutsche Umsiedler achten müssen

Bei der einfachen Aufwandbesteuerung kann man sich nicht mehr auf das DBA Deutschland / Schweiz und dessen Schutzwirkung berufen. Dies kann zwar auch bei der Anlagepolitik berücksichtigt werden, um unnötige Steuerbelastungen zu vermeiden. Vorsicht ist aber geboten, wenn der steuerliche Wohnsitz in Deutschland aufrechterhalten wird.

Auch wenn in der Schweiz die Besteuerung nach dem Aufwand in der Regel eine sehr attraktive Möglichkeit ist, sollte nicht vergessen werden, die persönliche Vermögenssituation in die Gesamtbetrachtung mit einzubeziehen. Denn wenn jemand vor allem steuerfreie Kapitalgewinne erwirtschaftet, kann im Einzelfall das normale Besteuerungsverfahren günstiger sein als dasjenige, das nach dem Lebensaufwand bemessen wird. Und da eine Aufwandbesteuerung nur ein Recht, nicht aber eine Pflicht konstituiert, muss in derartigen Fällen genau abgewogen werden, für welche Variante man sich beim Übersiedeln in die Schweiz entscheidet.

Um hier nicht in eine Steuerfalle zu tappen, sollte man immer steuerlichen Rat bei Experten in Deutschland und der Schweiz einholen. Das kostet zwar Geld, spart aber unnötige Steuerzahlungen.

Was Zuzügler erwartet – Schweiz

Fläche:	41.284,5 qkm
Hauptstadt:	Bern
Einwohner:	7,3 Millionen
Landessprache:	Deutsch, Französisch, Italienisch, Rätoromanisch
BIP j. Einwohner:	23.500 EUR
Doppelbesteuerungsabkommen:	Ja
Fiskalische Auslieferungsabkommen:	Keine

Tabelle 4.3: Für Ehegatten und Alleinerziehende beträgt die jährliche Steuer

Einkommen in CHF	**Einkommenssteuer in CHF**	**Zudem pro übersteigende 100 CHF Einkommenssteuer in CHF**
bis 24.900	0	1,00
für 44.700	198,00	2,00
für 51.300	330,00	3,00
für 66.200	777,00	4,00
für 79.400	1.305,00	5,00
für 91.000	1.885,00	6,00
für 101.000	2.485,00	7,00
für 109.300	3.066,00	8,00
für 115.900	3.594,00	9,00
für 120.900	4.044,00	10,00
für 124.300	4.384,00	11,00
für 126.000	4.571,00	12,00
für 127.700	4.775,00	13,00
788.400	90.666,00	11,50

Steuerbeträge unter 25 CHF werden nicht erhoben.

Tabelle 4.4: Wegzug in die Schweiz und das deutsche Nachbesteuerungsgesetz nach Art. 4 Abs. 4 Doppelbesteuerungsgesetz Schweiz

	0 bis 5 Jahre Besteuerungs-recht in		**6. Jahr Besteuerungs-recht in**		**7. bis 10. Jahr Besteuerungs-recht in**		**Mehr als 10 Jahre Besteu-erungsrecht in**	
	BRD	**CH**	**BRD**	**CH**	**BRD**	**CH**	**BRD**	**CH**
1. deutsches Grundvermögen	ja	nein[1]	ja	nein[1]	ja	nein[1]	ja	nein[1]
2. Anteil an deutscher KG	ja	nein[1]	ja	nein[1]	ja	nein[1]	ja	nein[1]
3. Anteil an deutscher GmbH	ja[2]	ja	ja[2]	ja	nein	ja	nein	ja
4. deutsches Geldvermögen	ja[2]	ja	ja[2]	ja	nein	ja	nein	ja
5. Anteil an schweizerischer Kapitalgesellschaft	ja[2]	ja	nein	ja	nein	ja	nein	ja

[1] Freistellung unter Progressionsvorbehalt

[2] Anrechnung der schweizerischen Steuer auf die deutsche Steuer

0–5 Jahre: Erweiterte unbeschränkte Steuerpflicht, § 2 Abs. 1 Nr. 1a) ErbStG

0–6 Jahre: Art. 4 Abs. 4 DBA-CH (Nachbesteuerungszeitraum, Jahr der Wohnsitzaufgabe + 5 Jahre)

0–10 Jahre: Erweitert beschränkte Steuerpflicht, §§ 4, 2 AStG

0–...Jahre: Beschränkte Steuerpflicht, § 2 Abs. 1 Nr. 3 ErbStG i. V. m. § 121 BewG

Steuersystem

- Einkommensbesteuerung auf Bundes-, Kantonal- und Gemeindeebene (max. 46,5 Prozent)
- Erbschafts- und Vermögensbesteuerung auf Kantonalebene, keine Erbschaftssteuern im Kanton Schwyz, vielfach Freistellung von direkten Abkömmlingen
- Wahlrecht auf Pauschalbesteuerung für Einwanderer ohne Erwerbstätigkeit in der Schweiz
- Aufwand oder Einnahmen und Vermögen aus schweizerischer Quelle
- Keine Vermögenssteuer, Option zur Besteuerung ausländischer Einkommen, um DBA-Vorteile zu nutzen, jedoch kein DBA-Schutz

Sonstiges

- Aufenthaltsbewilligung und Immobilienerwerb für EU-Bürger heute problemlos
- Unter Umständen vorteilhafte Kombination mit Liechtensteinischer Stiftung (Vermögen wird in eine Stiftung eingebracht, Ausschüttungen an den in der Schweiz wohnhaften Stifter erfolgen aus keiner schweizer oder deutschen Quelle, somit in der Schweiz nicht zu versteuern)

Tabelle 4.5: Übersicht zum anwendbaren Erbrecht bei deutsch-schweizerischen Erbfällen

	Unbewegliches Vermögen in der Schweiz		**Bewegliches Vermögen in der Schweiz**	
	Schweizerische Sicht	**Deutsche Sicht**	**Schweizerische Sicht**	**Deutsche Sicht**
Schweizer mit Wohnsitz Schweiz	Schweizerisches Recht	Schweizerisches Recht	Schweizerisches Recht	Schweizerisches Recht
Schweizer mit Wohnsitz Deutschland	Schweizerisches Recht	Deutsches Recht, macht der Schweizer von seiner Rechtswahlmöglichkeit nach Art. 87 Abs. 2 schw. IPR G Gebrauch, so schweizerisches Recht	Schweizerisches Recht	Deutsches Recht, macht der Schweizer von seiner Rechtswahlmöglichkeit nach Art. 87 Abs. 2 schw. IPR G Gebrauch, so schweizerisches Recht
Deutscher mit Wohnsitz Schweiz	Schweizerisches Recht, wenn nicht deutsches Recht als Heimatrecht gewählt wurde	Zwingend deutsches Recht	Schweizerisches Recht, wenn nicht deutsches Recht als Heimatrecht gewählt wurde	Zwingend deutsches Recht
Deutscher mit Wohnsitz Deutschland	Deutsches Recht	Deutsches Recht	Deutsches Recht	Deutsches Recht

	Unbewegliches Vermögen in Deutschland		**Bewegliches Vermögen in Deutschland**	
	Schweizerische Sicht	**Deutsche Sicht**	**Schweizerische Sicht**	**Deutsche Sicht**
Schweizer mit Wohnsitz Schweiz	Schweizerisches Recht	Schweizerisches Recht, wenn von Art. 25 Abs. 2 EGBGB Gebrauch gemacht wird; deutsches Recht	Schweizerisches Recht	Schweizerisches Recht
Schweizer mit Wohnsitz Deutschland	Schweizerisches Recht, wenn von Art. 25 Abs. 2 EGBGB Gebrauch gemacht wird; deutsches Recht	Deutsches Recht, wenn von Art. 25 Abs. 2 EGBGB Gebrauch gemacht wird; unstr. deutsches Recht; macht der Schweizer von seiner Rechtswahlmöglichkeit nach Art. 87 Abs. 2 schw. IPR G Gebrauch, so schweizerisches Recht	Schweizerisches Recht	Deutsches Recht, macht der Schweizer von seiner Rechtswahlmöglichkeit nach Art. 87 Abs. 2 schw. IPR G Gebrauch, so schweizerisches Recht
Deutscher mit Wohnsitz Schweiz	Schweizerisches Recht, wenn nicht deutsches Recht als Heimatrecht gewählt wurde	Zwingend deutsches Recht	Schweizerisches Recht, wenn nicht deutsches Recht als Heimatrecht gewählt wurde	Zwingend deutsches Recht
Deutscher mit Wohnsitz Deutschland	Deutsches Recht	Deutsches Recht	Deutsches Recht	Deutsches Recht

4.3.6 Zypern

Eine Chance wurde vertan. Auch nach dem Referendum vom 24. April 2004 bleibt Zypern zweigeteilt. Für die Zyperntürken war die Aussicht verlockend, unter dem Dach eines neuen, partnerschaftlichen Staates Mitglied der EU zu werden. Doch die Zyperngriechen, für die der EU-Beitritt auch ohne Konfliktlösung bereits Gewissheit war, entschieden sich mit einer Zweidrittelmehrheit für den Status quo. Sie lehnen eine Vereinigung mit dem Nordteil der Insel nach wie vor ab. Ihr Votum ist eine klare Absage an Versöhnung, Zusammenarbeit und eine gemeinsame Zukunft auf der Mittelmeerinsel. Trotzdem will die EU jetzt mit großer finanzieller Unterstützung Nordzypern aus der Isolation befreien.

Ungeachtet der (noch) vorhandenen Zweiteilung der Insel in einen türkischen Norden und den griechischen Südteil hat Zypern vor allem Ausländern, die sich hier im östlichen Mittelmeer zur Ruhe setzen wollen, einiges zu bieten. Die Insel lockt nicht nur mit intakter Natur, warmem Klima, guten Segelrevieren, neuen Yachthäfen und freundlichen Menschen, auch steuerlich ist Zypern interessant, denn nur nach Zypern überwiesene Kapitalerträge werden einkommensbesteuert (fünf Prozent).

Ausländer, die auf Zypern Grundbesitz oder eine Immobilie erwerben wollen, benötigen dazu die Genehmigung des Ministerrats. Die ist zwar problemlos zu bekommen, man muss jedoch mit einer Verfahrensdauer von bis zu zwölf Monaten rechnen. Der Kaufpreis muss über die Central Bank in Devisen bezahlt werden.

Zyperns Immobilienmarkt bietet eine große Auswahl – von unpersönlichen Appartementblocks am Strand über neue reizvolle Bungalows mit Pool in den Anlagen um Paphos bis zu abgelegenen Bauernhäusern an den Hängen von Troodos. Einfache Immobilien sind ab 50.000 CYP erhältlich, für 250.000 CYP gibt es Villen mit drei Schlafzimmern am Meer. Insgesamt ist das Preisniveau im Vergleich zu den anderen Mittelmeer-Inseln noch sehr günstig.

Als Altersruhesitz ist Zypern reizvoll. Aufgrund des DBA mit Deutschland bleiben deutsche Rentenzahlungen praktisch unangetastet, die Lebenshaltungskosten sind niedrig. Mit jährlich 25.000 EUR kommt man sehr gut aus.

Steuersystem

- Für Zuzügler gilt: Nach Zypern überwiesene Kapitalerträge werden mit ca. fünf Prozent besteuert, das gilt auch für ausländische Rentenbezüge
- Einnahmen aus ausländischen Tätigkeiten sind steuerfrei
- Erbschaftssteuer zwischen 20 und 45 Prozent (für Besitz über 100.000 CYP)
- Privater Immobilienverkauf wird mit 5–8 Prozent vermögensbesteuert

Sonstiges

- Ausländern, die sich zur Ruhe setzen wollen, hat die Insel einiges zu bieten: Landschaftliche Schönheiten, warmes Klima, freundliche Menschen, niedrige Lebenshaltungskosten
- Ausländer dürfen nur eine Immobilie erwerben, max. 2.500 qm

4.4 Weitere beliebte Zielländer

Jedes Jahr ziehen zahlreiche Deutsche mit Sack und Pack ins europäische Ausland oder nach Nordamerika. Für viele von ihnen sind nicht steuerliche Gründe ausschlaggebend, vielmehr ist es die Lebensqualität in der neuen Heimat, die den Standortwechsel attraktiv macht. Milderes Klima, ganzjährig warme Temperaturen und Sonne, wie im Urlaub – nur für immer. Der Deutschen liebste Länder hier im Kurzportrait.

4.4.1 Frankreich

Viele Deutsche leben schon „wie Gott" in Frankreich. Rund 350.000 Bundesbürger wollen es ihnen in den kommenden Jahren gleichtun und sich ebenfalls zwischen Rhein und Atlantik niederlassen. Unser Nachbar hat ja viel zu bieten: von der Küche und Kultur des weinseligen Elsass bis zu den stolzen Schlössern der Loire; von den trockenen Weinen Burgunds bis zur bäuerlichen Idylle des Limousin; vom berauschenden Calvados oder Cidre in der Normandie bis zum Rausch der Farben und betörenden Düfte der Provence; von den wuchtigen Wellen und endlosen Stränden am Atlantik bis zu den Ankerplätzen des Luxus und der Kulisse für Selbstdarsteller an der Côte d'Azur.

Angelockt werden Ausländer aber auch von der Vielfalt des französischen Immobilienmarktes, der so unterschiedlich ist wie Frankreichs Landschaften. Während die Bretagne noch ein Paradies für Schnäppchenjäger ist, findet man an der Côte d'Azur die exklusivsten Strandkilometer der Republik. Die 432 „Pays" des Landes bieten vom einfachen Bauernhaus bis hin zum Schloss Immobilien für jeden Käufertyp und Geldbeutel. Dazu verfügt Frankreich über eine große Anzahl an alten Bauwerken, Châteaux, Manoirs, Mas und Fermes. Historische Gebäude, hier zu Lande, aber auch in Österreich und der Schweiz teuer und mit hohen Denkmalschutzauflagen belegt, sind bei unserem westlichen Nachbarn in manchen Regionen noch für wenige hunderttausend Euro zu haben.

Denn wo Nachfrage und Infrastruktur dünn sind, bekommt man Châteaux und Herrnhäuser auch heute noch zu Schleuderpreisen.

Insgesamt gibt es zwischen Dunkerque und Marseille, zwischen Brest und Straßburg Anfang 2004 rund 2,5 Millionen Zweit- und Ferienwohnungen, und jährlich kommen 30.000 neue dazu. Kein Land in Europa verfügt über so viele Zweitresidenzen, die für viele Besitzer aus dem Ausland ein festes Zuhause für immer werden.

Doch über die Frage, was mit einer französischen Immobilie im Erbfall geschieht, machen sich viele Eigentümer nur unzureichend Gedanken. Das sollte jedoch schon in der Kaufphase berücksichtigt werden, denn in Frankreich orientiert sich das Erbrecht am Belegenheitsprinzip. Und das kann beim späteren Vererben oder Schenken Konsequenzen haben.

Wenn beispielsweise ein deutsches Ehepaar seinen Kindern eine französische Immobilie schenkt, wird im Todesfall automatisch das französische Erbrecht angewendet. Danach genießen die Kinder – im Gegensatz zu Deutschland – einen erhöhten Pflichtteilsanspruch: Er beträgt 1/2 der Erbschaftsmasse bei Eltern mit nur einem Kind; 2/3 mit zwei Kindern; 3/4 mit drei Kindern usw. Konsequenz: Falls die französische Immobilie zu Lebzeiten nur einem Kind geschenkt wurde – die anderen Kinder bekommen beispielsweise andere Besitztümer – haben die Geschwister dennoch einen Pflichtteilsanspruch auf die geschenkte Immobilie. Sie haben also ein Miteigentumsrecht in Höhe ihres gesetzlichen Pflichtteils. Damit bekommen nach französischem Erbrecht jene Geschwister, die bereits andere Güter – etwa in Deutschland – geschenkt bekommen haben, letztendlich mehr als derjenige, dem die französische Immobilie übertragen wurde.

Um solche Überraschungen zu vermeiden, sollte die Übertragung einer französischen Immobilie zu Gunsten eines Kindes also sorgfältig geplant werden. Dabei reicht im Einzelfall die Gründung einer so genannten „société civile immobilière" – eine Gesellschaft bürgerlichen Rechts –, um die Anwendungen des Französischen Erbrechts auszuschließen. Durch deren Satzung können auch die Rollen jedes einzelnen Familienmitglieds beim Todesfall klar geregelt werden. Ein etwaiger späterer Erbschaftsstreit lässt sich damit vermeiden.

Hinzu kommt, dass im Erbfall der überlebende Ehegatte gegenüber den Kindern benachteiligt ist. Er erhält nur einen Teilnießbrauch am Nachlass. Ein Immobilienkauf in Frankreich ohne intensiven juristischen Rat ist daher sträflich.

Was Zuzügler erwartet – Frankreich

Fläche:	543.965 qkm
Hauptstadt:	Paris
Einwohner:	59,6 Millionen
Landessprache:	Französisch
BSP je Einwohner:	24.837 EUR
Doppelbesteuerungsabkommen:	Ja
Fiskalische Auslieferungsabkommen:	Keine Erbschaftssteuer

- Zwischen Deutschland und Frankreich besteht für das Erbrecht kein DBA. Im Erbfall droht also Gefahr, dass eine Immobilie sowohl in Frankreich als auch in Deutschland besteuert werden muss.

Die Höhe der Erbschaftsteuer beläuft sich je nach Verwandtschaftsgrad und Erbschaftssumme – bei Immobilien wird der Verkehrswert angesetzt – auf 5–40 Prozent für Eltern, Kinder und Ehegatten; 35–45 Prozent für Geschwister; 55 Prozent für Großeltern, Tanten, Cousinen und sonstige Erben.

Die Freibeträge für Kinder und den überlebenden Ehepartner liegen bei 170.000 EUR.

Sonstiges

Steuerbelastung beim Kauf:

- Fertige Gebäude von Privat: – Grunderwerbssteuer 16,8 Prozent
- Kauf von Wohnung oder Ferienhaus zu Wohnzwecken – Registersteuer 4,2 Prozent, Gemeindesteuer 1,2 Prozent
- Erwerb von Bauland oder Kauf von „neuen" Gebäuden (unter fünf Jahre) vom Promoter – 13,2 Prozent Mehrwertsteuer
- Fertige Objekte vom Bauträger – 13,2 Prozent Mehrwertsteuer zzgl. Register- und Stempelgebühr

Steuerbelastung beim Wiederverkauf:

- 15,4 Prozent, zu zahlen vom Käufer; Steuer auf Veräußerungsgewinn unter zwei Jahre im Eigentum volle Einkommenssteuerpflicht, darüber Reduktion des Veräußerungsgewinns um jährlich 3,33 Prozent – Freibetrag: 15.000 EUR

Eine *Vermögenssteuer* gibt es in Frankreich nicht.

Was man wissen sollte

Wer in Frankreich eine Alt-Immobilie kaufen will, sollte prüfen:

- *Dachstuhl:* Prüfen Sie, wie solide er ist. In Weichholzgebieten sind häufig Termiten am Werk. Auf größere Mehlhaufen unter den Holzteilen achten. Im Zweifel Expertise einholen!
- *Feuchtigkeit:* Bohren Sie mit dem Autoschlüssel ein wenig am Gebälk, um das Holz zu testen. Wasserflecken an Decken sind oft weniger schlimm, als sie aussehen. Die Wände am besten mit der ganzen Handfläche auf Feuchtigkeit hin abstreichen.
- *Außenmauern:* Atmen die Außenmauern? Wenn sie nicht fachgerecht verputzt sind, schließen sie Feuchtigkeit ein. Mit der Nase erste Verdachtsmomente orten.
- *Offener Kamin:* Zieht der offene Kamin? Bei fettigem Ruß im Abzug sollte man auf einer Feuerprobe bestehen.
- *Doppelverglasung:* Nur nördlich der Loire erforderlich.
- *Abwasser:* Wohin fließt das Abwasser? Anschlüsse an die Kanalisation sind keinesfalls üblich. Frankreich ist das Land der Individual-Klärgruben. Neue Anlagen gibt es ab 2.500 EUR.
- *Strom-/Wasseranschluss:* Fehlen Strom- und Wasseranschluss, sollte man sich bei den Versorgern nach den Kosten erkundigen.
- *Nachbarn:* Versäumen Sie auf keinen Fall die Erkundung der Nachbarschaft. Nur so bleibt man vor unangenehmen Überraschungen verschont.

4.4.2 Griechenland

Im Land der Götter mit seinen 9.838 Inseln und 16.500 km Sonnenküsten kommen nicht nur Sonnenanbeter auf ihre Kosten – Griechenland ist auf Kultur gebucht. Auf Schritt und Tritt verfolgen einen die Zeugnisse europäischer Wurzeln.

Doch wer beabsichtigt, sich auf dem Festland oder auf einer der Inseln niederzulassen, wird sehr schnell feststellen, dass Immobilien nicht eben günstig sind. Griechische Immobilien sind teurer als spanische – und Deutsche zahlen mehr als Griechen. Erschwerend kommt hinzu, dass die Sprache für Mitteleuropäer schwierig ist und ein völlig fremdes Schriftbild hat. Dazu kommt ein Geflecht von Beziehungen (Ronsfeti) – sonst geht gar nichts.

EU-Bürger können problemlos Immobilien erwerben – ausgenommen sind die Grenzregionen im Norden sowie einzelne Inseln (Lésbos, Chios, Sámos) und die Inselgruppe Dodekanes. Hier braucht man eine Genehmigung. Das griechische Grundbuch sieht keine katastermäßige Erfassung vor. Die Einschaltung eines Rechtsanwaltes ist daher dringend anzuraten. Im Gegensatz zum deutschen Immobilienrecht besitzen Eintragungen in die Bücher des griechischen Hypothekenamtes keinen Schutz öffentlichen Glaubens – ein potenzieller Käufer kann sich also nicht darauf verlassen, dass die Eintragungen stimmen. Verbindlich für den Erwerb auch der richtigen Immobilie ist nur der notarielle Kaufvertrag.

Was Zuzügler erwartet – Griechenland

Fläche:	41.284,5 qkm
Hauptstadt:	Athen
Einwohner:	10,6 Millionen
Landessprache:	Griechisch
BIP je Einwohner:	8.950 EUR
Doppelbesteuerungsabkommen:	Ja
Fiskalische Auslieferungsabkommen:	Keine

Besteuerung des Immobilienkaufs

- Grunderwerbssteuer 11–13 Prozent
- 2 Prozent Steuerermäßigung in Gebieten ohne Feuerwehrschutz
- Gemeindesteuer 3 Prozent
- Notar, Anwalt, Registratur 5 Prozent
- Bei Objekten über 110.000 EUR sind rund 1.200 EUR Grundeigentumssteuer
- Veräußerungsgewinne 10–15 Prozent
- Keine Spekulationssteuer

Sonstiges

- Um das für den Kauf eingesetzte Geld bei einem Wiederverkauf auch wieder außer Landes transferieren zu können, muss man den „rosa Schein" vorweisen können, der nachweist, dass seinerzeit mindestens der gleiche Betrag zum Kauf der Immobilie nach Griechenland eingeführt wurde.

4.4.3 Italien

Nicht der Steuer wegen zieht es immer mehr Deutsche nach Italien. Sie suchen und finden hier Sonne, Meer, italienische Lebensart, angenehme Menschen, gute Küche, hervorragende Weine und eine große Auswahl an Immobilien. Denn der italienische Immobilienmarkt ist so verschieden wie Südtirol und Sizilien. Während man im kargen Apulien schon für 250.000 EUR einen Palast bekommt, gibt es für diesen Betrag in den Hügeln der Toskana gerade mal ein Rustico. Aber selbst in einzelnen Regionen sind große Preisunterschiede festzustellen. So muss man beispielsweise für ein Appartement auf Sardinien an der Costa Smeralda mit 3.200 EUR pro Quadratmeter rechnen, wohingegen an der weniger bekannten Südküste der Insel die Quadratmeterpreise bereits bei 1.100 EUR beginnen.

Italien ist kein Land für Schnäppchenjäger, denn der italienische Immobilienmarkt wird nicht in Italien, sondern in Deutschland gemacht. Dennoch lagen die Immobilienpreise Anfang 2004 unter dem Niveau von 1998. Dies ist also ein guter Zeitpunkt, um zum Beispiel in der Toskana zu investieren. Derzeit ist dort das Angebot an liebevoll restaurierten Häusern üppiger als zuvor. So lassen sich etwa in der südtoskanischen Maremma kleinere komplett restaurierte, aber etwas abgelegene Natursteinhäuser mit 150 qm Wohnfläche und 20.000 qm Grundstück schon ab 125.000 EUR finden.

Für luxuriösere Bauernhäuser in besserer Lage muss man mindestens 300.000 EUR veranschlagen, repräsentative Güter mit Weinberg und Pool in gefragten Gegenden wie Pienza oder Montepulciano kosten ab 500.000 EUR, im Chianti finden sich Traumbesitzungen ab 750.000 EUR. Man sollte darauf achten, dass die Immobilien winterfest sind und über ein gutes Heizsystem verfügen, denn auch in der Toskana gibt es sehr kalte Winternächte.

Wer ein rein von Privatbesitzern restauriertes Gut kauft, kann zurzeit ein Geschäft machen. Denn nur allzu viele Vorbesitzer haben sich bei der Restaurierung ihrer Bauernhäuser übernommen. Seit einigen Jahren gibt es zur Einzelimmobilie eine attraktive Alternative: Investoren haben besonders schön gelegene herrschaftliche Grundbesitzungen mit zahlreichen Nebengebäuden oder komplette leerstehende Borghi – also ganze Dörfer – erworben und in einzelne Besitzungen aufgeteilt. Diese wurden meist luxuriös restauriert und werden jetzt als Appartements oder Häuser verkauft. Die Besitzer teilen sich die Kosten für Hausmeister, Gärtner und gemeinsame Sportanlagen.

Ausländer gelten als steuerlich ansässig, wenn sie eine Immobilie in Italien haben, wenn dies das Zentrum ihrer wichtigsten Interessen ist oder wenn sie die meiste Zeit der entsprechenden Steuerperiode im Einwohnermeldeamt registriert sind. Was die Steuerzahlungen betrifft, so lässt der italienische Fiskus mit sich handeln. So zahlen Ausländer trotz erheblicher Steuersätze (s. u.) wenig oder gar keine Steuern – und wenn, dann nur auf Einkünfte, die sie aus italienischen Quellen beziehen. Solange Ausländer nicht auf sich aufmerksam machen, etwa indem sie die Vorteile des DBA beanspruchen, bleibt ihr Steuerbescheid in jedem Fall deutlich unter dem, was sie beispielsweise in Deutschland zahlen müssten.

Steueroase Campione

Aus steuerlichen Überlegungen ist für Ausländer das rund 3.000 Einwohner zählende und 2,62 qkm große Campione am Luganer See interessant. Denn der Ort gehört politisch zu Italien, ist jedoch uneingeschränkt schweizer Zoll- und Währungsgebiet. Da sämtliche Geldgeschäfte über schweizer Banken abgewickelt werden, hat die italienische Finanzbehörde in Como keinen Einblick in die Geschäfts- und Vermögensverhältnisse der dort Ansässigen. Damit sind auch dort lebende Ausländer steuerlich nicht kontrollierbar.

Die Lebenshaltungshaltungskosten entsprechen denen in der Schweiz und zählen zu den höchsten in Europa. Das trifft auch für die Immobilienpreise zu. Dafür zahlt man aber fast keine Steuern. Diese richten sich nach dem Lebensstandard, nicht nach den tatsächlichen Einkommens- und Vermögensverhältnissen des Steuerpflichtigen. Erfahrungsgemäß liegen sie zwischen 8.000 und 10.000 CHF jährlich. Beim Erwerb einer Immobilie werden vier Prozent Grunderwerbssteuer fällig.

Was Zuzügler erwartet – Italien

Fläche:	301.336 qkm
Hauptstadt:	Rom
Einwohner:	57,5 Millionen
Landessprache:	Italienisch, regional Deutsch
BIP je Einwohner:	15.750 EUR
Doppelbesteuerungsabkommen:	Ja
Fiskalische Auslieferungsabkommen:	Keine

Steuersystem

- Einkommenssteuer zwischen 18,1 Prozent – maximal 33 Prozent, ab 2007 zuzüglich Kommunalaufschlag von 0,4 Prozent
- Ausländer zahlen ESt nur auf italienische Bezüge
- Körperschaftssteuer 33 Prozent
- Keine Erbschafts- und Schenkungssteuer (seit 2003)

Sonstiges

- Beim Immobilienkauf setzt ein öffentlicher Notar den Vertrag auf – für beide Parteien
- Nebenkosten für Makler, Geometras und Notar bis zu 10 Prozent des Kaufpreises

- Steuern für Eigentumsübertragung einschl. Eintragungsgebühr zwischen 4 und 15 Prozent
- Mehrwertsteuer beim Kauf einer Luxusimmobilie 19 Prozent, neun Prozent für normales Anwesen
- Grundsteuer 0,4 bis 0,7 Prozent des im Kataster eingetragenen Wertes

Was man wissen sollte

- Der Immobilienkauf wird in zwei Stufen abgewickelt: Vor dem notariellen Vertrag (l'atto) wird ein Vorvertrag (compromesso) abgeschlossen. Dieser ist schuldrechtlich bindend und kann eingeklagt werden.
- Ein Rücktritt nach Abschluss des Vorvertrages hat für Käufer und Verkäufer Konsequenzen. Tritt der Käufer zurück, verliert er die geleistete meist zehn-prozentige Anzahlung, tritt der Verkäufer zurück, muss er die vom Käufer geleistete Anzahlung in doppelter Höhe zurückerstatten.

4.4.4 Portugal

Besonders die Algarve und Madeira sind bei Ausländern vor allem als Altersruhesitz beliebt. Hier kann man noch für relativ wenig Geld gut leben. Dazu gehören die auch im Sommer häufig frische Brise vom Atlantik, schöne Strände, attraktive Golfplätze, eine fischreiche gesunde Küche und der frische Vinho verde.

Im Kalifornien Europas – 3.400 Sonnenstunden jährlich an der Algarve – gibt es ein großes Immobilienangebot. Aussteiger und passionierte Handwerker finden hier Steinruinen zum Renovieren im Überfluss. Die Grundstücke sind riesig, die Quadratmeterpreise starten bei einem Euro. So bekommt man schon für 25.000 EUR eine Idylle aus aufgestapelten Feldsteinen, nicht selten ohne Wasser, Strom und Telefon. Der Wert einer solchen Immobilie ist nur durch die Lage bestimmt – die Entfernung zum nächsten Flughafen oder zur Autobahn Faro-Lissabon. Wer ohne Pool und Golfplatz „vor der Haustür" auskommen kann, der findet im Hinterland der Küste auch schöne abgelegene Bauernhöfe und Windmühlen.

Um Spekulationen zu verhindern, dürfen Ausländer in der Regel pro Familie nur eine Immobilie für den Eigenbedarf kaufen. Nichtansässige Personen müssen den Immobilienerwerb bei der Bank von Portugal registrieren lassen. Auch muss für eine Investition aus dem Ausland beim Außenwirtschaftsministerium die Vorauserklärung (CEP) abgegeben werden.

Viele Immobilien, vor allem im höheren Preissegment, werden über Offshore-Gesellschaften gekauft. Dafür sprechen Steuervorteile und Anonymität. Hauptvorteile sind:

- Erwerbskosteneinsparung, da nur die Aktien der Gesellschaft übertragen werden. Dadurch entfallen Grunderwerbssteuer, Grundbuchgebühren und Notarkosten.
- Dazu kommt die Anonymität des tatsächlichen Eigentümers: Nach außen wird die Offshore-Gesellschaft durch einen Treuhänder vertreten – und der unterliegt der Schweigepflicht.
- Vermeidung der portugiesischen Erbschaftssteuer:
Die Gründung einer Offshore-Gesellschaft ist beispielsweise über die Steueroasen Gibraltar, Isle of Man oder die Kanalinseln unkompliziert und schnell durchführbar.

Nützliches für den Immobilienkauf

- Heizung: Bis zur Duoro-Grenze herrscht subtropisches Klima, d. h., für die kühlen Winterabende sind Warmluftcheminées oder Gas-Strahler-Öfen ausreichend. Noch besser ist eine Klimaanlage mit Heizfunktion.
- Isolierung: Doppelglasfenster oder Trittschalldämmungen sind in Portugal Fremdwörter. Wichtig: Doppelmauerwerk, das vor der Sommerhitze schützt, und schattenspendende Pergolen an Süd- und Westfenstern, damit die Sonne die Räume nicht aufheizt. Auf Terrassen sollte ausreichend schattenspendendes Grün vorhanden sein.
- Erdbeben: Obschon in Portugal eine leichte Erdbebengefahr besteht, existiert kein Gesetz für erdbebengerechtes Bauen. Bauherren, die auf eine erdbebengerechte Konstruktion Wert legen, sollten darauf achten, dass der Schwerpunkt der Immobilie über dem Grund liegt, die Deckenkonstruktion leicht ist und der Baukörper mit einer Betongitter-Konstruktion ausgerüstet ist.

Was Zuzügler erwartet – Portugal

Fläche:	92.345 qkm
Hauptstadt:	Lissabon
Einwohner:	10,0 Millionen
Landessprache:	Portugiesisch
BIP je Einwohner:	13.750 EUR
Doppelbesteuerungsabkommen:	Ja
Fiskalische Auslieferungsabkommen:	Nein

Steuern beim Immobilienkauf

- Grunderwerbssteuer (SISA) bei städtischen Immobilien und Baugrundstücken 10 Prozent des Kaufpreises, ansonsten 8 Prozent
- Jährliche Grundsteuer für ländliches Eigentum 0,8 Prozent, für urbane Immobilien je nach Gemeinde 1,1–1,3 Prozent, bei Eigennutzung kann Befreiung bis zehn Jahre gewährt werden

- Erbschaftssteuer: Zwischen 0 Prozent für Werte bis 35.000 EUR (unmündige Kinder) bis zu 50 Prozent für Werte über 3,5 Mio. EUR zugunsten nicht verwandter Dritter
- Nach den in Portugal vorgeschriebenen Erbfolgeregeln muss mindestens die Hälfte des Vermögens an den überlebenden Ehepartner, an Kinder oder nahe Verwandte übergehen

Sonstiges

Erfahren die portugiesischen Steuerbehörden von der Anwesenheit ausländischer Ansässiger, müssen diese zumindest theoretisch ihr weltweites Einkommen in Portugal zu Sätzen von 14–40 Prozent auf dem Festland und 19–39 Prozent auf Madeira versteuern. Daneben bietet Madeira auch reduzierte Steuersätze für Einkommen aus Renten.

4.4.5 Spanien

Leben, wo die Sonne lacht, wer möchte das nicht? Rund 100.000 der 500.000 Wohnungen, deren Bau in Spanien jedes Jahr begonnen wird, werden von ausländischen Investoren erworben. An der Westküste Andalusiens kommen sogar 60 Prozent der Käufer aus dem Ausland – vor allem aus dem deutschsprachigen Raum. Der spanische Immobilienmarkt ist vielfältig. Neben Wohnanlagen an der Costa Brava, Villen um Marbella an der Costa del Sol oder auf den Kanarischen Inseln findet man in Madrid oder Palma auf Mallorca auch elegante alte Stadtwohnungen.

Die Preise sind in den letzten Jahren stabil geblieben, am höchsten sind sie auf den Balearen und den Kanaren, am niedrigsten in dem von Wasserknappheit geplagten Umland der Costa del Sol. Besonders preisgünstig sind derzeit gute Secondhand-Immobilien zu bekommen. Hier macht sich die wirtschaftliche Situation in Deutschland bemerkbar, die viele Bundesbürger zwingt, ihre spanische Immobilie aufzugeben. Preisvergleiche mit Neubauten sollten immer vor Ort angestellt werden.

Nach spanischem Recht können auch mündliche Verträge gültig sein. Lassen Sie sich also das Eigentumsrecht Ihres Vertragspartners durch Vorlage seines notariellen Kaufvertrags (Escritura Publica de Compraventa) mit dem Eintragungsvermerk des Grundbuchamts oder durch einen Grundbuchauszug (Extracto des Registro de la Probiedad) nachweisen. Lassen Sie sich auch die Grundsteuerveranlagung (IBI – Impuesto sobre bienes Immuebles) und die Zahlungsbelege der vergangenen fünf Jahre vorlegen. Kontrollieren Sie, ob der Verkäufer in diesem Zeitraum auch alle Gemeinschaftsabgaben und städtischen Gebühren entrichtet hat. Nur so vermeiden Sie, nach dem Kauf für eventuell offene Steuerschulden des Verkäufers herangezogen zu werden.

Ausländer, die sich in Spanien zur Ruhe setzen, gelten als steuerlich ansässig, wenn sie 183 Tage pro Jahr dort verbringen und das Zentrum ihrer persönlichen ökonomischen Interessen Spanien ist. Sind beide Voraussetzungen erfüllt, unterliegen das weltweite

Einkommen der Einkommenssteuer und das weltweite Vermögen der Vermögenssteuer. Nichtansässige können nur zu Einkommens- und Vermögenssteuerzahlungen für Werte herangezogen werden, die sich in Spanien befinden. Diese Werte unterliegen einer Pauschalsteuer von 25 Prozent auf Einkommen aus spanischen Quellen einschließlich des angenommenen Einkommens aus einem vom Besitzer genutzten Anwesen.

Kapitalerträge aus dem Verkauf einer Immobilie durch Ortsansässige werden pauschal mit 18 Prozent besteuert. Pensionäre, die 65 Jahre und älter sind, sind bei Erträgen aus dem Verkauf ihres Hauptwohnsitzes von den Kapitalertragssteuer befreit. Nicht-Ortsansässige zahlen 35 Prozent Kapitalertragsteuer bei einem spanischen Immobilienverkauf, wenn die Immobilie weniger als zehn Jahre im Besitz war. Fünf Prozent werden von den spanischen Steuerbehörden vom Verkaufserlös in Abzug gebracht, wenn der Verkäufer nicht ortsansässig ist.

Domizilwechsel nach Spanien – deutsche Besteuerung

Deutschland hat mit Spanien kein Erbschaftssteuerabkommen, so dass – anders als etwa mit der Schweiz – das innerstaatliche ErbStR im Verhältnis zu Spanien nicht eingeschränkt wird. Somit kann eine Doppelbesteuerung zwischen Spanien und Deutschland nur hinsichtlich der im anderen Staat beschränkt steuerpflichtigen Wirtschaftsgüter durch Anrechnung vermieden werden. Des Weiteren ist Spanien aus deutscher Sicht kein Niedrigsteuergebiet. Die Folge dieser Regelung ist, dass die außensteuerrechtlichen Regelungen zur erweiterten beschränkten Steuerpflicht bei einem Wegzug nach Spanien nicht greifen.

Domizilwechsel nach Spanien – spanische Besteuerung

Das spanische ErbStR gilt in 15 der 17 autonomen Regionalkörperschaften. Lediglich in Navarra sowie in den drei Provinzen des Baskenlandes kommt ein eigenes ErbStR zu Anwendung. So haben diese beiden Regionalkörperschaften die Ehegatten sowie die direkten Vorfahren und Nachkommen von der Erbschaftssteuer befreit. Doch auch die übrigen 15 Regionalkörperschaften können zum Beispiel hinsichtlich des persönlichen Freibetrags und des Steuersatzes vom allgemeinen spanischen ErbStR abweichen.

Im Gegensatz etwa zur Schweiz knüpft die unbeschränkte Erbschaftssteuerpflicht Spaniens ausschließlich an die Ansässigkeit des Erwerbers an. Der Schenker kann jedoch in bestimmten Fällen mit seinen durch die Schenkung realisierten Vermögensgewinnen der Einkommenssteuer unterliegen. Dabei wird zwischen den gewöhnlichen und den niedriger besteuerten außergewöhnlichen Vermögensgewinnen unterschieden. Die Freibeträge, die nur bei Erbschaften anwendbar sind, sind minimal, und der Steuersatz kann auf über 80 Prozent steigen.

Aus diesem Grund ist eine sorgfältige Erbschaftssteuerplanung bei einem Wegzug von Deutschland nach Spanien ratsam.

Was Zuzügler erwartet – Spanien

Fläche:	504.782 qkm
Hauptstadt:	Madrid
Einwohner:	7,3 Millionen
Landessprache:	Spanisch, regional Katalanisch, Baskisch, Galicisch
BIP j. Einwohner:	15.100 EUR
Doppelbesteuerungsabkommen:	Ja
Fiskalische Auslieferungsabkommen:	Keine

Steuersystem

- Beschränkte Steuerpflicht für ausländische Residenten für Einkünfte aus ausländischen Quellen, Steuersatz kann mit der Finanzbehörde ausgehandelt werden
- Spanische Einkünfte von Residenten werden pauschal mit 25 Prozent besteuert
- Span. Einkommenssteuer 20–56 Prozent
- Kapitalertragssteuer pauschal 20 Prozent
- Erbschaftssteuer 0–20 Prozent für Ehegatten und direkte Abkommen, bis 140 Prozent für Nichtverwandte
- Steuern beim Immobilienkauf: Mehrwertsteuer 6 Prozent (4,5 Prozent auf Kanarischen Inseln), Grunderwerbssteuer 6 Prozent, jährliche kommunale Grundsteuer zwischen 0,3–1,3 Prozent (ländliche Gegenden), 2 Prozent (Stadt)

Steuerliche Besonderheit

- Immobilienkauf in Spanien über eine kanarische GmbH (S.L.) oder über Gesellschaften in Gibraltar oder den Kanalinseln, Vorteil: keine Grunderwerbssteuer, keine Erbschaftssteuer, da Erbe für den Fiskus unbekannt bleibt

Sonstiges

- Aufenthaltsbewilligung und Immobilienerwerb problemlos
- Sonniges Klima, faszinierende Landschaft, noch relativ niedrige Lebenskosten, Ausnahme: Touristenhochburgen
- Große ausländische Kolonien (Deutsche, Briten)
- Besonders für Ruheständler geeignet

4.4.6 Türkei

Die mehr als 70 Millionen Türken haben einen hohen Preis für die schlechte Politik der Vergangenheit bezahlt: Wegen mehrerer hausgemachter Krisen hat ihr durchschnittliches Einkommen pro Kopf erst 2002 wieder das Niveau von 1988 erreicht. Die Inflation pendelte sich in diesen Jahren um 70 Prozent ein (im Jahr 2003: 25,5 Prozent). Die längst überfälligen Strukturreformen, gegen die sich die alte Politikerkaste lange gewehrt hatte, durchbrachen dann endlich die Mauer der schlechten Politik, welche die Wirtschaft lange lahmgelegt hatte.

Trotzdem erlebt die Türkei seit dem Ende der neunziger Jahre einen gewaltigen Zulauf von Deutschen, die sich in einer eigenen Immobilie vor allem an der östlichen Mittelmeerküste niederlassen. Günstige Lebenshaltungskosten und (noch) günstige Immobilienpreise sind für sie ausschlaggebend. Sie machen sich zunutze, dass der türkische Staat Ausländern den Erwerb von Grundbesitz leicht macht.

Voraussetzungen dafür sind: Die Immobilie liegt nicht im militärischen Sicherheits- und Sperrgebiet; das Objekt befindet sich innerhalb von Stadtverwaltungsgrenzen; die Immobilie liegt – je nach Küstenregion – zwischen 20–100 m vom Meer entfernt; das Grundstück ist nicht größer als 30 ha; das Grundstück wird nicht parzelliert und an Dritte weiterverkauft.

Eintragungen im Grundbuchregister sind in der Türkei rechtsverbindlich, beim Grundbuchamt wird auch der Kaufvertrag geschlossen. Die Funktion der Grundbuchämter geht damit über die der deutschen hinaus. Ein notarieller Kaufvertragsabschluss ist ungültig.

Was Zuzügler erwartet – Türkei

Fläche:	779.452 qkm
Hauptstadt:	Ankara
Einwohner:	71,4 Millionen
Landessprache:	Türkisch, regional Kurdisch
BIP je Einwohner:	5.300 EUR
Doppelbesteuerungsabkommen:	Ja
Fiskalische Auslieferungsabkommen:	Keine

Besteuerung des Immobilienkaufs

- Grundbuchgebühr 4 Prozent vom Immobilienwert
- Jährliche Besteuerung von Immobilien 0,4 Prozent, von Grundstücken 0,6 Prozent

Sonstiges

Soll die Immobilie zu einem späteren Zeitpunkt wieder verkauft werden und lebt der ausländische Eigentümer nicht länger als sechs Monate pro Jahr in der Türkei, kann der Verkaufspreis nur dann ins Ausland transferiert werden, wenn nachgewiesen wird, dass die Immobilie auch mit aus dem Ausland in die Türkei transferiertem Geld seinerzeit bezahlt wurde. Belege sind unbedingt aufzubewahren.

4.4.7 USA

„Go West" – Von den Küsten Neuenglands über die großen Wasserstraßen des Südens und schnurgrade Highways im Indianerland bis zu den Straßen von San Francisco, vom Broadway bis zum Sunset-Boulevard sind die USA ein grandioses Land.

Für viele Deutsche ist nicht nur das Überwintern in Florida oder Kalifornien bereits Wirklichkeit geworden, sie wollen dort für immer leben. Und sie sind willkommen, vor allem dann, wenn sie auch noch Geld mitbringen und es in Immobilien investieren. Ausländer erwartet in den USA ein Immobilien-Paradies. Sie stoßen auf ein Angebot, das wesentlich größer ist als in der Heimat. Die Gründe hierfür sind: 65 Prozent der US-Bürger sind im Besitz von Immobilieneigentum; statistisch wechselt alle sieben Jahre der Besitzer.

Für ausländische Kaufinteressenten heißt das: erst die Region wählen, in der man sich niederlassen will, dann die Immobilie. Dabei sollte man wissen, dass die „Location" in den USA besonders wichtig ist, denn das soziale Gefälle im Land spiegelt sich auch in den verschiedenen Wohnregionen wider. Diese können sich innerhalb nur weniger Meter dramatisch verändern. Kaufinteressenten sollten sich also grundsätzlich nur auf „gepflegte" Regionen konzentrieren, die darüber hinaus auch noch eine gute Infrastruktur aufweisen.

Doch obwohl es in den USA grundsätzlich einfacher ist, eine Immobilie zu erwerben oder später wieder zu verkaufen und der Entscheidungsprozess der Partner wesentlich kürzer ist als beispielsweise in Deutschland, gibt es im Vergleich zur alten Heimat doch erhebliche rechtliche, steuerliche und mit der Kaufabwicklung einhergehende Unterschiede. Beim Immobilienkauf sollte man sich also nur auf erste Adressen verlassen.

Steuern beim Immobilienkauf

Der Erwerb einer Wohnimmobilie in den USA ist aus einkommenssteuerlicher Sicht denkbar einfach: Wird die Immobilie ausschließlich selbst genutzt, fällt keine Einkommenssteuer an. Werden dagegen Einkünfte aus Vermietung erzielt, sind diese nach dem Belegenheitsprinzip in den USA steuerpflichtig. Der Steuersatz je nach Veranlagung beträgt zwischen 15 und 39,6 Prozent.

In Deutschland entsteht prinzipiell keine zusätzliche Steuerbelastung, da nach dem DBA mit den USA Einkünfte aus US-Immobilien unter Progressionsvorbehalt von der deutschen Einkommenssteuer freigestellt sind. Diese Freistellung erstreckt sich auch auf die Vermögenssteuer.

Nachteilig ist häufig das Zwischenschalten einer Kapitalgesellschaft, deren Besteuerung ebenfalls in den USA erfolgt. Die Ausschüttungen der Gesellschaft unterliegen nämlich der Besteuerung aus Kapitalvermögen sowie der deutschen Einkommensbesteuerung. Die Gesamtbelastung kann da schnell bis zu 70 Prozent betragen.

Was Sie über das US-Steuersystem wissen müssen

- Jede Person, die in den USA geduldet wird, kann Grund- und Wohnbesitz erwerben, unabhängig davon, ob diese Person US-Staatsbürger oder Ausländer ist.
- Alle US-Bürger und alle Personen, die ihren Wohnsitz in den USA gemeldet haben, werden aufgrund ihres weltweiten Einkommens besteuert.
- Sind Personen nicht in den USA gemeldet, haben aber US-Grundbesitz (Ferienhaus, Ferienwohnung), werden nur aus den Objekten anfallende Gewinne (Vermietung) besteuert.
- Ein Ausländer wird in den USA steuerpflichtig, wenn er eine Green Card besitzt oder sich körperlich innerhalb eines Jahres mehr als 183 Tage im Land aufhält.
- In den USA einkommensteuerpflichtige Ausländer sind erbschafts- und schenkungssteuerpflichtig für ihr weltweites Einkommen und den weltweiten Immobilienbesitz.
- Sind Personen nicht in den USA einkommenssteuerpflichtig, so sind sie nur erbschafts- und schenkungssteuerpflichtig für ihr Vermögen und ihren Immobilienbesitz in den USA.
- Ist der Eigentümer einer Immobilie eine ausländische Gesellschaft – beispielsweise auf den Cayman Islands – so entfällt die US-Erbschafts- und Schenkungssteuerpflicht.

Und noch etwas: Wenn Sie in den USA eine Immobilie erwerben, berechtigt der Kauf nicht zum Daueraufenthalt in den Vereinigten Staaten. Sie erhalten in der Regel zunächst den Status eines „Non-immigrant". Ihre Aufenthaltsdauer wird von der Einwanderungsbehörde festgelegt und auf den Einreise-/Ausreisenachweis eingetragen. Eine Verlängerung ist möglich. In der Summe sind dies nicht gerade ideale Voraussetzungen für einen Altersruhesitz in Florida oder in Kalifornien.

Tabelle 4.6 Investitionskriterien für den privaten US-Immobilienkauf

Kriterium	**Einfamilienhaus / Eigentumswohnung**	**Apartmentgebäude**
Investitionsrisiko	Durchschnittlich	Durchschnittlich
Wertpapiersteigerungspotenzial	Amerikanische Inflationsrate, höher in guten Lagen	Abhängig von der Vermietungsquote
Laufendes Einkommen	Kostendeckend	6–12 Prozent
Wiederverkaufbarkeit	Gut	Gut bei kleineren Komplexen
Betriebsrisiko	Niedrig	Durchschnittlich
Hypotheken-Finanzierung	Sehr gut, bis zu 90 Prozent	Gut, bis zu 80 Prozent
Größenordnung	Im Allgemeinen ⅓ bis ⅔ größere Wohnfläche als in Europa	Von 40–350 Wohnungen, große Anlagen sind meist besser ausgestattet und kostengünstiger zu bewirtschaften
Management Erfahrung	Wenig	Durchschnittlich
Management Zeit	Wenig	Viel
Nachfrageeinflüsse	Bevölkerungszuwachs, Standort, Verkehrslage, Zinssätze, Lifestyle, Steuern, Inflationsangst	Bevölkerungszuwachs, Lifestyle, Zinssätze, Freizeiteinrichtungen, Standort, Migration
Eignung für den europäischen Investor	Nur für den, der eine Zweitwohnung sucht, die Vermietung ist schwierig	Ja, aber nur nach sorgfältiger Standortwahl, bei Komplexen mit weniger als 80 Wohneinheiten kann es Verwaltungsprobleme geben

Quelle: Deutsche und Schweizerische Schutzgemeinschaft für Auslandsgrundbesitz

Die Klippen des AStG

Hat der Wegziehende die Klippen des deutschen Außensteuerrechts umschifft und sich in den USA niedergelassen, richtet sich seine laufende Besteuerung nach dem Doppelbesteuerungsabkommen (DBA) auf dem Gebiet der Einkommenssteuer (ESt-DBA). Dieses teilt die Besteuerung der einzelnen Einkunftsarten zwischen den USA und Deutschland auf und schränkt insoweit das nationale Steuerrecht ein.

Grundsätzlich steht ja dem Wohnsitzstaat das Besteuerungsrecht zu. Deutschland behält sich allerdings die Besteuerung von Einkünften aus deutschen Immobilien und Betriebsstätten vor. Ferner können auch Dividenden deutscher Kapitalgesellschaften in Deutschland besteuert werden (Quellensteuer). Die USA als Wohnsitzstaat haben dann die in

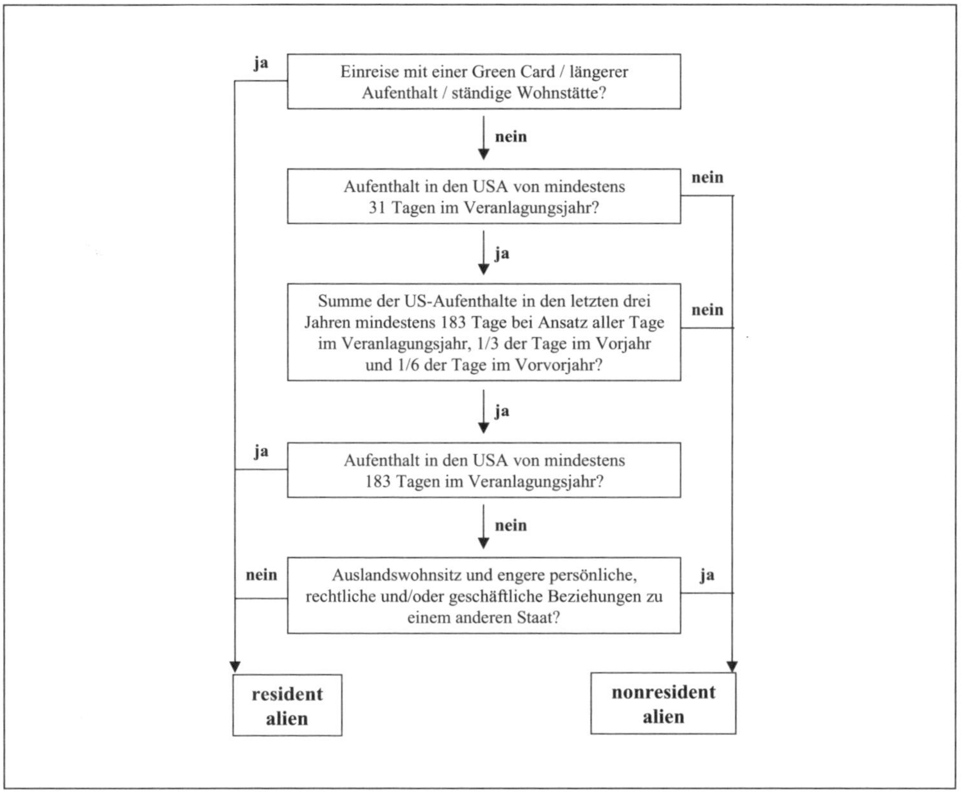

Abb. 4.1: *Steuerpflicht bei Ausländern in den USA*
Quelle: Höreth/Vogel, Global Employment, Rechtsratgeber für internationales Personalmanagement

Deutschland gezahlten Steuern auf ihre Steuern anzurechnen. Diese Anrechnungsmethode hat im Ergebnis zur Folge, dass der Wegzügler stets auf das höhere Steuerniveau eingestuft wird.

Grundsätzlich gelten die Steuersätze in den USA bei einem Vergleich verschiedener Steuersysteme als günstig, so dass ein Wegzug aus ertragssteuerlicher Sicht durchaus sinnvoll erscheinen kann, dies gilt umso mehr, da die dortigen Spitzensteuersätze von derzeit 38,6 Prozent auf 35 Prozent im Jahr 2006 gesenkt werden sollen.

Beim Vergleich verschiedener Steuersysteme wird jedoch häufig die Besteuerung auf der Ebene der Bundesstaaten außer Acht gelassen. In den USA hat jeder Bundesstaat die Befugnis, Steuern und Abgaben zu erheben. Die meisten Staaten erheben daher Einkommens-, Umsatz- und auch Vermögenssteuern. Diese einzelstaatlichen Steuern muss man vor dem Wegzug in die USA berücksichtigen.

Erbschaftssteuer

Bei einem Wohnsitzwechsel in die USA darf neben den zu erwartenden Ertragsteuern auch die zukünftige Erbschaftssteuer nicht unberücksichtigt bleiben. Denn im Gegensatz zum Einkommenssteuerrecht sind die Nachlasssteuern in den USA in der Regel deutlich höher als in Deutschland. Ziel einer vorausschauenden Planung sollte es also sein, in den USA hohe Nachlasssteuern zu vermeiden.

Der Spitzensteuersatz beträgt in den USA derzeit 50 Prozent, wird allerdings in den kommenden Jahren gesenkt werden. In Deutschland fallen dagegen für Übertragungen an Ehegatten, Kinder und Enkelkinder maximal 30 Prozent Steuern an. Im Übrigen wird in den USA der Nachlass einheitlich besteuert, während in Deutschland der Erwerb eines jeden Erben separat besteuert wird. Überlegungen, wie durch Verteilung des Vermögens auf möglichst viele Personen die Freibeträge besser genutzt werden können, spielen in den USA daher keine Rolle.

Die Vermeidung einer Doppelbesteuerung wird ebenfalls durch ein DBA (ErbSt-DBA) geregelt. Aufgrund einer erst im Jahr 2000 eingeführten Änderung bleibt ein Deutscher auch nach Wegzug in die USA noch für zehn Jahre in Deutschland unbeschränkt erbschaftssteuerpflichtig. Dies ist angesichts des höheren Steuerniveaus in den USA in der Regel vorteilhaft.

Der Wohnsitzstaat kassiert

Im ErbSt-DBA ist ebenfalls geregelt, dass das Besteuerungsrecht grundsätzlich beim Wohnsitzstaat des Erblassers liegt. Bestimmte Vermögensgegenstände, wie z. B. Immobilien und Betriebsvermögen, können jedoch auch von dem Staat, in dem sie sich befinden, besteuert werden. Hat der Wegziehende also eine Immobilie in Deutschland, unterliegt diese auch dann der deutschen Erbschaftssteuer, wenn der Erblasser schon mehr als zehn Jahre in den USA lebt.

Eine Doppelbesteuerung wird jedoch vermieden, da die USA die in Deutschland gezahlten Steuern anrechnen. Trotz Anrechnungsmöglichkeit kann dennoch eine Doppelbesteuerung vorliegen, da es bei der Anrechnung nicht zu einer Erstattung eines höheren ausländischen Steuerniveaus kommt.

Abgesehen von den steuerlichen Auswirkungen des Erbfalls eines in die USA verzogenen Deutschen sollte man auch die erbrechtlichen Konsequenzen eines Wegzugs bedenken. Die USA knüpfen – anders als in Deutschland – das anwendbare Erbrecht nicht an die Staatsangehörigkeit, sondern an den letzten Wohnsitz des Erblassers. Verstirbt daher ein Deutscher mit letztem Wohnsitz in den USA, vererbt sich aus amerikanischer Sicht sein bewegliches Vermögen nach amerikanischem Recht.

Wichtig: Damit kann ein zu einem früheren Zeitpunkt in Deutschland errichtetes Testament in den USA unwirksam sein.

Was Zuzügler erwartet – USA

Fläche:	9.809.155 qkm
Hauptstadt:	Washington
Einwohner:	281,4 Millionen
Landessprache:	Englisch, regional Spanisch
BIP je Einwohner:	28.125 EUR
Doppelbesteuerungsabkommen:	Ja
Fiskalische Auslieferungsabkommen:	Ja

Steuersystem

- Einkommensbesteuerung auf Bundes-, Einzelstaaten- und Gemeindeebene (Bundessteuer maximal 39,6 Prozent zuzüglich maximal 12 Prozent Einzelstaatensteuer und maximal 4,5 Prozent Gemeindesteuer)
- AMT = Alternative Minimum Tax (26 Prozent) wird immer gegengerechnet
- Erbschaftssteuer als Nachlasssteuer auf Bundesebene und daneben vereinzelt in Einzelstaaten (ab 3 Mio. US-Dollar Bundessteuersatz 55 Prozent)
- Capital Gains Tax (18 bis 28 Prozent) je nach Haltedauer

Ziel: Vermeidung der hohen Erbschaftssteuerbelastung durch

- Ausnutzung des jährlichen Freibetrags für Schenkungen an Ehegatten und von Bewertungsvorteilen durch Einbringung von Immobilien in Partnership (50 bis 60 Prozent des Verkehrswerts des Grundstücks)
- Einfrieren von Nachlässen (Estate Freezing)
- Nutzung der deutschen Erbschaftssteuerfreibeträge und günstigeren Tarife durch Schenkungen vor oder innerhalb von fünf Jahren nach Wegzug
- Einziges Schenkungssteuer-DBA Deutschlands

Sonstiges

- Keine Devisenbeschränkungen
- Stabiles politisches Umfeld
- Gut funktionierende Wirtschaft
- Sämtliche klimatischen Zonen vertreten

4.4.8 Kanada

Kanada ist das Land der Legenden und Traditionen – mit unendlichen Weiten und einer Landschaft, Fauna und Flora, die weltweit ihresgleichen sucht. Kanada – der Deutschen zweitliebstes Auswanderungsland – lockt ebenso mit pulsierenden Großstädten und ihrem multikulturellen Flair und günstigen Immobilien. Hier haben auch Leute mit kleinerem Geldbeutel noch große Chancen, sich ihren Lebenstraum zu erfüllen, etwa in den bevorzugten und Europa zugewandten Provinzen Nova Scota und British Columbia. Dort leben die Menschen noch in richtigen Dörfern, und der Flug in die „alte Welt“ dauert trotzdem nur sieben Stunden.

Doch wer sich in Kanada sesshaft machen und eine Immobilie erwerben will, sollte sich nicht vom ersten Eindruck blenden lassen. Er sollte wieder abreisen und es bei einem zweiten Anlauf wie die Kanadier machen. Diese kaufen Immobilien nicht in der Einsamkeit. Sie achten stattdessen auf zwei Punkte:

- Sind Nachbarn in der Nähe?
- Wie ist der Wiederverkaufswert ihrer „property“?

Wenn die Immobilie einsam liegt, ist der Wiederverkaufswert gering. Kanadier wissen, dass das investierte Geld in der Wildnis vergraben bleibt.

Der Hang zur Einsamkeit, eventuell sogar zu einer Insel, ist bei uns Deutschen weit verbreitet und auch verständlich, weil es hierzulande so etwas überhaupt nicht und in Europa fast gar nicht mehr gibt. Für Kanadier stehen die einsamen Landstriche jedoch für „recreation“ im weitesten Sinne: Jagen, Fischen, Wandern. Aber ihr Geld arbeitet in der Stadt! Tun Sie es ihnen unbedingt gleich. Im Zweifel sollten Sie das Geld zur Bank bringen und in Kanada Ferien mit den Zinsen finanzieren – statt sich ein Problem einzukaufen.

Der Kaufvorvertrag ist wichtig

Wer dennoch in Kanada eine Immobilie erwerben will, der sollte unbedingt einen Kaufvorvertrag abschließen. Ein „Offer of Purchase“ oder auch „Agreement of Purchase and Sale“ (AOP) ist wesentlicher Bestandteil bei der Abwicklung eines Immobilienkaufs. Ohne wichtigen Grund ist ein AOP von beiden Vertragsparteien nicht mehr zu annullieren. Alle offiziell am kanadischen Markt gehandelten Immobilien werden im „Multiple Listing Service“ des Real Estate Board erfasst. Hier können Sie am besten Preise vergleichen, um nicht zu teuer einzukaufen.

Worauf man beim Immobilienkauf in Kanada achten sollte

Infrastruktur

- Welche Fahrzeit muss vom nächsten Flughafen zur Immobilie einkalkuliert werden?
- Wie weit ist es zu den nächsten Einkaufsmöglichkeiten, Ärzten und Banken?

Nutzbarkeit

- Ist das Grundstück zu allen Jahreszeiten gut zu erreichen?
- Muss eventuell eine Straße bis zur nächsten Landstraße gebaut werden (Kosten ca. 25–50 Euro pro laufendem Meter)?
- Muss ein Grundwassertest für die Brunnenbohrung durchgeführt werden?
- Ist die Bebaubarkeit garantiert?

Wassergrundstück

- Steinige Ufer sehen zwar weniger idyllisch aus als stark bewachsene Seeufer, ziehen aber im Sommer auch wesentlich weniger Mücken an.
- Bieten die Ufer gute Bootsanlegemöglichkeiten?
- Ist die Wassertiefe ausreichend für Boote?
- Besteht eine Baugenehmigung für ein Dock bzw. ein Bootshaus?

Bauqualität

- Ist das Holz regelmäßig gestrichen / gepflegt worden?
- Lohnt sich eine Renovierung, oder ist es eventuell günstiger, neu zu bauen?

Umgebung

- Ist die Bebauung der Umgebung attraktiv?
- Bestehen Bebauungspläne für die umliegenden Grundstücke?
- Sollen eventuell Schnellstraßen in der Nähe gebaut werden?

Nachbarn

- Wie groß ist die Entfernung zum nächsten Haus?
- Kann von den Nachbarn jemand nach dem Rechten sehen, wenn Sie in Deutschland sind?
- Müssen Sie mit Lärmbelästigung durch Motorboote oder Wasserflugzeuge rechnen?

Wiederverkaufbarkeit

- Ist die Lage der Immobilie auch bei Kanadiern als Ferienregion beliebt?
- Wie ist die Vermietbarkeit der Immobilie?

- Was kosten vergleichbare Grundstücke?
- Südlage verkauft sich besser als Nordlage.
- Ein Haus in der Wildnis ist schwerer zu veräußern als das innerhalb eines gepflegten Developments.

Was Zuzügler erwartet – Kanada

Fläche:	9.958.319 qkm
Hauptstadt:	Ottawa
Einwohner:	31 Millionen
Landessprache:	Englisch, Französisch
BSP je Einwohner:	16.500 EUR
Doppelbesteuerungsabkommen:	Ja
Fiskalische Auslieferungsabkommen:	Nein

Kanadisches Grundstücksrecht

- Jede Person, ob in Kanada oder im Ausland ansässig, und jede Gesellschaft, ob inländisch oder aus dem Ausland, darf in Kanada Immobilien inklusive ganzer Inseln erwerben.
- Vor dem Immobilienerwerb steht eine Kaufvereinbarung mit den wesentlichen Kaufeckdaten. Diese liegt dem späteren Kaufvertrag bei. Dieses Dokument überträgt jedoch nicht den Titel.
- Der Titel wird durch eine „Warranty Deed" (garantierter Eigentumstitel) übertragen. Das Dokument wird beim Grundbuchamt des jeweiligen Countys registriert. Erst damit wird der Käufer auch rechtmäßiger Eigentümer der Immobilie.
- Die „Warranty Deed" muss dem Käufer ausgehändigt werden.
- Verlangen Sie eine Versicherungspolice, die Sie gegen jegliche Ansprüche Dritter auf die Immobilie während der Laufzeit Ihres Besitzes versichert.
- Lassen Sie sich vor einem Immobilienkauf von einem ortsansässigen Rechtsanwalt eingehend beraten.

Steuern beim Immobilienkauf

- *Erwerbssteuer:* Je nach Provinz und Wert der Immobilie zwischen 0 bis 1,5 Prozent
- *Grundsteuer:* Gering, je nach Provinz
- *Übertragungssteuer:* 0,5 Prozent vom Kaufpreis

- *„Property Tax“:* Je nach Lage und Art des Objekts zwischen 1 und 5 Prozent
- *Mehrwertsteuer:* 15 Prozent des Kaufpreises
- *Kapitalgewinnsteuer:* Bei einem späteren Wiederverkauf fällt eine Kapitalgewinnsteuer von 25–33 Prozent an. Bei nichtansässigen Steuerpflichtigen wird diese Steuer über eine Quellensteuer erhoben und vom Verkaufspreis einbehalten.
- *Erbschaftssteuer:* Keine, allerdings muss der Vermögenszuwachs auf den Todestag vom Erben versteuert werden.

Beim Immobilienkauf an den Erbfall denken

- Verstirbt der Eigentümer einer Kanada-Immobilie, müssen seine Erben weite Wege gehen und viel Geld ausgeben, um ihr Erbe antreten zu können. Empfehlenswert ist es daher, in Kanada jegliches Eigentum (Grund, Immobilie, Bankguthaben, Kapitalinvestments) als „joint ownership with right of survival“ eintragen zu lassen. Miteigentümer in diesem Sinne ist in der Regel der Lebenspartner, aber auch Kinder oder sonstige Dritte.

Vorteil: Verstirbt der Besitzer, können die Miteigentümer der Vermögenswerte sofort und ohne Nachlassgericht über die nachgelassene Sache verfügen. Wie und was der Erblasser in seinem Testament außerdem noch bestimmt hat, behindert diesen einfachen Verfügungsübergang nicht.

5 Besteuerung von Auslandsimmobilien in Deutschland

Wer seinen Hauptwohnsitz oder gewöhnlichen Aufenthalt in Deutschland hat, ist hier auch unbeschränkt steuerpflichtig, und zwar mit seinem Welteinkommen und seinem weltweiten Vermögen, also auch etwaigem ausländischem Immobilienbesitz. Da auch ausländische Finanzbehörden im Sitzland diese Immobilien besteuern, besteht die Gefahr, dass im Ausland belegene Objekte zweimal zu versteuern sind – in Deutschland und im Ausland. Um diese drohende Doppelbesteuerung zu vermeiden bzw. abzumildern, hat Deutschland mit den meisten Staaten Doppelbesteuerungsabkommen (DBA) geschlossen. Im Einzelfall muss also geprüft werden, ob ein DBA existiert und ob darin die Besteuerung von Immobilien geregelt ist.

Vermieden bzw. abgemildert wird eine Doppelbesteuerung in den DBA entweder durch die Freistellungsmethode – mit oder ohne Progressionsvorbehalt – oder durch die Anrechnungsmethode:

- Bei der *Freistellungsmethode* steht das Besteuerungsrecht ausschließlich dem Quellenstaat zu. Der Wohnsitzstaat – Deutschland – behält sich höchstens das Recht vor, im Rahmen des Progressionsvorbehaltes den Steuersatz anzuwenden, der auf das Einkommen des Steuerpflichtigen entfallen würde, wenn die Auslandseinkünfte hinzugerechnet würden.
- Bei der *Anrechnungsmethode* besteht Steuerpflicht in beiden Staaten. Nachweislich im Ausland gezahlte Steuer wird jedoch auf die inländische anteilig angerechnet. Für alle ausländischen Steuern, die in Deutschland bei der Steuerschuld angerechnet werden dürfen, müssen die geleisteten Zahlungen nachgewiesen werden.

Existiert kein DBA oder ist die Steuerpflicht im DBA nicht geregelt, ist zu prüfen, ob und gegebenenfalls in welchem Umfang deutsche Steuervorschriften derartige Steuerfälle regeln:

- *Erwerb:* In Deutschland unterliegt der Erwerb von ausländischem Grundbesitz nicht der Grunderwerbssteuer. Auch die Eigennutzung der Auslandsimmobilie wird hier nicht besteuert.
- *Vermietung:* Bei Vermietung – vorübergehend oder ganzjährig – unterliegen private Mieteinkünfte grundsätzlich der deutschen Einkommenssteuer. Für Staaten, mit denen es keine DBA gibt, sieht § 34 c EStG vor, dass die im Ausland festgesetzte, gezahlte und keinem Ermäßigungsanspruch mehr unterliegende Steuer auf die deutsche Einkommenssteuer angerechnet wird. Dabei erfolgt die Anrechnung so, dass die sich für inländische und ausländische Einkünfte ergebende deutsche Einkommenssteuer

im Verhältnis der ausländischen Einkünfte zur Summe der Einkünfte aufgeteilt wird. Antragsweise hat der Steuerpflichtige jedoch die Möglichkeit, die ausländische Steuer bei der Ermittlung der Einkünfte abzuziehen.

In den DBA ist meist die Anrechnungsmethode vorgesehen, das heißt, die Einkünfte sind sowohl im In- als auch im Ausland steuerpflichtig. Die im Ausland gezahlte Steuer wird auf die deutsche Einkommenssteuer angerechnet. Auf Antrag des Steuerpflichtigen kann – wie bei Staaten ohne DBA – die ausländische Steuer aber auch von den Einkünften abgezogen werden (§ 34 c Abs. 6 i. V. m.Abs.2 EStG). Für die Ermittlung der ausländischen Einkünfte gelten die deutschen Einkommenssteuervorschriften.

Zinsen für Kredite dürfen bei den ausländischen Einkünften abgesetzt werden, sofern sie zur Erzielung der ausländischen Einkünfte verwendet worden sind. Die Kosten für die Eigennutzung sind steuerlich nicht relevant. Dagegen können die Kosten für die Vermietung (Makler, Reinigung etc.) steuermindernd geltend gemacht werden.

5.1 Private Veräußerungsgewinne

Veräußerungsgewinne aus Immobilienverkäufen sind nach Ablauf der Spekulationsfrist in Deutschland nicht zu versteuern. Im Ausland gibt es derartige Regelungen gewöhnlich nicht. Meist muss dort also mit teilweise hohen Veräußerungsgewinnsteuern gerechnet werden.

- Bei Staaten ohne DBA ist der innerhalb der deutschen Spekulationsfrist erzielte Veräußerungsgewinn zu versteuern. Immerhin wird aber eine eventuell im Ausland gezahlte Steuer in Deutschland angerechnet oder auf Antrag von den Einkünften abgezogen.
- Bei Staaten mit DBA ist meist geregelt, dass der Veräußerungsgewinn hinsichtlich der ausländischen Immobilie in Deutschland freigestellt ist, allerdings unter Anwendung des Progressionsvorbehalts.

5.2 Erbschaftssteuer

Im Erbfall fällt deutsche Erbschaftssteuer an. Gemäß § 21 ErbStG darf auf Antrag die festgesetzte, auf den Erwerber entfallende, gezahlte und keinem Ermäßigungsanspruch unterliegende ausländische Erbschaftssteuer insoweit angerechnet werden, als das Auslandsvermögen auch der deutschen Erbschaftssteuer unterliegt. In Staaten, mit denen die Frage der Erbschaftssteuer im DBA geregelt ist und die ausländische Erbschaftssteuer auf die deutsche anzurechnen ist, ist gem. § 21 Abs. 4 ErbStG die gleiche Berechnung wie bei Staaten ohne DBA anzuwenden. Dabei bemisst sich der Wert der Immobilie nach § 12 Abs. 6 ErbStG i. V. m. § 31 Bewertungsgesetz nach dem „gemeinen Wert", also ungefähr dem tatsächlichen Wert.

Besteht der Erwerb nur zum Teil aus einer Auslandsimmobilie, so ist der darauf entfallende Teilbetrag der deutschen Erbschaftssteuer in der Weise zu ermitteln, dass die für das steuerpflichtige Gesamtvermögen einschließlich des steuerpflichtigen Auslandsvermögens sich ergebende Erbschaftssteuer im Verhältnis des steuerpflichtigen Auslandsvermögens zum steuerpflichtigen Gesamtvermögen aufgeteilt wird. Das gilt entsprechend auch für Schenkungen von Auslandsimmobilien.

Wichtig: Ohne fachkundigen Rat sind Steuerpflichtige bei diesem Sachverhalt hilflos.

6 Rückkehr und Alternativen

6.1 Rückwanderung nach Deutschland

So mancher Deutsche, der ausgewandert ist oder im Ausland gearbeitet hat, bekommt Heimweh nach Deutschland. Er sollte wissen, welche steuerlichen Konsequenzen eine Rückwanderung in die Bundesrepublik heutzutage hat:

- Rückwanderer geraten beim Wohnsitzwechsel nach Deutschland uneingeschränkt sofort wieder in die Fänge des komplizierten deutschen Steuerrechts.

Konsequenz:

- Das im Laufe der Jahre im Ausland gebildete Vermögen wird nach seiner Heimkehr durch die vielen Steuern schnell dezimiert werden.

Wer sich für die Rückkehr nach Deutschland entscheidet, sollte außerdem wissen: Lassen Sie Ihr Geld bzw. Vermögen im Ausland liegen, ohne es gegenüber dem deutschen Fiskus zu deklarieren, machen Sie sich strafbar.

Und: In Deutschland zu leben, aber immer erst ins Ausland fahren zu müssen, um an das eigene Geld heranzukommen, ist nicht jedermanns Sache und angesichts verstärkter Bargeldkontrollen an der Grenze auch riskant und nicht empfehlenswert.

6.2 Alternativen zur Emigration

Um sein Privatvermögen vor der deutschen Steuer zu schützen, muss man nicht selbst emigrieren. Stattdessen wird das Vermögen unter dem Einsatz von Rechtsträgern in Niedrigsteuerländer transferiert, beispielweise nach Liechtenstein. Das Fürstentum bietet in Verbindung mit seinem liberalen Gesellschaftsrecht einen optimalen Schnittpunkt zur Verbindung bankmäßiger Vermögensverwaltung und Vermögenssicherung mit Erb- und Familienvermögensplanung. Dazu eignen sich insbesondere Stiftungen, Anstalten und Trusts. Alle Konstruktionen machen erst ab einem Betrag von 500.000 EUR Sinn, da die Verwaltungskosten sehr hoch sind.

6.2.1 Stiftung nach liechtensteinischem Recht

Sie verleiht dem zugrunde liegenden Vermögen eigene Rechtspersönlichkeit. Damit entsteht ein Sondervermögen, das vom Privatvermögen des Stifters getrennt ist und daher prinzipiell Risiken, die das Privatvermögen des Stifters gefährden können, nicht mehr ausgesetzt ist. Ein weiterer Schutz wird gewährleistet: Bei einer Familienstiftung können Ansprüche von Begünstigten pfändungs- und konkursfrei gestellt werden.

Darüber hinaus lässt sich mit dem Einsatz einer Stiftung die Zerschlagung der Vermögenswerte verhindern. Da innerhalb der Stiftung das Erbrecht keine Rolle spielt, können Erben als Begünstigte vom Vermögen der Stiftung profitieren, ohne dass der Vermögensstock in unwirtschaftlich kleine Teile zerschlagen wird. Die Auswahl der Begünstigten ist in das freie Ermessen des Stifters gestellt.

Die Erträge aus dem Stiftungsvermögen werden steuerfrei angesammelt. Ausgeschüttet wird dann in steuergünstigen Jahren.

6.2.2 Anstalt

Ähnliche Ziele lassen sich durch den Einsatz einer Anstalt – einer liechtensteinischen Besonderheit – erreichen. Diese Rechtsform ist ein verselbständigtes Vermögen mit eigener Rechtspersönlichkeit (stiftungs- oder körperschaftsähnlich), für deren Verbindlichkeiten nur das Anstaltsvermögen haftet.

Vorherrschend sind Anstalten, die weder Mitglieder, Teilhaber noch Anteilsinhaber haben. Die Anstalt kennt jedoch Begünstigte, die wirtschaftliche Vorteile aus der Anstalt ziehen. Im Gegensatz zur Stiftung kann die Anstalt wirtschaftlich tätig sein und somit auch das eigene Vermögen verwalten. Steuerlicher Vorteil: Es fällt keine Ertragssteuer an.

6.2.3 Trust

Liechtenstein ist das einzige kontinentaleuropäische Land, welches das angelsächsische Rechtsinstitut des Trusts umfassend positivrechtlich geregelt hat. Im Gegensatz zum angloamerikanischen Trust kennt das liechtensteinische Recht jedoch kein Verbot für die Ansammlung von Erträgen. Auch ist eine Trusterrichtung auf Dauer möglich – im Vergleich: Belize 120 Jahre, Cayman-Islands 150 Jahre.

Vorteil bei allen drei Rechtsträgern: Die tatsächlichen Inhaber bleiben Dritten gegenüber anonym. Die verwalteten Vermögenswerte und die daraus erzielten Erträge sind somit für ausländische Finanzbehörden nicht personenbezogen zuzuordnen. Selbst wenn diese Rechtsträger im Ausland vom tatsächlichen Inhaber der Finanzbehörde in der Heimat bekannt gemacht werden, lassen sich durch deren Dauerhaftigkeit Vermögenswerte vererben, ohne dass dafür Erbschaftssteuer anfällt.

6.2.4 Die „Ausleihfirma“ als Sonderform

Sportler, Film- oder Popstars, Maler etc. gehören zu jenen Steuerpflichtigen, die meist hohe, aber unregelmäßige Einkünfte erzielen. Um die Steuerlast zu verteilen und in fetten Jahren keine steuerlichen Höchstsätze zahlen zu müssen, gründen sie in Niedrigsteuerländern Schutzfirmen, und zwar vorrangig in solchen Staaten, in denen die Körperschaftssteuer niedriger ist als die Einkommenssteuer. Die Rechtsform der Gesellschaft wird auf die jeweils nationalen Gegebenheiten angepasst.

Dabei nimmt diese „Ausleih“-Firma, an welcher der Star Anteile hält oder bei der er Partner ist, alle Honorare ein. Daraus zahlt sie dann dem Star ein regelmäßiges Gehalt. Während dieser darauf in der Heimat (geringere) Einkommenssteuer zahlt, versteuert das Unternehmen nur seine „Gewinne“ – niedriger, häufig sogar zum Null-Steuersatz. Im Ergebnis fällt die Gesamtsteuer aus Einkommen und Gewinn niedriger aus, als wenn die Honorare zum Spitzensteuersatz der privaten Einkommenssteuer versteuert worden wären.

Werden Einnahmen im In- und Ausland erzielt, werden zur Abwicklung der Geldflüsse häufig zwei „Ausleih“-Firmen eingeschaltet, eine für die Inlands-, eine zweite für die Auslandseinnahmen. Dabei ist die Gesellschaft, die für die aus dem Ausland stammenden Honorare als Honorarbegünstigter eingeschaltet wird, in einem Niedrig- oder Nullsteuerland anzusiedeln. Grund: Sie wird dort für die aus den off-shore erzielten Einnahmen in der Regel keine Steuern zahlen.

6.2.5 Österreichische Stiftung

Auch Österreich lockt vor allem vermögende Deutsche mit seinem Stiftungsrecht. Anders als die deutsche Gemeinstiftung orientiert sich die österreichische Privatstiftung an Privatinteressen. So darf eine österreichische Privatstiftung auch zur Versorgung von natürlichen Personen eingerichtet werden. Noch immer gilt dies als beliebtes Instrument zur steuerschonenden Unterbringung größerer Vermögen. Nach einer Eintrittsgebühr von fünf Prozent des Vermögens wird der Körperschaftssteuersatz auf 12,5 Prozent verringert, solange die Erträge in der Stiftung verbleiben.

Unattraktiv sind Privatstiftungen jedoch, wenn der Stifter seinen Wohnsitz im Ausland hat, da zur Schenkungssteuer auch die seines Wohnsitzes kommt. Problematisch ist auch die Einrichtung einer Familienstiftung durch Deutsche in Österreich, weil der deutsche

Fiskus die Erträge der Stiftung direkt bei der Familie in Deutschland besteuert (AStG), soweit diese begünstigt ist. Auch Begünstigte mit Wohnsitz im Ausland kommen bei Entlastung der Quellensteuer im Rahmen eines DBA um eine höhere Einkommenssteuer nicht herum.

Der Mindestbetrag, der in Stiftungen einzubringen ist, beträgt 75.000 EUR. Wirtschaftlich rechnen sich Stiftungen jedoch erst von 1,5 Millionen EUR an. Allein die Gründung verschlingt 7.500 EUR an Gebühren und Kosten für Berater und Anwälte. Darüber hinaus braucht die österreichische Privatstiftung drei Stiftungsvorstände. Und sie muss regelmäßig von einem Wirtschaftsprüfer geprüft werden. Dazu kommen die laufenden Kosten.

Anders als bei Stiftungen im Ausland gibt es in Österreich sowohl für die Veranlagung der Mittel als auch für deren Verwendung keine Vorschriften. Es gibt auch keine Stiftungsbehörde.

6.3 Arbeiten im Ausland

Der Blick über die Grenzen lohnt. Die Arbeitslosenquote erreicht in Deutschland inzwischen rund elf Prozent und Pleiten und Entlassungen schüren die Angst um den Job. Weit besser haben es da unsere Nachbarn: Irland mit 4,5 Prozent Arbeitslosenquote, Österreich (4,1 Prozent) oder die Niederlande (3,1 Prozent). Warum also nicht in einem Land der EU oder in der Schweiz arbeiten? Dank der gesetzlichen Freizügigkeiten bei der Berufswahl ist ein Wechsel innerhalb der EU-Länder und der Schweiz leichter als in außereuropäische Staaten. Abbildung 6.1 zeigt, in welchen EU-Ländern Deutsche ihrer Erwerbstätigkeit nachgehen.

Damit der Sprung ins Ausland erfolgreich wird, sind vier Punkte zu beachten:

- *Gezielt recherchieren:* Eine wahre Fundgrube sind die großen Stellenbörsen im Internet: Jobpilot, Monster, Stepstone und Worldwidejobs. Dazu kommen die Zentralstelle für Arbeitsvermittlung (ZAV) und der European Employment Service.
- *Gut vorbereiten:* Damit der Aufenthalt im Ausland erfolgreich wird, müssen sich Grenzgänger nicht nur fachlich umstellen. Ungewohnt sind häufig auch Kultur und Mentalität.
- *Genau rechnen:* Andere Länder, andere Sitten. Das gilt auch für Gehalt, Steuerregeln und Sozialabgaben. Höhere Abgaben, z. B. in den Niederlanden, lassen sich durch ein höheres Gehalt kompensieren.
- *Richtig vorsorgen:* Bei aller Freizügigkeit ist ein Aufenthalt auch im europäischen Ausland meist mit ungewohnten Formalitäten verbunden. So ist es beispielsweise sinnvoll, in Großbritannien die medizinische Grundversorgung des National Health Service durch eine private Zusatzversicherung aufzubessern.

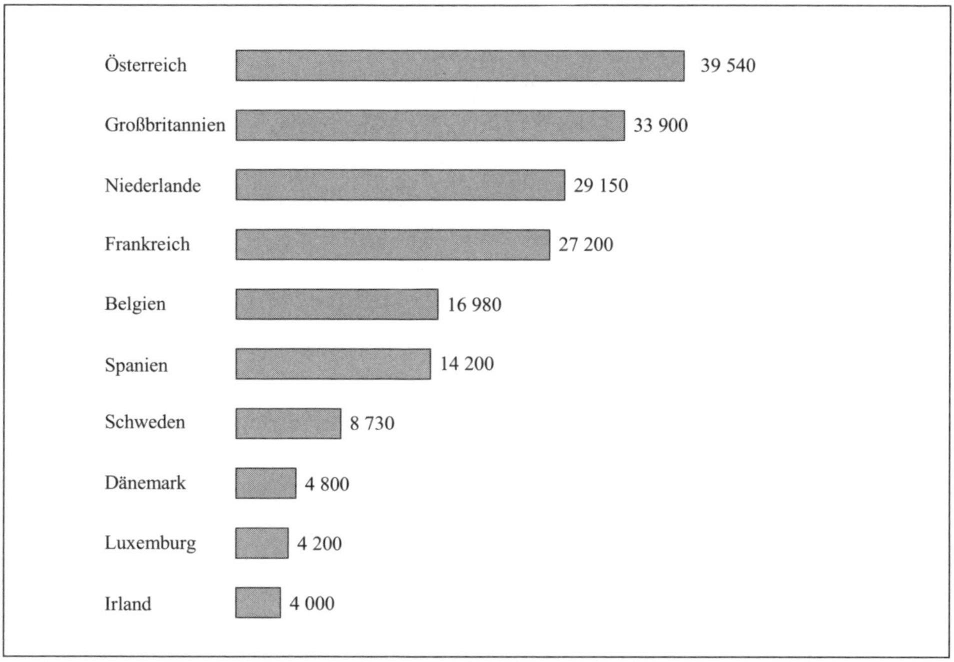

Abb. 6.1: Deutsche Arbeitnehmer in EU-Staaten
Quelle: Eurostat

6.3.1 Worauf Sie achten müssen

- *Krankheit:* In den meisten EU-Staaten sind die Arbeitnehmer pflichtversichert. In der Regel empfiehlt sich jedoch eine private Zusatzversicherung, weil der gesetzliche Schutz gering ist. Eine private Krankenvollversicherung gibt es außerhalb Deutschlands nur in den Niederlanden. Wer in Deutschland privat krankenversichert ist, kann die Leistungen im EU-Ausland nutzen. Beiträge für den dortigen staatlichen Schutz fallen trotzdem an. Meist lohnt sich deshalb für die Zeit im Ausland der Abschluss einer Anwartschaftsversicherung. Dadurch reduziert sich der Beitrag um bis zu 90 Prozent. Auch fällt dann bei der Rückkehr keine Gesundheitsprüfung an.

Alle, die in Deutschland Kassenmitglieder waren und nach dem Auslandsaufenthalt wieder in die Gesetzliche Krankenversicherung wollen, aber monatlich mehr als 3.825 EUR brutto verdient haben, müssen sich innerhalb von zwei Monaten bei der Krankenkasse anmelden.

- *Arbeitslosigkeit:* Wer hierzulande arbeitslos gemeldet ist, kann in der EU einen Job suchen und für bis zu drei Monate Arbeitslosengeld beziehen. Deutsche im Ausland sind dort nach zwölfmonatiger Beschäftigung berechtigt, Arbeitslosengeld zu beziehen. Der Anspruch gegenüber dem deutschen Arbeitsamt erlischt spätestens nach vier Jahren Auslandsaufenthalt.

Tipp: Wer sich in der EU selbständig machen will, sollte sich vor dem Wegzug in Deutschland arbeitslos melden, damit das Amt einen Leistungsanspruch feststellt. Dieser gilt bis zu vier Jahre, andernfalls ist Ihr Anspruch gemindert.

- *Rente:* Wer mehr als zwölf Monate im Ausland arbeitet, erwirbt Anspruch auf Altersrente. Wer also Ansprüche in zwei Ländern erworben hat, bezieht später auch zwei Altersrenten.

Für die Erwerbsminderungsrente gilt: All jene, die in den vergangenen fünf Jahren wenigstens 36 Monate Pflichtbeiträge gezahlt haben, bekommen bei einer unfall- oder krankheitsbedingten Erwerbsminderung eine Rente. Dabei werden Beschäftigungszeiten in der EU einheitlich angerechnet.

6.4 Staaten mit Steuervorteilen bei zeitlich befristeter Immigration bzw. für Expatriates

Einige *Hochsteuerländer* sind bereit, ihre gewöhnlichen Steuerbarrieren für eine zeitlich begrenzte Immigration mit besonderen Vorteilen zu versehen:

- *Finnland:* Hier wird das Einkommen von Expatriates mit einem Pauschalsatz von 35 Prozent besteuert. Honorare von Künstlern oder Sportstars unterliegen nur einer Einkommenssteuer von 15 Prozent.
- *Schweden:* Ausländische Privatpersonen, die weniger als fünf Jahre in Schweden arbeiten, können für die ersten drei Jahre ihrer Anstellung in Schweden ein 25 prozentige Kürzung ihres zu versteuernden Einkommens beantragen.
- *Dänemark:* Im Land lebende Expatriates in Dänemark können sich dafür entscheiden, einen Pauschalsatz von 25 Prozent des Bruttoeinkommens nach Abzug von acht Prozent für Sozialversicherungsbeiträge zu zahlen.
- *Niederlande:* Ausländer, die in den Niederlanden arbeiten wollen und über besondere Kenntnisse verfügen (Wissenschaftler etc.), können die Vorteile der sogenannten 30-Prozent -Regel in Anspruch nehmen. Sie sieht vor, dass der Arbeitgeber 30 Prozent des Gehalts steuerfrei auszahlen kann, um die ausländischen Lebenshaltungskosten abzudecken. Nicht ansässige Sportler zahlen auf ihre Einkünfte 20 Prozent.

- *Belgien:* Nichtansässige Sportler zahlen auf ihre Einkünfte 18 Prozent Einkommenssteuer.

6.5 Wegzugssteuer vor dem Aus?

Das Spannungsverhältnis zwischen deutschem und europäischem Recht bringt den deutschen Finanzminister immer stärker in Bedrängnis. Dem Bundesfinanzministerium drohen künftig erhebliche Steuerausfälle, weil zahlreiche deutsche Steuerrechtsnormen nicht mit dem Europarecht vereinbar sind. Auch die so genannte Wegzugsteuer steht auf der Kippe, jene Zwangsabgabe, die viele Deutsche, die Firmenbeteiligungen besitzen und ihren Wohnsitz ins Ausland verlegen wollen, bisher vom Umzug abgeschreckt hat.

Jetzt gerät die Wegzugsbesteuerung ins Wanken. Im März 2004 hat der Europäische Gerichtshof eine Vorschrift im französischen Steuerrecht zur Wegzugbesteuerung für europarechtswidrig erklärt (C-9/02 v. 11.3.04). Damit haben die Richter eine wegweisende Entscheidung zu steuerlichen Wegzugsbeschränkungen getroffen. Sie halten die französische Wegzugsbesteuerung auf wesentliche Beteiligungen mit der in Artikel 43 des EG-Vertrags verankerten Niederlassungsfreiheit für nicht vereinbar.

Dieses Urteil wird erhebliche Auswirkungen auf sämtliche EU-Mitgliedstaaten haben, deren nationale Steuergesetze ähnliche Bestimmungen enthalten. In Deutschland dürften damit die Tage des § 6 AStG zumindest in der jetzigen Form gezählt sein. Und es wird den deutschen Fiskus viel Geld kosten. Denn nach diesem Urteil muss voraussichtlich nicht nur die Wegzugssteuer für natürliche Personen fallen, sondern alle steuerlichen Hindernisse für Wegzugswillige – also auch für die Sitzverlegungen von Unternehmen.

Deutsches Recht kontra Europarecht: Mehrere Studien belegen, dass zahlreiche deutsche Steuerregeln mit europäischem Recht nicht zu vereinbaren sind. Der deutsche Steuergesetzgeber orientiert sich noch nicht hinreichend am europäischen Recht, mit unangenehmen Folgen für den Fiskus. Denn hat der Europäische Gerichtshof den Verstoß gegen EU-Recht erst einmal festgestellt, ist die Bundesrepublik verpflichtet, diesen Zustand zu beseitigen, in der Regel zu Gunsten der Steuerzahler. Standortverlagerungen werden dann erst richtig losgehen.

Teil II

Standortverlagerung von Unternehmen

7 Standort Deutschland – Kostennachteile und Rechtsunsicherheit

Durch die Europäische Wirtschafts- und Währungsunion sowie die zunehmende Globalisierung ist zwischen den Staaten ein international offener Wettbewerb entstanden. Ein Produktionsstandort kann problemlos statt in Deutschland in Frankreich, Großbritannien, den Niederlanden oder – wie vermehrt zu beobachten ist – in den Reformländern angesiedelt werden. Von diesem Standort aus ist es in unserem zunehmend grenzfreien Europa immer einfacher, dort hergestellte Produkte in anderen europäischen Länder zu vertreiben und in Deutschland einzuführen.

Für eine Investitionsentscheidung gewinnt daher der effektive Steuersatz zunehmend an Bedeutung. Dieser spiegelt sich direkt in der Gewinn- und Verlust-Rechnung wider – das heißt im Bilanzergebnis der Unternehmen. Der Steuersatz ist daher heute für Investitionsentscheidungen eine entscheidende Komponente. Das Ziel muss zwar nicht das untere Ende der Skala sein, Deutschland darf sich aber auch insbesondere von vergleichbaren europäischen Ländern nicht so weit entfernen, dass sich die Frage aufdrängt, welche Anreize die Bundesrepublik für Investoren überhaupt bietet, die einen derartigen Kostenfaktor rechtfertigen.

Wenn schon der Steuersatz im internationalen Vergleich extrem hoch ist, so war Deutschland in der Vergangenheit wenigstens ein Garant für Konstanz, für stabile steuerliche Rahmenbedingungen und folglich auch für Planungssicherheit bei Investitionsentscheidungen. Das ist heute nicht mehr der Fall.

Einige Fakten sollen diese Entwicklung der abnehmenden Planungssicherheit bei Investitionsentscheidungen verdeutlichen:

- Allein in der vergangenen 14. Legislaturperiode wurden 116 Vorschriften des Einkommensteuer- und 29 Vorschriften des Körperschaftssteuergesetzes geändert. Ein Ende der vielen Änderungen ist in der gegenwärtigen Legislaturperiode nicht in Sicht.
- Im September 2002 wurde erstmals die Einführung einer Mindestbesteuerung diskutiert. Diese sollte zum 1. Januar 2003 wirksam werden und hätte damit laufende Investments, die sich nach einer Anlaufverlustphase wieder in die Gewinnzone bewegen, ebenso getroffen wie alle zyklischen Geschäfte.

In diesem Falle wären sämtliche Investitionsrechnungen und Finanzierungen obsolet geworden. Die Mindeststeuer hätte Unternehmen mit Steuerzahlungen belastet, die sich insgesamt noch in einer Verlustphase befinden und deren Bezahlung aus der Substanz

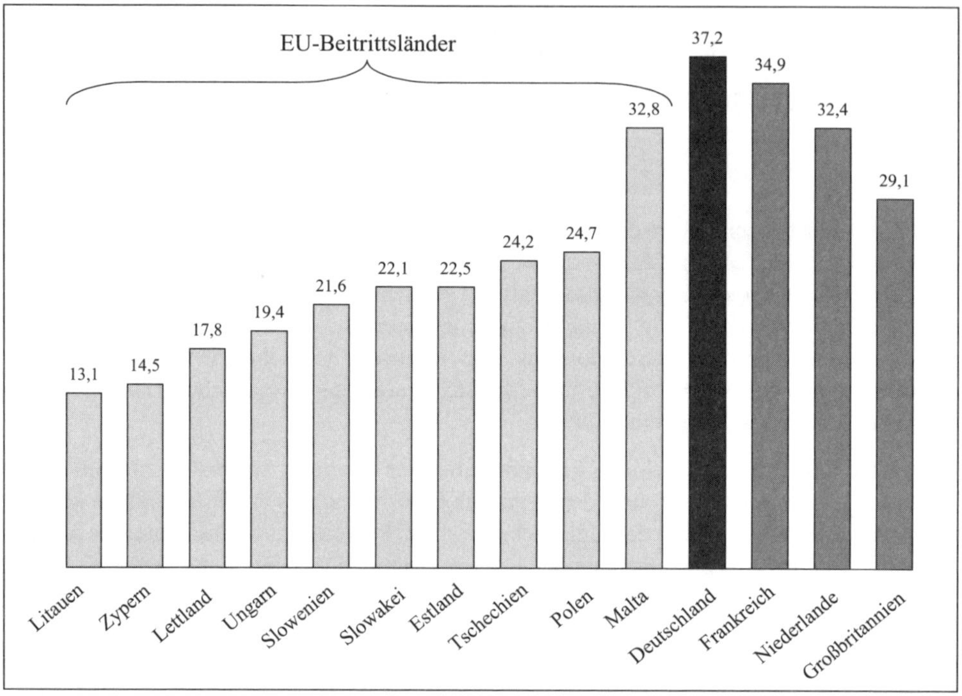

Abb. 7.1: Effektive Steuerbelastung von Kapitalgesellschaften, 2003
Quelle: ZEW

heraus hätte erfolgen müssen. Damit wäre aber nicht nur die Liquidität, sondern auch die Existenz vieler Unternehmen und Arbeitsplätze in Frage gestellt worden. Nach lang anhaltenden Diskussionen wurde die Regelung daraufhin im Frühjahr 2003 fallengelassen – um Ende 2003 erneut als Gesetzentwurf auf die Tagesordnung gesetzt zu werden.

Hohe Steuersätze und eine bisher nie dagewesene Rechtsunsicherheit sind kein Anreiz für Investitionen deutscher Unternehmen in Deutschland. Im Gegenteil, Produktions- und Unternehmensverlagerungen ins benachbarte Ausland sind die Folge. Damit sind, wie die Unternehmensberatung A. T. Kearny in einer aktuellen Studie Anfang 2004 feststellt, in Deutschland rund 130.000 Arbeitsplätze durch „Offshoring" bedroht. Die Experten erwarten, dass insbesondere im Bereich der personalintensiven Funktionen im IT-Bereich in den kommenden drei Jahren in großem Umfang in Niedriglohnländer verlagert wird. Die damit zu erzielenden Einsparungen belaufen sich auf rund zwei Milliarden EUR jährlich.

Laut A. T. Kearny wird derzeit in nahezu allen deutschen Unternehmen über die Verlagerung von Prozessen nachgedacht. In knapp einem Fünftel der Unternehmen war bis Ende 2003 bereits eine konkrete Strategie entwickelt worden. Wettbewerbsdruck zwingt Unternehmen zum Umdenken.

7.1 Deutsche Direktinvestitionen im Ausland rückläufig

Nach neuesten Zahlen der Deutschen Bundesbank sanken die deutschen Direktinvestitionen im Ausland von 28,7 im Jahr 2002 auf 11,7 Milliarden EUR im Jahr 2003. Das ist die niedrigste Summe seit 1993. Noch 1999 flossen 102 Milliarden aus Deutschland hinaus – im Jahr 2000 60,0 EUR und 2001 36,3 EUR. Daran zeigt sich, dass für Auslandsinvestitionen nicht nur Lohnkosten verantwortlich sind, sondern auch die Finanzkraft der Unternehmen und die allgemeine Konjunkturlage in der Heimat. Und um diese stand es 2003 nicht eben zum Besten.

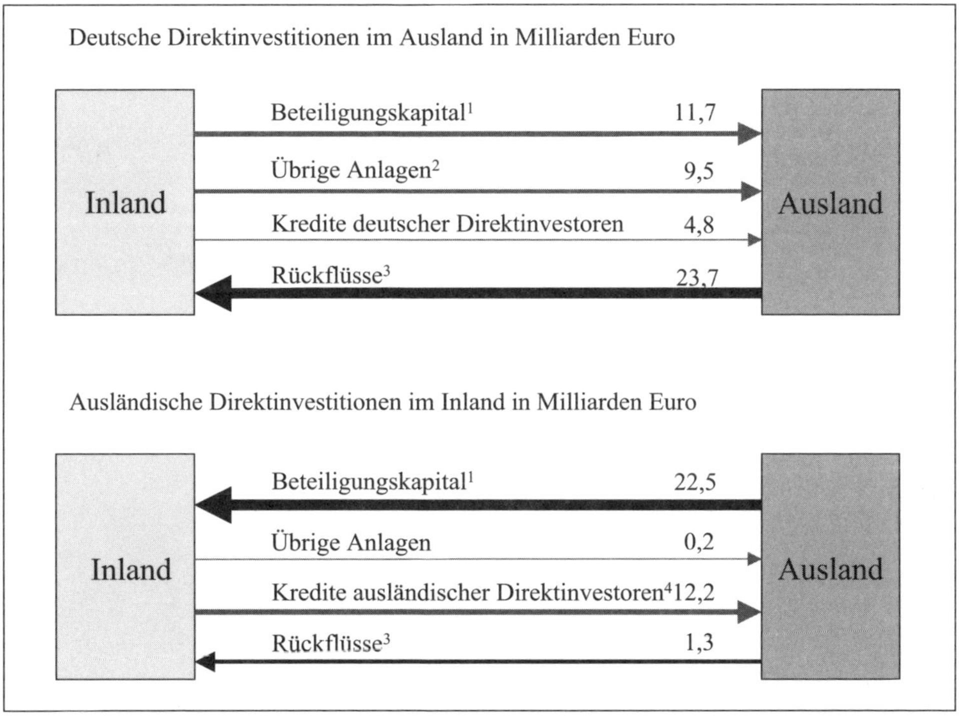

Abb. 7.2: *Direktinvestitionen im Jahr 2003*
[1] Einschließlich reinvestierter Gewinne
[2] Überwiegend Grundbesitz
[3] Kreditaufnahme der Muttergesellschaft bei ihren ausländischen Niederlassungen
[4] Tilgungszahlungen
Quelle: Deutsche Bundesbank

Die Kapitalströme aus dem Ausland in Richtung Deutschland wurden Ende 2003 stark von der Neufassung des Körperschaftssteuergesetzes beeinflusst, die Anfang 2004 in Kraft getreten ist. Deshalb führten ausländische Unternehmen im Dezember langfristige Kredite an Tochtergesellschaften in Deutschland von 14,5 Milliarden EUR durch Tilgung zurück. Gleichzeitig legten sie den Großteil dieser Rückflüsse in Form von Beteiligungskapital wieder bei ihren verbundenen Unternehmen in Deutschland an. Insgesamt sind daraufhin im vergangenen Jahr 22,5 Milliarden EUR an zusätzlichem Beteiligungskapital aus dem Ausland nach Deutschland geflossen, vor allem von Unternehmen aus Frankreich und den USA.

8 Bei der Standortverlagerung Probleme erkennen und Risiken beherrschen

Bei der Umsetzung einer Unternehmens- oder Produktionsverlagerung ins Ausland gibt es auch Stolpersteine. Nicht selten führen die Kultur- und Mentalitätsunterschiede zu Missverständnissen. Probleme kann es aber auch bei der Mitarbeiterakquise, dem Projektmanagement sowie der Investitionsfinanzierung geben. Damit so etwas erst gar nicht passiert, benötigen vor allem kleine und mittlere Unternehmen spezielle Unterstützung, um etwaige Risiken bereits im Vorfeld beherrschen zu können.

Zunächst muss die Frage der Markterschließung geklärt werden. Dabei gibt es zwei grundlegende Varianten:

- Strebt der deutsche Unternehmer lediglich einen Marktzugang in ein bestimmtes Land bzw. eine bestimmte Region an, oder
- plant er den Ausbau neuer Produktionsstandorte?

Gerade im letzteren Fall ist der Ansatzpunkt eindeutig. Durch neue Produktionslinien im Ausland sollen etwa die Produktionskosten (erheblich) gesenkt werden. So beträgt beispielsweise der monatliche Mindestlohn im EU-Beitrittsland Polen derzeit etwa 200 EUR – bei annähernd prozentual gleichen Lohnnebenkosten wie in Deutschland.

In diesem Fall kann der Unternehmer ein vertragliches Joint Venture in dem Zielstaat mit einem bereits bestehenden Unternehmen suchen. Er kann dem Partner technisches Know-how bieten, während die Produktionsstätten bereits vorhanden sind. Diese Investitionsform ist sicherlich die einfachste, zumal möglicherweise (noch) bestehende bürokratische Hürden und sonstige administrative Tätigkeiten vollständig beim nationalen Partner im Ausland verbleiben.

Eine weitere Möglichkeit ist die Gründung eines Unternehmens im Rahmen eines Joint Venture mit einem nationalen Partner. Vorteil dieser Konstellation: Das Partnerunternehmen ermöglicht den Marktzugang und bringt das nationale Know-how bezüglich der Rechtsvorschriften mit.

Plant ein Unternehmer dagegen, in ein von Dritten unabhängiges neues Unternehmen als Tochtergesellschaft seines deutschen Stammhauses zu investieren, müssen am Investitionsstandort zahlreiche nationale Vorschriften beachtet werden. Ihm obliegt alles:

- von der Standortsuche bis zur Suche nach geeignetem Personal und der Lösung von möglichen grenzüberschreitenden Finanzierungsfragen.

Gelingt das Unternehmen, gehört ihm natürlich auch der Erfolg.

Die grenzüberschreitende Markterschließung kann auf diverse Dienstleistungen, Verkauf, Service und Beratung eingegrenzt werden. In Verbindung mit diesen Tätigkeiten hat ein deutscher Unternehmer die Möglichkeit, über lokale Handelsvertreter oder Verkaufsbüros tätig zu werden. Durch den Einsatz lokaler Partner wird natürlich der beste Marktzugang erreicht und Kommunikationsprobleme mit den Kunden werden weitgehend ausgeschlossen.

8.1 Steuern und Recht

Daneben treten aber auch steuerliche und rechtliche Fragen auf. So ist beispielsweise unlängst ein Fall aufgetreten, bei dem ein deutscher Unternehmer bereits vor einigen Jahren ein Werk in Polen zur Produktion von Stanzteilen errichtet hat. Dabei wurde die teure Stanzmaschine im Rahmen eines Cross-Border-Leasingvertrages über eine deutsche Gesellschaft finanziert.

Diese eigentlich in Westeuropa erfolgreich praktizierte länderübergreifende Finanzierungsform stieß am polnischen Produktionsstandort jedoch auf unerwartete Probleme, denn höchstrichterlich wurde dem Unternehmen beschieden, dass es sich bei dieser Finanzierungsgestaltung nach geltendem polnischen Recht um einen Steuerumgehungstatbestand handele. Zudem wurden bis Anfang 2000 Finanzdienstleistungen aus dem Ausland in Polen dahingehend diskriminiert, dass auf die zu leistenden Leasingraten polnische Mehrwertsteuer zu berechnen und seitens des Unternehmens in Polen abzuführen war. Diese war nicht als Vorsteuer abzugsfähig. Neben der nachzuzahlenden Mehrwertsteuer von 22 Prozent drohten dem Unternehmen noch Strafzuschläge in Höhe von 30 Prozent der bislang nicht abgeführten Mehrwertsteuer.

Das Beispiel zeigt, dass jede grenzüberschreitende Investition nicht nur nach finanziellen Aspekten gewertet werden darf. Für jede Auslandsinvestition muss darüber hinaus die Planung auch an das nationale Recht angepasst werden. Zweifelsfragen müssen also im Vorfeld auch mit den betroffenen Behörden im Zielland abgestimmt werden. Dies betrifft steuerliche Regelungen, zollrechtliche, allgemein zivilrechtliche und arbeitsrechtliche Fragen. Dazu kommen Marktzugangsvoraussetzungen und Finanzierungen. Ohne kompetente Berater geht das in der Regel nicht.

8.2 Mit einer Auslandsgesellschaft Steuern sparen

Die von der Bundesregierung geplante Einführung einer Mindeststeuer auf Unternehmensgewinne wird nach Expertenmeinung zu einem Exodus von Unternehmen in Deutschland führen. Gleichzeitig lässt sich damit auch das leidige Thema Mitbestimmung beenden.

Multinationale Konzerne zeigen, wie man um den Standort Deutschland steuerlich einen großen Bogen macht:

- Die Zauberformel heißt § 23 UmwStG.

Sie ist das Ergebnis der EU-Fusionsrichtlinie. Deren Grundidee ist:

- Unternehmen sollen sich im EU-Binnenmarkt ohne nationale Steuerhürden zusammenschließen können.

Dieser Weg steht allerdings nur Kapital-, nicht aber Personengesellschaften offen. Letztere müssen also vorher umgewandelt werden, um den Steuervorteil nutzen zu können.

Wichtig ist dabei, dass die ausländische Gesellschaft die Mehrheit der Stimmanteile am deutschen Unternehmen hält. Andernfalls findet doch eine Besteuerung statt.

Doch dieser Weg ist nur ein zeitweiser Aufschub der Reservenbesteuerung. Der Fiskus greift immer dann zu, wenn die übertragenen Aktiva des deutschen Unternehmens versilbert werden. Auch ein späterer Verkauf der Anteile ist somit steuerpflichtig.

Was bei international operierenden Konzernen seit Jahren gängige Praxis ist, ist auch für mittelständische Unternehmen möglich:

- Gewinne im Ausland dort anfallen zu lassen, wo diese aufgrund geltender DBA niedrig oder gar nicht besteuert werden.
- In den betreffenden Ländern mögliche staatliche Subventionen für Investitionen auszunutzen.
- Kosten in dem Land anfallen zu lassen, in dem die Steuerbelastung am höchsten ist.

Voraussetzung dafür ist eine dezentrale Organisation des Unternehmens:

- Die Produktion sollte also dort erfolgen, wo die Lohnkosten und die Steuern niedrig sind.
- Eine Lizenzgesellschaft sollte in jenen Staaten etabliert werden, wo Lizenzgebühren nicht besteuert werden.

Umgekehrt wirkt sich zum Beispiel die Zahlung von Lizenzgebühren an eine ausländische Lizenz(tochter)gesellschaft für das (Mutter-)Unternehmen mit Sitz in einem Hochsteuerland (Deutschland) als Betriebsausgabe steuermindernd aus.

8.2.1 Produktionsgesellschaft im Ausland

Soll die Produktion auf ein neu gegründetes ausländisches verbundenes Unternehmen verlagert werden, müssen Sie als Unternehmer darauf achten, dass Ihre Auslandsgesellschaft eine unabhängige Marktposition mit eigenen Marktchancen erhält. Denn wird nur der Produktionsprozess ausgelagert, während die inländische Muttergesellschaft Eigentümerin der „wesentlichen immateriellen Wirtschaftsgüter“ (Patente, Know-how, Warenzeichen, Markenrechte) bleibt und auch weiterhin die „wesentlichen Funktionen“ (Finanzierung, Materialbeschaffung, Gewährleistung) und Risiken behält, liegt – aus steuerlicher Sicht – lediglich eine „verlängerte Werkbank“ vor.

Als Konsequenz folgt:

- Die ausländische Produktionsgesellschaft darf gegenüber der inländischen Muttergesellschaft nur einen „Cost-Plus-Preis“ berechnen.

Um das Konstrukt einer verlängerten Werkbank zu vermeiden, muss also auf eine ausreichende Selbständigkeit der ausländischen Produktionsfirma geachtet werden.

Darüber hinaus sollten von der ausländischen Produktionsfirma nicht ausschließlich das Mutterunternehmen beliefert werden, sondern auch fremde Abnehmer. Ist so eine ausreichende Selbständigkeit dokumentiert, muss der deutsche Fiskus einen „angemessenen Fremdvergleichpreis“ anerkennen. Und der wird von der Auslandstochter so kalkuliert, dass ein Gewinn erwirtschaftet wird – der natürlich im steuerfreundlichen Ausland anfällt.

8.2.2 Lizenzgesellschaft in einem Niedrigsteuerland

Nach den meisten DBA sind Einkünfte aus Lizenzzahlungen am Sitz der Lizenzgesellschaft zu versteuern. Die Lizenzgesellschaft muss dann nur noch beim Bundesamt für Finanzen vorstellig werden und die Freistellung der Lizenzgebühren vom Steuerabzug nach § 50 a Abs. 4 EStG beantragen.

Als Sitz für Lizenzgesellschaften haben sich in den letzten Jahren häufig die Niederlande angeboten. Dabei residiert eine die Hauptlizenz vergebende Gesellschaft beispielsweise auf den Niederländischen Antillen, der Isle of Man oder in einer anderen Steueroase:

- Die Hauptgesellschaft vergibt dann die Lizenz an die niederländische B. V., die ihrerseits wiederum Unterlizenzverträge mit den inländischen, die Lizenz vermarktenden Gesellschaften schließt.

Auf diese Weise kann insbesondere über die sogenannte „Antillen-Route“ die Ertragssteuerbelastung auf unter zwei Prozent gesenkt werden.

8.2.3 Deutsche Immobiliengeschäfte über eine Auslandsgesellschaft

Durch Kauf- und Verkaufsabwicklung deutscher Immobilien über eine Auslandsgesellschaft lassen sich hier zu Lande u.a. die steuerlichen Nachteile eines „gewerblichen Grundstückshandels“ vermeiden. Dabei sind zwei Vorgehensweisen üblich:

- Die im Ausland ansässige Gesellschaft erwirbt direkt die deutsche Immobilie. Bei einer späteren Veräußerung werden die Anteile an der Auslandsgesellschaft bei einem ausländischen Notar auf den Käufer übertragen. Vorteil:
  - Das deutsche Grundbuch bleibt in diesen Fällen unverändert, die Finanzbehörde erfährt vom Eigentümer-Wechsel nichts. Der Versuch der Finanzverwaltung, die Eintragung der Auslandsgesellschaften in deutschen Grundbüchern zu verhindern, scheiterte an der Rechtssprechung (BFH, Beschl. v. 12.6.1995 – 2 S/95 –, BStBl. II 1995, 605; OLG Hamm, Beschl. v. 18.4. 1994 – 15 W 208/94 –, DB 1995, 137).
- Eine andere praktizierte Möglichkeit besteht darin, dass eine deutsche GmbH die Immobilie erwirbt, wobei die GmbH-Anteile von einer Auslandsgesellschaft gehalten werden. Diese Alternative wird häufig gewählt, um Probleme bei der Eintragung der Auslandsgesellschaft ins deutsche Grundbuch zu umgehen.

Bei der effektiven Verlagerung von Geschäften ins Ausland lässt der Fiskus seine Steuerbürger nicht ungeschröpft ziehen:

- Beim Übergang von Kapital und Rechten an Auslandsgesellschaften konstruiert die Finanzbehörde häufig eine Entnahme mit voller Einkommens- bzw. Körperschafts- und Gewerbesteuerpflicht. Das gilt auch für immaterielle Wirtschaftsgüter wie Patente, Marken-, Verlags-, Belieferungs-, Optionsrechte etc.

Ziel dieser Ausreisesteuer sind die stillen Reserven, die bei der Übertragung aufgedeckt werden müssen.

8.2.4 Ostöffnung

Mit der Beseitigung des Eisernen Vorhangs und dem Fall der Berliner Mauer 1989 veränderte sich die aktuelle Situation für die Länder der „Alt-EU“ dramatisch:

- Gänzlich neue Absatzmärkte entstanden:
  360 Millionen neue Verbraucher in Zentral- und Osteuropa = BEDARF
- 50 Jahre Isolation waren beendet:
  Nachholbedarf bezüglich Investitionen, Innovationen und Lebensstandard = WACHSTUM
- 20 neue Staaten mit Millionen von Unternehmen, die von einem Tag auf den anderen ihre Eigentümer wechselten = CHANCE

9 Chancen der EU-Erweiterung nutzen

9.1 EU-Beitrittsländer locken mit niedrigen Steuern und Arbeitskosten

Estland, Lettland, Litauen, Polen, die Slowakei, Ungarn, Slowenien, Tschechien, Malta und Zypern treten im Mai 2004 der bisherigen EU-15 bei. Positiv für die bestehenden Mitglieder sind 75 Millionen potenzielle Konsumenten und ein um 5 Prozent erweitertes Bruttoinlandsprodukt. Polen, Ungarn und Tschechien sind gemeinsam für drei Viertel dieser beiden Faktoren verantwortlich. Der Export aus den EU-15-Ländern in die zehn neuen Mitgliedstaaten belief sich bereits Ende 2003 auf die Hälfte des Umsatzes mit den USA. Die Verbindungen sind also bereits geknüpft.

Ein wesentlicher Vorteil für die alten Länder ist die Möglichkeit, direkter und unkomplizierter auf Ressourcen in Billiglohnländern zugreifen zu können. Für die Neuzugänge bedeutet der Zusammenschluss eine Steigerung der Investitionen aus dem Westen. Dadurch werden in den neuen EU-Staaten Arbeitsplätze geschaffen. Als Folgen bis zum Jahr 2010 ist abzusehen, dass das Lohnniveau ansteigen und der komparative Vorteil sich verringern wird. Durch die Abwanderung der Arbeitsplätze im Westen wird der Lohndruck zunehmen.

Der Standort Deutschland steht also vor einer neuen Herausforderung, denn im direkten Steuervergleich und bei den Produktionskosten schneidet die Bundesrepublik denkbar schlecht ab. Das lädt zu Firmenverlagerungen insbesondere nach Osteuropa ein.

9.1.1 Niedrige Steuern

Nach einer Studie des Zentrums für Europäische Wirtschaftsforschung in Mannheim (ZEW) und der Wirtschaftsprüfungsgesellschaft Ernst & Young beträgt die Steuerbelastung in Deutschland Anfang 2004 36 Prozent, in Polen liegt sie dagegen nur bei 24,7 Prozent, in Ungarn bei 19,4 Prozent und in Litauen bei konkurrenzlosen 13,1 Prozent. Darüber hinaus entfällt mit dem EU-Beitrag die Quellensteuer auf ins Ausland transferierte Gewinne. Damit kann aus deutscher Sicht der Abstand der Steuerlast in den EU-Beitrittsländern bis zur Hälfte ausmachen. Wer als deutsches Unternehmen in einer osteuropäischen Tochtergesellschaft fertigen lassen will, geht aus rein steuerlichen Gesichtspunkten nach Litauen.

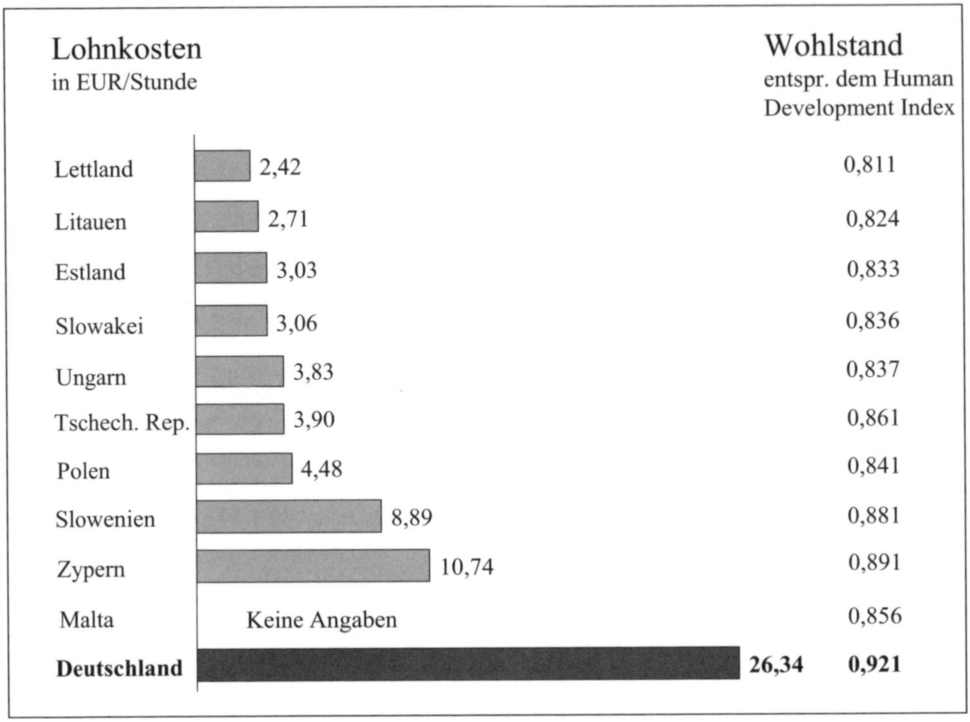

Abb. 9.1: *Vergleich der Lohnkosten und des Wohlstandes unter den Beitrittskandidaten*
Quellen: *Lohnkosten: Bericht Eurostat 2003 und*
Wohlstand: Bericht UNDP 2003

Das Steuergefälle nach Osteuropa ist für KMUs wegen der kurzen Wege zur neuen Produktionsstätte jedoch vor allem im grenznahen Bereich interessant. Dabei kommen aus steuerlicher Sicht insbesondere jene Betriebe gut weg, die ihre Tochtergesellschaft im Beitrittsland voll mit Eigenkapital ausstatten und die Gewinne im Unternehmen belassen. Teuer ist dagegen die Finanzierung über Gesellschafterdarlehen, weil man dadurch zwar im Tochterunternehmen Steuern spart, die Darlehenszinsen aber bei der deutschen Muttergesellschaft versteuert werden müssen.

9.1.2 Attraktive Arbeitskosten

Angesichts eines gewaltigen Lohngefälles, veränderten Absatz-, Beschaffungs- und Arbeitsmärkten, aber auch mit einer Verschiebung der europäischen Förderlandschaft nach Osten bieten sich für Unternehmen erhebliche Chancen. So liegen die Stundenlöhne beispielsweise in Polen mit drei EUR fünfmal niedriger als in Deutschland. Stundenlöhne etwa in der Metallverarbeitung, die in Deutschland mit durchschnittlich 33,90 EUR gerechnet werden, liegen in Tschechien gerade einmal bei 3,35 EUR.

Für deutsche Unternehmen, die sich im internationalen Wettbewerb befinden, kann der Schritt in die Beitrittsländer somit zu entscheidenden Kostenvorteilen führen.

Tabelle 9.1: Attraktive Arbeitskosten in den Beitrittsländern
Quelle: Universität Göttingen, Europäische Kommission

	Kosten je Arbeitsstunde (Angaben in EUR)	**Struktur der Arbeitskosten** (Angaben in Prozent)		
		Lohn & Gehalt	**Sozialbeitrag**	**Sonstiges**
Zypern	10,74	84,7	14,4	1,0
Slowenien	8,98	81,4	14,1	4,4
Polen	4,48	76,2	16,2	7,6
Tschech. Rep.	3,90	72,0	26,6	1,4
Ungarn	3,83	67,1	30,3	2,8
Slowakei	3,06	72,4	26,2	1,4
Estland	3,03	73,0	25,5	1,5
Litauen	2,71	72,1	27,5	0,4
Lettland	2,42	77,1	22,5	0,4
Rumänien	1,51	66,9	29,6	3,6
Bulgarien	1,35	71,6	27,2	1,2
Durchschnitt	*4,21*	–	–	–
Zum Vergleich				
EU-15	*22,70*	*75,7*	*21,5*	*2,8*
Deutschland	26,54	75,4	22,6	2,1

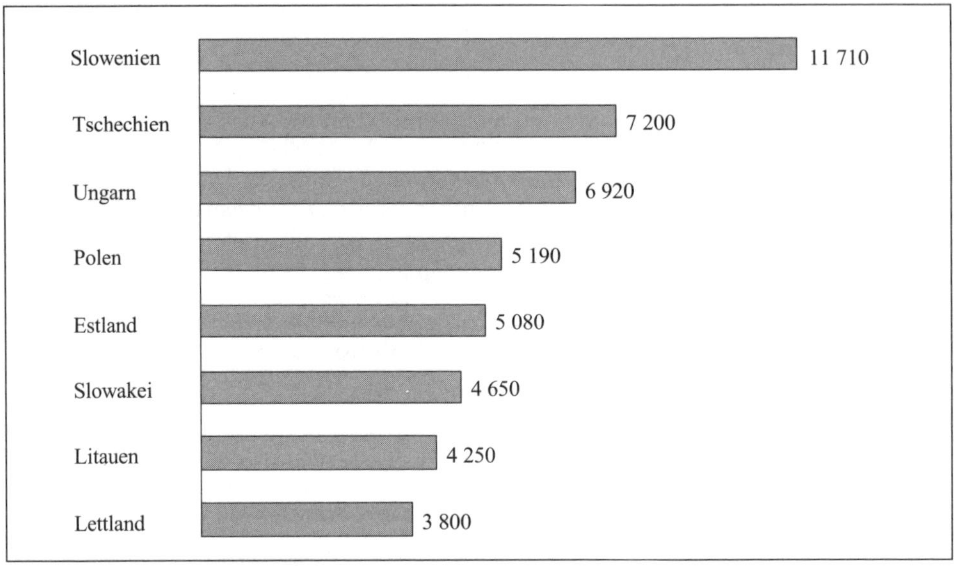

Abb. 9.2: *Nachholbedarf. Die alte EU erwirtschaftet pro Kopf ein Bruttoinlandsprodukt von 26.872 EUR. Die neuen EU-Bürger müssen sich mit weit weniger begnügen. Quelle: Bank Austria*

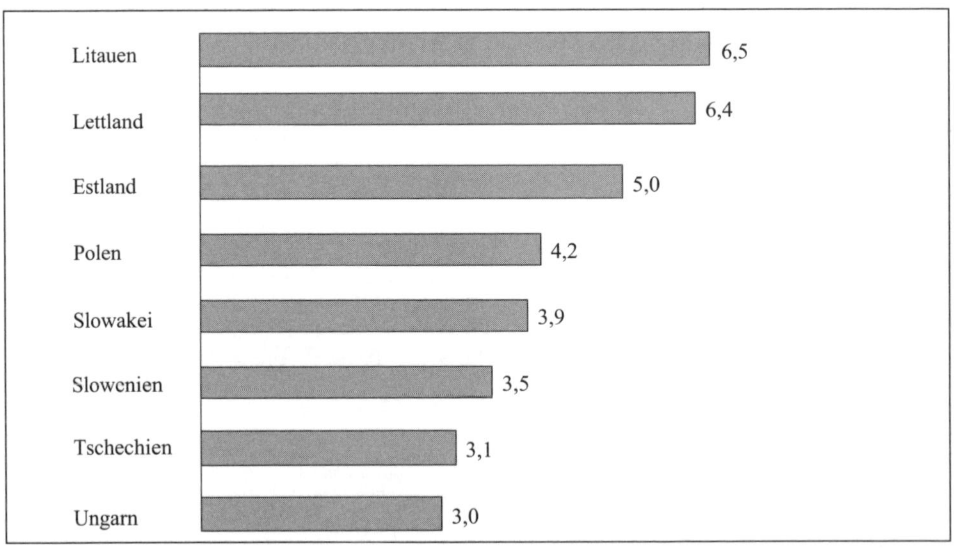

Abb. 9.3: *Die Tigerstaaten Europas. Jede der achte Ostvolkswirtschaften wächst schneller als die alte EU. Das Wachstum in Ungarn leidet derzeit unter den Reformen, mit denen sich das Land für den Euro fit macht. Quelle: Bank Austria*

9.2 Neue Perspektiven durch die Osterweiterung

Nicht nur für große Unternehmen kann der Blick nach Osten profitabel sein. Mit dem richtigen Know-how und einer durchdachten Strategie können auch KMUs in den EU-Beitrittsländern gute Geschäfte machen. Für Investitionen in den Osten sprechen vor allem drei Gründe:

- *Marktpotenziale nutzen:* Das Wirtschaftswachstum in Deutschland stagniert trotz aller politischen Bekenntnisse immer noch, es fehlen Wachstumsimpulse. Die Öffnung der neuen Absatzmärkte Ost-Europas kann den notwendigen Aufschwung bringen. Viele deutsche Unternehmen setzen daher auf die Osterweiterung und erwarten neue Impulse für die heimische Wirtschaft.

- *Know-how sichern:* Der Verlagerungstrend von lohnintensiven Low-Tech-Produkten in so genannte Niedriglohnländer ist ungebrochen. Durch den vereinfachten Waren- und Güterverkehr im Zuge der EU-Erweiterung wird noch ein zusätzlicher Impuls in diese Richtung erwartet. Damit können sich deutsche Unternehmen auf die Entwicklung und Fertigung innovativer Produkte konzentrieren. Diese Umverteilung der Arbeit ist notwendig, um Arbeitsplätze mit hohem technischen Niveau in Deutschland zu erhalten und neue zu schaffen.

Im Ergebnis folgt eine Steigerung des eigenen Know-hows. Die eigene Innovationskraft ist zudem ein entscheidender Wettbewerbsvorteil für die Marktfähigkeit zukünftiger Produkte. Durch die Know-how-Sicherung am Standort steigt also der eigene Wettbewerbsvorteil.

- *Kunden binden:* Der Trend zur Produktionsverlagerung in Länder mit niedrigen Lohnkosten ist gerade bei den Fahrzeugherstellern sehr ausgeprägt. Nach einer Studie der TU Hamburg werden dabei Tschechien, Polen, Ungarn und die Slowakei auch weiterhin die Hauptzielländer sein. Damit ist auch die Zulieferindustrie gefordert, präsent zu sein – etwa mit eigenen Niederlassungen, denn dem Kunden ins Ausland zu folgen, heißt Geschäftsbeziehungen sichern.

Mit diesem Schritt wird nicht nur eine nachhaltige Kundenbindung erreicht. Vielmehr gewinnt das Unternehmen einen entscheidenden Wettbewerbsvorteil, da es dem Preis- und Margendruck durch die geringeren Herstellkosten standhalten kann. Dabei darf aber nicht vergessen werden, dass die geringeren Lohnkosten nur einen Erfolgsfaktor darstellen. Bei einer Produktionsverlagerung müssen vor allem die Produktqualität und die Lieferzuverlässigkeit kritisch im Auge behalten werden.

Tabelle 9.2: Ausländische Direktinvestitionen in Mittel- und Osteuropa (kumuliert bis Ende 2003, Mio US $) Quelle: EBRD

Polen	36 052
Tschechische Republik	26 673
Ungarn	21 039
Rumänien	7 632
Slowakische Republik	**6 169**
Bulgarien	3 786
Slowenien	1 895

Anmerkung: Wegen unterschiedlicher Definitionen und Erfassungsmethoden können sich Abweichungen unterschiedlicher Quellen ergeben.

9.3 Fördermittel der EU

Drei Finanzinstrumente unterstützen die EU-Beitrittsländer und -kandidaten, um deren Wettbewerbsfähigkeit zu stärken: PHARE, ISPA und SAPARD. Empfängerländer dieser Pre-Accession-Instruments sind: Bulgarien, Estland, Lettland, Litauen, Rumänien, Polen, Rumänien, Slowakische Republik, Slowenien, Tschechische Republik und Ungarn. Diese Mittel stehen auch zur Unterstützung ausländischer Investitionen in diesen Ländern zusätzlich zu deren nationalen Förderungen zur Verfügung.

- PHARE ist ausschließlich Beitritt-orientiert und fördert nur Projekte, die Beitrittsvorbereitung haben. Für den Zeitraum 2000 bis 2006 stehen jährlich 1,6 Milliarden EUR zur Verfügung.
- ISPA fördert größere Projekte in den Bereichen Umweltschutz und Verkehrsinfrastruktur. Ziele sind die Beschleunigung der Anpassung an EU-Umweltstandards sowie die Förderung des Ausbaus der nationalen Verkehrsnetze und der Anbindung an die transeuropäischen Netze. Für den Zeitraum 2000 bis 2006 stehen jährlich 1,1 Milliarden EUR zur Verfügung. Der finanzielle Beitrag der EU zu ISPA-Projekten kann bis zu 75 Prozent der Projektkosten, in Ausnahmefällen bis zu 85 Prozent der öffentlichen Ausgaben ausmachen. Die Gesamtkosten einer Maßnahme, einer Gruppe zusammenhängender Vorhaben oder eines Programms von Vorhaben dürfen prinzipiell nicht weniger als fünf Millionen EUR betragen.
- SAPARD fördert die strukturelle Anpassung im landwirtschaftlichen Sektor und dient als Hilfsmittel zur Vorbereitung auf die Umsetzung der Gemeinsamen Agrar-

politik (GAP). Für den Zeitraum 2000 bis 2006 stehen jährlich über 540 Millionen EUR zur Verfügung. Grundlage der SAPARD-Förderung sind die von Beitrittsländern bei der EU-Kommission eingereichten Entwicklungspläne für Landwirtschaft und ländliche Entwicklung. Der Beitrag der EU zur Finanzierung der öffentlichen Gesamtausgaben der Maßnahmen beträgt 75 Prozent.

9.3.1 Die Zukunft der Förderprogramme

Mit dem Beitritt zur EU 2004 wird auch die Anwendung der Programme PHARE, ISPA und SAPARD eingestellt. Die Mittel werden dann auf die verbleibenden Kandidatenländer Rumänien und Bulgarien (Beitritt voraussichtlich 2007) sowie auf die Türkei umgeschichtet. Während ISPA und SAPARD durch den Kohäsionsfonds und den EAGFL (European Agriculture Guidance and Guarantee Fund) ersetzt werden, folgt dem PHARE-Programm kein spezielles Programm nach. Teile von PHARE werden in den Strukturfonds übergehen. Die Implementierung der programmierten PHARE-Mittel ist jedoch zumindest noch für drei weitere Jahre seit dem Beitritt vorgesehen.

Die bestehenden Projekte zur Förderung des wirtschaftlichen und sozialen Zusammenhalts sind Vorläufer der beiden Strukturfonds, des Europäischen Sozialfonds (ESF) und des Regionalentwicklungsfonds (EFRE). Die Cross-Border-Cooperation fließt mit dem Beitritt ins INTERREG-Programm ein.

Die Mittelausstattung für die Struktur- und Kohäsionsfondsinterventionen in den neuen Mitgliedstaaten im Zeitraum 2004 bis 2006 beträgt 22 Milliarden EUR. Ein Drittel der Bewilligungen wird dem Kohäsionsfonds zugewiesen. Die Gemeinschaftsinitiativen beschränken sich auf INTERREG und EQUAL. Die EU-Strukturfonds werden für die Dauer von mehreren Jahren festgelegt. EU-Leitlinien geben die Mittelverwendung vor. Der jeweilige Empfängerstaat bestimmt, wie die Mittel konkret in einem bestimmten Land bzw. einer Region eingesetzt werden. Er trifft auch die Entscheidung über die Mittelverwendung und wickelt die Förderung (nationale Co-Finanzierung ist Voraussetzung) ab.

Für Infrastrukturinvestitionen wird verstärkt der Kohäsionsfonds zur Projektfinanzierung herangezogen, da im Einzelfall mit Schwierigkeiten bei der nationalen Co-Finanzierung durch die betreffenden Staaten gerechnet werden muss. Für eine Strukturfonds-Co-Finanzierung kommen die Bereiche Verkehr, Energie, Umweltschutz, IT, Forschung, Bildung- und Gesundheitswesen in Betracht.

9.3.2 EU-Förderprogramm für den Balkan

CARDS (Community Assistance for Reconstruction, Democratisation und Stabilisation) ist das jüngste Außenhilfe-Instrument der EU, ein maßgeschneidertes Hilfe- und Wiederaufbauprogramm für den Westbalkan. Zu den von CARDS begünstigten Ländern zählen Albanien, Bosnien und Herzegowina, Kroatien, Serbien und Montenegro sowie die Republik Mazedonien.

Die primäre Aufgabe von CARDS liegt im Stabilisierungs- und Assoziierungsprozess (SAP). Die Verwendung der CARDS-Gelder wird durch die im SAP definierten Ziele bestimmt. Zusammengefasst sind dies:

- der Wiederaufbau zerstörter Strukturen
- die Schaffung der für den Wiederaufschwung erforderlichen Infrastruktur
- die Reform der öffentlichen Verwaltung

Dafür stellt die CARDS-Verordnung für den Zeitraum 2000 bis 2006 insgesamt 4,65 Milliarden EUR zur Verfügung.

Für Investoren bieten sich folgende Möglichkeiten, CARDS zu nutzen:

- Bewerbung aufgrund einer Ausschreibung, dabei sind Inhalt, Umfang und Dotierung von der EU-Kommission festgelegt.
- Kooperation mit einer lokalen Behörde oder Institution, dabei muss der Antrag auf Förderung durch die lokale Behörde gestellt werden.
- Einreichung eines „freihändigen" Projekts bei der EU-Kommissionsvertretung im Land. Mittel aus dem CARDS-Programm sind vor allem für KMU von Interesse.

Alle eingesetzten Fördergelder müssen eindeutig dem Nutzen des Empfängerlandes dienen.

10 Ausgewählte Investitionsstandorte auf dem Prüfstand

Wenn Volkswirtschaften im Ausland ein Wachstum von vier und mehr Prozent pro Jahr erzielen und es in Deutschland nicht einmal 1,5 Prozent sind, liegt es auf der Hand, dass die Zahl der Mitarbeiter deutscher Unternehmen im Ausland schneller steigt als daheim. So beschäftigte beispielsweise der Siemens-Konzern vor zehn Jahren hier zu Lande 238.000 und im Ausland 153.000 Mitarbeiter. Anfang 2004 arbeiten in der Heimat noch 170.000 und jenseits der Grenzen bereits 247.000 Menschen für Siemens. Laut einer Studie des Instituts der Deutschen Wirtschaft (IW) beschäftigt die deutsche Metall- und Elektroindustrie aktuell 1,2 Millionen Menschen im Ausland, ein Drittel mehr als noch 1995. Auf 100 Arbeitnehmer zu Hause kommen schon 28 Beschäftigte weltweit.

Laut der IW-Studie begründen die Unternehmen ihr Engagement im Ausland vor allem damit, vor Ort für Kunden präsent sein zu müssen. Dies ist aber nur die halbe Wahrheit – der Standort Deutschland hat in punkto Kostenkonkurrenz längst den Anschluss verloren. Die hohen Arbeitskosten und Steuern treiben die Jobs aus Deutschland weg. Alarmierend ist dabei vor allem, dass nicht mehr nur einfache Tätigkeiten ins Ausland verlagert werden. Zunehmend wandern auch hochqualifizierte Jobs von Softwareentwicklern und Ingenieuren ab. Die kosten in Indien oder China nur zehn bis zwanzig Prozent dessen, was Unternehmen dafür in der Heimat zahlen müssen. Deutschland ist mittlerweile selbst für neue Arbeitsplätze in der Forschung zu teuer geworden. Die Standortverlagerung erhält damit eine neue Qualität.

Nach einer Umfrage des Deutschen Industrie- und Handelstags (DIHK) planen rund 24 Prozent der befragten Industrieunternehmen, in den nächsten drei Jahren Produktion als Folge von Standortnachteilen ins Ausland zu verlegen. Auslandsinvestitionen – damit werden neben Produktionsverlagerungen auch investive Engagements zur Markterschließung erfasst – sehen sogar 38 Prozent der Industrieunternehmen vor.

Die Produktionsverlagerungen ins Ausland werden nachteilige Auswirkungen für Investitionen und Beschäftigung am Standort Deutschland mit sich bringen. So planen die vom DIHK befragten verlagerungsbereiten Industrieunternehmen für die kommenden Jahre gleichzeitig auch eine Verminderung ihrer inländischen Investitionsausgaben.

Die Verlagerung von Investitionen und Jobs ins Ausland ist ein Thema mit Sprengstoff. In den USA sind bereits erste Gesetze eingereicht worden, die das Outsourcing von Jobs ins Ausland verhindern sollen. Erreichen entsprechende Vorschläge bald auch Deutschland?

Wer als Unternehmer die Chancen im Ausland nutzen und vor Überraschungen gefeit sein will, sollte das jeweilige Investitionsumfeld kennen und wissen, was einzelne Länder zu bieten haben.

10.1 Baltikum: Estland – Lettland – Litauen

Wachstumsraten von sechs Prozent und mehr, boomende Börsen, zuversichtliche Unternehmer und gute Konjunkturaussichten – „Insgesamt können die baltischen Staaten Estland, Lettland und Litauen auf eine weitgehend positive gesamtwirtschaftliche Entwicklung in den zurückliegenden Jahren verweisen, wobei auch das Jahr 2003 keine Ausnahme darstellt“, konstatierte die Europäische Zentralbank (EZB) in ihrem Monatsbericht vom Februar 2004.

So sind Estland, Lettland und Litauen denn auch für westliche Investoren in den vergangenen Jahren zunehmend attraktiv geworden. Die Märkte sind zwar klein, doch als Brücke zu Russland und den Staaten der ehemaligen Sowjetunion gut geeignet. Qualifizierte Arbeitskräfte, ein liberales Wirtschaftsrecht und eine gut ausgebaute Telekommunikation gelten ebenso als Standortvorteile wie ein intaktes Straßen- und Schienennetz sowie gut ausgebaute eisfreie Ostseehäfen.

Früher waren diese Länder das „Fenster“ zur Sowjetunion. Sie haben es aber trotz der Einbindung in das sowjetische Wirtschaftssystem verstanden, sich frühzeitig auf die Anforderungen westlicher Marktwirtschaften einzustellen. Sie haben diesen Prozess dynamisch vorangetrieben und es verstanden, in erheblichem Umfang ausländische Investoren anzuziehen. Das trifft insbesondere für Unternehmen aus den skandinavischen Ländern zu, welche die baltischen Staaten gleich nach ihrer Unabhängigkeit als strategische Region erkannt und sich engagiert haben. Für deutsche Unternehmen lagen die Nachbarländer Polen und Tschechien zunächst näher. Doch sie kommen noch nicht zu spät. Vor allem bei der Privatisierung stiegen deutsche Unternehmen ein.

Als Hemmnis für die baltischen Verkehrswirtschaften erweist sich immer noch der Landweg durch Polen. Deutsche Manager vor Ort werden da deutlicher. Sie halten den polnischen Zoll für „total korrupt“. Der Landweg wird damit unberechenbar. Lieferzusagen können häufig nicht eingehalten werden. Der Seeweg ist zwar schneller, zuverlässiger, aber eben auch teurer. Beklagt wird auch das teils stark veraltete technische Wissen in Produktionsabläufen. Vielerorts bereitet es immer noch Schwierigkeiten, die Fertigung auf moderne Verfahren umzustellen.

Alle drei Länder waren zunächst Agrarstaaten, entwickelten sich aber im letzten Jahrzehnt rasch zu Dienstleistungsgesellschaften mit einem Schwerpunkt in der Informationstechnologie, vor allem Estland, der mit 1,45 Millionen Einwohnern kleinste der drei baltischen Staaten.

10.1.1 Estland

Der nördlichste der drei baltischen Staaten könnte fast als Musterschüler gelten. Er zeigt in 2003 voraussichtlich ein Haushaltsplus, weist einen niedrigen Schuldenstand, Wachstumsraten von über fünf Prozent und moderate Inflations- und Arbeitslosenraten aus. Zudem hat Estland ein sehr investitionsfreudiges Steuersystem – wäre da nicht das exorbitante Leistungsbilanzdefizit von hochgerechnet mehr als 14 Prozent im Jahr 2003. Die große Importnachfrage wird nicht zuletzt vom privaten Konsum getragen, und es steht zu befürchten, dass mit der geplanten Einkommenssteuerreform 2004 die Nachfrage und damit das Leistungsbilanzdefizit nur bedingt sinken werden. Zudem droht 2004 eine Überhitzung der Wirtschaft. Dennoch zählt die kleinste der drei baltischen Republiken, deren Pro-Kopf-Einkommen kaum 40 Prozent des EU-Durchschnitts erreicht, zu den ärmsten Ländern der östlichen Beitrittsstaaten.

Wichtige Wirtschaftszweige sind Tourismus, Transport und Transithandel. Die wichtigsten Exportgüter sind elektronische Produkte und Holz. Die Zukunft wird aber im Bereich Informationstechnologie liegen. Doch transportiert werden nicht nur Waren, importiert werden vor allem Wissen und Technologie. Die Scan-Balt-Initiative soll den Ostseeraum zu einer der führenden Biotechnologieregionen Europas machen. Die Euro-Einführung ist für 2007 vorgesehen – hier will Estland Vorreiter im Osten sein.

Die Voraussetzungen für ausländische Investoren sind günstig. So kostet in Estland eine Arbeitsstunde 3,03 EUR – im EU-Durchschnitt 22,19 EUR. Vor allem Finnlands Textilindustrie macht sich das zunutze. Hinzu kommt, dass auch die Unternehmenssteuern wesentlich niedriger sind als beispielsweise in den benachbarten skandinavischen Staaten. Finnische Unternehmen wurden in den vergangenen Jahren mit über 2.000 oft kleinen Beteiligungsfirmen in Estland und 1,2 Milliarden EUR Direktinvestitionen zum größten ausländischen Investor und Arbeitgeber. Insgesamt wurden 2003 rund 380 Millionen EUR vom Ausland aus investiert.

Vorteilhaft für ausländische Investoren ist auch eine mit der EU ausgehandelte steuerliche Ausnahmeregelung bis 2009, die Estland mit einer Nullsteuer auf reinvestierte Gewinne in einem Teilbereich zu einem Offshore-Land werden lässt.

Rechtsformen

Im estnischen Handelsgesetzbuch stehen weitgehend dieselben Unternehmensformen wie in Deutschland zur Verfügung. Das Handelsrecht erfüllt die EU-Bestimmungen. Es gibt folgende Gesellschaftsformen: Einzelunternehmer (Füüsilisest isikust ettevotja); Offene Handelsgesellschaft (Tä isühing); Kommanditgesellschaft (Usaldusühing); GmbH (O saühing), Stammkapital mindestens 2.600 EUR; Aktiengesellschaft (Aktsiaselts), Grundkapital mindestens 2.600 EUR.

Steuerrecht

- *Einkommenssteuer:* Das Gesetz ist seit dem Jahr 2000 in Kraft. Der allgemeine Steuersatz liegt bei 26 Prozent, Einkünfte von Künstlern und Sportlern werden pauschal mit nur 15 Prozent besteuert.
- *Körperschaftssteuer:* Mit Körperschaftssteuer werden die Aufwendungen und Kosten besteuert, die in einem gewöhnlichen Steuersystem nicht abgezogen werden können. So gehören zu den Steuerobjekten auch Geschenke und Spenden, Bewirtungskosten sowie betriebsfremde Aufwendungen. Auch Dividenden sowie verdeckte Gewinnausschüttungen sind körperschaftssteuerpflichtig. Der Steuersatz beträgt 26/74 vom Betrag der Aufwendung oder vom ausgeschütteten Gewinn, d. h., die Auszahlung wird als Nettobetrag betrachtet.
- *Umsatzsteuer:* Sie liegt bei 18 Prozent, bestimmte Güter unterliegen einem ermäßigten Satz von 5 Prozent.
- *Grunderwerbssteuer:* Sie beträgt je nach lokaler Behörde zwischen 0,5–2 Prozent.
- *Grundsteuer:* Sie liegt je nach Einheitswert zwischen 0,1–2,5 Prozent und ist jährlich zu entrichten.

Arbeitsrecht

Die Regelarbeitszeit beträgt 8 Stunden/Tag bzw. 40 Wochenstunden, der jährliche Urlaubsanspruch beträgt grundsätzlich 28 Tage.

Wissenswertes

Ausländische Investoren sind einheimischen Unternehmen gleichgestellt. Sie können Kapital und Gewinne unbeschränkt in das Ursprungsland zurückführen und Immobilien erwerben. Die Hälfte des estnischen BIP und mehr als 50 Prozent der Exporte werden von Unternehmen produziert, die teilweise oder vollständig in ausländischem Besitz sind.

Estnische Wirtschaftsförderung

Die Estonian Investment Agency (EIA), eine regierungseigene Organisation zur Förderung ausländischer Direktinvestitionen, bietet kostenlose Dienstleistungen bei Investitionsmöglichkeiten, der Kontaktaufnahme zu Behörden, der Vermittlung potenzieller Kooperationspartner und bei der Suche nach geeigneten Industrieimmobilien.

10.1.2 Lettland

Unter allen neuen EU-Staaten konnte Lettland das höchste Wirtschaftswachstum verzeichnen. Die Hauptgründe dafür waren der steigende private Konsum (+18 Prozent) sowie steigende Exporte (+12 Prozent). Zwar gilt Lettland weiterhin als wichtigstes Transitland zwischen Russland und Westeuropa, doch der Handelsstrom hat sich infolge der Russlandkrise 1998 beträchtlich in Richtung Westeuropa verschoben. Heute gehen bereits rund 60 Prozent der lettischen Exporte in die EU-Staaten, davon 15 Prozent nach Deutschland als bedeutendstem Absatzmarkt. Es werden aber weit mehr Waren ein- als ausgeführt, weshalb die lettische Leistungsbilanz seit Jahren defizitär ist und 2003 bei neun Prozent lag.

Die Marktwirtschaft funktioniert, und das Land dürfte in der Lage sein, dem Wettbewerbsdruck und den Marktkräften innerhalb der Union standzuhalten, sofern es seine Strukturreformen mit der bisherigen Geschwindigkeit fortsetzt und abschließt.

Der Zustrom ausländischer Direktinvestitionen hat sich im letzten Jahr auf ca. 460 Millionen EUR erhöht. Das entspricht einer Verdoppelung und macht Lettland zu einem attraktiven Partner. Durch diese Direktinvestitionen können zwei Drittel des Leistungsbilanzdefizits (758 Millionen EUR) abgedeckt werden.

Rechtsformen

Das neue lettische Handelsgesetz bietet ähnliche Unternehmensformen wie das deutsche Gesetz an: Einzelunternehmung; Partnerschaft (OHG), Kommanditgesellschaft; Gesellschaft mit beschränkter Haftung (SIA), Aktiengesellschaft. Bei GmbH und AG müssen mehr als die Hälfte der Gesellschafter ihren Wohnsitz in Lettland haben.

Steuerrecht

Derzeit unterliegt das lettische Steuerrecht ständigen Änderungen, was für Investoren – besonders für ausländische – Probleme mit sich bringt. Die Steuerbehörden haben es bisher nicht geschafft, einheitlich zu arbeiten, und zahlreiche Ausnahmeregelungen machen es schwer, das lettische Steuerrecht zu verstehen.

- Einkommenssteuer: Sie beträgt einheitlich 25 Prozent.
- Körperschaftssteuer: Seit 2004 liegt diese bei 15 Prozent. Dabei gibt es Steuerbefreiungen bzw. -ermäßigungen für im Ausland gezahlte Steuern für Kleinunternehmen, landwirtschaftliche Unternehmen sowie Unternehmen, die High-Tech-Produkte und Software erstellen. Eine Steuerermäßigung von bis zu 40 Prozent des gesamten Investitionsvolumens ist möglich, wenn die Investition als „unterstütztes Projekt“ eingestuft wird. Ab 2005 enden die Steuervergünstigungen für ausländische Investoren.
- Umsatzsteuer: 18 Prozent
- Grundsteuer: ein Prozent vom Immobilienwert

Grunderwerb

Ausländische Firmen können Grundstücke für maximal 99 Jahre pachten, der Erwerb von Gebäuden ist Ausländern jedoch erlaubt.

Arbeitsrecht

Das Arbeitsrecht entspricht europäischen Standards. Der durchschnittliche Monatslohn liegt bei niedrigen 87 EUR. Oft werden die Festgehälter durch Boni oder leistungsbezogene Sonderzahlungen ergänzt. Das Durchschnittsgehalt für ausgebildetes Personal liegt bei 125 EUR, das von Akademikern bei monatlich 250 EUR. Wenn man diese Lohnkosten zu Grunde legt, ist Lettland ein günstiger Investitionsstandort. Lettland hat die niedrigsten Bruttolöhne aller neuen Beitrittsländer.

Wissenswertes

Lettland verfügt über eine zentrale Lage im Schnittpunkt der skandinavischen, deutschen, russischen und ost-mitteleuropäischen Märkte, ein relativ hohes Bildungsniveau und ein jährliches Wirtschaftswachstum weit über EU-Durchschnitt (4–6 Prozent). Riga bietet Ausländern eine hohe Lebensqualität, eisfreie Häfen, eine gut entwickelte Infrastruktur, relativ niedrige Lohnkosten sowie einen Binnenmarkt mit in der Regel ausreichender Größe für gewinnbringende Investitionen. Ausländische Investoren unterliegen der „Inländergleichbehandlung". Die Maastricht-Kriterien für die Euro-Einführung werden erfüllt, Lettland beabsichtigt, 2008 der Euro-Zone beizutreten. Die wichtigsten Exportwaren sind Holz- und Holzprodukte.

Lettische Wirtschaftsförderung

Die staatliche Lettische Entwicklungsagentur (LAA) ist seit 1993 für die Förderung ausländischer Direktinvestitionen zuständig. Dazu gehören Hilfen bei der Abwicklung administrativer Vorgänge ebenso wie die Kontaktvermittlung zu lettischen Unternehmen und die Hilfe bei der Suche nach geeigneten Geschäftspartnern.

10.1.3 Litauen

Der größte der baltischen Staaten hat rund 3,5 Millionen Einwohner und ist eine der am schnellsten wachsenden Volkswirtschaften in Europa, zählt aber ebenfalls zu den ärmsten Ländern der EU-Beitrittsstaaten. Das reale BIP des ehemaligen sowjetischen Agrarlandes betrug bei negativen Inflationsraten 2003 mehr als sieben Prozent. Eine boomende Branche ist die Bauwirtschaft mit Zuwächsen von 20 Prozent in 2003, die wichtigste Handelsware ist Energie.

Soziale Spannungen können aus der hohen (Jugend-)Erwerbslosenquote mit teilweise mehr als 20 Prozent in den strukturschwachen ländlichen Gebieten erwachsen. Wenngleich beide Daten sich in letzter Zeit verbessert haben, bleiben als weiteres Manko der litauischen Wirtschaft das hohe Leistungsbilanzdefizit in Höhe von rund sechs Prozent im Jahr 2003 und die niedrige Quote an Auslandsinvestitionen. Litauen erfüllt die Maastricht-Kriterien und will 2007 der Euro-Zone beitreten. Die EU-Kommission bescheinigt Litauen, dass es den wirtschaftlichen Wettbewerb in der EU aushalten wird.

Von allen baltischen Staaten verfügt Litauen über die größte und vielfältigste Wirtschaft. Die groß angelegte Privatisierung vieler ehemaliger Staatsbetriebe und der Infrastruktur machen den Weg frei für zunehmende Investitionen und Modernisierungen. Sorgenkind bleibt der Agrarsektor, in dem knapp 20 Prozent aller Erwerbstätigen arbeiten und der mit 7 Prozent am gesamten BIP den höchsten Wert im EU-Vergleich aufweist.

Für Investoren wichtig: Die Löhne sind noch niedrig, sie liegen zwischen 200 und 300 EUR monatlich. Die Gehälter für Führungskräfte haben dagegen schon kräftig angezogen. Die Auslandsinvestitionen in Litauen haben sich im letzten Jahr verdoppelt.

Gesellschaftsrecht

In Litauen ist es relativ einfach, ein Unternehmen zu gründen. Folgende Rechtsformen sind möglich:

- Einmanngesellschaft
- Gesellschaft oder Kommanditgesellschaft – entspricht der deutschen OHG
- Geschlossene Aktiengesellschaft – entspricht der deutschen GmbH (Uzdara akcine bendrove), Stammkapital 2.500 EUR
- Aktiengesellschaft (Akcine bendrove), Grundkapital 25.000 EUR

Steuerrecht

- *Einkommenssteuer:* Sie beträgt pauschal 33 Prozent nach Abzug des steuerfreien Mindesteinkommens; Einkommen aus der Beschäftigung in einem ausländischen Unternehmen werden mit 20 Prozent besteuert.
- *Körperschaftssteuer:* 15 Prozent, für landwirtschaftliche Produktionsbetriebe Null Prozent,
- *Mehrwertsteuer:* 18 Prozent, für bestimmte Güter und Dienstleistungen neun bzw. fünf Prozent oder totale Befreiung.

Arbeitsrecht

Gesetzlicher Mindestlohn: 145 EUR, 40 Arbeitsstunden pro Woche, Mindesturlaub 28 Tage.

Grund- und Immobilienerwerb

Es gibt keine Einschränkungen für natürliche oder juristische Personen, Ausländer sind beim Immobilienerwerb gleichgestellt.

Wissenswertes

Beliebteste Gesellschaftsform ausländischer Investoren ist die GmbH, wichtigste Zielbranchen für Auslandinvestitionen sind Handel, Transport, Finanzdienstleistungen und verarbeitende Industrie.

Tabelle 10.1: Investitionsstandort Baltikum

	Estland	**Lettland**	**Litauen**
Fläche	45.227 qkm	64.597 qkm	65.200 qkm
Hauptstadt	Tallinn	Riga	Vilnius
Einwohner	1,37 Millionen	2,36 Millionen	3,50 Millionen
Sprache	Estnisch, Russisch	Lettisch, Russisch	Litauisch, Polnisch, Russisch
Dienstleistung	65 Prozent	62 Prozent	57 Prozent
Industrie	29 Prozent	33 Prozent	33 Prozent
Landwirtschaft	6 Prozent	5 Prozent	10 Prozent
Wirtschaftsleistung	6,2 Mrd. EUR	7,76 Mrd. EUR	13,7 Mrd. EUR
Wirtschaftswachstum	5,6 Prozent	5,2 Prozent	5,7 Prozent
BIP je Einwohner	5.070 EUR	3.470 EUR	4.021 EUR
Inflation	2,5Prozent	2,5 Prozent	2,1 Prozent
Arbeitslosigkeit	10,0 Prozent	7,5 Prozent	10,0 Prozent
Rohstoffe	Ölschiefer, Holz, Phosphorit	Holz, Torf, Kalkstein	Eisenerz, Torf, Bernstein, Kreide
Flughafen	Tallinn	Riga	Vilnius
Besondere Stärken	Hohe Vernetzung mit Internet, starker Dienstleistungssektor	Wichtigstes Transitland zwischen Russland und Westeuropa, gut ausgebaute Seehäfen	Niedrige Inflation
Probleme	Stadt-Land-Gefälle, zunehmende Auslandsverschuldung	Wachsendes Leistungsbilanzdefizit	Hohe Arbeitslosigkeit, teils noch privatisiert

Tabelle 10.2: Erfüllung der Konvergenzkriterien 2003
(Nach KOM-Prognose vom Herbst)
Quelle: EU-Kommission

	Preisanstieg in Prozent	Staatsdefizit[1]	Bruttoschuldenstand[1]	Zinsen in Prozent
Obergrenze	2,8	–3,0	60,0	6,9
Polen	0,7	–4,3	45,1	5,9
Ungarn	4,6	–5,4	57,9	6,5
Tschechien	0,1	–8,0	30,7	4,1
Slowakei	8,5	–5,1	45,1	4,9
Slowenien	5,7	2,2	27,4	5,5
Estland	*1,3*	*0,0*	*5,4*	*6,4*
Lettland	*2,8*	*–2,7*	*16,7*	*5,1*
Litauen	*–0,9*	*–2,6*	*23,3*	*5,1*
Malta	1,3	–7,6	66,4	5,8
Zypern	4,3	–5,2	60,3	4,6

[1] in Prozent des BIP

Litauische Wirtschaftsförderung

Partner für Investitionsfragen ist die Litauische Wirtschaftsförderungsagentur (LDA). Sie hilft beim Geschäftsaufbau, bei der Vermittlung von Joint-Venture-Partnern, Produktionsanreizen, Produktionseinrichtungen, Infrastruktur sowie bei der Entwicklung der Freien Wirtschaftszonen.

10.2 Bulgarien

Mit einer Reihe von Reformen versuchte die bulgarische Regierung Ende 2001, der Volkswirtschaft neue Impulse zu geben, um damit den Anschluss an die EU zu schaffen. So werden beispielsweise seit 2002 reinvestierte Gewinne nicht mehr besteuert und Dividenden nur mit einer Steuer zwischen 15–30 Prozent belegt. Auch wird der Spitzensteuersatz bei der Einkommenssteuer sukzessive von 38 auf 29 Prozent zurückgeführt. Durch diese u. a. Reformen sollen ausländische Investoren verstärkt ins Land geholt werden. Als Folge nahm die Investitionstätigkeit 2002 real um über acht Prozent zu. Unterstützt wird diese Entwicklung durch den mittlerweile gut funktionierenden Bankensektor, der sich – gemessen an der Bilanzsumme – zu rund 75 Prozent in ausländischer Hand befindet. Insgesamt flossen 2003 rund 680 Millionen EUR an Direktinvestitionen aus dem Ausland.

Eine niedrige Inflation, die Bindung der bulgarischen Währung an den Euro sowie eine gute Budgetsituation bieten ein solides Umfeld für einen weiteren Wirtschaftsaufschwung. Die offiziellen Arbeitslosenzahlen liegen zwar bei rund 16 Prozent, doch dürfte der tatsächliche Anteil der Nicht- oder Minderbeschäftigten weitaus höher sein. Denn bei der Arbeitslosigkeit gibt es starke regionale Unterschiede, wobei die Zentralregion mit Sofia und der Südwesten des Landes relativ gut abschneiden. Kritisch ist die Situation dagegen im Nordwesten Bulgariens.

Bulgarien ist ein typisches Niedriglohn- und Tiefpreisland. Der Durchschnittslohn liegt bei nur 115 EUR pro Monat. Das macht Bulgarien interessant als Einkaufsmarkt und Fertigungsstandort. Allerdings sind die Marktstrukturen in vielen Bereichen nur schwer durchschaubar, Qualitäts- und Serviceorientierung vielfach noch wenig entwickelt. Die Zahlungsabsicherung ist daher sehr wichtig.

Rechtsformen

Ausländischen Investoren stehen folgende Gesellschaftsformen zur Verfügung:

- Einzelunternehmen mit unbeschränkter Haftung (Ednolichen Targovets – ET)
- Einzelunternehmen mit beschränkter Haftung (Ednolicheno Druzhestvo z Ogranichena Otgovornost – EOOD)
- Einzelaktiengesellschaft (Ednolicheno Aktsionerno Druzhestvo)
- Offene Handelsgesellschaft (Sabiratelno Druzhestvo)
- Kommanditgesellschaft (Komanditno Druzhestvo)
- Kommanditaktiengesellschaft (Komanditno Druzhestvo z Aktsii)
- Gesellschaft mit beschränkter Haftung (Druzhestvo z Ogranichena Otgovor-nost – OOD), Mindeststammkapital 2.500 EUR
- Aktiengesellschaft (Aktsionermo Druzhestvo – AD), Mindeststammkapital 25.000 EUR
- Zivilrechtliche Gesellschaft (Gragdansko Druzhestvo)

Die von ausländischen Investoren bevorzugten Gesellschaftstypen für Geschäfte in Bulgarien sind die GmbH und die AG, einschließlich der Ein-Mann-AG. Diese Gesellschaften sind im Handelregister des jeweiligen Bezirksgerichts eingetragen.

Steuerrecht

- *Einkommenssteuer:* Zwischen 20 und 38 Prozent
- *Körperschaftssteuer:* Je nach Gewinnhöhe 15 oder 20 Prozent
- *Gemeindesteuer:* 10 Prozent, ist von der Körperschaftssteuer abziehbar
- *Mehrwertsteuer:* 20 Prozent, 0 Prozent auf Exporte

Zollrecht

- *Zölle:* 1 Prozent vom Zollwert
- *Mehrwertsteuer:* 20 Prozent vom Zollwert

Arbeitsrecht

40 Stunden für fünftägige bzw. 46 Stunden für sechstägige Arbeitswoche. Überstunden sind nicht erlaubt. Der Grundurlaub beträgt 20 Tage.

Immobilienerwerb

Natürliche und juristische Personen aus dem Ausland können in Bulgarien kein direktes Eigentumsrecht an Grund und Boden erwerben. Diese Einschränkungen gelten jedoch nicht für bulgarische Unternehmen mit ausländischer Beteiligung – unabhängig von der Beteiligungshöhe. So können Ausländer über den Umweg einer Unternehmensgründung über diese Gesellschaft Grund und Immobilien erwerben, auch landwirtschaftliche Nutzflächen.

Im bulgarischen Recht gibt es kein Grundbuchsystem. Statt Grundbücher werden von den örtlich bestellten Notaren Liegenschaftsregister geführt. Diese sind jedermann öffentlich zugänglich.

Investitionsstandort Bulgarien

Fläche:	110.994 qkm
Hauptstadt:	Sofia
Einwohner:	7,9 Millionen
Sprache:	Bulgarisch
Währung:	Lew (BGN)
Dienstleistung:	55 Prozent
Industrie:	27 Prozent
Landwirtschaft:	18 Prozent

Wirtschaftswachstum:	5,0 Prozent
BIP pro Einwohner:	2.130 EUR
Inflation:	4,3 Prozent
Arbeitslosigkeit:	16,2 Prozent
Rohstoffe:	Bauxit, Kohle, Kupfer, Zinn, Blei
Flughafen:	Sofia
Besondere Stärken:	Extrem niedrige Löhne
Probleme:	Kaum durchschaubare Strukturen

10.3 Griechenland

Als Urlaubsland wird Griechenland von vielen Ausländern geschätzt, als Investitionsstandort noch kaum beachtet, allerdings zu Unrecht, denn eingebunden in EU und EWU bietet Griechenland alle Vorzüge des europäischen Wirtschaftsraumes. Hinzu kommt, dass das Land der Götter mit seinen 9.838 Inseln und rund 16.500 km Sonnenküsten in den letzten Jahren beachtliche wirtschaftliche Fortschritte erzielt hat. Mit einem durchschnittlichen Wachstum von 3,6 Prozent lag Griechenland in den vergangenen Jahren deutlich über dem Durchschnitt der EU-Länder.

Nicht nur die boomende Wirtschaft, auch die zentrale Lage zwischen Europa, Zentralasien, dem Balkan und dem Nahen Osten machen die Attraktivität des Standortes Griechenland aus. Dazu kommen eine äußerst investitionsfreudige Gesetzgebung und zahlreiche Fördermöglichkeiten für private ausländische Investoren. Griechenland bietet langfristig gute Chancen. Gerade weil das Land in der Vergangenheit häufig vernachlässigt wurde, bestehen noch zahlreiche zu besetzende Marktlücken und ein im EU-Vergleich überdurchschnittlicher Aufholbedarf.

Griechenlands Wirtschaft

Die Landwirtschaft, die in der gesamten EU nur noch einen geringen Stellenwert hat, prägt die griechische Wirtschaft stark (7 Prozent). Umso geringer ist mit 21,4 Prozent der Anteil der Industrie an der griechischen Wirtschaftsleistung. 71,6 Prozent der Wertschöpfung fallen auf den Dienstleistungssektor. Dabei kommen dem Handel, dem Transport und der Telekommunikation die größte Bedeutung zu (29,7 Prozent). Besonders stark hat sich in den vergangenen Jahren der Handel entwickelt, griechische Handelsbetriebe stellen heute rund 40 Prozent der heimischen Unternehmensaktivitäten dar.

In den vergangenen Jahren gehörte Griechenland zu den wachstumsstärksten Ländern der Europäischen Union (3,9 Prozent). Auch der private Konsum konnte sich behaupten. Während sich in vielen EU-Ländern die private Nachfrage deutlich abschwächte, stieg sie in Griechenland um 2,6 Prozent. Der Außenhandel verzeichnete auf Grund der weltweit lahmenden Konjunktur Einbußen, die griechischen Exporte von Waren und Dienstleistungen sanken um 4,7 Prozent.

Auch wenn sich die griechische Wirtschaft relativ unabhängig von denjenigen der EU-Länder positiv entwickelt, muss die Nachhaltigkeit des Wachstums in Frage gestellt werden. Die Bau- und Investitionstätigkeiten für die Olympischen Spiele gehen dem Ende zu, und die Finanzspritzen aus der EU-Kasse versiegen mit der Osterweiterung spätestens im Jahr 2006. Doch Griechenland beugt vor. Mit Investitionen in Infrastruktur, mit Privatisierung und Liberalisierungen schafft sich die griechische Wirtschaft derzeit ein solides Fundament, um auch ohne Olympia und EU-Finanzspritzen nachhaltiges Wachstum und hohe Produktivität zu erreichen. Doch davon ist das Land mit einem durchschnittlichen Pro-Kopf-Einkommen von nur 64 Prozent der EU noch weit entfernt. Auch ist das Pro-Kopf-Einkommen, gemessen an der Kaufkraft der Vorjahre, sogar gesunken.

Nach wie vor schlecht ist die Situation auf dem Arbeitsmarkt. Denn trotz Wachstums der griechischen Wirtschaft liegt die Arbeitslosenquote derzeit bei 9,3 Prozent. Damit liegt die Quote in Griechenland über dem Durchschnitt der EU-15 mit 7,6 Prozent und über dem der Euro-Zone (8,3 Prozent).

Ausländische Direktinvestitionen

Nach einer Studie der staatlichen Investitionsbehörde hat Griechenland für ausländische Investoren bislang nur eine geringe Bedeutung. Der Anteil ausländischer Direktinvestitionen am BIP beläuft sich auf lediglich 0,45 Prozent. Zum Vergleich: In anderen westeuropäischen Staaten liegt die Investitionsquote 40–60-mal so hoch. Von den Auslandsinvestitionen stammen 92,4 Prozent aus der EU bzw. 75 Prozent aus der Euro-Zone.

Das fehlende Interesse der Investoren wird zum einen mit der fehlenden breiten Käuferschicht begründet. 10 Millionen Verbraucher sind als Absatzmarkt nicht attraktiv. Zum anderen werden die bürokratischen Hemmnisse bemängelt. Genehmigungsverfahren sind kompliziert, die rechtlichen und steuerlichen Rahmenbedingungen sind vielen Investoren nicht sicher genug.

Vorteilhaft ist dagegen die geografische Nähe zu den Balkanstaaten. Zahlreiche Abkommen mit diesen Ländern vereinfachen den Handel und vergrößern den Absatzmarkt. Auch die sich abzeichnenden Verbesserungen im Verhältnis zur Türkei könnten langfristig die Exportmöglichkeiten Griechenlands verbessern.

Viele ausländische Investoren nutzen das einzige EU-Land auf dem Balkan als Wirtschaftskorridor zu den Staaten Südosteuropas, zur Schwarzmeerregion, zum Nahen Osten und zum östlichen Mittelmeerraum. Deshalb schätzen überwiegend Handels- und Dienstleistungsunternehmen Griechenland. Aber auch immer mehr ausländische Niederlassungen nutzen die Vorteile, die ihnen der Produktionsstandort Griechenland bietet, zumal der griechische Staat gegenüber Investoren im verarbeitenden Gewerbe – und nicht nur dort – besonders großzügig ist.

Deutsche Investoren zeigen zunehmendes Interesse am Investitionsstandort Griechenland. Sie hoffen vor allem auf Beteiligungsmöglichkeiten im Zuge der weiteren Liberalisierung und Privatisierung. Bevorzugte Investitionssegmente sind aus deutscher Sicht Infrastrukturprojekte, die Energiewirtschaft sowie Finanzdienstleister. Derzeit sind annähernd 200 griechische Unternehmen mit deutscher Kapitalbeteiligung registriert. Insgesamt machen deutsche Direktinvestitionen fast zehn Prozent aller ausländischen Kapitalanlagen in Griechenland aus. Doch insgesamt betrachtet liegt das Investitionsvolumen deutscher Direktinvestitionen auf niedrigem Niveau. Die wichtigsten Exportgüter sind Maschinen, Kraftfahrzeuge, elektrotechnische und chemische Erzeugnisse.

Weit besser sieht es auf der Handelsseite aus. Deutschland ist mit einem Anteil von 12,6 Prozent aller griechischen Einfuhren der mit Abstand wichtigste Handelspartner. Als Abnehmerland bezieht Deutschland rund ein Zehntel der griechischen Ausfuhren.

Viele ausländische Unternehmen, die in Griechenland tätig werden wollen, sehen sich mit einer Reihe von Problemen konfrontiert. Vor allem die Unkenntnis des rechtlichen und wirtschaftlichen Rahmens sowie die Sprach- und Kulturunterschiede erschweren häufig den Entscheidungsprozess.

Fördermittel für Investoren

Zahlreiche Fördermaßnahmen erleichtern es ausländischen Unternehmen, in Griechenland zu investieren. Sie können von Investitionsanreizen profitieren.. Viele Fördermaßnahmen zeichnen sich durch EU-Hilfen, Subventionen, direkte Zuschüsse, zinsgünstige Darlehen, Beihilfen, steuerliche Anreize und sogar zeitlich begrenzte Steuerbefreiungen aus.

Der Schwerpunkt der staatlichen Förderung ausländischer Investoren liegt im Bereich der Subventionen, über die ein Teil der Investitionskosten übernommen werden. Weiter leistet der Staat Zinszuschüsse für mittel- und langfristige Darlehen sowie Leasingrabatte, durch die Teile von Lizenzgebühren oder Mieten übernommen werden. Die Subventionen betreffen vorrangig die Unternehmensgründung und die Schaffung neuer Arbeitsplätze. Besondere Anreize gelten für Investitionen in den strukturschwachen und entlegenen Regionen Griechenlands. Die Höhe der gewährten Zuschüsse hängt u. a. von der regionalen Arbeitslosenquote ab.

Die Förderkriterien sind nach vier geografischen Investitionszonen (A–D) gegliedert:

- A: Präfekturen Attika und Thessaloniki
- B: Verschiedene Gebiete in Attika und Thessaloniki
- C: Gebiete mit hoher Arbeitslosenrate bzw. niedrigem Bevölkerungsanteil
- D: Die Präfekturen Xanthi, Redopi und Ewros, die Inseln der nördlichen Ägäis, die Insel Thasis, Teile der Präfektur Dodekanes und alle Gebiete, die sich innerhalb einer 20 Kilometer breiten Grenzzone befinden

Ebenfalls unterscheidet das Gesetz zwischen Investoren mit mehr als fünf und Investoren mit weniger als fünf Betriebsjahren.

Neben direkten Zuschüssen und Leasingbeihilfen kommen Steuerbefreiungen bzw. -ermäßigungen auf die Einkommens- und Körperschaftssteuer in Betracht. Zinszuschüsse werden in der Regel für vier Jahre gewährt, dabei richtet sich der Prozentsatz des Zinszuschusses nach der Höhe des Investitionszuschusses. Für Investitionen in der Zone D sowie für Investitionen in den Umweltschutz in allen Zonen wird der Zinszuschuss für sechs Jahre gewährt. Bei allen Förderarten variieren die Obergrenzen der Subventionierung je nach Zone. Im Höchstfall werden pro Investitionsprojekt 40 Prozent des Gesamtinvestitionsvolumens übernommen, wobei für die einzelnen Zonen unterschiedliche Eigenbeitragsgrenzen gelten.

Wie die nachfolgende Tabelle zeigt, können neue Investoren zwischen verschiedenen Investitionsförderungen wählen und diese kombinieren. Sie erhalten je nach Zone Zinszuschüsse in Verbindung mit Beihilfen für Leasinggegenstände oder können Steuerbefreiungen kombiniert mit Zinszuschüssen beantragen (siehe Tabelle 10.3).

Die Inanspruchnahme des direkten Zuschusses und des Zinszuschusses bietet sich für jene Investoren an, die einen großen Teil ihrer Investitionen mit Fördergeldern durchführen wollen. Sie eignen sich aber auch für all jene, die sich keine großen Jahresüberschüsse in den ersten Jahren nach Fertigstellung der Investition versprechen. Umgekehrt ist es bei der Steuerermäßigung. Sie ist für Investoren interessant, die eine möglichst geringe Besteuerung ihrer nach Objektfertigstellung erhofften Gewinne erreichen wollen.

Pro neuem Arbeitsplatz werden bis zu 45.000 EUR direkt zur Verfügung gestellt, im Einzelfall (z. B. Tourismus) können weitere Zulagen diesen Höchstbetrag übersteigen. Voraussetzung ist, dass mindestens 300 ständige Arbeitsplätze geschaffen werden oder der Nachweis eines Gesamtinvestitionsvolumens von mindestens 75 Millionen EUR. Unabhängig von der Investorenkategorie werden beispielsweise Investitionen in High-

Tabelle 10.3: Verschiedene Investitionsförderungen in Griechenland

1. Fördermöglichkeit	**Direkter Zuschuss**	**Zinszuschuss für Kredite**	**Leasingbeihilfe**
Zone			
D	40 Prozent	40 Prozent	40 Prozent
B + C	30 Prozent	30 Prozent	30 Prozent
A	–	–	–
2. Fördermöglichkeit		**Zinszuschuss für Kredite**	**Steuerbefreiung**
Zone			
D		40 Prozent	100 Prozent
B + C		30 Prozent	70 Prozent

techprodukte, Softwareentwicklungen, Umweltvorhaben und Projekte zum Einsatz erneuerbarer Energien gefördert, und zwar mit bis zu 100 Prozent Steuerermäßigung und 40 Prozent bei den sonstigen Subventionsarten – in der A-Zone mit bis zu 60 Prozent Steuerermäßigung und 25 Prozent Zinszuschuss.

Standortwahl

Ausländische Investoren können auf eine mittlerweile gut entwickelte Infrastruktur zurückgreifen, die See- und Flughäfen sind erweitert und verbessert, das Telekommunikationssystem entspricht internationalen Standards. Je nach Betätigungsfeld des Investors sollte dieser bei der Standortwahl vor allem die Immobilien- und Grundstückssituation, das lokale Personalangebot, die geografische Lage, Zulieferungsnähe und die konkret angebotenen Fördermittel, mögliche Steuerbelastungen und -befreiungen abwägen. Wer nach höheren Fördermitteln für seine Investition sucht, sollte Regionen betreten, die – im Gegensatz zu den Großstädten – wirtschaftlich eher als unterentwickelt gelten. Hier ist der Staat am Abbau der Arbeitslosigkeit interessiert.

Ein besonderer Anziehungspunkt ist die Ostküstenregion Magnesia zwischen Athen und Thessaloniki. Von dieser Präfektur werden ausländische Investoren – auf der Suche nach Bodenschätzen und ausgebildetem Personal – mit unzähligen Dienstleistungsangeboten und Unterstützungen angelockt. Weitere Standorte wie zum Beispiel Peloponnes, Epirus und Thrakien bieten ausländischen Produzenten günstige und effektive Vertriebsmöglichkeiten in die umliegenden Gebiete der Adria-, Balkan- und Schwarzmeerregion, nach Zypern bis in die arabischen Staaten.

Rechtsformen

Grundsätzlich genießen ausländische Investoren im Rahmen der EU-Bestimmungen uneingeschränkte Niederlassungsfreiheit. Dabei können deutsche Investoren bei einer Unternehmensgründung auf alle Arten von Gesellschaften zurückgreifen, die sie nach ihrer Einteilung in Personen- und Kapitalgesellschaften auch aus dem deutschen Rechtsgebiet kennen. Für die Wahl einer Personengesellschaft spricht, dass ihr Gründungsverfahren im Vergleich zu dem der Kapitalgesellschaften einfacher und schneller ist, ihre Gründungs- und Verwaltungskosten zudem erheblich niedriger sind. Stehen jedoch Finanzierungsmöglichkeiten im Vordergrund, überwiegen bei den Kapitalgesellschaften die Vorteile. Interessant sind vor allem folgende Rechtsformen:

- *Personengesellschaften:* Gesellschaft bürgerlichen Rechts (Astiki Eteria), Stille Gesellschaft (Afanis Eteria), Offene Handelsgesellschaft (Omorrithmi Eteria – O.E.) und Kommanditgesellschaft (Eterorrithmi Eteria – E.E.). O.E. und E.E. besitzen als Handelsgesellschaften ihre eigene Rechtspersönlichkeit. Sie treten damit wie natürliche Personen als selbständige Träger von Rechten und Pflichten auf, können Güter erwerben und besitzen, Rechtsgeschäfte im eigenen Namen vornehmen und vor Gericht klagen und verklagt werden.

- *Kapitalgesellschaften:* Aktiengesellschaft (Anonimi Ewteria – A.E., Mindestkapital 60.000 EUR, bei börsennotierten Unternehmen 300.000 EUR), Gesellschaft mit beschränkter Haftung (Eteria Periorismenis Efthinis – E.P.E., Mindestkapital 18.000 EUR).
- *Besondere Gesellschaftsformen:* Kommanditgesellschaft auf Aktien (Eterorrithmi kata metoches Eteria) sowie die Europäische Wirtschaftliche Interessenvereinigung (Evropaikos Omilos Ikonomiku Skopu – E.O.I.S.). Sie ist die erste und bislang einzige Gesellschaftsform Europäischen Rechts. Die E.O.I.S. wird Investoren empfohlen, wenn deutsche und griechische Unternehmen gemeinsam eine gegenseitige Unterstützung beim Hineinwachsen in der europäischen Markt beabsichtigen oder diese Unternehmen bestimmte Ressourcen des europäischen Marktes ihren Kunden anbieten wollen, ohne dabei ihr eigenes Unternehmen räumlich zu erweitern.

Arbeitsrecht

Griechenland weist neben Luxemburg, Portugal und Schweden die größte Zahl an Wochenarbeitsstunden in der EU auf: 40 Arbeitsstunden wöchentlich, wobei die effektive Wochenarbeitszeit auf etwa 42 Stunden geschätzt wird. Die Arbeitszeit kann auf 48 Wochenstunden für eine Zeitdauer von höchstens einem Quartal erhöht werden. Es gibt 20 Urlaubstage, die sich je nach Anzahl der Arbeitsjahre auf maximal 28 erhöhen können.

Wird ein deutscher Arbeitnehmer für die Dauer von bis zu zwölf Monaten nach Griechenland entsandt, gelten die deutschen Sozialversicherungsvorschriften weiter.

Steuerrecht

Das griechische Steuerrecht sieht für die Besteuerung von Unternehmen drei Steuerarten vor:

- Körperschaftssteuer
- Kapitalverkehrssteuer
- Unternehmenswertsteuer

Der Körperschaftssteuer unterliegen u. a. ausländische Unternehmen jeglicher Art, die in Griechenland geschäftlich tätig sind. Dabei wird als Bemessungsgrundlage das Nettoeinkommen des Unternehmens aus seinen in Griechenland aktiven Betriebsstätten oder sonstigen Geschäftseinrichtungen herangezogen.

Griechische Aktiengesellschaften unterliegen einem Steuersatz von 35 Prozent; für Gesellschaften mit beschränkter Haftung und sonstige juristische Personen gilt ein Steuersatz von 35 Prozent; Offene Handelsgesellschaften, Kommanditgesellschaften und Kommanditgesellschaften auf Aktien unterliegen einem Steuersatz von 25 Prozent.

Investitionsstandort Griechenland

Fläche:	131.990 qkm
Hauptstadt:	Athen
Einwohner:	10,6 Millionen
Sprache:	Neugriechisch
Dienstleistung:	71,6 Prozent
Industrie:	21,4 Prozent
Landwirtschaft:	7 Prozent
Wirtschaftsleistung:	151,4 Mrd. EUR
Wachstumsprognose:	3,5 Prozent
BIP je Einwohner:	16.523 EUR
Inflation:	3,2 Prozent
Arbeitslosigkeit:	9,3 Prozent
Besonderheit:	Geografische Nähe zu den Balkanländern eröffnet Absatzchancen
Problem:	Intransparentes Steuersystem
Flughafen:	Athen, Kreta, Thessaloniki, Korfu, Rhodos

Tabelle 10.4: Deutsche Nettodirektinvestitionen (Kapitalflüsse[1] in Mio. EUR laut Zahlungsbilanzstatistik)
Quelle: Deutsche Bundesbank

	2000	2001	2002
Griechenland	**484**	**161**	**108**
Zum Vergleich:			
Portugal	953	218	471
Spanien	2.122	1.191	369
EU	7.867	–14.468	22.625
Euroland	16.689	–27.947	3.741
USA	24.921	51.559	–832
Insgesamt	54.045	47.023	26.070

1 Kapitalausfuhr aus Deutschland abzüglich Kapitaleinfuhr nach Deutschland; ein negatives Vorzeichen zeigt somit einen Nettokapitalzufluss nach Deutschland an; alle Angaben einschließlich reinvestierter Gewinne.

10.4 Irland

Die Wachstumsgeschichte Irlands ist in die Jahre gekommen. Irland ist zwar in weiten Teilen des Landes ein moderner Technologiestandort geworden, doch Lohndruck, der starke Euro und Infrastrukturschwächen machen Anfang 2004 Sorgen. Denn nach Berechnungen der irischen Zentralbank hat die Wettbewerbsfähigkeit Irlands seit dem Start der Europäischen Währungsunion 1999 um 14 Prozent nachgelassen. Daran sind vor allem die kräftigen Lohnsteigerungen Schuld, die irische Gehälter inzwischen auf das Niveau von Großbritannien gebracht haben. Den internationalen Konjunkturabschwung der letzten beiden Jahre hat Irland dennoch vergleichsweise gut gemeistert.

So ist Irland nach wie vor einer der bevorzugtesten europäischen Investitionsstandorte für Unternehmen. Die staatliche Förderung ausländischer Investitionen hat seit 1987 zur Gründung von über 1.500 neuen gewerblichen Projekten ausländischer Gesellschaften geführt, darunter rund 200 deutscher Firmen. Damit ist Deutschland der drittgrößte ausländische Investor auf der grünen Insel. Neben der Schaffung von 164.000 Arbeitsplätzen unterstützten die ausländischen Investoren die irische Wirtschaft auch mit jährlich ca. 12 Milliarden EUR.

Für Investoren attraktiv ist derzeit die am Westrand der Insel gelegene Stadt Galway, eine der am schnellsten wachsenden Städte Europas. Einst ein kleines Fischerdorf, ist Galway mit seinen 60.000 Einwohnern heute die Heimat von fünf Universitäten. Firmen wie Compaq, Nortel, Boston Scientific und SAP haben sich hier angesiedelt.

Betrachtet man die Vielzahl deutscher Investitionen in Irland, bietet es sich für Investoren an, sich einen Überblick über das irische System der Unternehmensbesteuerung zu verschaffen.

Die Steuern sind, ähnlich wie in Deutschland, untergliedert in:

- *Steuern auf Einkommen und Gewinne:* Einkommenssteuer, Körperschaftssteuer, Steuer auf Veräußerungsgewinne
- *Verbrauchsteuern:* Umsatzsteuer, Abgaben und Steuern auf spezielle Produkte, Stempelsteuern, Zölle
- *Besitzsteuern:* Grundsteuer
- *Weitere Steuern:* Kapitalsteuer

Anders als in Deutschland gibt es in Irland keine Gewerbesteuer.

Körperschaftssteuer

Alle Kapitalgesellschaften, die in Irland ansässig sind, und alle in Irland nicht ansässigen Kapitalgesellschaften, die eine Betriebsstätte oder Niederlassung haben, sind – von speziellen Ausnahmen abgesehen – körperschaftssteuerpflichtig. Unterschieden wird dabei nach Residents und Non-residents.

- *Residents:* Eine in Irland ansässige Gesellschaft ist mit ihrem weltweiten Einkommen steuerpflichtig. Eine Gesellschaft ist dort ansässig, wo ihr tatsächliches Geschäft ausgeübt wird. Zusätzlich wird eine nach irischem Recht gegründete Gesellschaft für Steuerzwecke als in Irland ansässig behandelt, soweit nicht bestimmte Bedingungen erfüllt sind.
- *Non-residents:* Eine Gesellschaft, die in Irland nicht ansässig ist, ist körperschaftssteuerpflichtig, wenn sie in Irland ein Gewerbe durch eine Betriebsstätte oder Niederlassung betreibt. Die Steuerpflicht bezieht sich auf die gewerblichen Einkünfte der Betriebsstätte oder Niederlassung; andere Einkünfte aus Immobilienbesitz oder Rechten, die von der Betriebsstätte / Niederlassung genutzt werden, und auf steuerpflichtige Gewinne aus der Veräußerung von irischen Wirtschaftsgütern, die für den Zweck der Betriebsstätte / Niederlassung gehalten oder durch sie genutzt werden.

Bei der Ermittlung des zu versteuernden Einkommens einer Gesellschaft werden Einnahmen und Ausgaben nach Unterarten aufgeteilt, da sie einer unterschiedlichen steuerlichen Behandlung unterliegen:

- *Standard-Steuersatz:* Grundsätzlich wird das Einkommen aus einem aktiven Gewerbebetrieb (ausgenommen Vermietung u. a. spezielle Betriebe) mit dem Standardsatz von 12,5 Prozent besteuert. Dieser Steuersatz gilt u. a. für Finanzierungstätigkeiten, nicht subventionierte Software-Unternehmungen, Vertrieb und freiberufliche Tätigkeiten, Copyright-Verwertungen, E-Commerce und Telekommunikation. Voraussetzung ist dazu jedoch ein aktiver Gewerbebetrieb.
- *Steuersatz für passives Einkommen:* Ein höherer Steuersatz von 25 Prozent greift bei Einkommen aus Zinseinkünften, ausländischen Einkünfte, die nicht einem Quellensteuerabzug unterliegen, irischen Zinseinkünften, die dem Kapitalertragssteuerabzug unterlegen haben, Einkommen aus nicht selbständiger Arbeit sowie aus Renten und Pensionen, geldwerten Vorteilen, Kulanzleistungen und Abfindungen.
- *Andere Steuersätze:*
  - Ein Steuersatz von *20 Prozent* findet Anwendung auf Veräußerungsgewinne und auf Einkünfte aus der Veräußerung von Grundstücken.
  - Ein Steuersatz von *12,5 Prozent* wird gewerblichen Unternehmen mit Einkünften aus der Herstellung gewährt. Unternehmen, die vor dem 23.07.1998 gegründet wurden, werden bis zum 31.12.2010 noch mit dem ursprünglich *zehnprozentigen Satz* besteuert. Auch Gesellschaften, die in *Dublins International Financial Services Center* und in der *Region Shannon* vor dem 23.07.1998 gegründet wurden, erhalten noch bis 31.12.2005 den günstigen Steuersatz von zehn Prozent.

Auf Dividenden, die von einer in Irland ansässigen Gesellschaft an eine andere in Irland ansässige Gesellschaft bezahlt werden, wird keine Körperschaftssteuer erhoben. Werden Dividenden dagegen an nicht in Irland Ansässige ausgezahlt, werden diese derzeit mit 20 Prozent besteuert.

Abweichend vom deutschen Steuersystem gibt es im irischen System eine besondere Steuer auf Veräußerungsgewinne. Der Steuersatz liegt bei 20 Prozent. Dabei sind jedoch Steuerermäßigungen möglich, u. a. durch Verlustanrechnung auf Gewinne des laufenden Jahres oder einen Verlustvortrag in spätere Jahre.

Steuerbelastungsvergleich

Um die Steuerbelastung in Deutschland und Irland zu vergleichen, werden zwei Kapitalgesellschaften betrachtet, die jeweils ein steuerpflichtiges Einkommen von 1 Million EUR im Jahr 2003 erwirtschaftet haben. Der deutsche Firmensitz ist Berlin, der irische Dublin. Weiter wird davon ausgegangen, dass die Gewinne direkt an den Allein-Gesellschafter ausgeschüttet werden, der in dem Staat des Sitzes der Gesellschaft wohnhaft (resident) ist. Beim Gesellschafter unterliegt die Gewinnausschüttung dem Höchststeuersatz (D = 48,5 Prozent, IR = 42 Prozent).

Tabelle 10.5: Vergleich der Steuerbelastung in Deutschland und Irland

	Deutschland in EUR	**Irland** in EUR	**Kombination** in EUR
Steuerpflichtiges Einkommen	1.000.000	1.000.000	1.000.000
Gewerbesteuer (Hebesatz Berlin 410 Prozent = 17 Prozent	170.000		
Zwischensumme	830.000	1.000.000	1.000.000
Körperschaftssteuer	207.500	125.000	125.000
Solidaritätszuschlag 5,5 Prozent	11.412		
Verbleibender Nettobetrag bei der Gesellschaft	611.088	875.000	875.000
Einkommenssteuer	148.189	367.500	212.188
Solidaritätszuschlag 5,5 Prozent	8.150		
Verbleibender Nettobetrag beim Gesellschafter	454.749	507.500	651.142
Steuerbelastung auf Ebene der Gesellschaft	**38,89 Prozent**	**12,50 Prozent**	**12,50 Prozent**
Steuerbelastung auf Ebene des Gesellschafters	**15,63 Prozent**	**36,75 Prozent**	**22,39 Prozent**
Steuerbelastung des Einkommens insgesamt	**54,52 Prozent**	**49,25 Prozent**	**24,89 Prozent**

Da in Irland die an eine natürliche Person ausgeschüttete Dividende voll der Einkommenssteuer unterliegt, ergibt sich nur ein geringer Unterschied in der Gesamtsteuerbelastung im Vergleich zu Deutschland, da hier seit 2001 die an eine natürliche Person gezahlte Dividende nur noch zur Hälfte der Einkommenssteuer unterliegt.

Unter dem deutsch-irischen DBA sind die Gewinne einer irischen Niederlassung oder Betriebsstätte eines deutschen Unternehmens von der deutschen Besteuerung befreit. Diese Steuerbefreiung wird aber nicht an die deutschen Anteilseigner weitergegeben, wenn die Gewinne von der deutschen Muttergesellschaft ausgeschüttet werden. Es ist also sinnvoll, diese Gewinne im deutschen Unternehmen zu thesaurieren.

Unter bestimmten Umständen werden Gewinne, die in Irland einer 12,5-prozentigen Steuer unterlagen, beim Anteilseigner in Deutschland jedoch nicht mehr besteuert. Man erreicht das über eine deutsche Personengesellschaft, die als Muttergesellschaft für ein deutsches Unternehmen mit einer irischen Tochtergesellschaft fungiert. Wenn dann ein Gewinnabführungsvertrag zwischen der Personengesellschaft und der Kapitalgesellschaft besteht, wird das Einkommen der irischen Niederlassung des deutschen Unternehmens den Gesellschaftern der Personengesellschaft so zugerechnet, als ob die Personengesellschaft selbst die Aktivitäten in Irland durchführte.

Um sicherzustellen, dass ein Gewinnabführungsvertrag steuerlich auch anerkannt wird, muss das beherrschte Unternehmen finanziell, wirtschaftlich und organisatorisch in das herrschende Unternehmen eingegliedert sein. Dabei muss sichergestellt sein, dass die Kapitalgesellschaft nach irischem Steuerrecht nicht als in Irland ansässig gilt und die Niederlassung eine aktive Tätigkeit ausübt, die zu aktiven Einkünften führt, oder passive Einkünfte ohne Kapitalanlagecharakter erwirtschaftet, damit die Hinzurechnungssteuer nicht greift.

Für Industrieniederlassungen sind Irland und Shannon wegen der Steuererleichterungen interessant und empfehlenswert. Hinzu kommen finanzielle Zuschüsse sowie der hohe Qualitäts- und Ausbildungstand der Arbeitskräfte.

Investitionsstandort Irland

Fläche:	70.273 qkm
Hauptstadt:	Dublin
Einwohner:	3,9 Millionen
Sprache:	Irisch, Englisch
Dienstleistung:	59 Prozent
Industrie:	31 Prozent
Bau:	7 Prozent
Landwirtschaft:	3 Prozent
Wirtschaftsleistung:	13,2 Mrd. EUR

Wirtschaftswachstum:	1,0 Prozent
BIP je Einwohner:	33.240 EUR
Inflation:	3,0 Prozent
Arbeitslosigkeit:	5,1 Prozent
Besondere Stärken:	Gut ausgebildete Arbeitskräfte
Probleme:	Kräftiges Anziehen der Lohnkosten
Flughafen:	Dublin, Shannon

Steuerersparnis am Beispiel

Wie sich die Steuerersparnis für deutsche Unternehmen rechnet, zeigt nachfolgendes Beispiel:

- Investition 100 Mio. EUR. Diese fließen als Eigenkapital von einer deutschen Muttergesellschaft zu deren irischer Tochtergesellschaft.
- Die irische Gesellschaft stellt diesen Betrag der deutschen Mutter als Kredit gegen beispielsweise zehn Prozent Zinsen per annum zur Verfügung und transferiert 100 Mio. EUR nach Deutschland.
- Das deutsche Mutterunternehmen zahlt in den folgenden Jahren 10 Mio. EUR Zinsen per annum an ihre irische Tochtergesellschaft, die diese Zinsen ordnungsgemäß versteuert. Dabei kommt es zu folgender Rechnung:

– Zinseinnahmen p. a.:	10.000.000 EUR
./. Bürokosten Irland:	500.000 EUR
./. Irische Gewinnsteuer (10 Prozent von 9,5 Mio. EUR):	950.000 EUR
Verbleibender Nettogewinn:	8.550.000 EUR

- Der Nettogewinn wird anschließend von der irischen Gesellschaft zur deutschen Muttergesellschaft steuerunschädlich transferiert.

Hätte das deutsche Mutterunternehmen entsprechende Zinseinnahmen von einer deutschen Tochtergesellschaft erhalten und versteuern müssen, hätte es nach Steuerabzug nur rund 5,225 Mio. EUR eingenommen, denn an Stelle der irischen Gewinnsteuer von 950.000 EUR hätte das Unternehmen hier zu Lande rund 4,275 Mio. EUR an den Fiskus abführen müssen. Der Grund für diese Steuerersparnis ist im DBA Deutschland / Irland festgeschrieben. Dort ist festgelegt, dass Gewinnausschüttungen einer irischen Tochtergesellschaft an ihre deutsche Muttergesellschaft von deutschen Steuern befreit sind.

Die deutsche Finanzverwaltung hat in der Vergangenheit immer wieder versucht, die Einrichtung solcher Finanzierungsgesellschaften als Gestaltungsmissbrauch (§ 42 AO) zu brandmarken. Sie sieht es nicht gern, dass immer mehr deutsche Unternehmen mit nur wenig Personal in den sogenannten „Dublin Docks“ zum Teil schwindelerregende Gewinne zu einem lächerlichen Steuersatz erzielen. Mit Urteil vom 19.1.2000 (BFH, I R

94/97) hat der Bundesfinanzhof jedoch den Versuch deutscher Finanzgerichte, die Flucht deutscher Unternehmen in die Steueroasen zu unterbinden, vereitelt. Danach sind „Gesellschaften in International Finance Service Centers (IFSC)“ nicht als rechtsmissbräuchlich anzusehen, und zwar auch dann nicht, wenn sie ihre Tätigkeit durch eine örtliche Management-Gesellschaft (Treuhandgesellschaft) wahrnehmen lassen.

Tipp für Unternehmer: Erkundigen Sie sich vor Ort bei den Förderungsgesellschaften und Banken nach Zuschüssen und Steuerkonditionen. Denn viele steuerliche Vorteile und Förderungsmaßnahmen werden nicht am Markt gehandelt, um nicht für noch mehr Ärger in der EU zu sorgen.

Irlands Lockvögel

- Als Unternehmensform bietet sich juristisch die sogenannte „Limited“ an. Diese ähnelt der deutschen GmbH.
- Der irische Staat gewährt einmalig bis zu 12.700 EUR für jeden neuen Vollzeitarbeitsplatz.
- Wer neue Produkte oder Verfahren kreiert, kann bis zu 50 Prozent der Kosten, höchstens aber 300.000 EUR kassieren.
- Irische Arbeitskräfte kosten rund 40 Prozent weniger als ihre deutschen Kollegen. Der wesentliche Grund dafür sind die geringeren Sozialabgaben.
- Die irische „Limited“ ist in der Regel innerhalb von maximal zehn Tagen im Register eingetragen. Ein Mindestkapital ist nicht erforderlich. Ein Gesellschafter reicht zur Gründung.

10.5 Italien

Deutschland und Italien pflegen seit Jahrzehnten zwar einen regen Handelsaustausch, doch das niedrige Investitionsniveau Deutschlands in Italien zeigt, dass viele Kapitalgeber den Weg über die Alpen immer noch scheuen. Dabei bietet das Land zwischen Bozen und Palermo eine Reihe attraktiver Vorzüge:

- Die Lohnkosten sind noch relativ niedrig,
- als Mitglied von EU und EWU bietet Italien alle Vorzüge eines großen Binnenmarktes,
- auf Grund seiner geografischen Lage dient es als Brücke zum nichteuropäischen Mittelmeerraum.

Derzeit kämpft die italienische Wirtschaft mit erheblichen Problemen: Die Konjunktur lahmt und vermag trotz aller Bemühungen nicht anzuspringen. Dahinter stecken vor allem strukturelle Schwächen der italienischen Wirtschaft: Die arbeitsrechtlichen Regelungen gewähren den Arbeitnehmern einen komfortablen Schutz. Unternehmer schrecken daher häufig vor Einstellungen zurück. Das Rentensystem lässt sich auf Grund der stark alternden Bevölkerung und der niedrigen Erwerbsquote kaum noch finanzieren. Die Staatsfinanzen sind marode; es gelingt nicht, die Gesamtverschuldung auf unter 60 Prozent zu drücken.

So ist es nicht verwunderlich, dass die italienische Wirtschaft auf dem Weltmarkt an Wettbewerbsfähigkeit einbüßt. Der starre Arbeitsmarkt, die überbordende Bürokratie sowie die hohe Steuer- und Abgabenlast tragen zu der Misere bei, die durch die mangelnde Dynamik der italienischen Unternehmen noch verschärft wird. Viele Unternehmen flüchten sich in die Schattenwirtschaft, die heute schätzungsweise bis zu 25 Prozent des Bruttoinlandsprodukts erwirtschaftet.

Ausländische Direktinvestitionen

Insgesamt beliefen sich die Direktinvestitionen ausländischer Kapitalgeber Anfang 2003 auf rund 12 Prozent des italienischen BIP, was einem Investitionsvolumen von 15,5 Milliarden EUR entsprach. Der Bestand ausländischer Direktinvestitionen erreichte damit ein Gesamtvolumen von 122,6 Milliarden EUR. Die größten Investitionsländer sind Frankreich, Portugal, Spanien und die USA. Kapitalgeber kritisieren vor allem die mangelhafte Infrastruktur, die sinkende Produktivität und das undurchsichtige Steuersystem. Darüber hinaus bemängeln sie die Dominanz des italienischen Staates sowie die undurchsichtige Rechtslage. Auch lastet auf in Italien ansässigen Unternehmen ein hoher Steuerdruck, der dazu führt, dass die Unternehmen international an Wettbewerbsfähigkeit verlieren werden.

Dennoch schätzen deutsche Investoren am Standort Italien vor allem seine Lage im Mittelmeerraum. Zudem sind die Lohnkosten im EU-Vergleich niedrig. Dieser Pluspunkt verliert allerdings mit dem Beitritt der osteuropäischen Staaten an Gewicht, da Italien im direkten Vergleich mit diesen nicht mithalten kann.

Rechtsformen

Die interessanteste Investitionsform für ausländische Kapitalgeber sind die Kapitalgesellschaften:

- Gesellschaft mit beschränkter Haftung – Società a responsabilità limitata (S.r.l.), Mindeststammeinlage 10.000 EUR
- Aktiengesellschaft – Società per azioni (S.p.A.), Mindeststammeinlage 120.000 EUR

Das italienische Gesellschaftsrecht kennt drei Arten der Personengesellschaft:

- Einfache Gesellschaft (entspricht der deutschen GbR) – società semplice, kann keine Handelsgeschäfte tätigen
- Offene Handelsgesellschaft – società in nome colletivo (S.n.c.)
- Kommanditgesellschaft – società in accomandita semplice (S.a.s.)

Arbeitsrecht

Anfang 2003 ist eine umfassende Reform des Arbeitsrechts in Kraft getreten, die zu einer erhöhten Flexibilität der Arbeitsverhältnisse und des Arbeitsmarktes insgesamt führen soll. Allgemein lässt sich das italienische Arbeitsrecht nicht zuletzt auf Grund des starken Einflusses der Gewerkschaften als arbeitnehmerfreundlich bezeichnen. Die Reformen sollen durch die angestrebte Flexibilitätserhöhung jetzt aber den Bedürfnissen der Unternehmen entgegenkommen und die Schaffung neuer Arbeitsplätze fördern.

Eine wichtige Neuerung im Arbeitsrecht ist die Schaffung des so genannten Staff Leasing, das die „Anmietung“ von Arbeitskraft auf unbeschränkte Zeit erlaubt. Damit können Arbeitsverhältnisse in eine externe Gesellschaft ausgelagert werden. Das Outsourcing von Unternehmensaktivitäten soll damit erleichtert werden. Um die Flexibilität zu erhöhen, wurden neue Arbeitsverhältnisse geschaffen, wie das Job on Call oder das Jobsharing. Gleichzeitig wurde mit der Arbeitsrechtsreform die private Arbeitsvermittlung in Italien eingeführt.

Immobilienerwerb

Natürliche und juristische Personen aus dem Ausland können in Italien problemlos Grund und Immobilien erwerben. Eingeschränkt ist der Erwerb von Objekten nur in sondergesetzlich geregelten Gebieten, wie in einigen Insel-, Küsten- und Grenzregionen. Hier braucht man die Erlaubnis des Präfekten der entsprechenden Provinz.

Vor dem Kauf einer italienischen Immobilie muss ein ausländischer Käufer beim zuständigen Finanzamt (ufficio imposte) zunächst eine italienische Steuernummer (codice fiscale) beantragen, um die beim Grunderwerb anfallenden Steuern abführen zu können. Für die Makler- und Notarkosten kommt in der Regel der Käufer auf.

Steuerrecht

In Italien ist die Steuerhoheit auf den Zentralstaat konzentriert. Während die Körperschaftssteuer (IRPEG) und die Mehrwertsteuer (IVA) vom Staat verwaltet werden, ist Italien bei der Einkommenssteuer (IRPEF) aber in den vergangenen Jahren dazu übergegangen, einen Teil dieser Steuer von den Regionen und Gemeinden erheben und verwalten zu lassen.

- *Einkommenssteuer:* Natürliche Personen werden mit Steuersätzen zwischen 23,0 und 45,0 Prozent belegt. Bei Personengesellschaften wird der Gewinn in einer eigenen Einkommensjahresergebniserklärung (UNICO) erklärt und jedem Gesellschafter gesondert mitgeteilt. Die einzelnen Gesellschafter übernehmen diese Daten in ihre persönliche Einkommenssteuererklärung.
- *Körperschaftssteuer:* Sie beträgt seit 1.1.2004 einheitlich 33 Prozent. Im Einzelfall ist bei ausreichender Zuführung von Eigenmitteln oder hoher Gewinnthesaurierung ein gespaltener Steuersatz von 19 Prozent möglich.
- *Mehrwertsteuer:* Vier Prozent für landwirtschaftliche Produkte, Grundnahrungsmittel, Zeitungen / Zeitschriften, Kauf von Erstwohnungen; zehn Prozent auf Lebensmittel, Getränke, Beherbergungs- und Bewirtungsleistungen; der Normalsatz beträgt 20 Prozent.
- *Gemeindeimmobiliensteuer:* Sie liegt zwischen 4 und 7 Prozent.

Investitionsstandort Italien

Fläche:	301.336 qkm
Hauptstadt:	Rom
Einwohner:	57,9 Millionen
Sprache:	Italienisch, regional Deutsch
Dienstleistung:	66 Prozent
Industrie:	31 Prozent
Landwirtschaft / Fischerei:	3 Prozent
Wirtschaftsleistung:	1,3 Billionen EUR
Wirtschaftswachstum:	0,7 Prozent
BIP je Einwohner:	21.870 EUR
Inflation:	2,5 Prozent
Arbeitslosigkeit:	9,2 Prozent
Flughafen:	Rom, Mailand, Turin, Catania
Besondere Stärken:	Im Vergleich zur EU sind die Arbeitskosten niedrig, der Ausbau der Infrastruktur bietet Investitionschancen und erhöht die Attraktivität Italiens als Unternehmensstandort
Probleme:	Korruption ist immer noch weit verbreitet, hohe Kriminalität beherrscht vor allem im Süden das Wirtschaftsleben

10.6 Kroatien

Kroatien zählt zwar nicht zu den EU-Beitrittsländern der ersten Erweiterungsrunde, stellt sich aber seit dem offiziellen Beitragsantrag von 2003 ganz auf Europa ein. Die Frage ist nicht ob, sondern wann das Land Mitglied der Europäischen Union werden kann. Seit dem Assoziierungsabkommen mit der EU im Jahre 2001 steht deshalb bei allen wichtigen Reformen die EU-Kompatibilität im Vordergrund.

Gleichwohl gibt es noch großen Reformbedarf. Dazu gilt es kurzfristig die hohen Defizite in der Leistungs- und Handelsbilanz des Landes in den Griff zu bekommen. Erfolgszahlen auf dem Weg in die EU sind:

- ausgezeichnetes Wirtschaftswachstum in den Jahren 2002 und 2003,
- Wachstumsträger sind Tourismus und Bauwirtschaft,
- verbesserte Liquidität der Unternehmen,
- stabiler Bankensektor,
- stabile Währung,
- relativ geringe Inflation.

Probleme bereiten Kroatien:

- das hohe Leistungsbilanzdefizit von mehr als 5 Prozent des BIP 2003. Dies ist im Wesentlichen auf das große Handelsbilanzdefizit zurückzuführen.
- Dies ist verbunden mit der Auslandsverschuldung von über 15 Milliarden EUR.

Beiden Problemkreisen versucht sowohl die Nationalbank mit geldpolitischen Maßnahmen (Erhöhung der Mindestreservesätze, Einziehung von Kreditplafonds für Banken) als auch die Regierung mit Maßnahmen zur Steigerung der Exporte und mit Investitionsprogrammen entsprechend gegenzusteuern.

Ausländische Direktinvestitionen

Investitionen aus dem Ausland sind in Kroatien durch das Gesetz über Handelsgesellschaften (HGG) geregelt. Damit wird u. a. garantiert, dass Gewinne aus dem Land frei ausgeführt werden können, und dass auch das investierte Kapital nach Beendigung der Investition jederzeit frei rücktransferiert werden kann.

Rechtsformen

Das kroatische Gesellschaftsrecht kennt im Wesentlichen die gleichen Unternehmensformen wie das deutsche Recht. Nach der neuen Fassung des Gesetzes können Ausländer seit 1.1.2004 gründen:

- Offene Handelsgesellschaft (Javno trgfovacko drustvo (j.t.d.))
- Kommanditgesellschaft (Komanditno drustvo (k.d.))
- Gesellschaft mit beschränkter Haftung (Drustvo s ogranicenom odgovornoscu (d.o.o.)), Stammkapital mindestens 2.500 EUR
- Aktiengesellschaft (Dionicko drustvo (d.d.)), Grundkapital seit 2004 mindestens 26.500 EUR

Insgesamt wurden in Kroatien bis Mitte 2003 aus dem Ausland 8,42 Milliarden EUR investiert. Die wichtigsten Investitionsländer sind: Österreich (2,08 Milliarden EUR), Deutschland (1,85 Milliarden EUR), USA (1,42 Milliarden EUR) und Luxemburg mit 486 Millionen EUR. Die Auslandsinvestitionen gingen vorrangig in die Bereiche Finanzdienstleistungen, Bau & Bauzulieferungen, Handel, Tourismus & Immobilien, Umwelt, wirtschaftsnahe Dienstleistungen sowie Medien & Telekommunikation. Vorteile für Investoren sind der dynamische und übersichtliche Markt und ein aufblühender Tourismus.

Investitionsförderungen

Nationale Förderung

Sie umfasst finanzielle Förderungsmaßnahmen sowie Steuer- und Zollvergünstigungen. Vergünstigungen können nur neu gegründeten Handelsgesellschaften für den Bereich ihres eingetragenen Geschäftszwecks gewährt werden. Im Ausnahmefall kann eine schon bestehende Handelsgesellschaft dann eine Vergünstigung erhalten, wenn die Investition in der Fremdenverkehrsbranche erfolgt.

Ein wichtiger Teil der Förderungsmaßnahmen betrifft die Hilfe bei der Schaffung neuer Arbeitsplätze. Sie wird mit einem einmaligen Zuschuss von bis zu 2.000 EUR pro Beschäftigtem gefördert. Allerdings darf die Anzahl der Neubeschäftigten drei Jahre lang nicht reduziert werden. Eine weitere Förderungsmaßnahme umfasst die Hilfe für Fachausbildung oder Umschulung von Beschäftigten. Wenn ein Investor in diese Bereiche investiert, kann er eine Förderung von bis zu 50 Prozent der dafür anfallenden Kosten erhalten.

Steuervergünstigungen

Eine Steuervergünstigung (Gewinnsteuerermäßigung) nach dem Investitionsförderungsgesetz wird in Form einer Ermäßigung des Gewinnsteuersatzes (normal 20 Prozent) innerhalb eines Förderungszeitraumes von zehn Jahren gewährt. Die Höhe des ermäßigten Gewinnsteuersatzes ist dabei abhängig vom Investitionsvolumen und der Anzahl der Arbeitnehmer (siehe Tabelle 10.6).

Tabelle 10.6: Steuervergünstigung nach dem Investitionsförderungsgesetz

Investitionswert	**Steuervergünstigung**	**Dauer**	**Beschäftigte**
mindestens 1,3 Mio. EUR	Satz von 7 Prozent	10 Jahre	mindestens 30 MA
mehr als 2,6 Mio. EUR	Satz von 3 Prozent	10 Jahre	mindestens 50 MA
mehr als 7,8 Mio. EUR	Satz von 0 Prozent	10 Jahre	mindestens 75 MA

Zollbegünstigungen

Sofern Ausrüstungsgegenstände im Zusammenhang mit einer förderungsfähigen Sacheinlage nach Kroatien eingeführt werden, kann auf Antrag der Warenzoll in voller Höhe erlassen werden. Hierfür kommen aber nur bestimmte Gegenstände in Betracht, die im kroatischen Zolltarifgesetz in den Abschnitten 84 bis 90 erfasst sind.

Alle Förderungsanträge müssen gemeinsam mit einer Feasibility-Studie beim kroatischen Wirtschaftsministerium eingereicht werden.

Zusätzliche Fördermittel gibt es aus dem EU-Förderprogramm CARDS (siehe Abschnitt 9.3.2).

Steuerrecht

Im reformierten kroatischen Steuersystem werden alle Steuerpflichtigen, d. h., inländische und ausländische natürliche und juristische Personen, gleichgestellt.

- *Gewinnsteuer* (Körperschaftssteuer): Seit 2001 beträgt der Steuersatz 20 Prozent.
- *Einkommenssteuer:* Seit 2003 zwischen 15 und 45 Prozent, je nach Höhe der Einkünfte. Die Einkommenssteuer entfällt bei Zinsen auf Deviseneinlagen, Spareinlagen in Kuna, bei Zinsen auf Konten bei Banken, bei Zinsen auf Wertpapiere.
- *Mehrwertsteuer:* Der Normalsatz beträgt 22 Prozent, nicht steuerbare Waren sind u. a. Grundnahrungsmittel wie Brot, Milch etc.
- *Sondersteuer:* Diese wird der Höhe nach produktabhängig auf Luxusartikel, Automobile, Wasserfahrzeuge, Flugzeuge sowie auf Erdöl und Erdölprodukte erhoben.

- *Grunderwerbssteuer:* 5 Prozent.
- *Zoll:* Die Zollsätze liegen zwischen 5,5 und 20 Prozent .

Grund- und Immobilienerwerb

Ausländische natürliche und juristische Personen können grundsätzlich Grund und Immobilien erwerben. Dazu muss jedoch eine Genehmigung des Außenministeriums eingeholt werden. Einfacher ist der Erwerb von Grund und Immobilien über eine zwischengeschaltete kroatische Gesellschaft.

Investitionsstandort Kroatien

Fläche:	56.542 qkm
Hauptstadt:	Zagreb
Einwohner:	4,5 Millionen
Sprache:	Kroatisch
Währung:	Kroatische Kuna HRK
Dienstleistung:	59 Prozent
Industrie:	32 Prozent
Landwirtschaft:	9 Prozent
Wirtschaftsleistung:	24,9 Milliarden EUR
Wirtschaftswachstum:	3,8 Prozent
BIP je Einwohner:	5.618 EUR
Inflation:	3,0 Prozent
Arbeitslosigkeit:	20,0 Prozent
Rohstoffe:	Kohle, Holz, Öl
Flughafen:	Zagreb
Besondere Stärken:	Tourismussektor, er trägt etwa 20 Prozent zur kroatischen Wirtschaftsleistung bei
Probleme:	Schleppende Umstrukturierungsmaßnahmen in der kroatischen Industrie

10.7 Liechtenstein

Liechtenstein bietet Möglichkeiten Steuern zu sparen, ohne im Fürstentum ansässig zu sein. Die dortigen Banken sind so diskret wie einst in der Schweiz, es besteht weitgehende Steuerfreiheit für Firmen mit Aktivitäten im Ausland und wenig Bürokratie.

Man muss nicht in einer der kleinsten Monarchien Europas wohnen, um über das EWR-Land Geschäfte zu machen.

Laut liechtensteinischem Steuergesetz sind juristische Personen, die dort nur ihren Sitz mit oder ohne Büro haben und von dort keine kommerziellen Tätigkeiten ausüben, von Vermögens-, Ertrags- und Erwerbssteuern befreit. Sie bezahlen lediglich eine Kapitalsteuer von ein Promille vom einbezahlten Kapital beziehungsweise vom investierten Vermögen plus Reserven, mindestens jedoch 1.000 CHF. Dividendenzahlungen werden mit vier Prozent besteuert.

Die häufigsten Unternehmensformen im Fürstentum sind die Aktiengesellschaft (AG, beschränkte Haftung), Anstalt (private Einrichtung), Stiftung und Trust. Das Unternehmens-Steuergesetz unterscheidet zwischen

- im Inland tätigen Unternehmen, einschließlich ausländischer Unternehmen mit Niederlassungen in Liechtenstein, sowie
- steuerbegünstigten Holdings und Domizilgesellschaften.

Inländische Unternehmen werden nach ihrem weltweiten Einkommen besteuert. Davon ausgenommen sind Einnahmen aus ausländischem Grundbesitz.

Gewinne einer örtlichen AG werden mit progressiven Sätzen zwischen 7,5–15 Prozent besteuert. Die Sätze werden erhöht, wenn die Dividendenausschüttungen mehr als acht Prozent des Nettovermögens der Gesellschaft ausmachen. Die maximale Erhöhung beträgt fünf Prozent, wodurch sich der kombinierte Gewinnsteuersatz dann auf 20 Prozent erhöht. Eine jährliche Nettovermögenssteuer von 0,2 Prozent muss auf das einbezahlte Eigenkapital und die Rücklagen gezahlt werden. Auch Holdings und Sitzgesellschaften zahlen diese Steuer, jedoch zum Satz von 0,1 Prozent, mindestens aber 1.000 CHF. Dividendenausschüttungen werden mit einer Quellensteuer von vier Prozent belegt. Anstalten, Stiftungen und Trusts zahlen keine Quellensteuer.

Holding- und Domizilgesellschaften

Entscheidend für die steuerliche Behandlung dieser Gesellschaften ist, dass sie in Liechtenstein keine Geschäftstätigkeit ausüben. Die geschäftliche Tätigkeit erfolgt im Ausland. Das heißt aber nicht, dass diese Unternehmen in Liechtenstein kein Personal beschäftigen oder ein Büro unterhalten dürfen. Ihre Gründer brauchen weder Liechtensteiner Bürger zu sein noch im Fürstentum zu wohnen. Allerdings müssen sie einen Liechtensteiner Vertreter benennen, auch muss ein Vorstandsmitglied in Liechtenstein ansässig sein.

- *Holdingunternehmen:* Ihr Zweck liegt ausschließlich oder vorwiegend im Bereich der Vermögensverwaltung, der Haltung und Verwaltung von Beteiligungen. Mögliche Tätigkeiten sind:

- Kapitalanlagen jeder Art, Haltung von Beteiligungen, immateriellen Rechten, Patenten und
- Copyrights, von Liegenschaften, Grundstücken und Ähnlichem.

▪ *Domizilgesellschaften:* Dazu zählt jede juristische Person, die im Fürstentum ihren Sitz unterhält und deren Zweck über die Bereiche der Vermögensverwaltung sowie der Haltung und Verwaltung von Beteiligungen hinausgeht:

- Handel mit Waren aller Art, Verwertung von Patenten,
- Lizenzen und sonstigen Rechten, Erbringung von Dienstleistungen aller Art, Vermittlungs- und
- Beratungstätigkeiten aller Art.

Beide Gesellschaftsformen zahlen eine jährliche Verwaltungsgebühr von ein Prozent des Kapitals, dabei sind die ersten 250.000 CHF steuerfrei.

▪ Auch *Stiftungen und Trusts* zahlen eine jährliche Verwaltungsgebühr von 1 Prozent.

- Nicht-kommerzielle Gründungen zahlen darüber hinaus eine Gründungsgebühr von 0,2 Prozent, für Kapital über 10 Millionen CHF reduziert sich der Satz auf 0,1 Prozent, die Eintragungsgebühr beträgt 900 CHF. Beide Rechtsträger zahlen keine Gewinnsteuer und die Vermögensteuer beträgt nur 0,1 Prozent.

Stiftungen eignen sich nicht für gewerbliche Zwecke. In der Regel werden sie zur Anlage und Stiftung von Vermögen für familiäre Zwecke eingesetzt, um beispielsweise die Ausbildung der Kinder zu finanzieren oder einzelne Familienmitglieder oder Angehörige mehrerer Familien zu unterstützen. Das Stiftungsvermögen muss auf Dauer festgelegt werden, dabei kann der Stifter anonym bleiben und damit die Schenkungssteuer umgehen.

Von Vorteil ist auch die Diskretion der 16 Liechtensteiner Banken. Sie verwalteten Ende 2003 rund 105 Milliarden CHF – vor allem für Stiftungen und Trusts. In der Praxis bietet das Fürstentum ein besseres Bankgeheimnis als die Schweiz.

Liechtenstein gehört zwei Wirtschaftsräumen an, dem schweizerisch-liechtensteinischen und dem Europäischen Wirtschaftsraum (EWR). Damit profitiert das Land insbesondere vom freien Waren-, Dienstleistungs- und Kapitalverkehr in ganz Europa und gleichzeitig von den Vorteilen des Schweizer Wirtschaftsgebietes, nämlich von der stabilen Schweizer Währung und von der offenen Grenze zur Schweiz (Zollunion).

Das EWR begründet keine Zollunion mit der EU und zielt nicht auf die Verwirklichung einer gemeinsamen Währungs-, Finanz- und Steuerpolitik ab. Wichtig ist, dass das EWR-Abkommen den Bereich Steuern nicht erfasst und damit eine Rechtshilfe in Steuersachen ausschließt.

Doch Liechtenstein hat auch Nachteile: Doppelbesteuerungsabkommen gibt es nicht. Die Ausnahme bildet ein DBA mit Österreich, das jedoch nicht für Holdings und Domizilgesellschaften gilt.

- *Aktiengesellschaften* unterliegen einer Quellensteuer von vier Prozent bzw. einer Kuponsteuer auf Dividenden und Zinsen für mittel- und langfristige Darlehen.

Investitionsstandort Liechtenstein

Fläche:	160 qkm
Hauptstadt:	Vaduz
Einwohner:	33.000
Sprache:	Deutsch
Dienstleistung:	50 Prozent
Industrie:	49 Prozent
Landwirtschaft:	1 Prozent
Wirtschaftsleistung:	1 Mrd. EUR
Wirtschaftswachstum:	k. A.
BIP je Einwohner:	131.787 EUR
Inflation:	0,5 Prozent
Arbeitslosigkeit:	1,2 Prozent
Besondere Stärke:	Gutes Treuhandwesen
Probleme:	Strikte Ansässigkeitsbeschränkungen für Ausländer
Flughafen:	Zürich, Friedrichshafen

10.8 Malta

Die ehemalige britische Kolonie, die 1964 nach der Entlassung in die Unabhängigkeit schwere Armut erlebte, schaffte seither einen schnellen Aufstieg zu beachtlichem Wohlstand. Die neue Republik mit der Hauptinsel Malta und der kleineren Nachbarinsel Gozo war früher – wirtschaftlich gesehen – von den britischen Kolonialherren abhängig gewesen, vor allem aber von einer Werft der britischen Marine. Zeitweise beschäftigte diese mehr als ein Zehntel aller maltesischen Arbeitskräfte.

Zu karg und zu klein für die Landwirtschaft, ohne Bodenschätze – auch ohne das erhoffte Erdöl – hatten die Malteser zum einen begonnen, ihre beiden Inseln den früher dort stationierten Briten als Reiseziel anzubieten. Zum anderen suchte man Investoren, die dort in Montagewerke investierten und sich auch von niedrigen Arbeitslöhnen anlocken ließen.

Beeindruckend wirkt der wirtschaftliche Aufstieg der Inseln. Während der neunziger Jahre lag die jährliche Zunahme des Bruttoinlandsprodukts regelmäßig oberhalb von vier Prozent, erreichte 2000 noch 6,1 Prozent. Doch 2001 brachen die Ausfuhr und der Tourismus ein, das BIP wuchs daraufhin nur noch um 0,8 Prozent. 2002 ging es mit 2,5 Prozent wieder bergauf, für 2004 werden sogar 3,4 Prozent erwartet. Mit einem Pro-Kopf-Einkommen von über 11.000 EUR gehört Malta zu den besser gestellten unter den EU-Beitrittsländern.

Vor allem ausländische Unternehmen produzieren in Malta, die ersten kamen bereits in den siebziger Jahren. Ein Drittel der Unternehmen kommt aus Deutschland. Wichtigster deutscher Arbeitgeber ist der Spielwarenhersteller Brandstätter aus Zirndorf, er beschäftigt 750 Mitarbeiter. Den Investoren werden dabei nicht nur günstige Körperschaftssteuersätze von 5 Prozent in den ersten sieben Jahren angeboten, darüber hinaus werden ihnen auch Werksgelände und Produktionshallen im Rohbau mit lukrativen Mietverträgen zur Verfügung gestellt.

Doch die Aktivitäten europäischer Hersteller auf Malta als verlängerte Werkbank rentieren sich nun nicht mehr allein wegen der niedrigen Lohnkosten. Diese sind nämlich in den vergangenen Jahren um durchschnittlich sieben Prozent gestiegen. Ein erstes Warnsignal war der Wegzug eines Bekleidungsherstellers nach Bulgarien. Die Malta Development Corporation, die sich um die Ansiedlung neuer Investoren aus dem Ausland kümmert, hat sich schnell darauf eingestellt. Sie wirbt nun mit dem Angebot an höher qualifizierten Fachkräften, daneben weiterhin mit Englisch als zweiter Landessprache und dem britisch geprägten Rechtssystem.

Steuerlich förderungswürdige Unternehmen kommen vor allem aus den Zukunftsbranchen – Software, Telekommunikation, Biotechnologie. Sie werden nicht nur in den ersten sieben Jahren mit nur fünf Prozent pauschal besteuert, der Steuersatz steigt auch bis zum 14. Jahr nach Gründung lediglich auf moderate 15 Prozent. Werksgelände und -hallen erhalten sie zu günstigen Konditionen und die Lohnkosten liegen immer noch bei nur rund 30 Prozent des deutschen Niveaus. Dazu kommt der Zollfreihafen in Marsaxlokk. Dort ansässige Unternehmen zahlen lediglich eine pauschale jährliche Lizenzgebühr von 1.000 EUR. Offshore-Unternehmen, die auf Malta keinerlei Aktivitäten ausüben, sind steuerbefreit. Malta steht hier im direkten Wettbewerb mit Gibraltar und Zypern.

Investitionsstandort Malta

Fläche:	315,6 qkm
Hauptstadt:	Valletta
Einwohner:	397.000
Sprache:	Maltesisch, Geschäftssprache Englisch
Dienstleistung:	71 Prozent
Industrie:	26 Prozent
Landwirtschaft, Fischerei:	3 Prozent

Wirtschaftsleistung:	4,5 Mrd. EUR
Wirtschaftswachstum:	3,4 Prozent
BIP je Einwohner:	11.330 EUR
Inflation:	2,4 Prozent
Arbeitslosigkeit:	7,7 Prozent
Flughafen:	Valletta
Besondere Stärken:	Qualifizierte Arbeitskräfte, gutes Bildungssystem
Probleme:	Kleiner Markt, abgeschiedene Lage

10.9 Niederlande / Niederländische Antillen

In der niederländischen Hafenmetropole Rotterdam existiert ein so genanntes „Ruling Team“, ein Ableger des Haager Finanzministeriums. Mit den dort arbeitenden Steuerbeamten kann jedes in den Niederlanden ansässige Unternehmen Absprachen über seine Steuerschuld treffen.

Dazu legen die Unternehmen dem Ruling Team dar, mit welchem Jahresgewinn sie rechnen. Auf dieser Basis gibt die Organisation dann eine verbindliche Steuerschätzung (maximal 34 Prozent) ab. So weiß das Unternehmen vorab, mit welchen Steuerzahlungen es rechnen muss. Das gibt Planungssicherheit.

Hinzu kommt, dass Auslandsverluste mit bei der Holding anfallenden Gewinnen verrechnet werden können. Rund 30.000 ausländische Unternehmen wie Quiagen, Nissan, Fuji, Omron, Ryder Systems, Bose, Pirelli, Gucci oder Ikea nutzen diese Steuerkonstruktion bereits.

Ein zweiter Aspekt für die Attraktivität niederländischer Holdings ist der Schutz vor feindlichen Übernahmen. Der Mechanismus funktioniert vor allem dann, wenn die Holding als Mehrheitsanteilseigner nicht oder nur teilweise börsennotiert ist.

Die Heineken NV beispielsweise macht von dieser Möglichkeit Gebrauch. Sie ist als Aktiengesellschaft an der Amsterdamer Börse gelistet. Das gilt auch für die Heineken Holding, die 50,01 Prozent der Anteile der Heineken NV besitzt. Die Mehrheit an der Heineken Holding wiederum liegt bei einer von der Heineken-Familie kontrollierten Stiftung. Über diese Konstruktion gelingt es der Heineken-Familie, mit nur 25 Prozent der Anteile die Heineken NV zu kontrollieren. Das Modell Heineken dient vielen ausländischen Holdings als Vorbild.

Hinzu kommen in den Niederlanden weitere Standortvorteile wie Internationalität, Englisch als Zweitsprache, ausgezeichnete Infrastruktur, eine niedrige Streikquote, die undogmatische und flexible Haltung der Gewerkschaften sowie ein Mitbestimmungsgesetz, das nicht so starr ist wie in Deutschland und von den Tarifparteien im Rahmen der juristischen Möglichkeiten flexibel gehandhabt wird.

Steuerlich interessante Möglichkeiten ergeben sich auch durch den gänzlichen Fortfall oder eine Ermäßigung der Quellensteuern auf Dividenden. Dabei spielt das DBA mit den Niederländischen Antillen eine wichtige Rolle. Dort gelten umfangreiche Steuererleichterungen für Finanzgesellschaften, für welche die Effektivbesteuerung auf maximal zehn Prozent begrenzt ist. Darüber hinaus sind bei unserem nördlichen Nachbarn auf Tantiemen und Zinsen keine Quellensteuern fällig.

Gesellschaftsgründung auf den Niederländischen Antillen

Auf den Niederländischen Antillen ansässige Unternehmen müssen ihre weltweiten Gewinne versteuern. Nicht-ansässige Unternehmen zahlen dagegen nur Steuern auf Gewinne, die auch auf den Niederländischen Antillen entstanden sind. Steuervorteile sind nur Gesellschaften mit beschränkter Haftung zugänglich.

Seit 1999 gibt es die steuerbegünstigte Unternehmensform „Befreite Unternehmung der Niederländischen Antillen" (NABV). Um von den Steuervergünstigungen partizipieren zu können, müssen sich die Aktivitäten der NABV auf Investitionen in Schuldscheine, Wertpapiere, Einlagen und Holdingaktivitäten beschränken. Befreite Unternehmen sind ausdrücklich von den Vorteilen aus Doppelbesteuerungsabkommen ausgeschlossen, aber die Vorschriften über den Informationsaustausch in den Steuerregeln der Niederlande sind für alle NABVs anzuwenden. Diese Gesellschaftsform eignet sich insbesondere für Banken und Versicherungen.

Daneben gibt es die „Befreiung der Gewinnbeteiligung". Das ebenfalls 1999 verabschiedete Gesetz unterscheidet zwischen Holdings in ansässigen und nicht-ansässigen Unternehmen. Bei diesen Holdings sind 95 Prozent des Einkommens aus einer Beteiligung an einer ausländischen Gesellschaft (100 Prozent vom Einkommen aus einer Beteiligung an einer ansässigen Gesellschaft) steuerfrei. Die restlichen fünf Prozent werden zum Standardsatz von 34,5 Prozent besteuert. Somit errechnet sich ein Effektivsteuersatz von 1,725 Prozent. Zu solchen Einkommen zählen auch Kapitalerträge und Erträge aus Dividendentausch, Bar- und Aktiendividenden, Gratisaktien und versteckte Gewinnausschüttungen.

Die Befreiung der Beteiligung setzt nicht voraus, dass die nicht-ansässige Gesellschaft in ihrem Heimatland Gewinnsteuern zahlt, sie muss auch nicht aktiv sein. Eine berechtigte Beteiligung wird definiert als Anteilsbesitz von mindestens fünf Prozent des eingezahlten Kapitals des Unternehmens, das in Anteile aufgeteilt ist und / oder die Kontrolle über mehr als fünf Prozent der Stimmrechte hält.

Daneben gibt es noch eine weitere begünstigte Gesellschaft, die eine dauerhafte Niederlassung außerhalb der Niederländischen Antillen hat. Nur fünf Prozent des Nettoeinkommens einer solchen Gesellschaft werden dem Standardsatz der Gewinnsteuer (34,5 Prozent) unterworfen. Das ergibt ebenfalls einen Effektivsteuersatz von 1,725 Prozent. Dabei können gezahlte Auslandssteuern als abzusetzende Kosten angerechnet werden.

Besondere Steuersätze von 2,4 bis 3 Prozent gelten für Offshore-Gesellschaften. Die günstigen Steuern der Niederländischen Antillen sowohl für Onshore- als auch Offshore-Unternehmen locken viele Gesellschaften auf die Inseln. Fertigungs- und Handelsunternehmen in den Freihäfen von Aruba und Curaçao können bis zu elf Jahre Gewinnsteuererleichterungen – Mindestsatz zwei Prozent – und eine Befreiung von Importzöllen und Grundsteuer erhalten. Dafür müssen sie mindestens 140.000 EUR auf Curaçao und 85.000 EUR auf den anderen Inseln investieren und für mindestens fünf auf den Niederländischen Antillen geborene Menschen Arbeitsplätze schaffen.

Investitionsstandort Niederlande

Fläche:	41.864 qkm
Hauptstadt:	Amsterdam
Einwohner:	16,1 Millionen
Sprache:	Niederländisch, regional Friesisch
Dienstleistung:	70 Prozent
Industrie:	27 Prozent
Landwirtschaft:	3 Prozent
Wirtschaftsleistung:	346,1 Mrd. EUR
Wirtschaftswachstum:	2,5 Prozent
BIP je Einwohner:	27.680 EUR
Inflation:	3,6 Prozent
Arbeitslosigkeit:	2,5 Prozent
Besondere Stärken:	Internationalität, beste Infrastruktur, unternehmerfreundliche Steuerbeamte
Flughafen:	Amsterdam

10.11 Österreich

Mit der EU-Osterweiterung ist Österreich von seiner Randlage an den Grenzen zwischen Ost und West in das Zentrum eines größeren Europas gerückt. Durch seine geografische Lage bedingt, ist die Alpenrepublik seit jeher Kreuzungspunkt der Verkehrsrouten zwischen den großen europäischen Wirtschafts- und Kulturräumen. Dieser Status als neutraler Brückenkopf hat der österreichischen Volkswirtschaft bei der Ansiedlung von Osteuropa-Zentralen und internationalen Organisationen seit Jahren genutzt.

Der wirtschaftliche Aufholprozess seit dem EU-Beitritt 1995 zeigt Früchte: Heute gehört Österreich zu den zehn reichsten Staaten der Erde mit einer hohen Lebensqualität und

Tabelle 10.7: Arbeitsmarkt im Vergleich

	Arbeitslosen-Quote	Arbeitskosten pro Stunde	Lohnstückkosten	Jahresar-beitszeit	Jährl. Urlaub
Österreich	4,4 Prozent	21,64 EUR	85,1 Prozent	1.720 Std.	26,5 Tage
Deutschland	10,5 Prozent	26,36 EUR	89,0 Prozent	1.557 Std.	30,0 Tage

einer intakten Umwelt. Deutschland, der wichtigste Wirtschaftspartner, wurde wirtschaftlich längst überholt. Auch im Vergleich mit den übrigen EU-Staaten steht die Alpenrepublik gut da. Die Wettbewerbssituation des EU-Nettozahlers hat sich in den vergangenen Jahren deutlich verbessert. Heute liegen die relativen Lohnstückkosten dank einer vernünftigen Tarifpolitik von Gewerkschaften und Arbeitgebern um 15 Prozent unter dem Stand von Mitte der neunziger Jahre. Und mit 4,5 Prozent fällt die Arbeitslosenquote im internationalen Vergleich gering aus.

Aktuell bedrohen jedoch harte Einschnitte im Sozialsystem diesen hohen Lebensstandard. Um ihn zu halten, will Österreich verstärkt in die Bereiche Bildung, Forschung und Entwicklung investieren.

Ausländische Direktinvestitionen

Deutschland ist der wichtigste Investor in Österreich. Der Anteil deutscher Investoren stieg von 38,8 Prozent im Jahr 1993 über 42,3 Prozent 1995 auf jetzt 46,5 Prozent. Nach Schätzungen der Österreichischen Nationalbank werden in den Unternehmen mit deutscher Beteiligung rund 170.000 Mitarbeiter beschäftigt. Angelockt werden ausländische Investoren durch geringere Kosten, weniger Bürokratie und demnächst auch deutlich niedrigere Steuern. Denn durch die 2005 in Kraft tretende zweite Stufe der Steuerreform wird Österreich vor allem bei deutschen Investoren an Attraktivität gewinnen. Die Alpenrepublik bietet ihnen einen Kostenvorteil gegenüber Deutschland von über 8 Prozent.

Besteuerung von Unternehmen

Das Aushängeschild bezüglich der Unternehmenssteuern ist neben der Senkung der Körperschaftssteuer von 34 auf 25 Prozent – Deutschland zum Vergleich 35 Prozent – die neue Gruppenbesteuerung. Diese erlaubt es ausländischen Unternehmen, Verluste in Drittländern unter gewissen Voraussetzungen in Österreich von der Steuer abzusetzen. Das gilt beispielsweise für in Österreich ansässige Zwischenholdings, denen weitere Konzerngesellschaften in Osteuropa zugeordnet sind. Mit dieser Gruppenbesteuerung betritt unser südöstlicher Nachbar komplettes Neuland und könnte damit Vorbild für andere Staaten werden. Insgesamt findet eine deutliche Liberalisierung der Konzernbesteuerung in Österreich statt, die für Unternehmen einen erheblichen Anreiz bietet (siehe Tabelle 10.8).

Tabelle 10.8: Steuern im Vergleich

	Österreich	**Deutschland**
Gewinnbesteuerung	34 Prozent bzw. 25 Prozent ab 2005 KÖST	38–39 Prozent (25 Prozent KÖST Gewerbesteuer)
Forschungsfreibetrag	25 Prozent; 25–35 Prozent bei volkswirtschaftlich wertvollen Erfindungen	nicht existent
Einkommensteuer (Spitzensteuersatz)	43,71 Prozent unter Einrechnung des 13. / 14. Gehaltes	45 Prozent exkl. Solidaritätszuschlag

Dazu:

- *Vermögenssteuer* und *Gewerbesteuer* existieren in Österreich nicht.
- Einfache Verwertung von Inlands- und Auslandsverlusten.
- Steuerausländer, die gewerbliche Einkünfte in österreichischen Betriebsstätten erzielen, unterliegen aufgrund der österreichischen DBA der österreichischen Besteuerung. In Deutschland sind diese Einkünfte (unter Progressionsvorbehalt) von der Besteuerung freigestellt.
- Endbesteuerung: Mit Zahlung einer 25-prozentigen Kapitalertragssteuer sind Einkommenssteuer- und Erbschaftssteuerpflichten abgegolten.
- Umsatzsteuer 20 Prozent, ermäßigt, beispielweise für Sportler und Künstler, zehn Prozent.
- Einnahmen aus Vermietung und Verpachtung von Immobilien werden zwischen 0 und 20 Prozent besteuert.

Vergleich der Besteuerung bei einer österreichischen Niederlassung, wenn die Muttergesellschaft in Deutschland eine Kapital- bzw. Personengesellschaft ist:

- Ist die Muttergesellschaft in Deutschland eine Kapitalgesellschaft, z. B. GmbH, erfolgt die Besteuerung (Körperschaftssteuer) der österreichischen Niederlassung in Österreich. Es fallen weder Gewerbesteuer noch Vermögenssteuer an.
- Ist die Muttergesellschaft in Deutschland eine Personengesellschaft (z. B. OHG), ist die Niederlassung beschränkt steuerpflichtig. Die Mitunternehmer der Personengesellschaft unterliegen der österreichischen beschränkten Einkommenssteuerpflicht zwischen 10 und 50 Prozent. Auch hier fallen weder Gewerbesteuer noch Vermögenssteuer an.

Was auch für den Standort Österreich spricht

- Stundenproduktivität: Laut OECD betrug der Produktivitätszuwachs zwischen 1992 und 2002 60,8 Prozent. Damit liegt Österreich deutlich vor Deutschland, Frankreich und den USA. Im Vergleich dazu erreicht die Arbeitsproduktivität in der polnischen,

Tabelle 10.9: Zuteilungsregelung nach dem österreichisch-deutschen Doppelbesteuerungsabkommen

Einkünfte stammen aus Österreich	Zuteilungskriterien	Besteuerungsrechtland
Aus unbeweglichem Vermögen	Belegenheit	A
Unternehmensgewinne	Betriebsstätte	A
	Keine Betriebsstätte	D
Verbundene Unternehmen	Fremdvergleich	A
	Wohnsitz, aber Quellensteuerabzug uneingeschränkt	D
Lizenzgebühren	Wohnsitz	D
Gewinne aus Veräußerung von Vermögen	Staat, der Besteuerung für laufende Gewinne hatte	A
Selbständige Arbeit	Tätigkeitsort oder	A
	ständige Einrichtung	jeweiliger Sitz
AR + Geschäftsführervergütung	Sitz der Gesellschaft	A

tschechischen und ungarischen Industrie nur rund 20 Prozent des österreichischen Niveaus.

- Arbeitskosten: Die Lohnstückkosten sanken nach OECD-Angaben von 1992 bis 2002 in Österreich um 10,8 Prozent. Im Vergleich dazu sanken diese in Deutschland um 9,5 Prozent. Nach einer Analyse des Wiener Instituts für Höhere Studien liegen die Lohnstückkosten der österreichischen Industrie damit derzeit 24,4 Prozent unter dem deutschen Lohnstückkostenniveau sowie 7,3 Prozent unter den Werten Ungarns und 2,5 Prozent unter dem Niveau Polens.
- Büromieten: Im Jahr 2003 betrug die Jahresmiete für einen Quadratmeter Bürofläche 319 US-$, im Vergleich dazu: München mit 516 US-$ und Frankfurt mit 614 US-$.
- Österreich hat die niedrigste Streikrate in Europa.
- Die Bonität Österreichs liegt weltweit unter den Top 5-Ländern.
- Österreich besitzt eine hochmoderne F&E-Infrastruktur mit Clustern, Technologie- und Industrieparks sowie 2.800 Kompetenzzentren, Forschungs- und Entwicklungseinrichtungen. Aktuell werden rund 600 Millionen EUR für Grundlagenforschung bereitgestellt.
- Stark wachsender Automobilsektor.
- Österreich entwickelt sich seit einigen Jahren zu einem bedeutenden internationalen Biotechnologie-Standort.

- Im Elektronikbereich haben sich namhafte internationale Konzerne mit Kompetenzzentren sowie Produktions- und Entwicklungsstätten niedergelassen.
- Im Logistikbereich entwickelt sich Österreich im Zentrum Europas zu einem wichtigen Handels-, Transport- und Logistikknotenpunkt und zu einer Drehscheibe für den grenzüberschreitenden Handel.
- Für den Standort Österreich sprechen die zentrale geografische Lage und das ausgezeichnete Ost-Know-how der österreichischen Dienstleister.

So wundert es nicht, dass Anfang 2004 bereits mehr als 1.000 internationale Unternehmen ihre Aktivitäten in Zentral- und Osteuropa bereits über Österreich steuern. Dazu zählen auch deutsche Unternehmen wie Beiersdorf, Bosch, Degussa, Henkel, Miele oder Siemens.

Zwischen 1991 und Ende 2002 vervierfachten sich die Direktinvestitionen ausländischer Unternehmen von 8,9 Milliarden auf über 40 Milliarden EUR. Die deutschen Investitionen betrugen allein 2002 rund 1,1 Milliarden EUR.

Diese Vorteile werden sich sicherlich für Standortentscheidungen vermehrt auch deutscher Unternehmen nach Österreich günstig auswirken. Dazu trägt auch die Förderpolitik der regionalen und kommunalen Behörden bei.

Österreichs Brückenkopffunktion

Für den Investitionsstandort Österreich spricht aber auch die Brückenkopffunktion. Mit der längsten Außengrenze (1.225 km) zu den Erweiterungsländern dockt die Alpenrepublik an die wirtschaftlich stärksten neuen EU-Mitglieder Ungarn, Slowenien, Tschechien und die Slowakei an und wird daher häufig als Plattform zur Marktbearbeitung Osteuropas genutzt. Historisch gesehen ist es fast ein Heimatmarkt. Österreich hat sich auf diesem Markt frühzeitig Startvorteile verschafft – eine Analyse der ausländischen Investitionsströme bestätigt das.

Die Alpenrepublik ist sicherlich der Gewinner der EU-Erweiterungsrunde. Sie hat den Beitritt der Nachbarländer längst über eigene Direktinvestitionen vorweggenommen und sich in der Reformregion eine starke Marktstellung gesichert. So wurden bis Anfang 2003 in Tschechien 4,12 Milliarden EUR investiert, in Ungarn 2,48 Milliarden, in Kroatien 1,77 Milliarden, in Slowenien 1,25 Milliarden und in der Slowakei 1,1 Milliarden EUR. In Kroatien und Slowenien führt Österreich bei den Auslandsinvestitionen sogar die Nationenwertung an.

In Österreich leben zwar nur zwei Prozent der gesamten EU-Bevölkerung, das Land wickelt jedoch acht Prozent des Handels mit Mittel- und Osteuropa ab. Rund 18 Prozent der österreichischen Exporte gehen nach Mittel- und Osteuropa.

Einziges Handicap – auch für ausländische Investoren: Die Verkehrsinfrastruktur nach Tschechien, der Slowakei und Ungarn ist schlecht. Jetzt rächt sich, dass Österreich jahrelang Infrastrukturinvestitionen in Bahn und Straße verschlafen hat, und dabei wird erwartet, dass das Verkehrsaufkommen in die neuen EU-Staaten bis 2015 um 250 Prozent steigt.

Investitionsstandort Österreich

Fläche:	83.859 qkm
Hauptstadt:	Wien
Einwohner:	8,1 Millionen
Sprache:	Deutsch, regional Kroatisch, Slowenisch, Ungarisch
Dienstleistung:	67 Prozent
Industrie:	31 Prozent
Landwirtschaft:	2 Prozent
Wirtschaftsleistung:	231,0 Milliarden EUR
Wirtschaftswachstum:	0,7 Prozent
BIP je Einwohner:	27.710 EUR
Inflation:	1,2 Prozent
Arbeitslosigkeit:	4,6 Prozent
Flughafen:	Wien, Innsbruck, Graz, Linz
Besondere Stärken:	Brückenkopf nach Osteuropa, exzellentes Ost-Know-how
Probleme:	Überdimensionierte Verwaltung

10.11 Polen

Polen ist seit Jahren Deutschlands wichtigster Handelspartner in Mittel- und Osteuropa. Polen ist auch das bevorzugte Ziel für Direktinvestitionen in dieser Region. Das Nachbarland bietet Investoren und Exporteuren nicht nur einen großen und zunehmend konsumkräftigen Markt mit rund 40 Millionen Einwohnern, sondern ist auch als Brückenkopf für den Einstieg in weitere östliche Märkte interessant. Polens Wirtschaft verfügt über eine gute industrielle Basis sowie eine große Zahl gut ausgebildeter Arbeitnehmer bei einem relativ niedrigen, wenn auch steigenden Lohnniveau. Das politische Umfeld ist stabil, ebenso die rechtlichen Rahmenbedingungen.

Die Verflechtungen zwischen Deutschland und Polen haben sich seit der polnischen Wende in allen Bereichen positiv entwickelt. Die Verflechtungen zwischen der deutschen und polnischen Wirtschaft werden kontinuierlich enger. Der deutsche Außenhandel nach Polen wächst kräftig. Deutschland ist Polens wichtigster Handelspartner, über zwei Drittel der polnischen Exporte gehen nach Deutschland. Bei den Direktinvestitionen in Polen liegt die Bundesrepublik vorne.

Gesellschaftsrecht

Gängigste Gesellschaftsformen sind als Kapitalgesellschaften die Gesellschaft mit beschränkter Haftung (Sp.z.o.o, Mindeststammkapital 50.000 Zloty) und die Aktiengesellschaft (S.A., Mindestgrundkapital 500.000 Zloty). Bei den Personengesellschaften sind es die OHG (spólka jawna) und die Kommanditgesellschaft (spólka komandytowa).

Investitionsschutz

Schutz und Garantien für ausländische Investitionen sind vertraglich zwischen Deutschland und Polen geregelt. Zusätzlich können Kapitalanlagen in Polen auf Antrag deutscher Investoren durch die Hermes Kreditversicherungs-AG abgesichert werden. Als garantiefähig werden angesehen: Beteiligungen an polnischen Unternehmen, die den polnischen Unternehmen neben Beteiligungen gewährten beteiligungsähnlichen Darlehen und Kapitalausstattungen von Niederlassungen oder Betriebsstätten deutscher Unternehmen. Auf Antrag können auch Erträge aus Beteiligungen und beteiligungsähnliche Darlehen in die Deckung einbezogen werden. Die Selbstbeteiligung beträgt mindestens 5 Prozent.

Grunderwerb

Ausländer können Grundstücke in Polen erwerben, wenn der Erwerb genehmigungsfrei ist oder wenn eine ministerielle Erlaubnis vorliegt.

Zollrecht

Das polnische Zollrecht wurde dem EU-Zollrecht angepasst.

Steuerrecht

Juristische Personen, Betriebe gewerblicher Art von juristischen Personen des öffentlichen Rechts und Betriebsstätten ausländischer körperschaftspflichtiger Unternehmen unterliegen der Einkommenssteuer juristischer Personen, die der deutschen Körperschaftssteuer entspricht.

Alle Steuervergünstigungen für ausländische Investoren wurden in den letzten Jahren abgeschafft.

- *Einkommenssteuer:* Steigt progressiv zwischen 19 und 40 Prozent
- *Körperschaftssteuer:* 24 Prozent
- *Kapitalertragssteuer:* 20 Prozent auf ausgeschüttete Gewinne. Die Steuer wird durch die Gesellschaft einbehalten und abgeführt. Im DAB zwischen Deutschland und Polen ist ein ermäßigter Dividendensteuersatz von fünf Prozent vorgesehen. Dieser Satz kommt zur Anwendung, wenn der Dividendenempfänger eine Kapitalgesellschaft ist, die mindestens 25 Prozent an der die Dividende zahlenden Gesellschaft hält.

Tabelle 10.10: Besteuerung von Gewinnen, die von Polen nach Deutschland transferiert werden

1. Betriebsstätte (aktive Vertretung) eines deutschen Unternehmens in Polen, die Verträge schließen darf:

Unternehmensform-/ Gesellschaftsform in Deutschland	Steuerpflicht in Polen	Steuerpflicht in Deutschland
Natürliche Personen, Einzelunternehmen	Steuersatz bis 40 Prozent	Freigestellt, aber mit Progressionsvorbehalt nach § 32 b EStG
Personengesellschaft	Steuersatz abhängig vom Gesellschafter	Freigestellt, aber mit Progressionsvorbehalt nach § 32 b EStG
Kapitalgesellschaft	28 Prozent KSt. (2001)	Freigestellt in EK 01

2. Kapitalgesellschaft (GmbH oder AG mit aktiver Tätigkeit) eines deutschen Unternehmens in Polen:

Unternehmensform-/ Gesellschaftsform in Deutschland	Steuerpflicht in Polen	Steuerpflicht in Deutschland
Natürliche Personen, Einzelunternehmen	28 Prozent KSt. (2001) und bei Ausschüttung 15 Prozent KESt.	In Polen geleistete KESt. von 15 Prozent wird nach § 34c EStG angerechnet oder auf Antrag abgezogen
Personengesellschaft	28 Prozent KSt. (2001) und bei Ausschüttung 15 Prozent KESt.	In Polen geleistete KESt. von 15 Prozent wird nach § 34 c EStG beim Anteilseigner angerechnet oder auf Antrag abgezogen; bei Verlusten Teilwertabschreibung zugelassen (nach fünf Jahren)
Kapitalgesellschaft	28 Prozent KSt. (2001) und bei Ausschüttung 15 Prozent KESt. – Fünf Prozent, wenn die Beteiligung der Mutter über 25 Prozent liegt, – Fünf Prozent, wenn die Beteiligung der Mutter unter 25 Prozent liegt	Bei Beteiligungen über 10 Prozent werden die Gewinne aus Polen bei Thesaurierung freigestellt (EK 01) oder ohne Körperschaftssteuererhöhung ausgeschüttet; bei Beteiligung unter 10 Prozent: Anrechnung und Aufteilung in EK 0 und EK 30. Wenn (über fünf Jahre) Verluste gemacht werden, dürfen Teilwertabschreibungen vorgenommen werden nach § 2 a Abs. 2 S. 2 EStG.

Tabelle 10.11: Abschreibungssätze für wichtige Anlagegüter

Sachanlagen und immaterielle Werte	Abschreibungssätze in Prozent
Betrieblich genutzte Gebäude	2,5
Maschinen allgemeiner Verwendung	10,0
Sonstige Maschinen	14,0–20,0
Computer	30,0
Software	30,0
PKW	20,0
Büromöbel	20,0

- *Immobiliensteuer:* Sie wird auf Grundstücke, Gebäude und Bauten erhoben und richtet sich nach dem Wert.
- *Umsatzsteuer:* Sie beträgt grundsätzlich 22 Prozent, aber auch je nach Ware und Dienstleistung 7 bzw. 3 oder 0 Prozent.

Seit 2001 gibt es eine Stempelsteuer für zivilrechtliche Handlungen. Eine *Gewerbesteuer* besteht nicht.

Für die Besteuerung deutscher Privatpersonen gelten die Bestimmungen des DBA. Danach unterliegen Aufsichtsrats- und Verwaltungsratsvergütungen, die an in Deutschland ansässige Mitglieder einer Kapitalgesellschaft mit Sitz in Polen gezahlt werden, immer der polnischen Einkommenssteuer zwischen 19 und 40 Prozent.

Arbeitsrecht

Grundsätzlich ähnelt das polnische Arbeitsrecht dem deutschen. Die durchschnittliche Arbeitszeit darf über einen Zeitraum von drei Monaten nicht mehr als 40 Stunden pro Woche betragen. Mehr als vier Überstunden am Tag und 150 Überstunden im Kalenderjahr sind nicht zulässig.

Der gesetzliche Urlaubsanspruch beträgt 20 Arbeitstage nach Ablauf von sechs Arbeitsjahren und 26 Arbeitstage nach Ablauf von zehn Arbeitsjahren.

Ausländer, die in Polen arbeiten wollen, brauchen eine Arbeitsgenehmigung. Für ausländische Arbeitnehmer sind die Sozialversicherungsbeiträge grundsätzlich an den polnischen Sozialversicherungsträger zu zahlen.

Grenzüberschreitendes Leasing

Handelt es sich beim Leasinggeber um ein deutsches und beim Leasingnehmer um ein polnisches Unternehmen, ist beim grenzüberschreitenden Leasing bei der befristeten

Einfuhr nach Polen für den Zoll eine Sicherheitsleistung zu hinterlegen. Verlässt die geleaste Sache nach Ablauf der Grundmietzeit das Land, wird die verbleibende Sicherheitsleistung erstattet. Zuvor werden jedoch monatlich drei Prozent des besicherten Zolls abgezogen. Auch fällt Umsatzsteuer an (22 Prozent), die der Leasingnehmer zusätzlich zur Leasingrate tragen muss.

Wissenswertes

Ausländische Investoren sind polnischen Unternehmen gleichgestellt. Polen ist der größte Verbrauchermarkt in Mitteleuropa, zwei Drittel der Bevölkerung lebt in Städten, ein Drittel ist jünger als 19 Jahre alt, der Anteil der Mittelschicht wächst schnell. Polen hat das qualifizierteste Arbeitskräfteangebot in der EU; 62 Prozent der Bevölkerung sind jünger als 40 Jahre.

Ausländische Direktinvestitionen

Im ersten Halbjahr 2003 flossen rund 2 Milliarden EUR an Auslandsinvestitionen nach Polen. 74 Prozent der Auslandsinvestitionen stammen aus der EU. Eine steigende Anzahl von Unternehmen mit Sitz in USA und Asien investieren über ihre EU-Niederlassung.

Größte Investoren im 1. Halbjahr 2003: Niederlande (1 Mrd. EUR), Deutschland (280 Mio. EUR), Österreich (210 Mio. EUR). Insgesamt haben bisher 227 deutsche Unternehmen rund 6,2 Mrd. EUR investiert, sie stehen damit nach Frankreich, den Niederlanden und den USA auf Rang 4.

Investitionsanreize

- Investitionssubventionen bis zu 25 Prozent der Investitionskosten
- Beschäftigungssubventionen bis zu 4.000 EUR pro neu geschaffenem Arbeitsplatz
- Ausbildungssubventionen bis zu 1.500 EUR pro MA
- Subvention für Infrastrukturausbau

Voraussetzungen:

- Über 10 Mio. EUR Investition
- Mindestens 500.000 EUR, mindestens 100 neue Arbeitsplätze auf fünf Jahre, neue Technologien.

Investitionsförderung

Für kleinere Projekte bieten sich diverse EU-Förderungen an. Im Zeitraum 2000 bis 2006 bietet die EU für die Beitrittsländer in Zentral- und Osteuropa finanzielle Unterstützung folgender Programme an: SPHARE – ISPA – SAPARD. Insgesamt beträgt der

Tabelle 10.12: Beitragssätze der Sozialversicherung (in Prozent der Bemessungsgrundlage)

		Arbeitgeber	Arbeitnehmer
Altersrentenversicherung	19,52	9,76	9,76
Arbeitsunfähigkeitsversicherung	13,00	6,5	6,5
Lohnfortzahlungsversicherung	2,45		Nur durch Arbeitnehmer
Unfallversicherung	1999: 1,62 ab 2000[1]: 0,40–8,12	Nur durch Arbeitgeber	
Krankenversicherung	7,5		Nur durch Arbeitnehmer

[1] Die Sozialversicherungsanstalt (ZUS) bestimmt für jeden Arbeitgeber die Höhe des Unfallversicherungssatzes entsprechend dem Arbeitsunfall- und Berufskrankheitsrisikos im Wege eines Verwaltungsbeschlusses. Für das Jahr 1999 legte das Gesetz einen einheitlichen Beitragssatz zur Unfallversicherung in Höhe von 1,62 Prozent der Bemessungsgrundlage fest.

Finanzrahmen für obigen Zeitraum 3 Milliarden EUR. Beste Informationsquelle für die Programm-Aktivitäten ist die Web-Site: http://europa.eu.int/comm/enlargement.

Wachstumsbereiche

Abfallwirtschaft, Wasserwirtschaft, Erneuerbare Technologien, Infrastruktur, EDV und Telekommunikation, Dienstleistungen, Automobilsektor, Möbel, Lebensmittel, Verpackung, Erholung / Wellness.

Investitionsstandort Polen

Fläche:	312.685 qkm
Hauptstadt:	Warschau
Einwohner:	38,6 Millionen
Sprache:	Polnisch
Dienstleistung:	63 Prozent
Industrie:	33 Prozent
Landwirtschaft:	4 Prozent
Wirtschaftsleistung:	184,6 Milliarden EUR
Wachstumsprognose:	3,1 Prozent
BIP je Einwohner:	5.190 EUR
Inflation:	3,8 Prozent
Arbeitslosigkeit:	17,7 Prozent

Rohstoffe:	Kohle, Braunkohle, Erdgas, Eisen, Kupfer, Zinn, Silber
Besondere Stärke:	Größter Binnenmarkt der neuen EU-Länder
Problem:	Hoher Beschäftigtenanteil der oft ineffizienten Landwirtschaft

10.12 Portugal

Portugal, mit zehn Millionen Einwohnern auf einer Fläche von rund 92.000 Quadratkilometern eines der kleineren Länder der EU, war einmal eine Weltmacht. Seit der Entkolonialisierung ist das Land jedoch auf ein Sechstel der iberischen Halbinsel geschrumpft. Noch bis in die siebziger Jahre war es ein Auswanderungsland. Jetzt kommen verstärkt Afrikaner, Brasilianer, Ukrainer, Russen und Rumänen ins Land. Fünf Prozent der Einwohner und ein Zehntel der arbeitenden Bevölkerung sind bereits Einwanderer – darunter etwa einhunderttausend illegale.

Doch während der iberische Nachbar Spanien mit Wachstum, Dynamik, neu geschaffenen Arbeitsplätzen, einem ausgeglichenen Haushalt, Bauboom und robustem Konsum glänzt und zu einer bedeutenden Wirtschaftsmacht aufgestiegen ist, macht sich Portugal mit Griechenland in der Europäischen Union den Platz auf der untersten Stufe der Erfolgsleiter streitig. Portugal war das erste Land in Europa, das in der zweiten Hälfte des Jahres 2002 in die Rezession geriet, und es dürfte das letzte sein, das in der ersten Hälfte 2004 wieder seinen Weg herausfindet.

Doch die EU-Erweiterung wird es Portugal – mit der Aussicht auf eine allmähliche Verringerung von Fördermitteln aus Brüssel zugunsten bedürftigerer neuer Mitglieder – nicht leichter machen. Niedrigere Löhne und höhere Arbeitsproduktivität in Mitteleuropa locken schon heute manches ausländische Unternehmen zur Abwanderung. Skeptiker sehen zumindest ein Jahrzehnt der Übergangszeit voraus, in welchem die neuen EU-Europäer die Portugiesen in beiden Bereichen übertreffen werden.

Anreize für ausländische Investitionen müssen von innerer wirtschafts- und sozialpolitischer Stabilität begleitet sein. Auf diesen Gebieten ist in Portugal jedoch Unruhe entstanden, seit die Arbeitslosigkeit von vorbildlich niedrigen vier Prozent auf Anfang 2004 knapp sieben Prozent gestiegen ist. Demonstrationen gegen Privatisierung nahmen ebenso zu wie die Aufforderung zu diversen Generalstreiks. Außerdem arbeiten 15 Prozent der Beschäftigten im öffentlichen Dienst.

Statt das Gros der Brüsseler Fördermittel in die Industrie (Textil) oder in die Modernisierung der Landwirtschaft zu stecken, wurden diese augenfällig für Prestigebauprojekte ausgegeben. Andere Strukturdefizite haben mit dem großen Schwarzmarkt bei Handel und Arbeitskräften zu tun, mit dem Ausbleiben einer zupackenden Steuerreform und einem Umdenken in dem häufig noch patriarchalisch geprägten Unternehmertum. Es fehlen in Portugal insbesondere die beweglichen, Arbeitsplätze schaffenden mittleren Betriebe. Typisch ist auch die letzte Rangstelle im europäischen Internet-Nutzer-Vergleich.

Dennoch versucht Portugal, über die Schaffung von Steuerfreizonen verstärkt ausländische Investoren ins Land zu holen: Madeira, die Hauptinsel der Madeiragruppe, mit nordafrikanischem Klima, portugiesischer Nationalität und engen Bindungen an Großbritannien und dem niedrigsten Pro-Kopf-Einkommen in der EU, lockt Offshore-Unternehmen und deren Kapital an. Dazu wurden Grund-, Körperschafts-, Kapitalertragssteuern und Steuern auf Veräußerungsgewinne abgeschafft. Von Vorteil sind auch die niedrigen Arbeitslöhne. Hinzu kommen niedrige Mieten, Büroflächen in großer Auswahl, gute Fluganbindungen zu den europäischen Zentren und die Tatsache, dass auf Madeira ansässige Firmen von den Doppelbesteuerungsabkommen Portugals in vollem Umfang profitieren.

Vorgeschriebene Gesellschaftsform für Offshore-Unternehmen ist die Rechtsform der Aktiengesellschaft mit einem Mindestkapital von 25.000 EUR. Die Gründungskosten liegen bei ca. 2.500 EUR. Da eine gesetzliche Steuerfreiheit besteht, verzichten die lokalen Steuerbehörden auf Einsicht in die Bücher und in die Jahresabschlüsse, für die auch kein Prüftestat erforderlich ist. Die Gründung einer Offshore-Gesellschaft muss bei der Sociedade de Desenvolviento Madeira S.A. beantragt und vom Regionalsekretär für Wirtschaftsplanung, der portugiesischen Zentralbank und vom Finanzministerium bewilligt werden. Über 4.000 Investoren aus Europa, den USA und Südamerika haben sich bereits auf Madeira niedergelassen.

Um die hohen steuerlichen Vergünstigungen Madeiras zu nutzen, muss man dort jedoch nicht unbedingt als Unternehmen selbst vertreten sein. So parken beispielsweise deutsche Großunternehmen bei den auf Madeira ansässigen Banken hohe Finanzbeträge, um anschließend die darauf erhaltenen Zinsen steuerfrei kassieren zu können. Denn die dort offiziell zu „entrichtenden" Kapitalsteuern sind fiktiv und können bei den Steuerlasten in Deutschland in Abzug gebracht werden.

Investitionsstandort Portugal

Fläche:	92.345 qkm, davon Azoren 2.355 qkm, Madeira 795 qkm
Hauptstadt:	Lissabon
Einwohner:	10,3 Millionen
Sprache:	Portugiesisch
Dienstleistung:	56 Prozent
Industrie:	39 Prozent
Landwirtschaft, Fischerei:	5 Prozent
Wirtschaftsleistung:	16,3 Mrd. EUR

Wirtschaftswachstum:	0,8 Prozent
BIP je Einwohner:	12.850 EUR
Inflation:	2,4 Prozent
Arbeitslosigkeit:	6,8 Prozent
Flughafen:	Lissabon, Faro, Porto und auf den Inseln
Problem:	Kampf mit den Folgen der Rezession, großer Schwarzmarkt bei Handel und Arbeitskräften

Tabelle 10.13: Geldwerte Vorteile für Unternehmen auf Madeira und Santa Maria

Offshore-Finanzgesellschaft	**Offshore-Trust**	**Tätiges Offshore-Unternehmen**
Gründungslizenz: 750 US-$ Jahreslizenz: 25.000 US-$	Gründungslizenz: 750 US-$ jährliche Betriebskosten: je nach Tätigkeitsart: 1.500–25.000 US-$	Gründungslizenz: 750 US-$ jährliche Betriebsgebühr: 13,50 US-$ pro qm
– Keine Körperschaftssteuer bis 2011 – keine Kapitalgewinnsteuer – keine Quellensteuer – keine Devisenkontrolle – keine Stempelgebühr – keine Mehrwertsteuer	– keine Quellensteuer und Einkommenssteuer auf Dividenden, auf Zinsen aus Darlehen von Teilhabern und auf alle anderen Einkommen, die die Investoren dieser Unternehmen erhalten – keine Steuer auf Kapitalgewinne bei Kapitalaufstockung – keine Steuern bei Eigentumsübertragung, Schenkung und Erbschaft von Anleihen oder anderen Kapitalbeteiligungen dieser Unternehmen	– Alle Steuerbefreiungen wie Offshore-Trusts – Befreiung eventueller Steuerschulden bei Eigentumsübertragung, Schenkung oder Erbschaften von Immobilien – Keine Einkommensteuer auf Unternehmensgewinne bis 2011 – Keine Gebühren und örtliche Steuern – Keine Quellensteuer auf Zinsen für ausländische Bankdarlehen und Obligationen, vorausgesetzt, das aufgenommene Kapital wird für Investitionen oder zur Finanzierung der auf Madeira ausgeübten Tätigkeit verwendet – Keine Quellensteuer auf Tantiemen oder Lizenzen auf Technologietransfers

10.13 Rumänien

Rumänien wird durch die EU-Osterweiterung unmittelbarer EU-Nachbar und voraussichtlich 2007 EU-Mitglied. Während das Land bislang im Schatten anderer mittel- und osteuropäischer EU-Beitrittsländer stand, rückt es jetzt immer stärker in den Blickwinkel ausländischer Investoren. Denn nach zunächst widersprüchlichen Reformen in den neunziger Jahren, ist Rumänien jetzt bestrebt, den schlechten Ruf in Investorenkreisen abzustreifen und den Anschluss an die benachbarten EU-Beitrittsländer nicht zu verlieren.

Tatsächlich hat Rumänien heute das höchste BIP-Wachstum in Südosteuropa vorzuweisen. Hinzu kommt, dass die Inflationsrate kontinuierlich zurückgeht. Nach 34,5 Prozent im Jahr 2001 und 15,3 Prozent in 2003 soll die Rate im Jahr 2005 unter der Zehnprozentmarke liegen. Das mikroökonomische Umfeld lässt zwar häufig noch zu wünschen übrig, doch sind auch hier deutliche Fortschritte erkennbar.

Im Verhältnis zu seiner Größe – Rumänien ist mit knapp 22 Millionen Einwohnern das zweitgrößte Land unter den EU-Aspiranten Mittel- und Osteuropas – hat es im Vergleich zu diesen bisher jedoch am wenigsten ausländische Direktinvestitionen. Doch das Interesse ausländischer Investoren – vor allem aus Deutschland – ist groß. Mit etwas Glück könnte sich Rumänien in den nächsten Jahren zu einem bevorzugten Standort entwickeln.

Neben dem niedrigen Lohnniveau reizen Investoren vor allem die gut ausgebildeten Fachkräfte und das hohe Entwicklungspotenzial des Landes, das nur darauf wartet, erschlossen zu werden und Rumänien zu einem attraktiven, wachstumsträchtigen Standort zu machen. Auch die zentrale geografische Lage in Südosteuropa und die Größe des Binnenmarktes zählen zu den Vorzügen Rumäniens.

Wirtschaft

Die Landwirtschaft spielt im rumänischen Wirtschaftsleben immer noch eine relativ bedeutende Rolle. Sie erwirtschaftet rund ein Achtel der Bruttowertschöpfung des Landes und beschäftigt mehr als Drittel der 11,5 Millionen Erwerbstätigen. Sie ist jedoch wenig wettbewerbsfähig. Die Ausstattung mit modernen Maschinen und Geräten ist unzureichend. Im Aufwind ist dagegen die Bauwirtschaft, was angesichts der vorherrschenden schlechten Bausubstanz nicht verwunderlich ist.

Die Industrie trägt ein knappes Drittel zur rumänischen Bruttowertschöpfung bei. Wichtige Industriezweige sind die Textilindustrie und die Metall verarbeitende Industrie. In beiden Wirtschaftszweigen wird vorwiegend in Lohnfertigung für den Export produziert. Daneben sind die Holz verarbeitende und die Möbelindustrie von zunehmender Bedeutung. Auch die Kraftfahrzeugzulieferbranche entdeckt neuerdings den Standort Rumänen, da man hier gut qualifizierte Arbeitskräfte für vergleichsweise niedrige Löhne bekommt.

Die Zukunft liegt jedoch im Dienstleistungssektor. Sehr hohe Zuwachsraten verzeichnen derzeit der Handel, die Finanzdienstleister und der Telekommunikationssektor. Ende 2010 dürften knapp 60 Prozent der Bruttowertschöpfung aus dem Dienstleistungsbereich stammen.

Arbeitsmarkt

Rumänien hat mit 7,2 Prozent eine vergleichsweise niedrige Arbeitslosenquote. Das gilt auch für den regionalen Bereich: In Bulgarien und in der Slowakei ist die Arbeitslosenquote etwa doppelt so hoch, in Serbien und Montenegro liegt sie sogar fünfmal höher. Weit darunter liegt sie in den an Ungarn angrenzenden Kreisen Bihor (2,4 Prozent), Satu Mare (2,9 Prozent) und Timis (2,7 Prozent) sowie in Bukarest mit 2,7 Prozent.

Lohnentwicklung

Rumänien hat eines der niedrigsten Lohnniveaus unter den EU-Beitrittsländern. Der monatliche Durchschnittsbruttoverdienst in der Gesamtwirtschaft lag 2003 bei 179 EUR. Doch das Lohnniveau zieht an. Die Lohnspreizung zwischen den Sektoren ist teilweise erheblich. Im verarbeitenden Gewerbe lag der durchschnittliche Bruttomonatsverdienst 2003 bei 152 EUR, im Handel bei 141 EUR, im Baugewerbe bei 158 EUR, und Angestellte bringen es auf durchschnittlich 268 EUR. Sie verdienten mehr als sechsmal so viel wie Arbeiter in der Holz verarbeitenden Industrie (91 EUR) oder in der Textil- und Bekleidungsbranche.

Ausländische Direktinvestitionen

Zwischen 1989 und 2002 flossen nach Rumänien nach Angaben der Osteuropabank gerade einmal 325 EUR pro Kopf Direktinvestitionskapital. Zum Vergleich: In Ungarn wurde im gleichen Zeitraum fünfmal so viel investiert, nach Tschechien sogar mehr als achtmal so viel. Der schlechte Ruf aus den neunziger Jahren und die geografische Randlage haben Rumänien zunächst hinter den direkten Nachbarn Tschechien, Ungarn und Polen in die zweite Reihe möglicher Investitionsstandorte gerückt. Doch mit der EU-Erweiterung und dem für 2007 angestrebten eigenen EU-Beitritt wird Rumänien für Auslandsinvestoren zunehmend interessanter. Hinzu kommt, dass sich das makroökonomische und rechtliche Investitionsumfeld in den letzten Jahren erheblich verbessert hat. Nach wie vor sprechen vor allem das niedrige Lohnniveau und die vergleichsweise hohe Qualifikation der Arbeitskräfte für den Standort Rumänien. Folge: 2003 betrugen die Auslandsinvestitionen in Rumänien 1,7 Mrd. EUR.

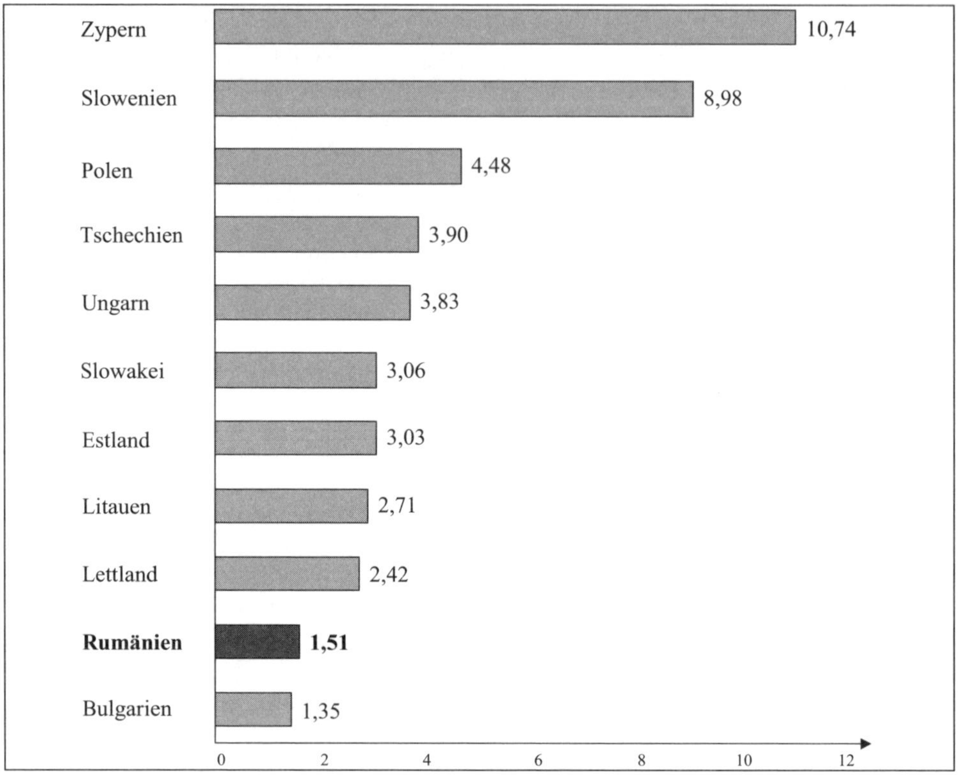

Abb. 10.1: Niedriges Lohnniveau im Vergleich (Kosten je Arbeitsstunde in EUR, in der Industrie und im Dienstleistungssektor im Jahr 2000) Quelle: Eurostat)

Wer sich als Investor von der immer noch vorhandenen Bürokratie und der Korruption nicht abschrecken lässt, kann gute Geschäfte machen. Investoren bestätigen das.

2003 überschritt die Summe der seit 1991 nach Rumänien geflossenen Auslandsinvestitionen die Höhe von 8 Milliarden EUR. Ende 2003 gab es im Land bereits über 97.000 Unternehmen mit ausländischer Beteiligung. Die Tendenz ist steigend. Stärkster Investor waren bislang die Niederlande, Deutschland liegt nur auf Rang 3. Deutsche investierten bis Ende 2003 rund 700 Millionen EUR, was einem Anteil von 8,5 Prozent am bis dahin insgesamt investierten Kapital entspricht. Fast die Hälfte des investierten Auslandskapitals wandert in die Hauptstadt Bukarest. Das Interesse deutscher Unternehmen am Standort Rumänien nimmt zwar absolut zu, im Vergleich zu anderen EU-Staaten wie Italien oder Frankreich fällt Deutschland jedoch zurück.

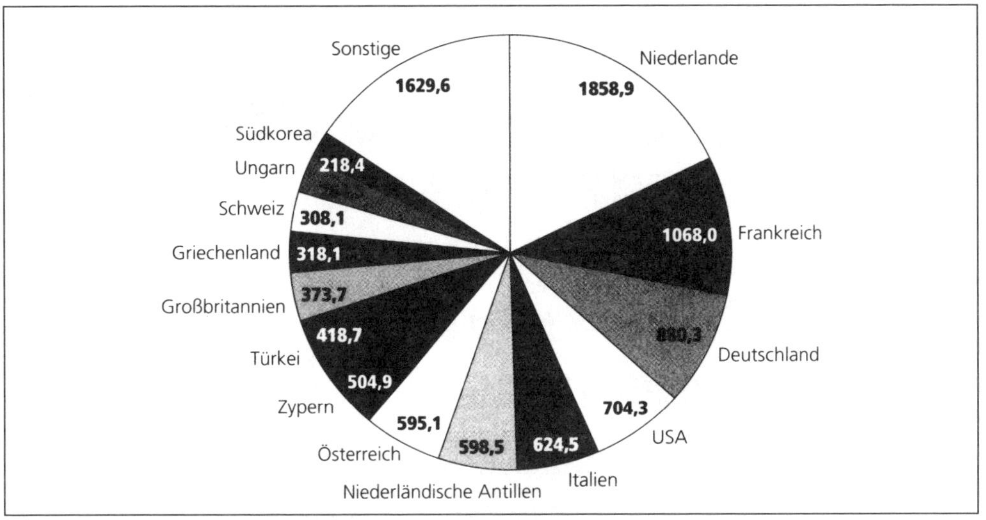

Abb. 10.2: *Herkunft ausländischer Direktinvestitionen (Investiertes Kapital 1991–2003 in Mio. US $)*
Quelle: Büro des Rumänischen Handelsregisters (ONRC)

Rechtliche Rahmenbedingungen für Investoren

2001 wurde das Gesetz zur Förderung der Direktinvestitionen mit wichtigem Einfluss auf die Wirtschaft verabschiedet. Es bezieht sich auf Investitionen, die entweder innerhalb von 30 Monaten 780.000 EUR übersteigen, zur Entwicklung und Modernisierung der wirtschaftlichen Infrastruktur beitragen und / oder neue Arbeitsplätze schaffen. Die staatlichen Investitionsanreize zielen unter anderem auf die Förderung benachteiligter Gebiete, von Klein- und Mittelbetrieben sowie bestimmten Industrien (u. a. Energiesektor).

- Benachteiligte Gebiete sind vor allem durch eine hohe Arbeitslosigkeit und eine unterentwickelte Infrastruktur gekennzeichnet. Anfang 2004 waren 34 Gebiete als benachteiligt eingestuft.
- Industrieparks sind Zonen, in denen wirtschaftliche Tätigkeiten, wissenschaftliche Forschung oder Tätigkeiten in der technologischen Entwicklung erfolgen. Sie werden gefördert durch Befreiung von Gebühren und Steuern für Immobilien und Liegenschaften, Aufschub der Mehrwertsteuerpflicht für Werkstoffe und Ausrüstungen zur Realisierung der Investition sowie durch erweiterte Abschreibungsmöglichkeiten.
- Freihandelzonen gibt es derzeit sechs. Hier unterliegen direkt vom Ausland eingeführte Waren weder Zollgebühren noch der rumänischen Mehrwertsteuer.

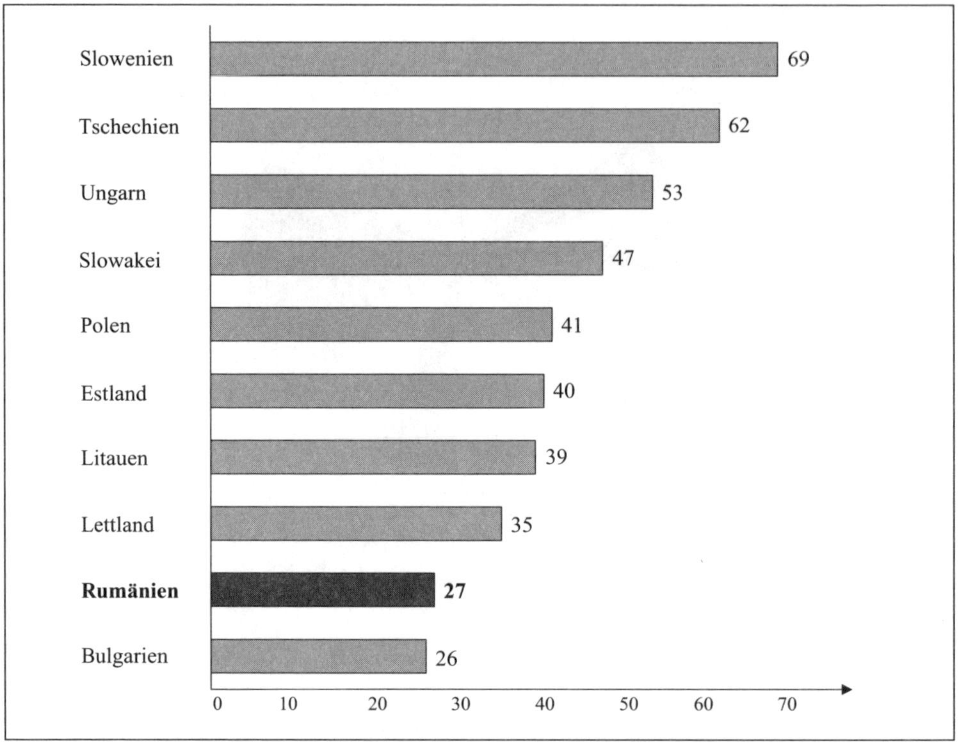

Abb. 10.3: BIP pro Kopf 2002 in Kaufkraftstandards (EU-15 = 100)
Quelle: Eurostat

Vergünstigungen für ausländische Investoren

- Befreiung von Zoll für importierte Investitionsgüter für die Realisierung des Projekts
- Einfuhrumsatzsteuerstundung und Mehrwertsteueraufschub
- Abschreibung von Neuinvestitionen zu 20 Prozent ihres Wertes sowie eine beschleunigte Amortisierung der Investitionen mit einer Quote von 50 Prozent für das erste Nutzungsjahr
- Alle Nettogewinne können ins Ausland transferiert werden und zwar in der Währung, in der die Investition getätigt wurde, das trifft auch für etwaige Entschädigungszahlungen zu

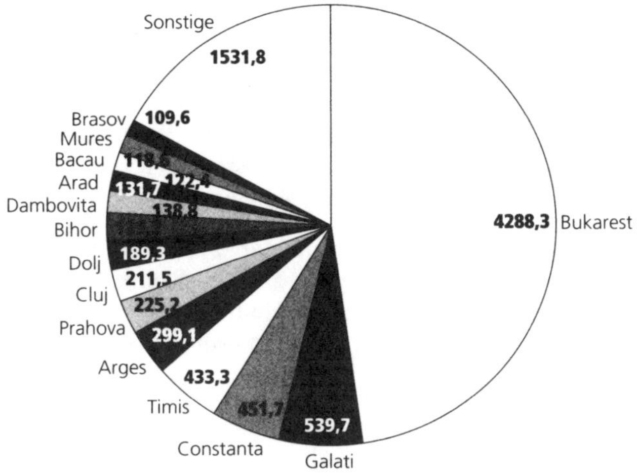

Abb. 10.4: Regionale Verteilung ausländischer Direktinvestitionen (Investiertes Kapital 1991–2002; in Mio. US $)
Quelle: Büro des Rumänischen Handelsregisters (ONRC)

Rechtsformen

Folgende Unternehmensformen kommen in Rumänien am häufigsten vor: die Gesellschaft mit beschränkter Haftung (S.R.L., Mindestkapital 2 Millionen Lei), die Offene Handelsgesellschaft (S.N.C.), die Aktiengesellschaft (S.A., Mindestkapital 25 Millionen Lei)) sowie die Kommanditgesellschaft (S.C.S.).

Tabelle 10.14: Rechtsformen

Rechtsform	Rumänische Bezeichnung
Offene Handelsgesellschaft (OHG)	Societate in nume colectiv (S.N.C.)
Gesellschaft mit beschränkter Haftung (GmbH)	Societate cu raspundere limitata (S.R.L.)
Aktiengesellschaft (AG)	Societate pe actiuni (S.A.)
Kommanditgesellschaft (KG)	Societate in comandita simpla (S.C.S.)
Kommanditgesellschaft auf Aktien (KGaA)	Societate in comandita pe actiuni (S.C.A.)

Steuerrecht und steuerliche Investitionsanreize

- *Einkommenssteuer:* Zwischen 18–40 Prozent
- *Gewinnsteuer:* Handelsgesellschaften unterliegen der Gewinnsteuer, die Einkünfte unterliegen der unbeschränkten Gewinnsteuerpflicht (Welteinkommensprinzip). Die Gewinnsteuer beträgt 25 Prozent. Steuervergünstigungen bestehen für Investitionen in den freien Zonen und für kleinere Unternehmen.
- *Quellensteuer:* Sie liegt je nach Einkommensart zwischen 5 und 20 Prozent. Nach dem neuen DBA mit Deutschland reduziert sich der Satz auf Dividenden auf 5 Prozent, wenn der Empfänger der Gewinnausschüttung keine Personengesellschaft ist und mindestens 10 Prozent am Kapital der rumänischen Gesellschaft hält.
- *Vergünstigungen für KMU:* Zollfreiheit für Maschinen, Anlagen, industrielle Ausrüstung und Rohstoffe. Reduzierung der Gewinnsteuer um 20 Prozent, wenn die Zahl der Arbeitsplätze um 10 Prozent erhöht wird.

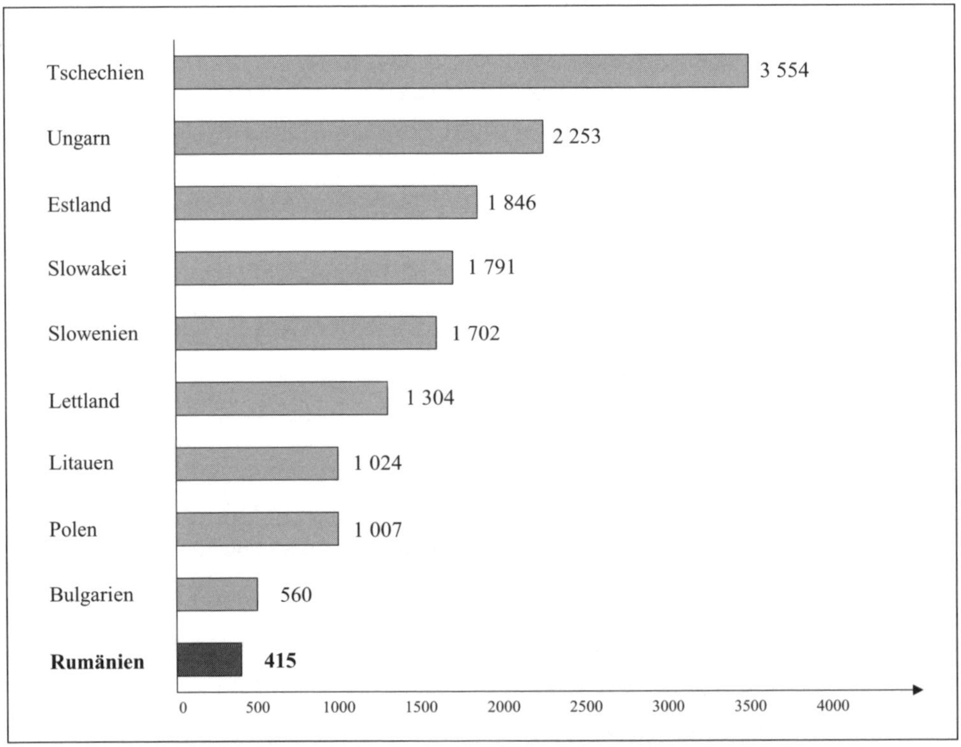

Abb. 10.5: Ausländische Direktinvestitionen 1989–2002 in den MOEL (Summe in US $ pro Kopf der Bevölkerung) Quelle: EBRD

- *Förderung strukturschwacher Gebiete:* Hier gibt es Zoll- und Gewinnsteuervergünstigungen, die gesetzlich geregelt sind. Die Berechtigung zur Befreiung wird durch ein Zertifikat der jeweiligen Zona Favorizata belegt.
- *Vergünstigungen bei Leasingverträgen:* Es gelten während der gesamten Laufzeit eine verringerte Mehrwertsteuer und verringerte Quellensteuer auf die Leasingraten. Der Restwert muss mindestens 20 Prozent des Einfuhrwerts entsprechen.
- *Mehrwertsteuer:* Sie beträgt für alle Produkte und Dienstleistungen 19 Prozent. Ausnahmen sind u. a. der Export von Konsumgütern und Dienstleistungen.

Ab 2005 ist bei der Einkommensteuer ein Einheitssatz von 23 Prozent anstatt des derzeitigen progressiven Einkommenssteuersystems mit Steuersätzen zwischen 18 und 40 Prozent vorgesehen.

Arbeitsrecht

Die Arbeitszeit beträgt 40 Stunden wöchentlich, maximal 48 Stunden inkl. Überstunden.

Arbeitnehmer haben einen Mindestanspruch von 20 Tagen, für die meisten Arbeitnehmer gilt jedoch eine Urlaubsdauer von 21 Werktagen.

Investitionsstandort Rumänien

Fläche:	238.391 qkm
Hauptstadt:	Bukarest
Einwohner:	22,5 Millionen
Sprache:	Rumänisch, regional Ungarisch, Deutsch, Serbisch
Dienstleistung:	49,4 Prozent
Industrie:	32,1 Prozent
Landwirtschaft:	13,0 Prozent
Bauwirtschaft:	5,5 Prozent
Wirtschaftsleistung:	43,0 Mrd. EUR
Wachstumsprognose:	4,8 Prozent
BIP je Einwohner:	2.170 EUR
Inflation:	15,3 Prozent
Arbeitslosigkeit:	7,2 Prozent
Rohstoffe:	Öl, Erdgas, Kohle, Salz Eisen, Bauxit, Kupfer, Zinn, Gold, Silber
Flughafen:	Bukarest
Besonderheit:	Extrem niedrige Arbeitslöhne bei guter Qualifikation
Problem:	Bürokratie und Korruption

10.14 Schweiz

Ein aus Deutschland zugezogener Unternehmer hat das Recht, mit den jeweiligen kantonalen Steuerbehörden ein Steuerabkommen auszuhandeln. Die aktive Leitung des eigenen Unternehmens, das in der Schweiz angesiedelt ist, zählt jedoch zu den Tätigkeiten, die eine Pauschalbesteuerung (siehe Abschnitt 4.3.5) verhindern. Gleichwohl stellen die Steuerbehörden eine derartige Bewilligung aus, wenn der Unternehmer nachweisen kann, dass er seine Erwerbstätigkeit nur im Ausland ausüben wird.

Anders verhält es sich bei selbständiger Tätigkeit, für welche die Pauschalbesteuerung nicht gilt. Einem deutschen Unternehmer kann die Erlaubnis zu einer selbständigen Tätigkeit nur dann verweigert werden, wenn diese den gesamtwirtschaftlichen Interessen der Schweiz zuwiderläuft. Das könnte beispielsweise bei einer Zahnarztpraxis an einem Ort der Fall sein, an dem bereits eine offensichtliche zahnärztliche Überbelegung vorliegt. Wird den Behörden dagegen ein überzeugender Business-Plan vorgelegt, der die Geschäftstätigkeit von Beginn an als gesichert erscheinen lässt, steht einer Bewilligung nichts im Wege.

Wirtschaftsförderung für Unternehmen

Den Kantonen ist es erlaubt, neu gegründeten Unternehmen, die dem wirtschaftlichen Interesse des Kantons dienen, für das Gründungsjahr und die neun Folgejahre Steuererleichterungen einzuräumen. Erteilt der Kanton diese Steuererleichterungen, kann unter bestimmten Bedingungen analog dazu auch für die direkte Bundessteuer eine Ermäßigung ausgesprochen werden. Allerdings werden derartige Vergünstigungen nur Industrieunternehmen oder produktionsnahen Dienstleistungsbetrieben gewährt, sofern in einem „wirtschaftlichen Erneuerungsgebiet“ Arbeitsplätze geschaffen werden.

Hinsichtlich der erforderlichen Mindestzahl an neuen Arbeitsplätzen bestehen regional erhebliche Unterschiede. So verlangt beispielsweise Zürich mindestens 50 bis 100 neue Arbeitsplätze, während in anderen Kantonen – etwa Fribourg, St. Gallen und Glarus – bei innovativen oder international ausgerichteten Unternehmen unter Umständen schon einige wenige neue Arbeitsplätze ausreichen.

Die Chancen auf derartige Zugeständnisse steigen, je innovativer ein Unternehmen ist. Bevorzugte Branchen sind Bio- und High-Tech. So akzeptiert etwa der Kanton Basel-Stadt ausschließlich Industrieansiedlungen dieser Kategorie – neue Arbeitsplätze allein sind dort kein Kriterium. Hinzu kommt das Investitionsvolumen, das 1 Million Schweizer Franken nicht unterschreiten sollte.

Alle Kantone prüfen die Konkurrenzsituation intensiv. Steuervergünstigungen werden in vielen Kantonen gewährt, wenn ein bestehendes und ein neu anzusiedelndes Unternehmen nur auf dem Weltmarkt im Wettbewerb bestehen kann, nicht aber auf dem lokalen

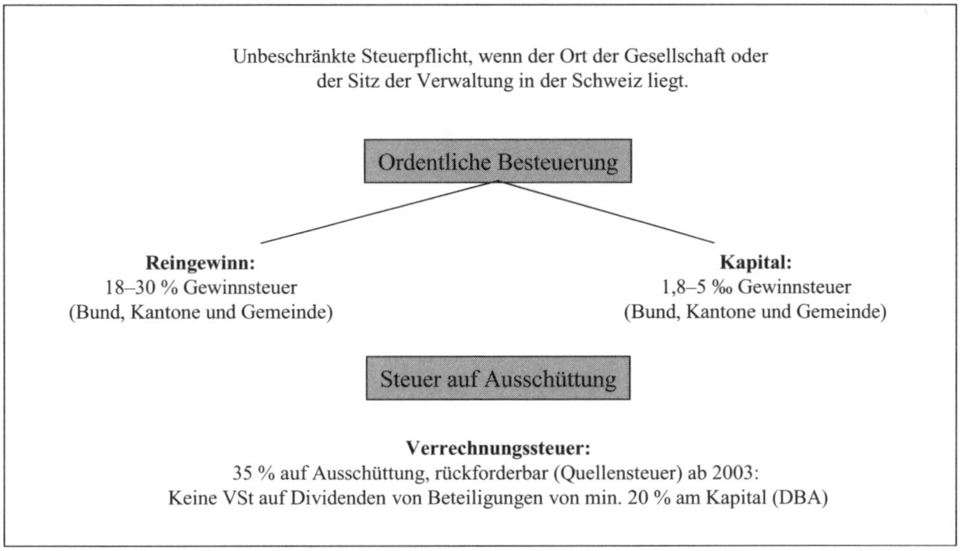

Abb. 10.6: Kapitalgesellschaften
Quelle: Ernst & Young

Markt. Äußerst zurückhaltend bei Steuererleichterungen sind einerseits klassische Wirtschaftsstandorte, wie Zürich oder Basel, andererseits aber auch bekannte Niedrigsteuer-Kantone, wie Schwyz oder Zug.

In allen genannten Kantonen sind die Anforderungen zur Gewährung von Steuererleichterungen hoch, eine völlige Steuerbefreiung ist selten. Diese liegt in der Regel bei maximal 50 Prozent, wobei der zeitliche Rahmen von zehn Jahren nicht ausgeschöpft werden kann. Großes Entgegenkommen zeigen Kantone wie St. Gallen, wo eine vollständige Steuerbefreiung für zehn Jahre realistisch ist. Die Bewilligung von Steuererleichterungen liegt meist in der Kompetenz der Kantonsregierung. Da in vielen Kantonen einzelfallbezogen entschieden wird, spielt das Ermessen eine wesentliche Rolle.

Bei Unternehmensgründungen in der Schweiz ist die Hinzurechnungsbesteuerung nach §§ 7 bis 14 Außensteuergesetz zu beachten. Danach sollte eine rein vermögensverwaltende Tätigkeit der Auslandsgesellschaft vermieden werden.

Eine Alternative, zukünftige Geschäftserträge nicht in Deutschland anfallen zu lassen, könnte in der Gründung einer unabhängigen Schweizer Gesellschaft liegen. Danach müsste die Schweizer Gesellschaft die Geschäfte des deutschen Unternehmens in der Weise weiterführen, dass sie vor allem zukünftige Geschäfte abwickelt, während das deutsche Unternehmen die bestehenden Geschäftsbeziehungen bis zu ihrem Auslaufen behält. Nach einer Übergangszeit wird dann das Geschäftsfeld des deutschen Unternehmens von der Schweizer Gesellschaft vollständig übernommen (Phasing-out).

Tabelle 10.15: Besteuerungsform Gemischte Gesellschaft, Beispiel Zug, Schwyz und St. Gallen. Quelle: Ernst & Young

X AG, acht Händler und eine Sekretärin (eigene Büros).
Tätigkeit: Engros-Handel weltweit, Einkauf bei ausländischen Konzerngesellschaften, Verkauf an Dritte (überwiegend Ausland)

Umsatz weltweit	40 Mio. (100 Prozent)
Umsatz CH	1 Mio. (2,5 Prozent)
Gewinn vor Steuern	2,2 Mio.
Eigenkapital	10 Mio. (Annahme: CH-Anteil 30 Prozent)

	Zug	**Schwyz**	**St. Gallen**
Einfache Ertragssteuer	15.500	12.300	13.500
Einfache Kapitalsteuer	300	150	900
Total kantonale Steuern (Steuerfuß)	24.700	45.500	48.300
Direkte Bundessteuer	168.000	168.000	168.000
Gesamte Steuerbelastung	192.700	213.500	216.300
In Prozent des Gesamtumsatzes	**0,48 Prozent**	**0,53 Prozent**	**0,54 Prozent**

Die Überlassung des zukünftigen Geschäftsbetriebs an die Schweizer Gesellschaft kann als Geschäftschance verstanden werden, die eine verdeckte Gewinnausschüttung des deutschen Unternehmens an ihren Gesellschafter nach sich zieht. Bei dieser Gestaltung ist darauf zu achten, zukünftige Akquisitionen von der deutschen Gesellschaft abzukoppeln und diese entsprechend zu dokumentieren. Andernfalls kann nicht ausgeschlossen werden, dass der Unternehmer mit einer verdeckten Gewinnausschüttung belastet wird.

Tabelle 10.16: Berechnung der Gesamtsteuerbelastung
Beispiel: Kapitalgesellschaft mit Sitz in Frauenfeld/TG
Quelle: Ernst & Young

Eigenkapital	100.000
Gewinn vor Steuern	100.000
→ Steuerpflichtiger Reingewinn	80.795
Kantons- und Gemeindesteuer 2003	12.337
Bundessteuer	6.868
Total Steuer	19.205
In Prozent vor Steuern	**19,20**
In Prozent nach Steuern	**23,77**

Privilegien im Gesellschaftssteuerrecht

Anstelle der erwähnten Steuererleichterungen bei der Wirtschaftsförderung können auch spezielle Privilegien genutzt werden, die vor allem für stark auslandsbezogene schweizer Firmen attraktiv sein können. So ist beispielsweise einer sogenannten „gemischten Gesellschaft" in der Schweiz eine bestimmte Geschäftstätigkeit erlaubt. Sie kann über Büros verfügen und Personal beschäftigen. Allerdings müssen in der Regel mindestens 80 Prozent der Erträge aus ausländischer Quelle stammen, und mindestens 80 Prozent des Aufwands muss im Ausland anfallen.

Während schweizer Einkünfte normal besteuert werden, unterliegen nur etwa 10–20 Prozent der Auslandserträge der Besteuerung. Auch wenn dieses Privileg allein auf kantonaler Ebene besteht und die Bundessteuer normal erhoben wird, ergibt sich eine Gesamtsteuerbelastung der Auslandserträge, die sich in steuergünstigen Kantonen zwischen 10 und 11 Prozent bewegt.

Sofern die Gesellschaft in der Schweiz keine wesentliche Infrastruktur einsetzt und die für die Geschäftsabwicklung relevanten Entscheidungen vor allem von ausländischen Personen getroffen werden, können 50 Prozent des Bruttogewinns pauschal als Aufwand abgezogen und sogar quellensteuerfrei ins Ausland abgeführt werden.

Werden auch schweizer Einkünfte erzielt, ist eine Spartenrechnung erforderlich:

- Aufwendungen, die auf Schweizer Einkünfte entfallen, sind abzuziehen.
- Aufwendungen, die auf Einkünfte aus ausländischer Quelle entfallen, gehen zu Lasten der Pauschale.

Die Anwendung dieser sogenannten „50:50"-Praxis kann dazu führen, dass die effektive Steuerbelastung auf ausländischen Einkünften nur noch etwa fünf Prozent beträgt, sofern die tatsächlichen Aufwendungen sehr gering sind.

Dieses Modell wird vor allem bei Refakturierungsgesellschaften angewendet, Gesellschaften also, die Waren und Dienstleistungen einkaufen und weiterverkaufen. Gewinne lassen sich damit unter Umständen ins Ausland verlagern.

Tabelle 10.17: Belastungsvergleich Kantone (Bund, Kanton, Gemeinde)
Quelle: Ernst & Young

Eigenkapital Periodenbeginn	100.000	600.000
Gewinn vor Steuern	100.000	300.000
Bern	18.505	61.412
St. Gallen	19.159	60.901
Luzern	19.458	59.302
Zürich	24.686	74.865
Neuenburg	22.568	65.871
Steuerbelastung	**18,51–24,69 Prozent**	**19,77–24,96 Prozent**

Tabelle 10.18: Der Staat als Kostentreiber – Lohnkostenvergleich D / CH

Beispiel: 40-jähriger Angestellter, verheiratet, 2 Kinder (10 und 12 Jahre), kirchensteuerpflichtig	**Schweiz**		**Deutschland**	
	Arbeitnehmer	**Arbeitgeber**	**Arbeitnehmer**	**Arbeitgeber**
Bruttojahresgehalt	**64.516**	**64.516**	**88.210**	**88.120**
Kinderzulage	2.826	2.826	–	–
Dienst-Kfz	3.871	Alle Kosten	6.840	Alle Kosten
Effektiv-/Steuer Brutto	**71.213**		**95.050**	
Sozialversicherung	–6.262	6.778[1]	–11.289	11.289
Private Kfz-Nutzung	–3.871	–	–	–
Pauschalspesen	3.097	3.097	–	–
Kindergeld	–	–	3.996	–
Krankenkasse[2]	–4.537	–	–	–
Steuern	–6.317	–	–27.290	–
Netto	**53.323**		**53.327**	
Gesamtaufwand Arbeitgeber		**72.217**		**99.499**

[1] Inklusive freiwillig vom Unternehmen übernommener Lasten von 516 EUR
[2] Privat vom Nettogehalt zu zahlen
Alle Angaben in EUR

Ausgewählte kantonale Wirtschaftsförderer

St. Gallen: Wirtschaftsförderung und Steuerverwaltung des Kantons St. Gallen sind an der Neuansiedlung von Gesellschaften sehr interessiert. Im Erstgespräch wird auch schon über die Möglichkeit einer Steuerbefreiung gesprochen. Verantwortlicher: Andreas Wurster, Tel.: 0041-71-229 41 36.

Thurgau: Erstgespräch zur Analyse der Möglichkeiten und einer möglichen Gewährung von Steuererleichterungen möglich. Wie im Kanton liegen in Thurgau die Chancen für eine mindestens teilweise Steuerbefreiung über dem schweizerischen Durchschnitt. Verantwortlicher: Gert Friedrich, Tel.: 0041-52-724 14 58.

Schaffhausen: Im Kanton Schaffhausen werden für die Gewährung von Steuererleichterungen für zuziehende Unternehmen etwas mehr neu geschaffene Arbeitsplätze verlangt als in den Kantonen St. Gallen und Thurgau. Dennoch sind die Chancen für eine Steuererleichterung immer noch leicht besser als im schweizerischen Durchschnitt. Verantwortlicher: Markus Cajacob, Tel.: 0041-52-674 03 03.

Glarus: Der Kanton Glarus ist sehr interessiert an neu zuziehende Unternehmen und ist im Gegensatz zu vielen anderen Kantonen auch bereit, kleineren und mittleren KMU Steuererleichterungen einzuräumen. Abgesehen von den Steuererleichterungen ist der Kanton Glarius generell auch bezüglich der Zusammenarbeit mit den Behörden sehr flexibel. Zu berücksichtigen ist jedoch, dass der Kanton nicht in unmittelbarer Nähe von großen Zentren liegt – auch nicht grenznah zu Deutschland. Verantwortlicher: Heinz Martinelli, Tel.: 0041-55-646 68 70.

Aargau: Der Kanton Aargau ist ebenfalls am Zuzug neuer Unternehmen interessiert, handhabt jedoch die Gewährung von Steuererleichterungen etwas zurückhaltender als die oben genannten Kantone.

Freiburg: Auch der Kanton Freiburg ist an der Neuansiedlung von Unternehmen interessiert und vor allem bei innovativen und/oder international ausgerichteten Betrieben bezüglich der Anforderungen an neu zu schaffende Arbeitsplätze sehr flexibel. Verantwortlicher: Reto Jung, Tel.: 0041-26-305 11 11.

Zürich: Der Kanton Zürich ist bezüglich Steuererleichterungen wesentlich zurückhaltender als alle oben genannten Kantone. Insbesondere müssen in der Regel deutlich mehr Arbeitsplätze geschaffen werden, damit der Regierungsrat des Kantons eine Steuerermäßigung gewährt (Richtwert: 50–100 neue Arbeitsplätze). Außerdem besteht eine klare Präferenz für innovative Branchen wie beispielsweise Biotechnologie oder generell Hightech. Klassische KMU haben dementsprechend im Kanton Zürich wenig Chancen für Steuererleichterungen. Verantwortlicher: Beat Rhyner, Tel.: 0041-43-259 26 23.

Schwyz: Auch der Kanton Schwyz gehört im Bereich der Steuererleichterungen zu den restriktiven Kantonen. Sie kommen nur in Frage, wenn das zuziehende Unternehmen für den Kanton Schwyz eine große volkswirtschaftliche Bedeutung hat und erhebliche Investitionen tätigen wird. Außerdem bestehen innerhalb des Kantons erhebliche regionale Unterschiede. In den Niedrigsteuergebieten von Ausserschwyz (Freienbach, Wollerau, Pfäffikon) werden nur in Ausnahmefällen Steuererleichterungen gewährt. Verantwortlicher: Bernhard Reutener, 0041-41-819 23 04.

Investitionsstandort Schweiz

Fläche:	41.293 qkm
Hauptstadt:	Bern
Einwohner:	7,25 Millionen
Sprache:	Deutsch, Französisch, Italienisch, Rätoromanisch
Dienstleistung:	67 Prozent
Industrie:	30 Prozent
Landwirtschaft:	3 Prozent
Wirtschaftsleistung:	275,9 Milliarden EUR
Wirtschaftswachstum:	1,8 Prozent
BIP je Einwohner:	38.824
Inflation:	0,6 Prozent
Arbeitslosigkeit:	4,1 Prozent
Flughafen:	Zürich, Genf

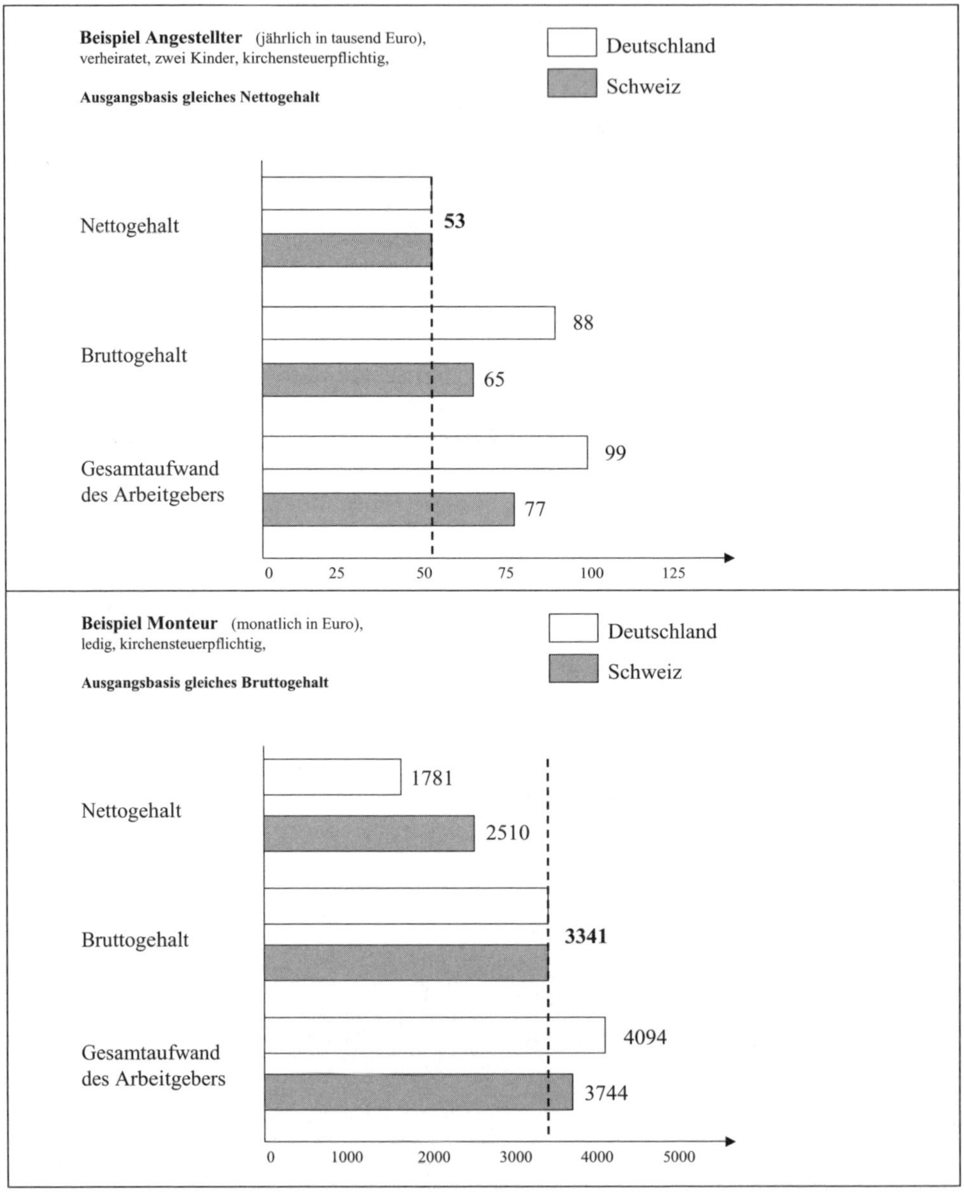

Abb. 10.7: Soll und Haben – Lohnkostenvergleich Deutschland – Schweiz
Quelle: Klingelnberg / Körber

Besondere Stärke:	vielsprachig, motivierte Mitarbeiter, stabile politische Situation
Probleme:	seit einer Dekade kein nennenswertes Wirtschaftswachstum, steigende Staatsverschuldung, zu selbstgefällig

10.15 Slowakei

Nachdem sie lange Zeit das Schlusslicht war, hat die Slowakei jetzt begonnen, sich an die Spitze der Reformer in den EU-Beitrittsländern zu setzen – mit Risiken für die Staatsfinanzen. Die slowakische Regierung hat dank ihrer „Flat Tax", einem überwiegend einheitlichen Steuersatz von 19 Prozent seit 1.1.2004, günstige Bedingungen für Auslandsinvestitionen geschaffen, was allerdings dem Staat zunächst einmal Einnahmeausfälle in Milliardenhöhe beschert. Reduzierte Staatsausgaben und höhere (konsumdämpfende) Verbrauchersteuern haben allerdings das ausufernde Budgetdefizit 2003 auf unter fünf Prozent gedrückt (nach 7,2 Prozent in 2002). Die erhöhten Verbrauchersteuern führten jedoch dazu, dass die Inflation 2003 auf über acht Prozent gestiegen ist, mit dem Effekt teilweise sinkender Reallöhne.

In den Jahren der Präsidentschaft Méciars war die slowakische Republik für ausländische Investoren „terra incognita". Hohe politische Risiken, eine unsichere makroökonomische Situation und ein undurchsichtiges Geschäftsumfeld schreckten vor allem kleinere und mittelständische Unternehmer aus dem Ausland ab. Erst mit der Mitgliedschaft in der OECD und dem Status als EU-Beitrittskandidat änderte sich das Ansehen des Landes im Ausland. Folge: In den vergangenen drei Jahren wurde mehr als doppelt so viel ausländisches Kapital investiert wie in all den Jahren seit der Wende zusammen.

Die größten Nachteile für Direktinvestitionen, wie der kleine Binnenmarkt und die immer noch schlechte Infrastruktur in weiten Teilen des Landes, bleiben jedoch bestehen. Die Investitionen sind daher sowohl regional als auch sektoral stark konzentriert. Rund 60 Prozent des bisher investierten ausländischen Kapitals wanderte in die Region Bratislava, 48 Prozent der Mittel wurden in die slowakische Industrie investiert (Agroindustrie, Chemie, Fahrzeugbau, Maschinenindustrie). Durch die Privatisierungserfolge im Bankensektor wird sich der Anteil des Finanzsektors an den Direktinvestitionen künftig deutlich erhöhen. Neue Investitionen werden in der Telekommunikation und im Energiesektor erwartet.

Größte Investitionsländer sind Deutschland mit bisher rund 1,8 Milliarden EUR, die Niederlande mit 1,2 Milliarden, Österreich mit 1 Milliarde, Italien mit rund 600 Millionen und die USA mit etwas über 500 Millionen EUR. Zu den größten Investoren zählen Volkswagen, Degussa, Siemens, Johns Manville, U.S.Steel und PSA Citroën-Peugeot.

Deutschland ist der wichtigste Handelspartner der Slowakei (25,5 Prozent). Unter den Ländern Mittel- und Osteuropas ist die Slowakei der viertgrößte Handelspartner von

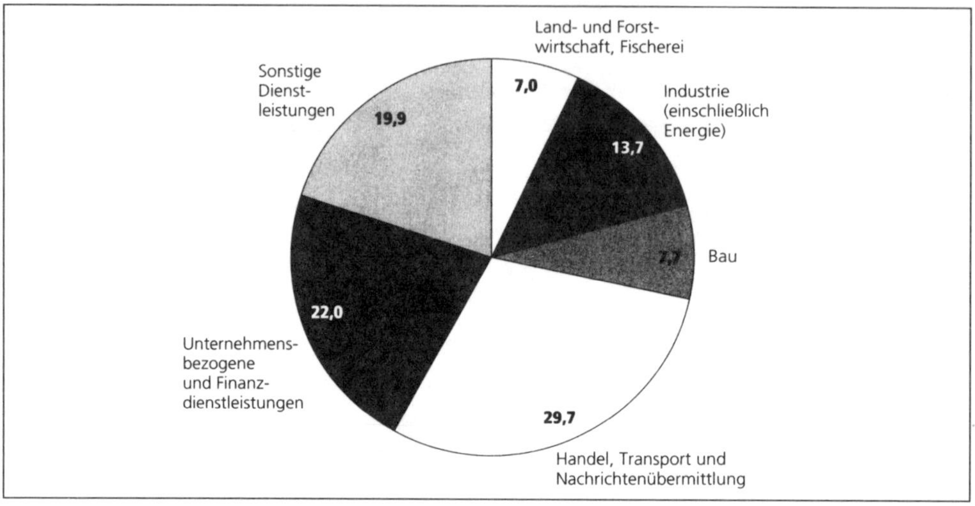

Abb. 10.8: Wirtschaftsstruktur: Anteil der Landwirtschaft über EU-Durchschnitt (Anteile der Sektoren an der Bruttowertschöpfung in Prozent, 2001) Quelle: Eurostat

Deutschland (27 Prozent). Ein wichtiger Grund für die anhaltende Zunahme deutscher Importe ist die Erweiterung der Produktion deutscher Unternehmen in der Slowakei.

Rahmenbedingungen für ausländische Investoren

Rechtsformen: Zur Gesellschaftsgründung beziehungsweise -umstrukturierung stehen in der Slowakischen Republik folgende Rechtsformen zur Verfügung:

- Aktiengesellschaft (akc.pol oder a.s., Grundkapital 1 Million Ks)
- Gesellschaft mit beschränkter Haftung (spol.sr.o oder s.r.o., Stammkapital 200.000 Ks)
- Kommanditgesellschaft (kom.spol. oder k.s.)
- Offene Handelsgesellschaft (ver.obch.spol. oder v.o.s.)

Investitionsförderungs- und -schutzabkommen: Das Deutsch-Slowakische Abkommen zum Investitionsschutz und zur Investitionsförderung gilt seit 1993. Kernelemente sind Regelungen zu Inländerbehandlung und Meistbegünstigung sowie über Gewinntransfer und Kapitalrückführung.

Immobilienerwerb: Dieser ist seit 2001 für Investoren aus EU-Ländern zur Schaffung von Betriebsräumen / Produktionsstätten uneingeschränkt möglich.

Tabelle 10.19: Ausländische Direktinvestitionen (kumuliert bis Ende September 2001; Anteile in Prozent) Quelle: Slowakische Nationalbank

Herkunftsländer ausländischer Direktinvestitionen in der Slowakischen Republik	
Deutschland	25,5
Niederlande	22,7
Österreich	18,4
USA	6,6
Tschechische Republik	5,2
Großbritannien	4,7
Ungarn	4,3
Wichtigste Sektoren für ausländische Direktinvestitionen	
Industrie	48,2
Finanzsektor	19,1
Transport und Kommunikation	15,1
Handel	11,8
Regionale Struktur ausländischer Direktinvestitionen in der Slowakischen Republik	
Region Bratislava	59,3
Region Košice	18,3
Region Trnava	4,6
Region Ilina	4,5
Region Banská Bystrica	4,4

Arbeits- und Sozialversicherungsrecht: Auf Arbeitsverträge, die von einem Joint Venture oder einer 100-prozentigen ausländischen Tochtergesellschaft mit in- und ausländischen Arbeitnehmern geschlossen werden, findet grundsätzlich das slowakische Arbeitsrecht Anwendung. Eine Entlohnung in Devisen ist nur für ausländische Arbeitnehmer möglich. Die Wochenarbeitszeit beträgt 40 Stunden. Mitarbeiter, die nach Vollendung ihres 18. Lebensjahres mindestens 15 Jahre gearbeitet haben, haben einen Urlaubsanspruch von fünf Wochen. Das Mindestrentenalter für Frauen liegt zwischen 54 und 57 Jahren, Männer können frühestens im Alter von 60 Jahren in Rente gehen.

Zölle: Zollfrei sind insbesondere: Warenmuster und Proben, Transportmittel, Waren, die für den Reexport bzw. für die Veredlung bestimmt sind.

Internationale Abkommen: Zwischen der Slowakei und Tschechien besteht eine Zollunion. Daneben existiert mit den Ländern Tschechien, Polen, Ungarn, Slowenien, Rumänien und Bulgarien eine Freihandelszone (CEFTA). Die Slowakische Republik gehört mit der EU, der EFTA sowie Polen, Ungarn und Tschechien dem Übereinkommen zum „Gemeinsamen Versandverfahren (gVV)“ an.

Für ausländische Firmen gibt es zwei Möglichkeiten, in der Slowakei tätig zu werden:

- entweder mit der Errichtung einer eigenen Tochtergesellschaft bzw. Beteiligung (Joint Venture, Kapitalanteil bis 100 Prozent möglich) oder
- mit der Errichtung einer Filiale bzw. einer selbständigen Niederlassung.

Beide Unternehmensformen müssen im Handelsregister eingetragen werden.

Chancen bieten sich ausländischen Investoren vor allem in den Sektoren Bau, Holz- und Möbelproduktion, Umwelttechnologie, Tourismus, Automobilzulieferer, Maschinenbau, Lebensmittelindustrie, Infrastruktur und IT-Software.

Steuerrecht

Flat Tax: Seit Anfang 2004 gilt ein einheitlicher Steuersatz von 19 Prozent (Flat Tax), Dividenden sind steuerfrei.

Steuerliche Verluste: Ein steuerlicher Verlust dreier aufeinander folgender Perioden kann bis zu fünf Jahre auf die dem Verlustjahr unmittelbar folgenden Jahre vorgetragen werden. Dabei ist die Höchstgrenze auf jährlich 20 Prozent festgesetzt. Soweit während dieser fünf Jahre weitere Verluste entstehen, mindern diese nicht die Steuerbemessungsgrundlage. Der in Anspruch genommene Verlustvortrag muss bis Ende des dritten Veranlagungszeitraumes, in dem er in Anspruch genommen wurde, reinvestiert werden.

Doppelbesteuerungsabkommen: Das DBA zwischen Tschechien und Deutschland von 1983 ist auch von der Slowakei als Nachfolgerstaat übernommen worden.

Investitionsformen im Steuerbelastungsvergleich

Der Steuerbelastungsvergleich (ohne Solidaritätszuschlag) zeigt, wie sich die Wahl der Rechtsform auf die Gesamtsteuerlast auswirkt. Während im Investitionsland die Steuern unabhängig von der gewählten Rechtsform festgesetzt werden (Ausnahme OHG), ergeben sich im Niederlassungsland des Anteilseigners erhebliche Auswirkungen, wenn Gewinne ausgeschüttet werden. Durch Gestaltungsvarianten kann die günstige slowakische Einmalbesteuerung mit der vorteilhaften Haftungsbeschränkung verbunden werden. Hierzu ist jedoch umfassender steuerlicher und rechtlicher Rat erforderlich. (siehe Tabelle 10.19)

Investitionsförderung

Der Außenhandelsförderungsfonds der Slowakei besteht seit 1996. Interessierte Investoren können auf der Internetseite des FTSF (http:/www.fpzo.sk) detaillierte Informationen zur Aufnahme ihrer Geschäftstätigkeit und zu staatlichen Förderungsprogrammen abrufen.

Tabelle 10.20: Steuerbelastungsvergleich von Investitionsformen

Slowakei			
Investor	**Personengesellschaft**	**Kapitalgesellschaft**	
Gewinn	100 Prozent	100 Prozent	
Körperschaftssteuer	19 Prozent	19 Prozent	
	81 Prozent	81 Prozent	
Quellensteuer	19 Prozent	19 Prozent	
Steuerbelastung in der Slowakei	38 Prozent	38 Prozent	
Deutschland			
Anteilseigner	**nat. Person**	**nat. Person**	**jur. Person**
Zufluss	62 Prozent	62 Prozent	62 Prozent
Einkommenssteuer 48,5 Prozent v. 81	–	–39 Prozent	–
Anrechnung der Quellensteuer	–	+19 Prozent	–
Weiterausschüttung an Anteilseigner	62 Prozent	42 Prozent	62 Prozent
Einkommenssteuer 48,5 Prozent	–	–	30 Prozent
Nettozufluss beim Anteilseigner	62 Prozent	42 Prozent	32 Prozent
Steuerbelastung			
– in der Slowakei	38 Prozent	38 Prozent	38 Prozent
– in Deutschland	–	20 Prozent	30 Prozent
Gesamtsteuerbelastung	38 Prozent	58 Prozent	68 Prozent

Einen fünfjährigen Steueraufschub bekommen Investoren, deren

- Stammkapital 5 Millionen EUR beträgt, die Ware vom Ausland importieren und weiterverarbeiten, oder in der Slowakei produzieren und exportieren oder deren
- Stammkapital 2,5 Millionen EUR beträgt und die in einer Region produzieren mit einer Arbeitslosenquote von über 15 Prozent (ansonsten wie oben), oder deren
- Stammkapital 1,5 Millionen EUR beträgt in bestimmten Bereichen.

Verantwortlich für die Förderung und Entwicklung des Investitionsstandortes Slowakei ist die Slowakische Nationalagentur für Ausländische Investitionen und Entwicklung (SARIO, Internet http:/www.sario.sk). Zu ihren Dienstleistungen gehören u. a. die Vermittlung von Geschäftsmöglichkeiten und slowakischen -partnerschaften, die Begleitung und Unterstützung neuer Investoren sowie die Klärung juristischer, steuerlicher und zollrechtlicher Fragen.

Investitionsstandort Slowakei

Fläche:	49.034 qkm
Hauptstadt:	Bratislava
Einwohner:	5,4 Millionen
Sprache:	Slowakisch, regional Ungarisch
Dienstleistung:	60,5 Prozent
Industrie:	31,1 Prozent
Landwirtschaft:	4,9 Prozent
Bauindustrie:	3,5
Wirtschaftsleistung:	20,3 Mrd. EUR
Wirtschaftswachstum:	3,5 Prozent
BIP je Einwohner:	4.650 EUR
Inflation:	6,3 Prozent
Arbeitslosigkeit:	18 Prozent
Rohstoffe:	Rohstoffarm
Flughafen:	Bratislava, Kosice, Poprad
Besondere Stärken:	Maschinenbau, einfaches Steuersystem mit Einheitstarif
Probleme:	Hohe Inflationsrate, Strukturschwäche auf dem Land

10.16 Slowenien

Für die meisten Slowenen war der EU-Beitritt bereits zum 1. Mai 2004 nur noch eine Formalität. Denn aufgrund der intensiven und langjährigen Vorbereitungen sowie der schon jetzt starken wirtschaftlichen Verflechtungen ist Europa in dem kleinen Land längst eine Selbstverständlichkeit. Slowenien steht für politische Stabilität, Prosperität und eine gewisse Selbstzufriedenheit, die sich in der geringen Mobilität der Bevölkerung niederschlägt. Die zwei Millionen Slowenen, die 1991 als erste die ehemalige Republik Jugoslawien verlassen und ihre Unabhängigkeit proklamiert haben, sind auch das einzige Volk in Mittel- und Osteuropa, das seit den ersten freien Wahlen im Jahr 1992 – mit einer kurzen Unterbrechung von sechs Monaten – von demselben Mann regiert wurde. Inzwischen ist Janez Drnovek Präsident der Republik Slowenien.

Slowenien ist von den Beitrittsstaaten mit weitem Abstand das Land mit dem höchsten Pro-Kopf-Einkommen in Mittel- und Osteuropa. Auf Grund des vergleichsweise kleinen Binnenmarktes ist die slowenische Wirtschaft sehr stark vom Export – insbesondere in die EU – abhängig. Die hohe Inflationsrate ist nicht zuletzt auf die Strukturprobleme der Wirtschaft mit einem niedrigen Privatisierungsgrad, staatlichen Monopolen und einer Lohnindexierung zurückzuführen. Das Lohnniveau liegt bei etwa zwei Dritteln des EU-Durchschnitts, 2003 betrug es brutto 1.068 EUR.

Die Slowenen haben jedoch ein Problem. Bei den sozialen Leistungssystemen tickt eine Zeitbombe, da die Bevölkerung aufgrund der niedrigsten Geburtenrate in Europa von derzeit 1,2 Prozent nicht nur rasch überaltert, sondern auch deutlich schrumpft. Die umfassenden Reformen und der Aufbau einer Pflegeversicherung haben folglich höchste Dringlichkeitsstufe. Dies gilt umso mehr, da die Wirtschaft bereits seit einigen Jahren unter den hohen Lohnnebenkosten stöhnt und sich ein Drehen an der Steuerschraube aus Wettbewerbsgründen verbietet. Erste lohnintensive Betriebe haben ihre Tore schon geschlossen oder sind auf der Suche nach billigeren Arbeitskräften weiter nach Osten gewandert. Das gilt insbesondere für die Textil- und Schuhindustrie.

Darüber hinaus gibt es noch ein weiteres Problem. Das Rückgrat der slowenischen Wirtschaft sind nicht Großkonzerne, sondern – genau wie in Deutschland – die kleinen und mittelständischen Unternehmen. Von denen haben aber nur die wenigsten im europäischen Einheitsmarkt eine Überlebenschance. Sie müssen unbedingt wettbewerbsfähiger werden. Konkret bedeutet das mehr und raschere Restrukturierungen, mehr Ausgaben für Forschung und Entwicklung und größere Investitionen in das Humankapital.

Hier können ausländische Investitionen, die technisches Wissen und moderne Managementmethoden ins Land bringen, eine segensreiche Rolle spielen und die Wettbewerbsfähigkeit der slowenischen Wirtschaft nachhaltig steigern. Doch dafür müssten die Slowenen ihre misstrauische Zurückhaltung gegenüber Auslandskapital und ausländischer Einflussnahme aufgeben. Aber dieser Umdenkungsprozess braucht Zeit, zumal die Slowenen bisher auch ohne oder mit nur wenig Auslandskapital recht gut gefahren sind.

Das Trade and Investment Promotion Office (Tipo), die offizielle Wirtschaftsförderungsagentur, will ausländische Investoren für Slowenien gewinnen. Ihre Dienstleistungen sind kostenlos und umfassen neben der Information zu Rechts- und Steuerbestimmungen Hilfe bei Standortsuche und Gründung oder bei der Partnersuche.

In Vorbereitung ist ein „Internationalisierungsgesetz", das Tipo endlich die Mittel an die Hand geben wird, Slowenien als Investitionsstandort international bekannt zu machen. Denn Slowenien hat ausländischen Investoren gerade als Brückenkopf zum Westbalkan und Südosteuropa viele Vorteile zu bieten: ausgezeichnete Infrastruktur, polyglotte, gut ausgebildete Arbeitskräfte, gute Kenntnisse des südosteuropäischen Marktes und eine hohe Leistungsqualität. Wenn ein Unternehmer erst einmal Slowenien besucht hat, investiert er dort auch.

Staatliche Fördermittel gibt es für Investitionen im Produktionsbereich, in strategisch wichtigen Dienstleistungsbranchen sowie im Forschungs- und Entwicklungsbereich. Die Höhe der Subventionen je neuem Arbeitsplatz divergiert in den einzelnen Branchen. So beträgt die Mindestinvestitionssumme in einen Produktionsstandort in Ljubljana und Umgebung beispielsweise 6 Millionen EUR, wobei mindestens 50 neue Arbeitsplätze geschaffen werden müssen. Im Einzelfall sind die Förderungen mit den einzelnen Gemeinden verhandelbar. Darüber hinaus gibt es Beschäftigungsanreize durch das slowenische Arbeitsamt (Zavord RS za zaposlovanje).

Der öffentliche Fonds „Javni sklad Republike Slovenije za ravzoj malega gospodarstva" ist eine nationale Institution, die für die langfristige Unterstützung von Investments in KMU (maximal 125 Beschäftigte) verantwortlich zeichnet. Die Unterstützung kann im Einzelfall bis zu 15 Prozent der Gesamt-Investitionssumme ausmachen.

Ausländische Direktinvestitionen nach Ländern: Österreich 1,24 Milliarden EUR (29,9 Prozent) , Schweiz 422,2 Millionen EUR (11,2 Prozent), Deutschland 412,7 Millionen EUR (10,9 Prozent), Frankreich 377,4 Millionen EUR (9,8 Prozent), Italien 284,7 Millionen (7,5 Prozent). Insgesamt gibt es bereits 1.500 Unternehmen mit ausländischer Beteiligung. Der Erwerb von mehr als 25 Prozent Unternehmensanteilen eines gerade privatisierten slowenischen Unternehmens mit einem Gründungskapital von mehr als 800 Millionen SIT bedarf jedoch der Genehmigung der slowenischen Behörden. Ein Beteiligungsvorgang muss in notarieller Form geschlossen werden.

Als Gesellschaftsform stehen neben der stillen Gesellschaft die OHG, KG, KgaA, die GmbH und die AG zur Verfügung. Die von Auslandsinvestoren in der Regel eingesetzte Form ist die Gesellschaft mit beschränkter Haftung (druzba z omejeno odgovornostjo – d.o.o.), Grundkapital 2,1 Millionen SIT (9.500 EUR), gefolgt von der Aktiengesellschaft (delniska druzba –d.d.), Stammkapital 6 Millionen SIT (27.000 EUR).

Steuerrecht

- *Einkommenssteuer:* Progressiv gestaffelt zwischen 17 und 50 Prozent
- *Körperschaftssteuer:* 25 Prozent
- *Dividendensteuer:* 15 Prozent, bei Schachtelbeteiligungen von 25 Prozent nur 5 Prozent
- *Zinsen:* 0 Prozent
- *Umsatzsteuer:* 20 Prozent, ermäßigt 8,5 Prozent
- *Grunderwerbssteuer:* 2 Prozent
- *Vermögenssteuer:* 0,1 bis 1,5 Prozent

Grunderwerb

Natürliche und juristische Personen können seit Februar 2003 Grund und Boden mit wenigen Beschränkungen erwerben, es muss lediglich dem Reziprozitätsprinzip entsprochen werden, d. h., die Bedingungen zum Erwerb der Immobilie müssen die gleichen sein wie im Heimatland des Käufers.

Investitionsstandort Slowenien

Fläche:	20.273 qkm
Hauptstadt:	Ljubljana
Einwohner:	2,0 Millionen
Sprache:	Slowenisch
Geschäftssprache:	Deutsch, Englisch
Währung:	Slowenischer Tolar SIT
Dienstleistung:	57 Prozent
Industrie:	39 Prozent
Landwirtschaft:	4 Prozent
Wirtschaftsleistung:	24,4 Mrd. EUR
Wirtschaftswachstum:	3,6 Prozent
BIP je Einwohner:	12.208 EUR
Inflation:	4,9 Prozent
Arbeitslosigkeit:	6,7 Prozent
Rohstoffe:	Braunkohle, Silber, Quecksilber, Uran, Zink
Besondere Stärke:	Standards und Pro-Kopf-Einkommen nur noch wenig unter EU-Durchschnitt
Probleme:	Privatisierung kommt nur schleppend voran
Flughafen:	Ljubljana

10.17 Spanien

Hohe Lebensqualität und ein dynamisches wirtschaftliches Umfeld machen Spanien zu einem attraktiven Investitionsstandort innerhalb der EU. Die spanische Wirtschaft wächst deutlich schneller als die der anderen EU-Staaten. Vor allem die Regionen Katalonien, Madrid und Valencia können mit einer Vielzahl von Standortvorteilen aufwarten:

- Gute Anbindung an Mitteleuropa
- Diversifizierte Industrie- und Dienstleistungsstruktur

- Hohe Qualität der nationalen Zulieferindustrien
- Gut ausgebildete und hoch motivierte Fachkräfte
- Regionale Investitionsförderungsprogramme
- Im Vergleich mit anderen Euro-Staaten immer noch niedrigen Lohnkosten

Katalonien hat sich im weltweiten Ranking der Regionen zu den Spitzenreitern heraufgearbeitet. Die Region glänzt durch große Anstrengungen im Bereich der Forschung & Entwicklung vor allem in den Sektoren Pharmazie und Biotechnologie.

Die deutsche Wirtschaft ist in Spanien mit weit mehr als 800 Unternehmen vorwiegend in den Bereichen Automobilproduktion, Chemie und Elektronik engagiert. Diese sind mit 5,8 Prozent an den gesamten ausländischen Nettodirektinvestitionen beteiligt. Deutsche Unternehmen investierten bislang rund 15 Milliarden EUR, davon rund 530 Millionen im Jahr 2003. Derzeit finden zwar keine größeren Neuansiedlungen von Großproduktionen mehr statt, doch die bereits dort ansässigen Großunternehmen investieren kräftig in die Modernisierung ihrer bestehenden Anlagen.

In den letzten Jahren sehen vor allem mittelständische Zulieferindustrien aus dem Dienstleistungssektor und insbesondere der Informationstechnologie gute Geschäftsmöglichkeiten auf der iberischen Halbinsel. Auch im Bereich Biotechnologie und der erneuerbaren Energien finden deutsche Unternehmen angesichts der besonderen regionalen Förderung gute Geschäftsperspektiven.

Spanischer Tiger

Spanien hat seit seinem EU-Beitritt 1986 einen spektakulären Aufholprozess vollzogen. Wohlstand und Lebensqualität sind enorm gewachsen. Das Pro-Kopf-Einkommen erhöhte sich seitdem von 65 auf 85 Prozent des EU-Durchschnitts, doch gibt es starke regionale Unterschiede. Jetzt steht Spanien vor der Herausforderung, angesichts der voraussichtlich ab 2007 deutlich geringeren Transferzahlungen der EU stärker aus eigener Kraft die noch verbleibende Wohlstandslücke zu schließen.

Der Löwenanteil des spanischen BBIP wird im Dienstleistungssektor erwirtschaftet – Tendenz steigend. Tourismus, Finanzsektor und Telekommunikation bilden die Schwerpunkte. Der Fremdenverkehr ist für das Mittelmeerland von überragender Bedeutung, zumal sich Spanien zum drittwichtigsten Touristenziel weltweit entwickelt hat. Rund 30 Prozent der ausländischen Touristen sind Briten, gefolgt von Deutschen (19 Prozent) und Franzosen (15 Prozent). Die wichtigsten Reiseziele in Spanien sind die Regionen Katalonien (23 Prozent), gefolgt von den Kanarischen Inseln (20 Prozent), den Balearen (18 Prozent) und Andalusien (15 Prozent).

Tabelle 10.21: Spaniens Arbeitskosten im internationalen Vergleich (2002)[1]
Arbeitskosten je Arbeiterstunde im verarbeitenden Gewerbe; in EUR)
Quelle: Institut der deutschen Wirtschaft, Köln

	Arbeitskosten pro Stunde	**Davon: Direktentgelt**	**Personalzusatzkosten**
Norwegen	28,5	19,2	9,3
Westdeutschland	26,4	14,7	11,6
Schweiz	26,2	17,2	9,0
Dänemark	25,7	19,6	6,1
Belgien	23,4	12,2	11,1
Finnland	23,2	13,1	10,2
Niederlande	22,6	12,6	10,0
USA	22,4	16,2	6,3
Schweden	21,9	12,9	9,0
Österreich	21,6	11,2	10,5
Japan	20,2	12,1	8,1
Großbritannien	19,9	13,8	6,1
Luxemburg	19,7	13,0	6,6
Frankreich	19,5	10,2	9,3
Kanada	17,4	12,6	4,9
Irland	17,2	12,3	4,9
Italien	16,6	8,5	8,1
Ostdeutschland	16,4	10,0	6,5
Spanien	**15,4**	**8,4**	**7,0**
Griechenland	9,5	5,6	3,8
Portugal	6,6	3,7	2,8

[1] Zum Teil vorläufige Zahlen

Ausländische Direktinvestitionen

Der Zustrom ausländischer Direktinvestitionen in Spanien hat sich 2003 weiter abgeschwächt. Dies spiegelt allerdings dem globalen Trend sinkender internationaler Investitionszuflüsse wider. Die Auslandsinvestitionen sind zwischen 1980 und 2002 von rund 4 Milliarden EUR auf über 130 Milliarden EUR gewachsen. Ende 2003 operierten etwa 900 ausländische Muttergesellschaften und 7.500 Tochtergesellschaften in Spanien. Die politische Stabilität, eine solide Finanz- und reformorientierte Wirtschaftspolitik machen Spanien nach wie vor zu einem attraktiven Standort. Verstärkt getrübt wird das Bild jedoch durch die stark wachsende Konkurrenz der osteuropäischen Beitrittsstaaten.

Tabelle 10.22: Herkunftsländer der Touristen (Januar bis Juli 2003)
Quelle: Ministerio de Economic Datatur; Instituto de Estuolios Turisticos

	Touristen in Millionen	**Veränderung gegenüber 2002 in Prozent**	**Anteil in Prozent**
Ingesamt	29,8	2,4	100,0
Davon aus:			
Großbritannien	9,0	13,3	30,3
Deutschland	5,6	–3,3	18,7
Frankreich	4,4	–0,4	14,7
Niederlande	1,5	5,7	5,1
Italien	1,3	–3,4	4,3
Belgien	1,1	3,8	3,6
Portugal	0,9	–8,4	3,0
Schweiz	0,6	–8,4	2,1
Andere europäische Länder	3,8	2,2	12,8
USA	0,5	–12,0	1,8

2002 stammte erstmals der Großteil ausländischer Investitionen nicht mehr aus der EU, sondern von US-amerikanischen Unternehmen (54 Prozent). Spitzenreiter unter den europäischen Nationen waren die Niederlande (25,8 Prozent), gefolgt von Belgien (5,9 Prozent) und Deutschland (5,8 Prozent).

Nach Angaben des spanischen Wirtschaftsministeriums beliefen sich die deutschen Direktinvestitionen in Spanien im Jahr 2000 auf 268,5 Millionen EUR, 2001 auf 641,8 Millionen EUR und 2002 auf 1,5 Milliarden EUR, d. h., der Investitionszufluss legte 2001 und 2002 um über 130 Prozent zu. Durch den kräftigen Investitionsanstieg erhöhte sich die relative Bedeutung Deutschlands als Investor in Spanien erheblich.

Die Deutsche Handelskammer für Spanien beziffert die Zahl der Unternehmen mit deutscher Mehrheitsbeteiligung auf rund 900. Die traditionellen Investitionsschwerpunkte deutscher Unternehmen sind die Automobil- und Automobilzulieferindustrie, die Metallverarbeitung und die chemische Industrie. Im Dienstleistungssektor dominieren der Einzelhandel und der Finanzsektor. Etwa 450 deutsche Unternehmen konzentrieren sich auf die Region Katalonien, gefolgt von Madrid (285), dem Baskenland (50), Valencia und Aragon.

Rechtliche Rahmenbedingungen ausländischer Investitionen

Für deutsche Investoren sind die Rahmenbedingungen durch den gemeinsamen Markt innerhalb der EU geprägt: Warenverkehrsfreiheit, Arbeitnehmerfreizügigkeit, Dienstleistungs-, Niederlassung- sowie Zahlungs- und Kapitalverkehrsfreiheit. Dazu kommen die Erleichterungen beim grenzüberschreitenden Verkehr.

Grundsätzlich benötigen ausländische Investitionen keine behördliche Genehmigung – mit Ausnahme einzelner Wirtschaftssektoren wie etwa Medien oder Luftverkehr. Für alle Auslandsinvestitionen besteht jedoch eine Meldepflicht. Folgende Investitionsarten sind von der Meldepflicht betroffen:

- Beteiligungen an spanischen Unternehmen
- Gründung und Erhöhung der Kapitalausstattung von Niederlassungen
- Zeichnung und Erwerb von handelbaren Wertpieren, die von in Spanien ansässigen Unternehmen ausgegeben wurden
- Beteiligungen an Investmentfonds
- Kauf von spanischen Immobilien mit einem Kaufpreis von über 3 Millionen EUR oder für den Fall, dass die Investition dazu aus einem Steuerparadies kommt
- Gründung oder Erwerb einer stillen Gesellschaft, von Stiftungen, wirtschaftlichen Interessengemeinschaften, Genossenschaften und Vermögensgemeinschaften mit einem Investitionsbetrag von über 3 Millionen EUR oder wenn die Investition aus einem Steuerparadies kommt

Fördermittel

Verschiedene Fördermaßnahmen erleichtern es ausländischen Unternehmen, in Spanien zu investieren. Dabei wird zwischen EU-Hilfen, nationalen und Förderprogrammen der CCAA und Provinzen und den Förderleistungen einzelner Gemeinden unterschieden. Eine Vielzahl von speziellen Förderprogrammen besteht insbesondere für KMU. Die einzelnen Fördermaßnahmen bestehen sowohl aus direkten Zuschüssen als auch zinsgünstigen Darlehen, steuerlichen Anreizen oder verbilligten Baugrundstücken.

Ob ein bestimmtes Projekt als subventionswürdig gilt, ist in jedem Einzelfall zu prüfen. Grundsätzlich gehören hierzu insbesondere Neugründungen und Unternehmenserweiterungen, die in der Regel neue Arbeitsplätze schaffen oder Produktivitätssteigerungen zum Ziel haben, sowie Standortverlagerungen in strukturschwache Gebiete. Eine erste Auskunft über die Investitionsförderungsmaßnahmen und die jeweils zuständigen staatlichen Stellen erteilt die Deutsche Handelskammer für Spanien.

Gesellschaftsformen

Ausländische Unternehmensgründer haben in Spanien die Wahl zwischen einer Vielfalt von Gesellschaftstypen:

- Offene Handelsgesellschaft – Sociedad de Responsabilidad Colectiva (SC)
- Kommanditgesellschaft – Sociedad Comanditaria (Scom)
- Kommanditgesellschaft auf Aktien – Sociedad Comanditaria por Acciones (ScomA)
- Gesellschaft mit beschränkter Haftung – Sociedad des Responsabilidad Limitada (SL oder SRL), Mindestkapital 3,005 EUR
- Aktiengesellschaft – Sociedad Anonima, Mindestkapital 60.101 EUR

Arbeitsrecht

Die maximale Wochenarbeitszeit beträgt 40 Stunden. Häufig wird zwischen den Parteien jedoch eine jährliche Arbeitszeit vereinbart, um dadurch eine größere Flexibilität zu erreichen. Überstunden können als Freizeit kompensiert oder mit bis zu 80 Arbeitstagen über das Grundgehalt vergütet werden. Es besteht Anspruch auf mindestens 30 Kalendertage Urlaub.

Werden schwer vermittelbare Arbeitnehmer eingestellt, erhalten Arbeitgeber von Schwerbehinderten eine Einmalzahlung von ca. 4.000 EUR und eine Reduktion auf den Arbeitgeberanteil an der Sozialversicherung über die gesamte Vertragslaufzeit von 70 bis 90 Prozent. Bei behinderten MA beläuft sich dieser Satz auf 50 Prozent. Für die behindertengerechte Umgestaltung des Arbeitsplatzes gibt es zusätzlich ca. 900 EUR.

Steuerrecht

- *Einkommenssteuer:* Zwischen 9,06–45 Prozent
- *Körperschaftssteuer:* Der allgemeine Steuersatz für Personen- und Kapitalgesellschaften liegt bei 35 Prozent. Daneben gibt es für bestimmte Sektoren ermäßigte Steuersätze.
- *Quellensteuer:* Es erfolgt Quellenabzug, Steuersätze für Zinserträge, Dividenden und Erträge aus Vermietung von Immobilien 15 Prozent, Erträge aus sonstigem Kapitalvermögen 18 Prozent, Honorare für Freiberufler 7 bzw. 15 Prozent, Vergütungen von Verwaltungsräten bei natürlichen Personen 35 Prozent, bei juristischen Personen 25 Prozent.
- *Umsatzsteuer:* Sie beträgt 16 Prozent, ermäßigte Steuersätze liegen bei 7 bzw. 4 Prozent.
- *Grundsteuer:* Für Stadtgrundstücke 0,4 Prozent, für Landgrundstücke 0,3 Prozent, maximal jedoch 1,17 bzw. 0,96 Prozent.

Besonderheit Kanarische Inseln

Die Kanarischen Inseln, die bisher schon einem besonderen Steuersystem unterlagen, sollen zu einem so genannten Steuerparadies umgewandelt werden. Bis dahin zahlen Unternehmen, die sich dort in der Zona Especial Canaria (ZEC) angesiedelt haben, 1 Prozent Körperschaftsteuer. Von der örtlichen Steuer und der Mehrwertsteuer sind sie befreit. Dieses steuerliche Förderprogramm schließt auf Drängen der EU im Jahr 2008.

Investitionsstandort Spanien

Fläche:	504.782 qkm
Hauptstadt:	Madrid
Einwohner:	7,3 Millionen
Sprache:	Spanisch, regional Katalanisch, Baskisch, Gallicisch
Dienstleistung:	63 Prozent
Industrie:	33 Prozent
Landwirtschaft:	4 Prozent
Wirtschaftsleistung:	731,5 Milliarden EUR
Wirtschaftswachstum:	2,3 Prozent
BIP je Einwohner:	20.487 EUR
Inflation:	3,0 Prozent
Arbeitslosigkeit:	11,2 Prozent
Flughafen:	Madrid, Barcelona, auf den Inseln
Besondere Stärken:	Mitgliedschaft in EU und EWU garantiert großen Binnenmarkt, idealer Brückenkopf für das Lateinamerikageschäft
Probleme:	Defizite im Bereich Forschung & Entwicklung hemmen die Produktionsentwicklung

10.18 Tschechien

98 Prozent der deutschen Unternehmen, die bisher in Tschechien investiert haben, sind mit ihrem Engagement zufrieden und würden sich erneut für eine Investition im Nachbarland entscheiden. Das ist das Ergebnis einer aktuellen Umfrage der deutsch-tschechischen Industrie- und Handelskammer in Prag. Gut 30 Prozent der Betriebe planen höhere Investitionen und wollen mehr Mitarbeiter einstellen.

Dennoch sind die ausländischen Direktinvestitionen im Vergleich zu den Vorjahren stark zurückgegangen – nicht zuletzt wegen fauler Kredite der Banken.

Bei Zuwachsraten im Einzelhandel von 4 Prozent gilt das Land als interessanter Absatzmarkt. Attraktiv sind die gute Infrastruktur, die moderaten Löhne und die hohe Qualifikation der Mitarbeiter. Ebenfalls interessant sind die nationalen und regionalen Investitionsförderungen, die es sowohl für neue als auch für schon ansässige Investoren gibt. Damit sollen vor allem Produktionsanreize und strategische Dienstleistungen unterstützt werden. Dazu kommt natürlich die zentrale Lage Tschechiens. Das Land bietet einen besonders guten Zugang zu den anderen osteuropäischen Märkten. Für die weitere wirtschaftliche Entwicklung wird entscheidend sein, wie sich die tschechische Wirtschaft in der EU entwickelt – 70 Prozent der Exporte gehen in diesen Markt – und wie sich die Ende 2003 verabschiedete Fiskalreform auf die Konjunktur auswirken wird.

Trotz aller Vorteile hat die Tschechische Republik 2003 mit 4 Milliarden EUR investiertem Auslandskapital den Investitionsrekord des Vorjahres mit rund 7 Milliarden EUR nicht wiederholen können. Für die kommenden beiden Jahre wird nach Angaben der tschechischen Investitionsgesellschaft CzechInvest ein Zufluss ausländischen Kapitals von jährlich 2,5 bis 4 Milliarden EUR erwartet. Dabei geht der Trend zu immer mehr mittelständischen Unternehmen aus der Europäischen Union, die im Zuge der EU-Osterweiterung nach neuen Produktionsstandorten suchen.

Die wichtigsten Investorenländer: Deutschland 9 Milliarden EUR (30,8 Prozent), Niederlande 5,4 Milliarden EUR (18,4 Prozent), Österreich 3 Milliarden EUR (10,2 Prozent), Frankreich 2,4 Milliarden EUR, USA 2,2 Milliarden EUR. Kumuliert umfassen die ausländischen Direktinvestitionen von 1993 bis Anfang 2002 rund 30 Milliarden EUR.

Tschechien gilt als attraktiver Standort und bietet ausländischen Investoren immer noch ein relativ günstiges Lohnkostenniveau. Auch der Ausbildungsstand der Arbeitnehmer ist als hoch zu bewerten. Das Engagement der Investoren verlagert sich allerdings zunehmend von reiner Lohnfertigung zu höher qualifizierten Leistungen. Zu den großen ausländischen Investoren gehört die Automobilbranche. Die Konzerne Toyota und PSA sowie Volkswagen und Daewoo, aber auch Bosch und Shell sind bereits vor Ort.

Geschäftschancen für Investoren bieten sich vor allem in den Bereichen Nahrungsmittel und Getränke, Baubedarf, Industriezulieferungen und -ausrüstung, Umwelttechnologie sowie im Tourismus.

Unabhängig davon leidet Tschechien immer noch unter einer starken Überregulierung und viel zu hohen Steuern. Das Land wird daher im Wettbewerb um Investitionen innerhalb der Region zurückfallen. Um dem entgegenzusteuern, hat die Regierung Ende 2003 eine Finanzreform verabschiedet. Im Zuge dieser Reform wird die Körperschaftssteuer schrittweise von derzeit 31 auf 24 Prozent im Jahr 2006 gesenkt.

Nationale Investitionsförderung

Die nationale tschechische Investitionsförderung soll heimischen als auch ausländischen Investoren gleiche Bedingungen bieten. Das Gesetz über Investitionsanreize vom Mai

2000 wurde zwischenzeitlich vereinfacht und mit der EU-Kommission abgestimmt. Es folgt damit den europäischen Regeln zur staatlichen Unterstützung:

- *Steuerlicher Anreiz:* Körperschaftssteuerermäßigung für bis zu zehn Jahre für neue Unternehmen, teilweise Steuererleichterungen für bis zu fünf Jahre bei Expansion bestehender Unternehmen.
- *Förderung für neue Arbeitsplätze:* Finanzielle Unterstützung für die Schaffung neuer Arbeitsplätze (durchschnittlich ca. 6.700 EUR).
- *Umschulungsförderung:* Finanzielle Unterstützung für die Umschulung neuer Mitarbeiter (bis maximal 35 Prozent der gesamten Schulungskosten).
- *Standortanreize:* Bereitstellung von kostengünstigem Bauland (zum Nominalwert von der Gemeinde) und/oder Infrastruktur. Gefördert werden vor allem Gewerbegebiete, die innerhalb kürzester Zeit für Investoren fertiggestellt werden.

Die Anreize können einzeln oder zusammen in Anspruch genommen werden und sind so gestaltet, dass sie am Anfang eines Projekts die größtmögliche Wirkung entfalten.

Auswahlkriterien für die Berechtigung

- Die Investition muss im Produktionsbereich getätigt werden, wenigstens 50 Prozent der Produktionslinie muss aus Maschinen bestehen, die auf der von der Regierung genehmigten Liste der High-Tech-Maschinen erfasst ist.
- Die Investition muss für den Erwerb oder die Errichtung eines neuen Unternehmens verwendet werden oder für die Erweiterung oder Modernisierung einer schon bestehenden Produktionseinrichtung, um damit neue Produktionsmöglichkeiten zu schaffen.
- Der Investor muss wenigstens 350 Millionen CZK (11,7 Mio. EUR) innerhalb von drei Jahren investieren. In Gebieten mit einer hohen Arbeitslosenrate wird diese Summe auf 175 Millionen CZK reduziert.
- Investitionen von wenigstens 145 Millionen CZK (oder 87,5 Mio. CZK, wenn die Investition in einer Region mit hohem Arbeitslosenanteil getätigt wird) müssen vom Stammkapital des Investors abgedeckt sein.
- Mindestens 40 Prozent der Gesamtinvestition muss in Maschinen getätigt werden.
- Die angestrebte Produktion muss alle tschechischen Umweltstandards erfüllen.

Das Investitionsanreizsystem ist so gestaltet, dass es mit den EU-Bestimmungen kompatibel ist. Somit kann der Investor Anreize im Gesamtwert von 50 Prozent des Gesamtumfangs seines Investitionsprojektes erhalten. Wenn die 50-Prozent-Marke überschritten ist, ist die Steuerbefreiung beendet, und das Unternehmen muss Körperschaftssteuer zahlen.

Auch strategische Dienstleistungen werden finanziell und steuerlich unterstützt. Dabei handelt es sich um hochwertige Dienstleistungen, die wichtige Wertschöpfungsketten unterstützen und einen Beitrag zur Aufbesserung von wichtigen Infrastrukturen leisten, wie beispielsweise Kundenkontaktzentralen, gemeinsame Dienstleistungszentren, Expertenlösungszentren, Softwareentwicklungen oder hochtechnisierte Reparaturdienstleistungszentren.. Neben den bereits oben aufgeführten Investitionsanreizen wird in diesem Bereich auch die Zusammenarbeit zwischen Investor und Universitäten gefördert.

Tschechische Gesellschaftsformen

Das tschechische Handelsrecht unterscheidet vier Arten von juristischen Personen:

- Kapitalgesellschaften:
  - Aktiengesellschaft (AS – akciova spoleenost), Stammkapital 2 Millionen CZK
  - Gesellschaft mit beschränkter Haftung (SRO – spolecnost s rucenim omezenym), Mindestkapital 200.000 CZK
- Personengesellschaften:
  - Offene Handelsgesellschaft (VOS – verejna obchodni spolecnost)
  - Kommanditgesellschaft (KS – komanditini spolecnost)

Alle Handelgesellschaften werden ertragsbesteuert:

- Zu versteuerndes Einkommen von Kapitalgesellschaften wird linear mit Körperschaftssteuer belegt.
- Bei der VOS erfolgt die Besteuerung bei ihren Gesellschaftern.
- Die KS ist steuerlich ein Hybrid. Das steuerliche Ergebnis der Gesellschaft wird aufgeteilt. Der auf die unbeschränkt haftenden Komplementäre entfallende Teil wird auf Gesellschafterebene versteuert. Der auf die Kommanditisten entfallende Anteil am Gewinn / Verlust wird bei der Gesellschaft selbst versteuert und unterliegt damit derselben Besteuerung wie bei Kapitalgesellschaften.

Immobilienerwerb

Er ist für Ausländer nach wie vor nicht einfach. Es müssen immer noch Bedingungen erfüllt werden. Grundbedingung ist, dass die ausländische Gesellschaft eine Niederlassung in Tschechien hat, die im tschechischen Handelsregister eingetragen ist und die als Käufer auftritt. Der Erwerb landwirtschaftlichen Bodens ist dagegen für Ausländer ausgeschlossen. Natürliche Personen aus dem Ausland können nach wie vor keine Immobilie erwerben.

Investitionsstandort Tschechien

Fläche:	78.884 qkm
Hauptstadt:	Prag
Einwohner:	10,3 Millionen
Sprache:	Tschechisch
Währung:	Tschechische Krone CZK
Dienstleistung:	57 Prozent
Industrie:	39 Prozent
Landwirtschaft:	4 Prozent
Wirtschaftsleistung:	78,9 Mrd. EUR
Wachstumsprognose:	3,3 Prozent
BIP je Einwohner:	7.720 EUR
Inflation:	4,7 Prozent
Arbeitslosigkeit:	7,6 Prozent
Rohstoffe:	Steinkohle, Kaolin, Graphit
Besondere Stärke:	Hoch qualifizierte Arbeitskräfte, Maschinen- und Fahrzeugbau
Probleme:	Korruption, schlechte Zahlungsmoral

10.19 Türkei

Ein Land im Aufbruch

Nach den Strukturreformen in den letzten Jahren zieht das Wachstum an und die Inflationsrate sinkt. Doch Kapital ist am Bosporus noch knapp. Das Land ist für deutsche Unternehmen ein interessanter Wirtschaftspartner.

Offiziell sind in der Türkei bereits mehr als 1.200 Projekte mit deutscher Kapitalbeteiligung registriert. Zwei davon produzieren für den Export, auch nach Europa. Eingesetzt hat die Welle in den neunziger Jahren, doch jedes Jahr kommen vor allem immer mehr deutsche Mittelständler hinzu. Sie kommen an den Bosporus, weil sie hier nicht nur günstig, sondern auch mit qualifizierten Arbeitskräften produzieren können. Auch sehen sie in der Türkei einen wenig erschlossenen Markt am Rande Europas, der noch erhebliche Wachstums- und damit Absatzperspektiven bietet.

Die Wettbewerbsfähigkeit der türkischen Wirtschaft hat sich in den letzten Jahren erheblich verbessert. Viele Jahre wurden nur Stoffe exportiert, daraus wurde dann eine Ausfuhr von Bekleidung. Eisen- und Stahlprodukte erweiterten in den neunziger Jahren die Exportpalette, und weitere Branchen vollzogen in der Qualität einen Quantensprung.

Exportschlager wurden in den letzten Jahren auch Glas- und Keramikprodukte. Zudem exportiert die Türkei heute 80 Prozent ihrer Automobilproduktion – vor allem Lastwagen und Busse –, was auch einen Aufschwung bei den Zulieferern ausgelöst hat. 40 Prozent der traditionellen Farbfernsehgeräte, die in der EU verkauft werden, stammen aus der Türkei. Das spricht auch für die Qualität der Mitarbeiter.

Doch Mangel an Kapital zieht dem Wachstum Grenzen. Die türkischen Banken finanzieren noch immer zu 80 Prozent die Staatsschuld, die Kapitalmärkte des Landes sind unterentwickelt. Das Land braucht daher dringend Investitionen aus dem Ausland. Deutsche Unternehmer sind willkommen. Neben Steuervergünstigungen erwarten sie regionale Förderungen im Grundstücks- und Immobilienbereich sowie bei der Erstellung einer funktionierenden Infrastruktur.

Ausländische Direktinvestitionen

Bislang zieht die Türkei nur wenig ausländisches Kapital an. Der jährliche Zufluss erreicht im Durchschnitt nicht einmal ein Prozent des BIP. Kumuliert belaufen sich die ausländischen Direktinvestitionen in Unternehmen in der Türkei im Zeitraum 1980 bis Mitte 2003 auf rund 45 Milliarden EUR. Größter Investor ist Deutschland mit knapp 900 Millionen EUR gefolgt von Großbritannien (570), den USA (rund 500), der Schweiz (465), Frankreich (430), Italien (350) und Japan mit 270 Millionen EUR.

Deutsche Investoren setzen ihr Kapital vor allem im verarbeitenden Gewerbe ein, vorrangig in die Herstellung von Kraftfahrzeugen und Kraftfahrzeugteilen sowie von elektrischen Geräten. Dabei fließt rund ein Drittel ihrer Investitionen in Beteiligungsgesellschaften. Zum Vergleich: Während deutsche Unternehmen Anfang 2002 in der Türkei investiert hatten, lagen ihr Investitionsbestand zum gleichen Zeitpunkt in Griechenland bei 1,374 Milliarden EUR, in Spanien bei 13,02 Milliarden und in Italien bei 18,28 Milliarden EUR.

Stark nachgefragt wird nach den Anschlägen von Istanbul Sicherheitstechnik, da sich Unternehmen – öffentliche wie private – besser schützen wollen.

Der Großteil ausländischer Direktinvestitionen fließt in den Dienstleistungssektor (knapp 50 Prozent) und in die Industrie (42 Prozent). Schwerpunkte sind im Dienstleistungsbereich Bank- und Finanzdienstleistungen, Kommunikation und Handel. In der Industrie sind es vor allem die Bereiche Chemie, Nahrungsmittel- sowie Kraftfahrzeugproduktion. Obwohl es vielen Investoren vor allem in Bezug auf die Rechtssicherheit sowie die wirtschaftliche und politische Stabilität des Landes an Vertrauen mangelt, zieht sie das niedrige Lohnniveau und das Vorhandensein gut ausgebildeter und motivierter Arbeitskräfte an. In der verarbeitenden Industrie lag der Durchschnittslohn pro Arbeitsstunde Ende 2003 bei 3,1 Millionen TL (2,52 EUR). In privaten Industriebetrieben liegen die Löhne durchschnittlich sogar unter diesem Wert.

Obwohl die Nominallöhne in den letzten Jahren kräftig gestiegen sind – jährlich bis zu 50 Prozent –, gehen die Reallöhne infolge der mit rund 14 Prozent immer noch hohen Inflationsrate zurück. So sanken die Löhne 2003 real um rund 2,5 Prozent.

Es ist davon auszugehen, dass sich das Investitionsvolumen ausländischen Kapitals in der Türkei kräftig erhöhen wird. Die wirtschaftliche Lage hat sich stabilisiert und die Regierung setzt die notwendigen Reformen zügig um. Dabei erweisen sich die islamischen Wurzeln der regierenden AK-Partei nicht als Hindernis. Und sollte die EU-Kommission Ende 2004 die Aufnahme von Beitrittsgesprächen zusagen, werden ausländische Investoren das als Reifezeugnis werten. Die Aussicht auf einen Beitritt der Türkei zur EU wird ausländischen Unternehmen interessante Perspektiven bieten. Zum einen dürften Anpassungen an die Gesetze der EU Geschäftsgenehmigungen transparenter machen, zum anderen würde die Aufnahme in die EU europäischen Unternehmen den Zutritt zu dem bislang noch wenig erschlossenen türkischen Markt mit seinen 71 Millionen Konsumenten eröffnen. Einer – im Gegensatz zu den „alten" EU-Märkten – jungen, konsumfreudigen Bevölkerung.

Investitionsstandort Türkei

Fläche:	779.452 qkm
Hauptstadt:	Ankara
Einwohner:	71,4 Millionen
Sprache:	Türkisch, Kurdisch
Dienstleistung:	59,2 Prozent
Industrie:	27,8 Prozent
Landwirtschaft:	13 Prozent
Wirtschaftsleistung:	301 Milliarden EUR
Wirtschaftswachstum:	5,1 Prozent
BIP je Einwohner:	4.149
Inflation:	14,0 Prozent
Arbeitslosigkeit:	9,5
Flughafen:	Ankara, Istanbul
Besondere Stärke:	Niedriges Lohnniveau, gut ausgebildete und motivierte Arbeitskräfte
Probleme:	Tief rote Leistungsbilanz

10.20 Ungarn

Große Chancen bei niedrigen Löhnen

Ungarn profitiert heute von seiner frühen Öffnung für ausländische Investoren. Was am Ende der sozialistischen Epoche 1989 zaghaft begann, führte nach der Wende zu einem deutlichen Anstieg ausländischer Direktinvestitionen. Heute ist Ungarn das bevorzugte Investitionsland in Mittel- und Osteuropa. 2003 machten die Nettoinvestitionen 32 Prozent des Leistungsbilanzdefizits aus. Aufgrund neuer Investitionsanreize sollen die Nettozuflüsse in den kommenden drei Jahren um 50 Prozent auf 3 Milliarden EUR jährlich steigen.

Allerdings hat Ungarn in den letzten Jahren durch die Erhöhung des allgemeinen Lohnniveaus beim Faktor Standortattraktivität verloren. Dem versucht die ungarische Regierung durch entsprechende Maßnahmen, wie Gewinnsteuersenkung, Investitionsförderungen etc., entgegenzusteuern.

Ungarns Stärken: Das Land ist Spitzenreiter der EU-Beitrittsländer. Es verfügt über eine kontinuierliche Wirtschaftspolitik, bietet stabile politische und rechtliche Rahmenbedingungen und verzeichnet hohe gesamtwirtschaftliche Wachstumsraten. Die große Zahl der ausländischen Direktinvestitionen stimuliert nicht nur den Außenhandel, sie liefert dem Land auch einen großen Know-how-Transfer. Die Infrastruktur kann sich im Vergleich zu den anderen Ostländern sehen lassen, dazu trägt auch der Ausbau des Autobahnnetzes bei.

Ungarns Probleme: Das hohe Budget-Defizit belastet Währung und Wirtschaft. Der kleine Binnenmarkt erhöht die Abhängigkeit vom Außenhandel. Es herrscht ein Mangel an qualifizierten Arbeitskräften. Die Korruption ist zwar auf dem Rückmarsch, es besteht jedoch noch keine Grund zur Entwarnung.

Besonderheit: Deutsche Investoren genießen hohes Ansehen, sie sind seit Reformbeginn wichtigster Investor.

Ungarn als Absatzmarkt

- *Dynamische Kaufkraftentwicklung:* Das Wirtschaftswachstum liegt mit 2,9 Prozent des BIP (2003) über dem EU-Durchschnitt. Ungarn hat rund 10 Millionen Verbraucher mit einer wachsenden Kaufkraft.
- Hoher Investitionsbedarf besteht in den Bereichen Umwelt-, Energie- und Verkehrsinfrastruktur sowie bei der Modernisierung von Unternehmen und Verwaltung, den Investitionen in IT, Immobilienentwicklung und Produktionsanlagen.

Die Privatisierung ist in Ungarn abgeschlossen, die meisten Großunternehmen sind in private Hände überführt. Seit 1989 können Ausländer Mehrheitsbeteiligungen bis zu

100 Prozent an ungarischen Gesellschaften erwerben. Zum Schutz dieser Beteiligungen wurden umfangreiche Sicherheitsmaßnahmen für ausländische Investoren geschaffen. Dabei sind sämtliche wirtschaftlichen Tätigkeiten außer auf dem Gebiet der Verteidigung und Sicherheit des Staates zugelassen. Eine Genehmigung für Im- und Exportgeschäfte ist nicht erforderlich. Von ausländischen Investoren in Ungarn gegründete Unternehmen können Liegenschaften und Immobilien erwerben, ausgenommen sind landwirtschaftliche Grundstücke und Gelände in geschützten Gebieten. Auch Pachtverträge sind zulässig.

Arbeitsverträge können ohne Beschränkungen abgeschlossen werden, jedoch müssen in Unternehmen mit mehr als 50 Beschäftigten Betriebsräte gebildet werden. Der Grundurlaub beträgt 20 Tage, altersabhängig wird alle drei Jahre ein zusätzlicher Urlaubstag gewährt, maximal jedoch 30 Tage. Im Krankheitsfall beträgt die Lohnfortzahlungspflicht 15 Tage. Für die Zeit des Krankenurlaubs stehen dem Arbeitnehmer 80 Prozent seines Durchschnittsverdienstes zu. Ausländische Arbeitnehmer unterliegen der ungarischen Sozialversicherungspflicht. Ausnahme bilden Entsandte bis zu 24 Monaten.

Mit seiner Kompetenz im Außenhandel und den zahlreichen Vergünstigungen ist Ungarn für ausländische Investoren besonders attraktiv. Vor allem die Fertigung von Mobiltelefonen und Autoelektronik sorgen für industriellen Aufschwung. Dazu kommen die niedrigen Löhne. Weltfirmen wie General Motors, Suzuki, IBM oder Nestlé haben das längst erkannt und produzieren seit Jahren in Ungarn. In letzter Zeit nutzen auch immer mehr deutsche Mittelständler die ungarischen Vorzüge:

- Niedrige Löhne, geringe Sozialabgaben und viele gut ausgebildete Facharbeiter, vor allem Handwerker.
- Ein boomender Tourismus. Die jährlich über 20 Millionen Besucher wollen gut untergebracht, verpflegt und unterhalten werden. Dies ist ein unerschöpfliches Betätigungsfeld, denn die meisten Hotels und Pensionen außerhalb Budapests stammen noch aus der Zeit liebloser kommunistischer Planung. Geeignete Immobilien sind ausreichend vorhanden.
- Europäische Kaufhausketten, Telekommunikations- und Baufirmen, Chemie- und Maschinenbaubetriebe drängen nach Ungarn. Deren Engagement bietet günstige Voraussetzungen für Dienstleistungs- und Ausbaufirmen aller Art, die das Arbeiten nach westlichem Standart gewohnt sind.
- Die rechtlichen Rahmenbedingungen sind einfach. EU-Bürger können problemlos eine GmbH (KFT.) gründen. Voraussetzung: zwei Gesellschafter mit einem Mindestkapital von ca. 12.350 EUR.
- Bei Gründung einer Aktiengesellschaft wird ein Grundkapital von mindestens 20 Millionen Ft (ca. 82.000 EUR) vorausgesetzt, davon müssen 30 Prozent , mindestens aber 10 Millionen Ft als Bareinlage eingebracht werden.

Tabelle 10.23: Direktinvestitionen 2001[1] *(Wichtige Herkunftsländer)*
Quelle: ITD Hungary

Rang	Land	Anteile in Prozent
1	*Deutschland*	*39*
2	Japan	18
3	Österreich	13
4	USA	8
5	Kanada	4
	Italien	4
	Luxemburg	4
8	Frankreich	3
9	Belgien	2
	Schweden	2

[1] Januar bis September

- Investitionen auf der grünen Wiese in den weniger entwickelten Regionen werden finanziell und steuerlich gefördert. Diese „Greenfield-Investitionen" machen bereits jetzt die Hälfte des ungarischen Wirtschaftswachstums aus.
- Bereits in Ungarn tätige Auslandsinvestoren werden ermutigt, ihre bisherigen Investitionsstandorte auszubauen.
- Ungarn bemüht sich verstärkt um die Ansiedlung von Forschungs- und Entwicklungszentren.

Steuerrecht

Körperschaftssteuer: Unternehmensgewinne von Kapital- und Personengesellschaften werden seit Anfang 2004 mit einem einheitlichen Steuersatz von 16 Prozent versteuert. Für Ausschüttungen an ausländische Personen sind die Bestimmungen des jeweiligen DBA entscheidend. Die Quellensteuer wird zwar in Ungarn einbehalten, wird über das DBA jedoch auf Antrag vom jeweiligen Wohnsitzstaat des Empfängers zurückerstattet.

Verluste können fünf Jahre geltend gemacht werden. Verluste aus dem Jahr der Gründung und den drei folgenden Jahren sind unbeschränkt vortragsfähig. Dabei müssen die Verluste in der Reihenfolge ihrer Entstehung verwendet werden. Ab dem vierten des auf die Gründung folgenden Jahres können Verlustvorträge nur dann vorgetragen werden, wenn im betreffenden Wirtschaftsjahr die Erlöse mindestens 50 Prozent der Aufwendungen erreichen.

Daneben gibt es Steueranreize für bestimmte Regionen, die gesellschaftlich und wirtschaftlich unterentwickelt sind.

Einkommenssteuer: Zwischen 18 und 38 Prozent.

Umsatzsteuer: 25 Prozent, ermäßigter Steuersatz für bestimmte Branchen 15 Prozent.

Steuervergünstigungen für Offshore-Gesellschaften

Die Körperschaftssteuer von Gesellschaften, die ausschließlich im Ausland wirtschaftlich tätig sind, beträgt nur 3 Prozent. Dazu müssen jedoch einige Vorschriften zur Gesellschaftsform (nur KFT. oder RT) beachtet werden: Registrierung, Handelsverkehr (nur mit Drittländern), umsatzsteuerlicher Erfüllungsort (nur Ausland), Buchprüfer (nur inländische), leitende Angestellte (Mehrheit Ungarn), Firmenbeteiligungen (keine ungarischen) sowie Eigentum (100 Prozent im ausländischen Besitz).

Grunderwerb

Juristische und natürliche ausländische Personen können in Ungarn Immobilieneigentum erwerben, dies muss jedoch von der lokalen Selbstverwaltung genehmigt werden.

Hilfe für ausländische Investoren

Auf staatlicher Seite gibt es in Ungarn die vom Außen- und Wirtschaftsministerium getragene Agentur Investment and Trade Development Agency Hungary (ITDH), die im Land über 15 Regionalbüros verfügt. Eine Außenstelle ist auch dem Ungarischen Generalkonsulat in München angegliedert. Bei der ITDH bekommt man erste Informationen. Sollen konkrete Kooperationen begonnen, Fertigungen aufgebaut oder Produktionsstätten errichtet werden, schaltet sich das jeweils zuständige ITDH-Regionalbüro ein. Zu seinen Aufgaben gehört es, auf ungarischer Seite Handels- und Kooperationspartner, Herstellerkapazitäten und geeignete Standorte für Ansiedlungen ausländischer Unternehmen zu finden. Diese Leistungen sind für Investoren kostenfrei.

Investitionsförderung

Aus dem staatlichen Entwicklungsprogramm „Széchenyi-Plan“ gibt es Förderungen ohne Rückzahlungspflicht, dabei wird eine Eigenmittelquote von 25 Prozent vorausgesetzt, auch soll die Fördersumme 50 Prozent der gesamten Investitionskosten nicht übersteigen. Diese Förderungen stehen auch für Immobilieninvestitionen, den Infrastrukturausbau in Industrieparks oder für den Bau von Hotels und Konferenzzentren zur Verfügung.

Auch die Schaffung neuer Arbeitsplätze wird gefördert: Je Arbeitsplatz für einen registrierten Arbeitslosen gibt es 4.800 EUR, bei Anstellung nicht registrierter Arbeitsloser 4.000 EUR. Die maximale Förderung pro Antrag liegt bei 250.000 EUR. Dieser Betrag erhöht sich in Regionen mit schwieriger Arbeitslage auf bis zu 400.000, höchstens jedoch 75 Prozent der Kosten.

Der Betrieb von und Dienstleistungen in Industrieparks wird je nach Investitionsvolumen mit zwischen 100.000 bis 1,2 Millionen EUR gefördert, komplexe Bewerbungen bis zu 1 Million EUR, und Industrieparks mit universitärer Anbindung erhalten bis zu 1,4 Millionen EUR. Auch hier ist ein Eigenkapitalbedarf von 25 Prozent der Gesamtinvestitionssumme zwingend. Logistische Zentren und Dienstleistungen innerhalb von Industrieparks werden mit 25 Prozent (max. 400.000 EUR) bzw. 40 Prozent (max. 400.000 EUR) gefördert. Bedingungen: 25 Prozent Eigenkapital, Mindestinvestitionssumme 400.000 EUR.

Weitere Fördermittel stehen zur Stärkung der Wettbewerbsfähigkeit zur Verfügung. Hier werden 400.000 EUR Mindestinvestitionsbetrag vorausgesetzt, die Fördermittel sind nicht rückzahlbar.

Weitere Förderungen gibt es für die Schaffung europäischer regionaler Unternehmenszentren – bis zu 800.000 EUR; für die Beschaffung von Maschinen und Einrichtungen beispielsweise in Druckereien, Handel oder Gastronomie bis zu 200.000 EUR.

Gesuchte Investoren

Gesucht werden Zulieferer für die Auto- und Elektronikindustrie, Hersteller von Dreh-, Fräs- oder Kunststoffteilen, Umwelttechnik.

Investitionsstandort Ungarn

Fläche:	93.030 qkm
Hauptstadt:	Budapest
Einwohner:	10,2 Millionen
Sprache:	Ungarisch
Währung:	Forint
Dienstleistung:	60 Prozent
Industrie:	34 Prozent
Landwirtschaft:	6 Prozent
Wirtschaftsleistung:	72,7 Mrd. EUR
Wachstumsprognose:	3,3 Prozent
BIP je Einwohner:	7.194 EUR
Inflation:	4,6 Prozent
Arbeitslosigkeit:	6,0 Prozent
Rohstoffe:	Rohstoffarm, Erdöl, Kohle, Bauxit, Erdgas
Flughafen:	Budapest, angeflogen von München, Frankfurt a.M., Berlin, Hamburg, Stuttgart, Düsseldorf

10.21 Zypern

Zypern ist kein Ort, der Optimisten belohnt. Vor Jahren ist in Europa der Eiserne Zaun gefallen. Im östlichen Mittelmeer teilt aber noch heute Stacheldraht die Insel der Aphrodite. Seit der Teilung 1974 war Zypern zwar nie Schauplatz direkter militärischer Auseinandersetzungen gewesen, die Insel war aber eine Bühne, auf der sich die Spannungen zwischen der Türkei und Griechenland entluden. Mit Hilfe des Anreizes „Europa" sind anderswo viele Gegensätze abgebaut worden – nur der zyprische ist geblieben. Vom 1. Mai 2004 an reicht das Dach der EU bis nach Zypern, und die Türkei hat ihre europäische Perspektive fest im Blick. (Für eine Beschreibung der politischen Lage in Zypern nach dem Referendum zur Wiedervereinigung siehe Abschnitt 4.3.6. im Teil I.)

Von den neuen EU-Mitgliedern ist Zypern wirtschaftlich jedenfalls am weitesten entwickelt. Die Republik war bereits vor dem Beginn der Beitrittsverhandlungen eine funktionierende Marktwirtschaft. Mühelos hat sie die Voraussetzungen für den EU-Beitritt mit einer stabilitätsorientierten Finanzpolitik und mit Strukturreformen gemeistert, die die Marktmechanismen verbesserten. Zypern erfüllt bereits jetzt die Maastrichter Konvergenz-Kriterien, den Euro kann es aber erst 2006 einführen.

Die für Zypern schmerzhafteste Forderung der EU im Beitrittsprozess war, den Offshore-Sektor aufzugeben und dessen Besteuerung an die der inländischen Unternehmen anzupassen. Einen Teil seines Wirtschaftswachstums seit der Teilung von 1974 verdankt die Republik diesen Banken und Unternehmen, die sich aufgrund steuerlicher Vorteile auf der Insel angesiedelt haben. Sie machen von Zypern aus mit Drittländern Geschäfte, nicht aber auf der Insel selbst. Aktiv sind auf Zypern 30 derartige Offshore-Banken und 1.100 Offshore-Unternehmen.

Nach Zypern gelockt wurden sie durch eine Körperschaftssteuer, die für Banken und Unternehmen, die offshore arbeiten, auf gerade 4,25 Prozent festgesetzt worden war. Von Vorteil für Banken und Unternehmen war, dass Zypern mit ungewöhnlich vielen Staaten günstige DBA geschlossen hat. Viele Investoren haben daher ihre Mittel über Banken in Zypern in Drittstaaten kanalisiert, insbesondere nach Osteuropa.

Für den Beitritt musste Zypern diese steuerliche Diskriminierung fallen lassen. Die Gewinne der inländischen und der Offshore-Unternehmen werden seit Anfang 2003 jeweils mit 10 Prozent besteuert. Inlandsfirmen müssen zusätzlich auf ausgeschüttete Dividenden eine Steuer von 15 Prozent abführen. Doch Zypern bleibt damit innerhalb der EU ein Steuerparadies für Unternehmer. Nur Irland hat mit 12,5 Prozent eine vergleichbar niedrige Körperschaftssteuer.

Durch die zahlreichen DBA – auch mit Deutschland – bietet die Insel für international operierende Unternehmen gesicherte Vorteile:

- Wer beispielsweise seine Firma von Zypern aus über eine internationale Business Company (IBC) oder eine Limited Company (Ltd.) steuert, vermeidet eine Besteuerung in Deutschland.
- Zinsen auf Geldbeträge, die in Zypern gehalten werden, sind steuerfrei.

IBM, Hoffmann La Roche und weitere 1.200 international arbeitende Unternehmen sowie 45.000 auf Zypern registrierte Gesellschaften sichern sich diese Vorteile bereits.

Die Gründung einer neuen Gesellschaft dauert in der Regel zehn Tage. Bei der Namenswahl gibt es Einschränkungen, sie muss von der Regierung genehmigt werden. Die Zusammenarbeit mit einem ortsansässigen, deutsch sprechenden Consultant sollte immer gesucht werden. Sie erleichtert die Errichtung einer Niederlassung bzw. Firmengründung vor Ort. Weitere finanzielle Vorteile winken:

- Für Beschäftigte bei Offshore-Gesellschaften sind Gehaltszahlungen für Tätigkeiten im Ausland (z. B. Deutschland) aus zypriotischen Konten steuerfrei.
- Gehaltszahlungen aus ausländischen Konten werden auf Zypern mit pauschal 10 Prozent besteuert.
- Teilhaberschaften sind völlig steuerfrei, Kapitalgewinnsteuern gibt es nicht.

Die Kosten für Gründung und laufenden Unterhalt halten sich im Rahmen:

- Einmalig fallen für Registrierung, Steuer-Referenz-Nummer, Steuer-Domizil-Zertifikat, Eröffnung von Bankkonten, notarielle Abwicklung etc. 4.000 bis 5.000 EUR an.
- Die Jahresgebühren für Stellung der Direktoren, Registergebühren, Verwaltung, Buchhaltung, Rechnungsstellung, Rechts- und Steuerberatung, Steuererklärung etc. liegen bei 4.000 bis 5.000 EUR.

Gängigste Rechtsform: International Business Company (IBC)

Geschäftsabwicklung über eine Zypern-IBC am Beispiel

Export:

- Verkauf von Deutschland an Zypern-IBC mit geringem Gewinnaufschlag
- Weiterverkauf von Zypern-IBC in Drittstaaten, der Gewinn wird in Zypern versteuert

Durch den Verkauf von Produkten oder Dienstleistungen von Deutschland aus über Zypern in Drittstaaten erzielt man den Effekt, dass die zu versteuernden Gewinne in Deutschland um den Betrag der von der Zypern-IBC ausgestellten Rechnung reduziert werden. Gleichzeitig wird der bei der Zypern-IBC angefallene Gewinn mit maximal 10 Prozent versteuert. Ist die Zypern-IBC an internationalem Handel beteiligt, müssen die Produkte auf dem Weg vom deutschen Lieferanten an den Empfänger im Drittstaat nicht erst über Zypern, sondern direkt zum Empfänger transportiert werden. Die Rechnungsstellung erfolgt jedoch vom Unternehmen in Deutschland an die Zypern-IBC, von dieser dann weiter an den Empfänger im Drittstaat.

Import:

- Einfuhr von Ware aus Drittstaaten über Zypern nach Deutschland
  Dabei wird der Hauptgewinn in Zypern erzielt und auch in Zypern versteuert.

Lizenzen:

- Vergabe von Lizenzrechten durch eine Zypern-IBC an deutsches Unternehmen
  Lizenzgebühren werden vom deutschen Unternehmen an die Zypern-IBC geleistet. Dies ist in Deutschland ein steuermindernder Kostenfaktor.

Provisionen / Honorare:

- Das deutsche Unternehmen zahlt Provisionen / Honorare an Zypern-IBC beispielsweise für die Erstellung von Marketingkonzepten, Kunden- und Auftragsvermittlung, Consulting, Softwareentwicklung etc.
  Kostenfaktor in Deutschland, günstige Gewinnbesteuerung auf Zypern.

Immobilien:

- Deutsche Immobilie wird an Zypern-IBC verkauft
  Bei Weiterverkauf oder Vererbung bleibt die Zypern-IBC Eigentümer der Immobilie, es werden lediglich die Anteile an der Zypern-IBC verkauft bzw. vererbt.
  Vorteil: Beim Verkauf wird der Gewinn in Zypern versteuert. Beim Vererben wird Erbschaftssteuer vermieden, da es auf Zypern keine Erbschaftssteuer gibt. Es ist keine Änderung im deutschen Grundbuch erforderlich, da dem Erben die Anteile übertragen werden. Dadurch ist auch keine Information an den deutschen Fiskus notwendig.

Investitionsstandort Zypern

Fläche:	9.251 qkm
Hauptstadt:	Levkosia
Einwohner:	715.000
Sprache:	Griechisch, Türkisch
Dienstleistung:	73 Prozent
Industrie:	23 Prozent
Landwirtschaft:	4 Prozent
Wirtschaftsleistung:	12,0 Mrd. EUR
BIP je Einwohner:	13.500 EUR
Inflation:	4,2 Prozent
Arbeitslosigkeit:	4,4 Prozent
Flughafen:	Levkosia
Besondere Stärke:	Tourismusbranche, niedrige Steuersätze
Probleme:	Teilung hemmt wirtschaftliche Entwicklung, der türkische Norden hinkt hinterher

10.22 Russland

Während die globale, vor allem aber die europäische Konjunktur Anfang 2004 immer noch lahmt, wird Russland im laufenden Jahr mit einem realen BIP-Wachstum von über 6 Prozent zu den am schnellsten wachsenden Volkswirtschaften weltweit gehören. Die Kauflust der russischen Konsumenten ist ungebrochen, der Rubel gewinnt an Wert, die Zinsen sinken, Staatshaushalt und Leistungsbilanz weisen hohe Überschüsse aus, die Devisenreserven haben einen Höchststand erreicht, und die öffentliche Auslandsverschuldung geht zurück. Kein Wunder also, dass ausländische Investoren ihre Zurückhaltung gegenüber dem größten Flächenstaat der Welt abbauen.

Wichtigster Wachstumsfaktor bleibt nach wie vor der hohe Ölpreis, der Ölproduktion und -export stimuliert und über steigende Einnahmen und Gewinne die Binnennachfrage ankurbelt. Gleichzeitig wurde das kräftige Wachstum der vergangenen Jahre durch ein umfangreiches Reformprogramm flankiert und unterstützt. Das russische Steuersystem wurde generalüberholt, das Privateigentum an Grund und Boden auf eine gesetzliche Basis gestellt und Schritte zur Deregulierung und Liberalisierung der russischen Wirtschaft eingeleitet.

Die Reformen im Überblick

- *Bankenreform:* Die Anforderungen an die Eigenkapitalausstattung der Banken wurde verschärft, Gesetze zur Einlagensicherung, zu Hypotheken und zur Offenlegung der Eigentumsverhältnisse sind auf dem Weg. Der Zugang ausländischer Finanzinstitute zum russischen Banken- und Versicherungssektor soll erleichtert werden.

- *Bodenrecht:* Seit Oktober 2001 regelt das Bodengesetz den Kauf und Verkauf von städtischen und gewerblich genutzten Flächen. Für Ausländer gelten nur noch Einschränkungen beim Erwerb im grenznahen Bereich. Dagegen ist ihnen der Kauf von landwirtschaftlichen Flächen weiterhin nicht erlaubt.

- *Zölle:* Seit Anfang 2003 wurden das Zolltarifsystem auf vier Hauptzollkategorien mit Zollsätzen von 5 bis 20 Prozent vereinfacht und der durchschnittliche Einfuhrzoll auf 10 Prozent gesenkt.

- *Steuerreform:* Anfang 2003 wurde die Umsatzsteuer abgeschafft und eine vereinfachte Besteuerung von Kleinunternehmen eingeführt. Gleichzeitig wurde die Mehrwertsteuer von 20 auf 18 Prozent herabgesetzt. Dafür wurden die Abgaben aus Erdöl und -produkte heraufgesetzt. Ab 2005 soll der Spitzensteuersatz der Sozialsteuer von 26 auf 22–23 Prozent absinken.

- *Natürliche Monopole:* Auf dem Weg zur Deregulierung der so genannten Monopole wurden 2003 Reformen in den Bereichen Elektrizität, Gas und Eisenbahn eingeleitet.

- *Deregulierung und Entbürokratisierung:* Ein wichtiges Ziel der Reformpolitik ist die Verbesserung der unternehmerischen Rahmenbedingungen durch den Abbau des staatlichen Einflusses in die Wirtschaft. Das wird seit 2003 in die Praxis umgesetzt.
- *Corporate Governance:* Im Jahr 2002 traten Änderungen im Aktienrecht in Kraft, die insbesondere den Schutz der Minderheitsaktionäre verstärken.
- *Arbeitsrecht:* Das 2001 in Kraft getretene neue Arbeitsgesetzbuch bringt eine Liberalisierung des Arbeitsmarktes und Verbesserungen sowohl für Arbeitgeber (z. B. erleichterte Kündigung) als auch für Arbeitnehmer (z. B. pünktliche Lohnzahlung, Arbeitszeitregelung).
- *Justizreform:* Im Jahr 2002 wurden u. a. ein neues Zivilprozessrecht verabschiedet und die Zuständigkeiten zwischen Schiedsgerichten und normalen Zivilgerichten geregelt.
- *Verwaltungsreform:* Kernstück ist die Neuordnung der regionalen und kommunalen Finanzen mit dem Ziel, den Gebietskörperschaften ab 2005 mehr Finanzautonomie zu gewähren. Darüber hinaus ist geplant, bis Ende 2007 die 89 Regionen in rund 40 Bundesstaaten umzuwandeln.

Obwohl die Umsetzung der Reformen häufig nur schleppend vorankommt, präsentiert sich Russland – nur gut fünf Jahre nach der schweren Wirtschaftskrise von 1998 – ökonomisch gefestigt und unter dem im März 2004 wiedergewählten Präsidenten Wladimir Putin politisch stabil. Milliardenschwere Investitionen internationaler Energiekonzerne sind ein Beleg für das deutlich verbesserte Investitionsklima.

Ausländische Direktinvestitionen

Das Vertrauen ausländischer Investoren in die russische Wirtschaft wächst zusehends. Nach Angaben des russischen Statistikamtes Goskomstat sind die ausländischen Direktinvestitionen im ersten Halbjahr 2003 um 35 Prozent auf rund 3 Milliarden EUR gestiegen. Investitionen in Form langfristiger Kredite haben sich im gleichen Zeitraum mit knapp 8 Milliarden EUR sogar verdoppelt. Ein Vertrauensbeweis sind auch die Investitionspläne von Wintershall, Renault oder Philipp Morris und das über 7 Milliarden EUR schwere Engagement von BP im russischen Ölsektor. Magneten für Investoren aus dem Ausland sind die Region Moskau sowie die rohstoffreichen Gebiete Sachalin und Tjumen.

Die Aktivitäten deutscher Investoren auf dem russischen Markt sind noch bescheiden. Nach Angaben der Deutschen Bundesbank beliefen sich die deutschen Netto-Direktinvestitionen im Jahr 2002 nur auf 135 Millionen EUR. Im Vergleich dazu wurden von deutschen Unternehmen im gleichen Zeitraum in Polen 737 Millionen und im entfernten China 650 Millionen EUR investiert. Doch seit Anfang 2003 scheint es kräftig aufwärts zu gehen. Die gemeinsame Tochter von Wintershall und dem russischen Erdgasmonopolisten Gazprom, Achimgas, wird rund 850 Millionen EUR in die Erschließung des westsibirischen Urengoj-Gasfeldes investieren. Die Metro-Gruppe will bis 2008 rund 1 Milliarde EUR investieren, und der Landmaschinenhersteller Claas will noch in diesem Jahr die Produktion von Mähdreschern in Krasnodar aufnehmen.

Begünstigt werden alle Investitionen durch das attraktive russische Lohnniveau. Das lag 2003 zwar um fast ein Viertel höher als im Vorjahr (preisbereinigt 9 Prozent), die durchschnittlichen Nominallöhne liegen 2004 jedoch durchschnittlich bei nur 167 EUR.

Aber: Je nach Größe und Standort variieren die Gehälter erheblich: Sekretärinnen bekommen zwischen 450 und 950 EUR, Buchhaltungsleiter zwischen 1.400 und 2.500 EUR und Geschäftsführer zwischen 1.200 und 3.000 EUR. Dabei sind die Gehälter in den Regionen deutlich – bis zu einem Drittel – geringer als in Moskau oder St. Petersburg.

Grundsätzlich zeigen sich die bereits in Russland tätigen Unternehmen mit den derzeitigen Rahmenbedingungen für ihre Tätigkeit zufrieden, zumal diese ständig weiterentwickelt und verbessert werden. Doch in Folge der nach wie vor langen Bearbeitungszeiten, Entscheidungsunwilligkeit der Beamten und häufig widersprüchlichen Auskünfte, welche die Handlungsfähigkeit ausländischer Unternehmer erheblich einschränken können, sind Geduld, die Einschaltung lokaler Spezialisten und oft die Vorsprache bei höherer Instanz unerlässlich.

Trotz der noch vorhandenen Hindernisse profitieren auch die in Russland tätigen deutschen Unternehmen von den sich positiv verändernden Rahmenbedingungen. Insgesamt sind derzeit knapp 3.000 deutsche Firmen in Russland tätig, über 3.500 Firmen sind in der russischen Föderation vertreten. Deutschland ist damit nicht nur der größte ausländische Investor in Russland, sondern auch dessen wichtigster Handelpartner (8,3 Prozent Exportanteil, 13,9 Prozent Importanteil). Unter diesen Voraussetzungen verfolgen immer mehr deutsche Unternehmen konkrete Investitionsprojekte, das trifft auch für kleine und mittelständische Betriebe zu.

Besonders interessant sind für sie vor allem die Bereiche Groß- und Einzelhandel (vertreten sind bereits Metro, AVA-Edeka, OBI, Ikea-Deutschland) sowie konsumnahe Branchen (Nahrungsmittel, Baumaterialien, Möbel, Kfz-Zulieferer), aber auch Elektrotechnik, Telekommunikation und Landmaschinenbau. Ein wachsender Bedarf besteht zudem für Verpackungsmaschinen.

Investitionsrecht

Für ausländische Investoren gelten u. a. folgende Garantien:

- Rechtsweggarantie
- Entschädigung für gesetzwidrige Handlungen und Unterlassungen der Verwaltungen
- Inländergleichbehandlungsgrundsatz
- Garantie der Übertragbarkeit von Rechten und Pflichten

- Entschädigung im Falle von Verstaatlichung oder Enteignung
- Bestandsschutz vor späteren Rechtsänderungen für ausländische Gesellschaften von über 25 Prozent
- Transfergarantie für rechtmäßig erzielte Einkünfte und Gewinne, nach Steuern und Abgaben
- Transfergarantie für zuvor als ausländische Investition eingeführte Vermögenswerte
- Ausfuhrgarantie für dokumentarische Aufzeichnungen bzw. auf Datenträger gespeicherte Informationen
- Freier Wertpapiererwerb
- Freie Teilnahme an Privatisierungen
- Erwerb von Eigentums- und Nutzungsrechten an Grundstücken, natürlichen Ressourcen, Gebäuden etc, entsprechend der russischen Gesetzgebung, einschließlich ihrer Körperschaften.

Ausländische Investoren müssen ihrerseits die Steuer- und Kartellgesetze beachten und unlauteren Wettbewerb unterlassen. Darüber hinaus müssen sie bei Gründung bzw. Auflösung ihrer Gesellschaften bzw. Niederlassungen die entsprechenden russischen Vorschriften beachten.

Gesellschaftsformen

Personengesellschaften:

- Volle Gesellschaft: Sie entspricht in etwa der deutschen OHG und ist nach russischem Recht eine juristische Person. Alle Gesellschafter haften unbeschränkt gesamtschuldnerisch. Eine natürliche Person darf nur zu einer Vollen Gesellschaft gehören.
- Kommanditgesellschaft: Sie ist eine juristische Person und entspricht – auch in ihren Statuten – in etwa der Kommanditgesellschaft deutschen Rechts.

Kapitalgesellschaften:

- Gesellschaft mit beschränkter Haftung: Ihre Statuten entsprechen in etwa denen der deutschen GmbH. Soweit der Nennwert der Sacheinlagen eines Gesellschafters das 200-fache des gesetzlich festgelegten Mindestmonatslohns beträgt, muss eine Bewertung eines unabhängigen Buchprüfers erfolgen.
- Aktiengesellschaft: Sie ist entweder offen oder geschlossen. Die Aktien einer offenen Aktiengesellschaft können im Gegensatz zu den Aktien einer offenen AG ohne Zustimmung der übrigen Aktionäre auf Dritte übertragen werden. Außerdem unterliegen die offenen Aktiengesellschaften einer strengen Publizitätspflicht, die geschlossenen nur ab einer bestimmten Größe. Die Übertragung von Aktien ist an erhebliche Formvorschriften gebunden (z. B. Genehmigung der Wertpapierkommission), so dass Übertragungen gut geplant und durchgeführt werden müssen.

Die Statuten entsprechen in etwa denen einer deutschen AG. Das Stammkapital einer geschlossenen Aktiengesellschaft russischen Rechts hat mindestens das 100-fache und das einer offenen Aktiengesellschaft das 1.000-fache des zum Zeitpunkt der staatlichen Registrierung gesetzlich festgelegten Mindestlohns zu betragen. Für ausländische Investoren bietet sich da doch eher die Rechtsform der GmbH an.

Ausländische juristische Personen können in der Russischen Föderation unter anderem tätig sein als:

- 100-prozentige Tochtergesellschaft,
- Joint Venture
- Repräsentanz / Vertretung

Zollrecht

Beim Import werden Waren mit Zoll, Einfuhrumsatzsteuer, Zollabfertigungsgebühren und Verbrauchssteuern belegt. Die Zollsätze liegen je nach Tarifgruppe bei 5, 10, 15 und 20 Prozent. Die Zollabfertigungsgebühr beträgt 0,15 Prozent vom Vertragswert. Zollfrei sind einige Lebensmittel, Arzneimittel, medizinische Technik, Bücher, Zeitungen, Zeitschriften und einige Rohstoffe.

Steuerrecht

Das neue Steuersystem gilt seit dem 1.1.2002. Die erhobenen Steuern werden nach föderalen, regionalen und örtlichen Steuern und Abgaben unterteilt.

- *Gewinnsteuer:* Sie entspricht der deutschen Körperschaftssteuer. Der allgemeine Steuersatz liegt bei 24 Prozent, dieser kann jedoch regional um 4 Prozent reduziert werden. Dividenden einer ausländischen juristischen Person werden mit 15 Prozent belegt, Dividenden russischer Unternehmen, die an russische Residenten ausgezahlt werden, werden mit 6 Prozent versteuert, Einkünfte ausländischer Gesellschaften, die nicht mit der Tätigkeit der Betriebsstätte verbunden sind, werden mit 10 bis 20 Prozent belegt.
- *Vermögenssteuer:* 2 Prozent
- *Einkommenssteuer:* Zwischen 13 und 35 Prozent
- *Mehrwertsteuer:* Seit Januar 2004 18 Prozent
- *Verbrauchssteuern:* Gilt nur für Luxusartikel, sie sind im Steuergesetzbuch auf Grundlage des Wertes oder der Warenmenge festgelegt.
- *Transportsteuer:* 1 Prozent
- *Reklamesteuer:* Maximal 5 Prozent
- *Grundsteuer:* Ergibt sich durch die Multiplikation des Hektarpreises mit der Größe des Grundstücks. Je nach Region gibt es eine Befreiung.

Arbeitsrecht

Es gilt die 40-Stunden-Woche, Abweichungen sind erlaubt, jedoch nicht mehr als vier Überstunden innerhalb von zwei Tagen und nicht mehr als 120 p.a. Der Mindesturlaub beträgt 28 Kalendertage. Ausländische Arbeitskräfte benötigen eine Arbeitserlaubnis der Einwanderungsbehörde.

Einreise- und Aufenthaltsbestimmungen

Der Visumantrag zu einmaligen oder mehrfachen Ein- und Ausreise nach Russland kann in einer Konsularvertretung der Russischen Föderation in Berlin, Bonn, Hamburg, Leipzig oder München eingereicht werden. Alle Unterlagen sollten nicht früher als drei Monate und spätestens zwei Tage vor der Einreise bei der Konsularabteilung eingegangen sein. Für die Ausstellung sind ein Original-Reisepass, ein Passbild, der unterschriebene Visumantrag und ein Krankenversicherungsnachweis einzureichen. Bei Geschäftsreisen wird zusätzlich eine als Originalschreiben oder gut lesbare Faxkopie vorliegende Einladung von russischer Seite benötigt. Um ein Visum für Geschäftsreisen zu erhalten, ist eine vom russischen Innenministerium ausgestellte förmliche Einladung erforderlich.

Investitionsstandort Russland

Fläche:	17,1 Millionen qkm
Hauptstadt:	Moskau
Einwohner:	144,7 Millionen
Sprache:	Russisch sowie mehrere Nationalsprachen
Währung:	Rubel
Dienstleistung:	58,2 Prozent
Industrie:	35 Prozent
Landwirtschaft:	6,8 Prozent
Wirtschaftsleistung:	512,4 Milliarden EUR
Wirtschaftswachstum:	6,1 Prozent
BIP je Einwohner:	3.600 EUR
Inflation:	13,7 Prozent
Arbeitslosigkeit:	8,7 Prozent
Flughafen:	Moskau, von dort aus zu weiteren Regionalflughäfen
Besondere Stärken:	Reiche Rohstoffvorkommen, niedrige Arbeitskosten, großer Binnenmarkt
Probleme:	Marode Infrastruktur, Engpass bei qualifizierten Arbeitskräften, hohe Kriminalitätsrate

10.23 USA

Das „Land der unbegrenzten Möglichkeiten“ hat diesen Ruf infolge seiner rigiden Einwanderungspolitik eingebüßt. Nicht aber, was seine Stellung in der Weltwirtschaft betrifft. Denn trotz konjunktureller Schwächen in den Jahren 2002 und der ersten Hälfte 2003 ist man für die wirtschaftlichen Perspektiven recht zuversichtlich. Sorge bereitet den Amerikanern jedoch weiterhin die Arbeitsmarktsituation – obwohl auch hier Anfang 2004 erste Anzeichen für eine Entspannung zu erkennen sind. Doch bislang ist die Zahl der neu geschaffenen Stellen nicht ausreichend, um die Arbeitslosenquote dauerhaft zu senken.

Nach einem kräftigen BIP-Anstieg im zweiten Halbjahr 2003 wird für 2004 ein BIP-Wachstum von 4,0 bis 4,5 Prozent erwartet. Als wesentliche Ursache des „Konsumrausches“ gilt der im Mai verabschiedete „Jobs and Growth Tax Relief Reconciliation Act of 2003“. Die damit einhergehenden Steuerrückerstattungen und niedrigeren Steuersätze führten zu einer spürbaren Erhöhung der privaten Einkommen. Aber auch die Investitionen der Unternehmen stiegen in 2003 mit 16,7 Prozent kräftig an. Für 2004 werden in diesem Bereich zwischen 9 und 10 Prozent erwartet.

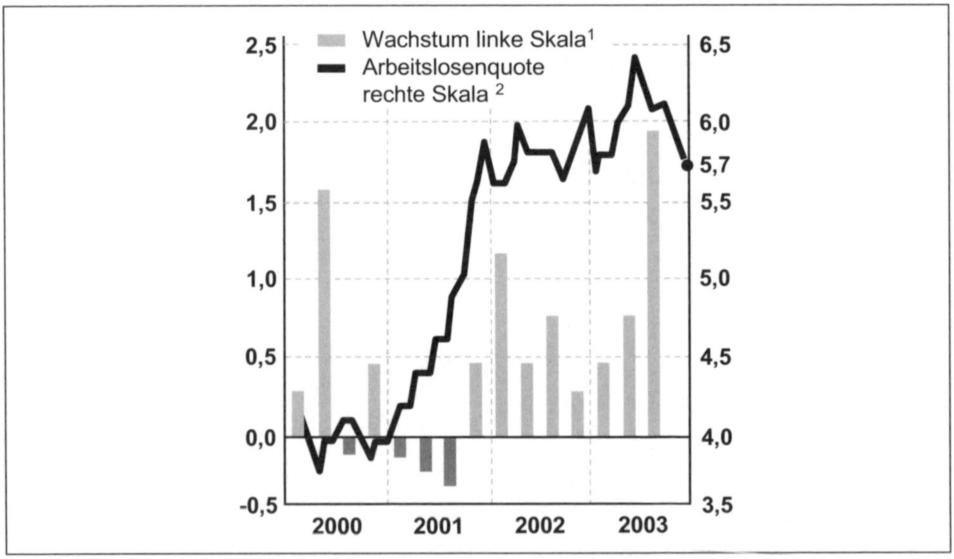

Abb. 10.9: Erwerbslosigkeit und Wachstum in den USA Entwicklung seit 2000 (in Prozent)

[1] Quartalswerte: Veränderung des realen Bruttoinlandsprodukts zum Vorquartal, annualisiert

[2] Saisonbereinigte Monatswerte

Quelle: Thomson Financial Datastream, dpa

Ursache für diesen Investitionsschub ist die deutlich verbesserte Gewinnsituation der Unternehmen. Waren diese nach Steuern 2002 auf 4 Prozent gesunken, so werden für 2003 rund 10 Prozent und für 2004 sogar um die 15 Prozent erwartet. Auf die positive Gewinnerwatung der Unternehmen und die insgesamt günstigen Konjunkturperspektiven hat die Börse mit spürbarem Optimismus reagiert.

Erwartet wird für die kommenden Jahre jedoch, dass die US-Bürger ihr Konsumverhalten ändern werden. Sie werden voraussichtlich einen höheren Anteil ihres verfügbaren Einkommens sparen, statt in den Konsum stecken. Dadurch wird sich das US-Wachstum mittelfristig verlangsamen. Hinzu kommt auch, dass die jetzt noch hohen Exporte in den asiatischen Raum von den Staaten dort künftig auf dem eigenen Markt produziert werden. Das trifft insbesondere für China und Indien zu. Die Volkswirtschaften dort werden entsprechend stärker wachsen als in den USA und auch Europa. Entsprechend aussichtsreicher ist damit künftig für Investoren auch eine Kapitalanlage im asiatischen Raum.

Trotzdem versuchen derzeit mehr und mehr deutsche Unternehmen, auf dem amerikanischen Markt Fuß zu fassen. Für sie ist das Steuerrecht dabei nicht die maßgebende Entscheidungskomponente.

Ausländische Direktinvestitionen

Die ausländischen Direktinvestitionen erreichten 2002 das niedrigste Niveau seit 1992. Der neuesten Erhebung des US Department of Commerce zufolge hatten diese im Jahr 2000 mit insgesamt rund 375 Milliarden EUR einen Höhepunkt erreicht. In den Folgejahren schrumpften die Direktinvestitionen jedoch um 54,2 bzw. 79,1 Prozent in 2002 auf nur noch 36 Milliarden EUR. Insgesamt waren Ende 2002 Ausländer in den USA mit rund 2,4 Billionen EUR investiert.

Im ersten Halbjahr 2003 hat das Investitionsniveau dann aber wieder kräftig auf 52,5 Milliarden EUR angezogen. Die größten Kontingente ausländischer Investoren stellten in dieser Periode Großbritannien mit 28,3 Milliarden EUR, gefolgt von Unternehmen aus der Schweiz (10,9 Mrd. EUR), Deutschland (7,7 Mrd. EUR) Frankreich (3,8 Mrd. EUR). Größter nicht-europäischer Investor war Panama mit 2,4 Milliarden EUR.

US-Steuersystem

Grundsätzlich wird die Steuerhoheit zwischen dem Bund (Federal Government), den einzelnen Bundesstaaten (States) und den lokalen Gebietskörperschaften (Local Governments/Municipalities) aufgeteilt:

- *Bund:* Bundeseinkommensteuer (Federal Income Tax), Bundeskörperschaftssteuer (Corporate Income Tax), Bundeserbschafts- und -schenkungssteuer (Federal Estate and Gift Tax), Verbrauchssteuern (Federal Exice Taxes)

- *Bundesstaaten:* Grund- und Vermögenssteuer (State Property Tax), Einkommenssteuer (State Incom Tax), Körperschaftssteuer (State Corporate Tax), Verbrauchs- und Verkehrssteuern (Sales and Use Tax)
- *Lokale Gebietskörperschaften:* Örtliche Grund- und Vermögenssteuer (Local Property Tax), örtliche Einkommens- und Körperschaftssteuer (Local Income Taxes)

Die Verteilung ist dabei nicht klar geregelt. Dies führt im Einzelfall zu Doppel- oder Mehrfachbelastungen. Dies wird jedoch teilweise dadurch abgemildert, dass Steuern als Betriebsausgaben absetzbar sind oder die Bemessungsgrundlage auf Bundesebene reduzieren.

Körperschaftssteuer (Corporate Income Tax)

Kapitalgesellschaften unterliegen der Körperschaftssteuer, die auf Ebene des jeweiligen Bundesstaates und teilweise auch von der lokalen Gemeinde erhoben wird. Ist das Unternehmen in verschiedenen US-Bundesstaaten tätig, so werden die Einkünfte von dem Staat besteuert, in dem sie erzielt wurden. Dabei können die Steuersätze – wie die folgende Auswahl zeigt – recht unterschiedlich sein:

- *Delaware:* 8,7 Prozent
- *District of Columbia:* 9,0 Prozent
- *Florida:* 5,5 Prozent
- *New York:* 7,5 Prozent
- *Texas:* 0 Prozent

Die Gemeinden und Landkreise können ebenfalls eine eigene Körperschaftssteuer erheben. Diese liegt in der Regel bei einem Steuersatz von ein bis zwei Prozent des Gewinns. Im Einzelfall, beispielsweise in New York City, kann diese jedoch höher und bis zu 8,75 Prozent ausfallen.

Die folgende Darstellung beschränkt sich auf die Ermittlung der Bundessteuer.

Durch das Check-the-Box-Verfahren können die meisten Unternehmen bei der Veranlagung zur Bundessteuer wählen, ob sie als Kapitalgesellschaft (Veranlagung zur Körperschaftssteuer) oder als transparente Einheit (Besteuerung unmittelbar auf Ebene ihrer Gesellschaft) behandelt werden. Ausgeschlossen vom Check-the-Box-Verfahren sind:

- *Einzelunternehmen:* Sie werden immer als steuerlich transparente Unternehmen besteuert, die Einkünfte werden also beim Inhaber, einer natürlichen Person, der Einkommensteuer unterworfen.
- *Corporations:* Sie werden grundsätzlich als Kapitalgesellschaft besteuert, eine Sonderregelung gibt es für Small Business Corporations – so genannte S-Corporations. Diese Gesellschaften können die Besteuerung als Personengesellschaft wählen, so-

weit an ihnen nicht mehr als 75 natürliche Personen mit US-Wohnsitz bzw. US-Staatsbürgerschaft beteiligt sind, die Gesellschaft nur eine Aktiengattung ausgegeben hat und nicht zu einem Konzern gehört.

Auch bei ausländischen Kapital- und Personengesellschaften wird das Check-the-Box-Verfahren angewandt. Davon ausgeschlossen ist jedoch die deutsche Aktiengesellschaft, die immer als Kapitalgesellschaft eingestuft wird.

Steuerpflicht

Der *unbeschränkten Steuerpflicht* unterliegen alle Kapitalgesellschaften beziehungsweise Gesellschaften, die im Check-the-Box-Verfahren die Behandlung als Kapitalgesellschaft gewählt haben. Dabei ist unerheblich, wo der Ort der tatsächlichen Geschäftsleitung liegt. Liegt dieser bei einer ausländischen Gesellschaft in den USA, wird die unbeschränkte Steuerpflicht nur dadurch begründet, dass der Gesellschaftssitz verlegt und die Gründungsurkunde bei der zuständigen Behörde eingereicht wird. Die unbeschränkte Steuerpflicht führt dazu, dass das gesamte, weltweit erzielte Einkommen der Kapitalgesellschaft in den USA steuerpflichtig ist.

Ausländische Kapitalgesellschaften unterliegen mit ihren steuerpflichtigen US-Quelleneinkünften der *beschränkten Steuerpflicht.*

Gewinnermittlungsmethode

Neben der nach US-GAAP aufgestellten Handelsbilanz, die der Information der Investoren über sämtliche entscheidungsrelevanten Daten dient, muss in den USA eine Steuerbilanz erstellt werden. Im Gegensatz zum deutschen Steuerrecht besteht nämlich eine strikte Trennung zwischen Handels- und Steuerbilanz, die durch zahlreiche Anpassungen von der Handelsbilanz abweicht. Zur steuerlichen Gewinnermittlung besteht für kleinere Unternehmen die Möglichkeit, eine Einnahmen-Überschussrechnung (Cash Method of Accounting) zu erstellen. In der Regel wird allerdings anhand einer periodengerechten Abgrenzung (Accrual Method of Accounting) die Gewinnermittlung vorgenommen. Diese ist vergleichbar mit dem im deutschen Steuerrecht vorgesehenen Betriebsvermögensvergleich.

Die US-Steuersätze für Kapitalgesellschaften liegen zwischen 15 und 35 Prozent.

Besteuerung von Dividendenzahlungen

Werden Dividenden von einer Kapitalgesellschaft an den Gesellschafter ausgezahlt, so sind diese einkommenssteuerpflichtig. Bei der Gesellschaft unterliegen sie der Körperschaftssteuer und im Ausschüttungsfall beim Gesellschafter der Einkommenssteuer. Dabei besteht keine Möglichkeit, die von der Gesellschaft geleisteten Steuerzahlungen anzurechnen. Werden Dividenden an Gesellschafter ausgeschüttet, die in den USA unbeschränkt steuerpflichtig sind, wird keine Quellensteuer einbehalten.

Anders verhält es sich, wenn die Dividende einer ausländischen Kapitalgesellschaft oder einer beschränkt steuerpflichtigen natürlichen Person zufließt. Dann wird eine Quellensteuer von 30 Prozent einbehalten, sofern das anzuwendende DBA keinen geringeren Steuersatz vorsieht.

Werden Gewinne einer Kapitalgesellschaft über einen angemessenen Finanzierungsbedarf hinaus nicht ausgeschüttet, wird von der US-Steuerbehörde unterstellt, dass die Besteuerung auf Ebene des Gesellschafters verzögert oder gar vermieden werden soll. In diesem Fall greift die so genannte Accumulated Earnings Tax (AET) ein, durch welche die Ausschüttung der Gewinne fingiert und die Besteuerung beim Anteilseigner vorgenommen wird. Die AET kann im Fall einer späteren Ausschüttung der Gewinne, für die bereits AET entrichtet wurde, nicht auf die Einkommenssteuer des Gesellschafters angerechnet werden. Damit handelt es sich um eine echte Strafsteuer.

Umsatzsteuer

Auf Bundesebene fällt in den USA keine Umsatzsteuer an, jedoch erheben die Bundesstaaten mit Ausnahme von Delaware, Montana, New Hampshire, Oregon und Alaska sowie viele lokale Gebietskörperschaften eine Umsatzsteuer. Der Steuersatz liegt in der Regel zwischen 3 Prozent (Colorado) und 6,5 Prozent (Minnesota, Nevada), übersteigt im Einzelfall jedoch diesen Steuersatz (New York: 8,25 Prozent).

Besitzsteuer

Die meisten Bundesstaaten und lokalen Gebietskörperschaften erheben eine Steuer auf das Grundvermögen (Real Property Tax), die zwischen 0,5 und 2,5 Prozent des Grundvermögens liegt. Einige Bundesstaaten und lokale Gebietskörperschaften erheben zudem eine Steuer auf bewegliches materielles oder immaterielles Betriebsvermögen (Property Tax).

Investitionsstandort USA

Fläche:	9,36 Millionen qkm
Hauptstadt:	Washington
Einwohner:	285,9 Millionen
Sprache:	Englisch
Währung:	US-$
Dienstleistung:	72 Prozent
Industrie:	26 Prozent

Landwirtschaft:	2 Prozent
Wirtschaftsleistung:	13,0 Billionen EUR
Wirtschaftswachstum:	2,5
BIP je Einwohner:	45.960 EUR
Inflation:	2,3 Prozent
Arbeitslosigkeit:	6,1 Prozent
Flughafen:	New York sowie in allen größeren Städten der US-Bundesstaaten
Besondere Stärken:	Hohe Innovationskraft, Mobilität, Leistungsbereitschaft und Produktivität, politisch stabil
Probleme:	Derzeit keine Risiken für Investoren

10.24 China

China ist in vielfacher Weise Rekordmeister: das schnellste Wachstum, die höchsten Auslandsinvestitionen, die meisten Mobiltelefone. Wichtiger aber sind für China:

- der Aufbau einer Wirtschaftsmacht in Asien,
- die schleichende Einvernahme Taiwans dank der Übersiedlung der taiwanesischen Industrie:
  - Taiwanesische Unternehmen gehören zu den größten Direktinvestoren in der Volksrepublik, hunderttausende hochqualifizierter Arbeitskräfte sind mittlerweile auf das Festland abgewandert und besetzen in Shanghai, Peking oder Dongguan Schlüsselpositionen in Hochtechnologie, Banken und im Verarbeitenden Gewerbe,
- die Rückkehr auf die Weltbühne 2001 mit dem Beitritt zur WTO,
- die Ausrichtung der Olympischen Spiele in Peking 2008 und
- der Expo 2010 in Shanghai.

China wird von der Welt wahrgenommen, es hat sich von seiner jahrhundertelangen Abschottung verabschiedet. China steht heute für eine Öffnung zum Westen, für Technologiebesessenheit und Hochgeschwindigkeit.

Zwar ist China mit einem Pro-Kopf-Einkommen von jährlich rund 1.300 EUR noch immer das größte Entwicklungsland – doch ist der Wohlstand in den letzten Jahren um mehr als 250 Prozent, der Wohlstand der städtischen Bevölkerung sogar um mehr als 350 Prozent gestiegen.

Tabelle 10.24: Die größten Exportländer 2003
Quelle: WTO

Land	Volumen in Mrd. US-Dollar	Anteil weltweit in Prozent
Deutschland	748	10,0
Vereinigte Staaten	724	9,7
Japan	472	6,3
China	*438*	*5,9*
Frankreich	384	5,1
Großbritannien	304	4,1
Niederlande	293	3,9
Italien	290	3,9
Kanada	272	3,6
Belgien	254	3,4

Was mit der Schaffung einzelner Sonderwirtschaftszonen vor rund zwanzig Jahren begann, führte zur Öffnung eines ganzen Landes – hin zur Fabrik der Welt. Schon heute kauft statistisch jeder Erdenbürger einmal jährlich ein paar Schuhe aus China. Mit Kleidung und Haushaltsgeräten sieht es ähnlich aus. China ist der Schneider der Welt. Und auch beim Export von Hochtechnologie bricht das Land alle Rekorde.

Es gibt nichts, was nicht in China produziert würde – vom Turnschuh bis zum Flugzeug – und das konkurrenzlos günstig. Da verwundert es nicht, dass der Exportwert 2003 um rund 35 Prozent hochgeschnellt ist. Damit nimmt das Land bereits den vierten Rang unter den größten Exportländern ein.

China liefert aber nicht nur immer mehr, es kauft weltweit auch kräftig ein. So wuchsen die Importe 2003 sogar um 40 Prozent. Damit liegt China in der Rangliste der größten Importnationen hinter den USA und Deutschland auf Rang drei.

Doch China wird letztlich daran gemessen werden, ob die Reformpolitik dauerhaften Wohlstand bringt. Angesichts eines unterbewerteten Yuan und des anschwellenden Haushaltsdefizits kann sich die aufkeimende Wirtschaft nicht länger auf staatliche Finanzierungsprogramme und das grenzenlose Exportwachstum verlassen. Die chinesische Binnennachfrage muss angekurbelt werden. Sie steuert erst 26 Prozent zum BIP bei. Doch geht es nach dem Willen der chinesischen Regierung, verwandelt sich China bis zum Jahr 2020 in eine mittelständische Wohlstandsgesellschaft.

China öffnet sich ausländischen Investoren

Ausländischen Investoren stehen nach Chinas Beitritt zur Welthandelorganisation (WTO) mehr Industrie- und Dienstleistungsbereiche offen. Im Catalogue for the Guidance of Foreign Investments sind die derzeit möglichen 371 Investitionsbereiche erfasst. So sehr sich das Land auch als attraktiver Ort für ausländische Direktinvestitionen präsentiert – wie die Investitionszuflüsse der letzten Jahre eindeutig belegen – so wenig möchte es ungeregelten Zufluss von Kapital. Daher hat der Staatsrat im Katalog besonders geförderte, zugelassene, beschränkte und verbotene Wirtschaftsbereiche unterschieden.

Die Wirtschaftsbereiche, in denen ausländische Engagements besonders erwünscht und erlaubt sind, stiegen von 186 auf 262. Gleichzeitig wurden die Beschränkungen von 112 auf 75 verringert. Insgesamt bleiben 34 Industrie- und Dienstleistungsbereiche, die für ausländische Investoren nach wie vor nicht zugänglich sind. Dazu gehören u. a. Radio- und Fernsehstationen sowie Beteiligungen in bestimmten Energie-, Rohstoff- und Finanzsegmenten, die als national wichtig eingestuft sind.

Mit Einführung des Katalogs wurden bislang bestehende Einschränkungen ausländischer Beteiligungen in bestimmten Bereichen aufgehoben. Das gilt insbesondere für den Betrieb von Hafenanlagen. Auch städtische Versorgungsnetze für Gas, Heizung, Wasser und Abwässer können heute unter bestimmten Bedingungen von ausländischen Investoren gebaut und betrieben werden. Im Dienstleistungsbereich werden Bankwesen, Versicherungsdienstleistungen, Telekommunikationsdienste, Handel, Transport, Tourismus, Rechnungswesen und Rechtsberatung in den kommenden Jahren sukzessive geöffnet. Der Katalog enthält dafür einen genauen Zeitplan.

Regional gesehen will die chinesische Regierung die Kapitalzuflüsse verstärkt in die westlichen Provinzen lenken. Unternehmen, die dort in erwünschte Industrien investieren, erhalten spezielle Vorzugsbehandlungen, darunter das Einfrieren der Körperschaftssteuer auf 15 Prozent bis 2010. Auch dürfen hier ausländische Beteiligungen an chinesischen Unternehmen in bestimmten immer noch beschränkten Bereichen höher ausfallen als in den anderen Landesteilen. Doch wie eine Umfrage der Deutschen Handelskammer in China bei dort bereits vorrangig an der Ostküste ansässigen deutschen Unternehmen

Tabelle 10.25: Deutsche Direktinvestitionen in China (Saldo) in Millionen EUR
Quelle: Deutsche Bundesbank

1998	1.094
1999	–631
2000	811
2001	874
2002	1.105

zeigt, hat mehr als die Hälfte von ihnen trotz zusätzlicher staatlicher Vergünstigungen keinerlei Pläne, von der industrialisierten Ostküste in den Westen des Landes vorzustoßen.

Womit ausländische Investoren zu kämpfen haben

Die Rechtsunsicherheit ist in China für Investoren das größte Problem. Nach einer Studie der Deutschen Handelskammer in China beklagen 64 Prozent der deutschen Unternehmen vor Ort einen Mangel an Transparenz; 48 Prozent beschweren sich über Unsicherheiten in der Rechtslage. Folge: Wenn Warenlieferungen beispielsweise aus einer der vielen Nähfabriken fehlerhaft sind, gibt es keinerlei Ersatz vom Hersteller. Und der Abnehmer hat auch keine Chance, den entstandenen Schaden vor einem chinesischen Gericht einzuklagen.

Schwierigkeiten kann es auch beim Transport der Ware geben. Lokale Transportunternehmen haften für Transportschäden nur bis zur Schadenshöhe von derzeit nur 40.000 Yuan (das sind rund 4.000 EUR).

Auch wenn Investoren eine 100-prozentige Tochtergesellschaft gründen, sollten sie auf dem riesigen Markt immer mit einem lokalen Partner operieren. In China braucht man ein Geflecht von persönlichen Beziehungen, um voranzukommen – gleichgültig, ob es um die Vergabe von Lizenzen und Genehmigungen oder um die Erteilung von Aufträgen geht. Das gilt für Mittelständler genauso wie für Großkonzerne.

Im normalen unternehmerischen Alltag erfordert die Beziehungspflege viel Zeit und Geld. Jenseits von „kleinen Aufmerksamkeiten“ müssen die Manager nach Erkenntnissen der Deutschen Handelskammer ihre (potenziellen) Geschäftsfreunde vor allem mit Essenseinladungen beglücken. Auch Reisen nach Deutschland mit hohem touristischen Unterhaltungswert gehören fest zur Klaviatur der Freundlichkeiten.

Erfolg lässt sich freilich auch damit nicht garantieren. Viele ausländische Investoren überschätzen ganz einfach ihre Geschäftschancen in China. Die Gewinne sind häufig nicht so groß wie anfangs erhofft. Das liegt zum einem an dem immer stärker werdenden Wettbewerb mit lokalen Anbietern und zum anderen an den hohen Kosten, die Ausländer für die Überwindung der trotz WTO-Beitritt immer noch zahlreichen Markteintrittsbarrieren zu tragen haben.

Doch die Chancen sind größer als die Risiken. Es gibt jedenfalls kaum einen in China engagierten ausländischen Unternehmer, der über einen Rückzug nachdenkt. Wichtig sollte bei einem Engagement immer eine realistische Erwartungshaltung sein. Schließlich sind rund 75 Prozent des chinesischen Marktes immer noch für Ausländer abgeschottet. Doch die verbleibenden 25 Prozent bieten Investoren größere Wachstumschancen als sonst in der Welt.

Foreign Investment Enterprises

Mit dem Beitritt zur WTO wurde auch das Recht der Foreign Investment Enperprises grundlegend geändert. So wurde beispielsweise die Pflicht, den Behörden alljährlich Produktions- und Betriebspläne vorzulegen, abgeschafft. Inzwischen können diese Gesellschaften frei entscheiden, woher sie ihre Waren und Leistungen beziehen. Entfallen ist auch die Pflicht, für eine ausgeglichene Devisenbilanz zu sorgen, also Einnahmen und Ausgaben in ausländischer Währung im Gleichgewicht zu halten.

Grundsätzliche Veränderungen hat es auch hinsichtlich der Kapitalausstattung der Foreign Investment Enterprises gegeben. So kann etwa das Stammkapital der Gesellschaft – wenn auch nur mit Zustimmung der zuständigen Behörde – herabgesetzt werden. Und bei Sachanlagen – etwa Maschinen –, die der ausländische Investor anstelle von Kapital in die Gesellschaft einbringt, muss es sich nicht mehr um in China hergestellte Ausrüstungsgegenstände handeln. Ähnliche Erleichterungen gibt es für die Einbringung von Know-how und gewerblichen Schutzrechten.

Gesellschaftsformen, deren Besteuerung und Förderung

Besteuerung einer Foreign Investment Enterprise

- Besteuerung des weltweiten Einkommens
- Anrechnung der auf das Einkommen aus ausländischen Quellen bezahlten Steuern
- Steuersatz 33 Prozent

Besteuerung einer Foreign Enterprise

- Besteuerung des aus chinesischen Quellen stammenden Einkommens
- Steuersatz 33 Prozent

Steuervergünstigungen

Grundsätzlich gilt: Viele Steuervergünstigungen sind nur für Foreign Investment Enterprises erhältlich, so u. a. auch die Steuervergünstigungen für Produktionsgesellschaften und technisch hochstehende, exportorientierte Unternehmen. Ein Antrag für eine Steuervergünstigung ist möglich, falls in einer bestimmten Region produziert wird.

- *Steuervergünstigungen für Produktionsgesellschaften*
  - Jahr eins und zwei ab Eintritt in die Gewinnzone Befreiung von der Gewinnsteuer
  - Jahre drei bis fünf ab Eintritt in die Gewinnzone Reduktion der steuerbaren Basis auf 50 Prozent
  - *Voraussetzungen:* Gilt nur für Foreign Investment Enterprises, dabei wird eine operative Tätigkeit von voraussichtlich mindestens zehn Jahre

- *Steuervergünstigung bei wirtschaftlicher Tätigkeit in bestimmten geografischen Zonen*
  - Reduzierter Steuersatz auf einer reduzierten Steuerbasis, die Höhe der Steuervergünstigungen ist abhängig von der jeweiligen Region
  - Die Steuervergünstigungen gelten sowohl für Foreign Investment Enterprises (FIEs) als auch für Foreign Enterprises (FEs)
- Chinesische Quellensteuer auf Dividenden, Zinsen und Lizenzen grundsätzlich 20 Prozent, Reduktion gemäß DBA (10 Prozent), keine Quellensteuer auf Dividenden, welche von Foreign Investment Enterprises ans ausländische Investoren entrichtet werden
- Steuervergünstigungen bei einem Joint Venture
- Steuervergünstigung für Produktionsgesellschaft wie bei FIE. Zusätzlich: Antrag auf Qualifikation als technologisch hochstehende und exportorientierte Foreign Investment Enterprise, Ausdehnung der Steuervergünstigung der Produktionsgesellschaft, d. h., für die Jahre sechs bis acht ab Eintritt in die Gewinnzone wird die Steuerbasis weiterhin auf 50 Prozent reduziert, Reduktion des Steuersatzes auf 10 Prozent

Besteuerung einer Wholly Foreign Owned Enterprise

Die Wholly Foreign Owned Enterprise ist eine Kapitalgesellschaft, die ausschließlich von ausländischen Investoren finanziert wird. Diese Gesellschaftsform ist den Joint Ventures wegen der höheren Flexibilität und Unabhängigkeit hinsichtlich Management und operativer Tätigkeit vorzuziehen.

Ohne nationales Know-how eines chinesischen Partners ist eine Genehmigung unter Umständen jedoch nur schwer zu bekommen. Es besteht bei dieser Gesellschaftsform nur ein geringer Schutz gegen Diskriminierungen im Bereich der Vergabe von Aufträgen und knappen Gütern.

- Steuerlich wird die Wholly Foreign Owned Enterprise wie eine Foreign Investment Enterprise behandelt
- Steuervergünstigungen sind analog dem Joint Venture

Besteuerung einer Holdinggesellschaft

Holdinggesellschaften werden in der Regel als weitere Foreign Investment Enterprise oder als Equity Joint Venture zur Steuerung von Foreign Investment Enterprises gegründet. Das Mindestkapital beträgt 36 Millionen EUR. Die Aktivitäten beschränken sich auf Investitionen in Industrie, Landwirtschaft, Infrastruktur und den Energiesektor. Dabei sind Dienstleistungen an Tochtergesellschaften ab einer Mindestbeteiligung von 25 Prozent erlaubt

- Die Besteuerung entspricht der Foreign Investment Enterprise
- Dividendenzahlungen von chinesischen Tochtergesellschaften an die Holding bilden bei der Holding keinen steuerbaren Gewinn
- Ein steuerliches Konsolidierungsrecht gilt nur für von Inländern beherrschte Holdinggesellschaften
- Keine Steuervergünstigungen mit Ausnahme von Reinvestitionen

Steuerliche Überlegung auf Investorenseite bei einem China-Engagement

Falls in China ein Joint Venture oder eine Wholly Foreign Owned Enterprise (WFOE) installiert wird, stellt sich für den Investor die Frage der Strukturierung: Soll diese chinesische Gesellschaft an

- die deutsche Muttergesellschaft,
- eine beispielsweise niederländische Subholding,
- an ein Regional Headquarter in Hongkong

oder

- an eine Offshore-Gesellschaft

angehängt werden? Wie sich das steuerlich auswirkt, zeigt nachfolgendes Beispiel einer Produktionsgesellschaft im textilen Bereich:

Direkte Beteiligung über die deutsche Muttergesellschaft

- Dividenden an die deutsche Muttergesellschaft
  - *China:* Keine Quellensteuer, da Auszahlung von einer Foreign Investment Enterprise an ein ausländisches Unternehmen erfolgt
  - *Deutschland:* Gewinnsteuer, evtl. Holdingprivileg / Beteiligungsabzug
- Etwaiger Kapitalgewinn aus der Veräußerung des chinesischen Unternehmens
  - Grundsätzlich 10 Prozent chinesische Quellensteuer
  - Gemäß DBA China / Deutschland wird jedoch das ausschließliche Besteuerungsrecht Deutschland zugewiesen

Indirekte Beteiligung über eine niederländische Subholding

- Dividenden an die niederländische Subholding
  - *China:* Keine Quellensteuer, da Auszahlung von einer Foreign Investment Enterprise an ein ausländisches Unternehmen erfolgt

  - *Deutschland:* Gewinnsteuer
- Etwaiger Kapitalgewinn aus der Veräußerung des chinesischen Unternehmens
  - 10 Prozent chinesische Quellensteuer
  - Anrechnung der chinesischen Quellensteuer an die deutsche Steuer

Indirekte Beteiligung über ein Regional Headquarter in Hongkong

- Dividenden an das Regional Headquarter
  - *China:* Keine Quellensteuer, da Auszahlung einer Foreign Investment Enterprise an ausländisches Unternehmen erfolgt
  - *Hongkong:* Keine Gewinnsteuer, da Ertrag außerhalb von Hongkong generiert wurde
- Etwaiger Kapitalgewinn aus der Veräußerung des chinesischen Unternehmens
  - 10 Prozent chinesische Quellensteuer
  - Keine Steuer auf Kapitalgewinne in Hongkong

Indirekte Beteiligung über eine Offshore-Gesellschaft

- Dividenden an die Offshore-Gesellschaft
  - *China:* Keine Quellensteuer, da Auszahlung der Foreign Investment Enterprise an ausländisches Unternehmen erfolgt
  - *Offshore-Land:* Keine Gewinnsteuer
- Etwaiger Kapitalgewinn aus der Veräußerung des chinesischen Unternehmens
  - 10 Prozent chinesische Quellensteuer
  - Keine Steuer auf Kapitalgewinn, besser: Steuerfreie Veräußerung der Offshore-Gesellschaft

Fazit: Wer als Unternehmer in China investiert, für den zahlt sich der Umweg über eine zwischengeschaltete Gesellschaft in Hongkong oder einem Offshore-Platz – beispielsweise Labuan – steuerlich immer aus! Das gilt insbesondere für den Fall, wenn das Unternehmen wieder veräußert wird.

China – ein zerbrechlicher Gigant?

Die Risiken des erwachenden Chinas sind groß. Es ist fraglich, ob die Geschwindigkeit der Anpassung an den Westen mit der Geschwindigkeit des Wachstums Schritt halten kann. Wir erinnern uns: Noch vor gut einem Jahrzehnt galten japanische Fabriken uns als Vorbild. Heute liegt Nippon am Boden. Nur wenige Jahre ist es her, dass die asiatischen Tigerstaaten für ein Wachstumswunder gehalten wurden. Damals gaben sich deutsche Industrielle zwischen Bangkok, Jakarta und Manila die Klinke in die Hand. Heute überlassen sie beim Treck nach Shanghai oder Peking die jungen Demokratien dort weitgehend sich selbst.

Keine Frage: Weltweit betrachtet führt derzeit an der Wirtschaft Chinas kein Weg vorbei. Teilnahme, Investition und Wagemut sind gefragt. Doch Investoren sollten sich bewusst sein, dass dies ein abruptes Ende finden kann. Der Wohlstand ist in China sehr ungleich verteilt, die Kluft zwischen Arm und Reich, Stadt und Land wächst rasant. Noch immer leben rund 800 Millionen Menschen auf dem Land. Während diese vor zwei Jahrzehnten zu den ersten Gewinnern der chinesischen Wirtschaftsreformen zählten, kam es in den letzten Jahren zu einer stetigen Verschlechterung ihrer Situation. Ihre Realeinkommen sinken, die Belastung durch willkürlich erhobene Steuern und Gebühren wächst. Steigende Unzufriedenheit und zunehmende Gewaltbereitschaft sind die Folgen.

Reformverlierer in den Städten sind die Arbeitslosen. Seit 1998 haben allein Staatsunternehmen 27 Millionen Leute entlassen. Sie konkurrieren am Arbeitsmarkt mit Schulabgängern und Bauern, die als Tagelöhner in die Städte ziehen.

Niemand kann vorhersagen, wie das Land die hohen Wachstumsraten verarbeiten wird, wie die Gesellschaft die Wachstumsunterschiede verkraftet, wie anfällig das Finanzsystem für überschwappende Krisen aus anderen Weltregionen ist und welche Folgen Führungswechsel in der autokratischen politischen Elite haben werden. Nur eins ist sicher: Ohne grundlegende Modernisierung auch seiner Politik wird China seine Probleme jedenfalls, allen voran die grassierende Korruption, die jedes Reformvorhaben unterminiert und auch ausländischen Investoren immer wieder den chinesischen Wirtschaftsalltag erschwert, nicht lösen.

Dennoch: Neben Taiwanesen und Japanern stehen Europäer und Amerikaner heute Schlange, um in China Fuß zu fassen. Kaum ein Konzern von Weltrang kann der chinesischen Wirtschaftsdynamik widerstehen: Egal ob Siemens, Volkswagen, Kodak oder Coca-Cola – alle wollen vom Boom profitieren. Dazu Chinas Standortvorteil Nummer eins: das nahezu unbegrenzte Heer an billigen Arbeitskräften.

Weltweit herrscht bei Investoren Goldgräberstimmung. Das Risiko, in China nicht dabei zu sein und Chancen zu verpassen, ist für viele von ihnen größer als das Risiko von Fehlinvestitionen.

Investitionsstandort China

Fläche:	9,56 Millionen qkm
Hauptstadt:	Peking (Beijing)
Einwohner:	1,3 Milliarden
Sprache:	Chinesisch

Währung:	Yuan
Dienstleistung:	33 Prozent
Industrie:	50 Prozent
Landwirtschaft:	17 Prozent
Wirtschaftsleistung:	1,7 Billionen EUR
Wirtschaftswachstum:	7,0 Prozent
BIP je Einwohner:	1.316 EUR
Inflation:	0,5 Prozent
Arbeitslosigkeit:	13,0 Prozent
Flughafen:	Peking, Shanghai, Hongkong
Besondere Stärken:	Zig-Millionen billiger Arbeitskräfte
Probleme:	Starkes Ungleichgewicht zwischen Arm und Reich, grassierende Korruption

10.25 Wettstreit der Giganten

Die Welt im Jahr 2040: China löst die USA als größte Wirtschaftsnation ab, Indien überholt Japan. Das rasante Wachstum dieser beiden bevölkerungsreichsten Länder der Welt wird die Weltwirtschaftsordnung umwälzen. Immer lauter werden die Stimmen, die Indien die nächste Erfolgsgeschichte in Asien zutrauen. Indien hat sich aufgemacht, dem großen Nachbarn zu folgen, den Abstand zu verringern, aufzuholen.

Nichts scheint auf den ersten Blick unglaubwürdiger als diese Hoffnung Indiens:

- 65 Prozent der Inder arbeiten noch in der Landwirtschaft.
- Der Ausstoß der indischen Industrie steht für ein gutes Viertel der Wirtschaftsleistung des Landes,
- in China dagegen nimmt er schon fast die Hälfte ein.

Indien wäre das erste Land Südasiens, das einen Entwicklungssprung vollbrächte. Bislang ist Ostasien auf Wirtschaftswunder abonniert – erst Japan, dann Südkorea, heute China.

China kann, was Europäer und Amerikaner nicht können. Die aus der Krämerseele hervorbrechende Gier nach dem unendlichen Markt mit seinen grenzenlosen Profiten erinnert an die Internetblase. Sie wirft Wertmaßstäbe über den Haufen. Indien dagegen ist spröde. Es hat keine Stadt wie Shanghai als Aushängeschild. Wer nach Bombay oder Bangladore kommt, wird mit Elend konfrontiert, das man entlang der chinesischen Küste nicht zu Gesicht bekommt. Während die Wahrnehmung Indiens zu Recht vom bürokratischen Chaos, von mangelnder Infrastruktur und Korruption bestimmt wird, übertüncht Chinas Wachstumseuphorie die Schwachstellen. Beide, China und Indien, haben ein Problem:

- China wird im Ausland heillos überschätzt,
- Indien wird unterschätzt.

Tatsächlich ringt China heute noch mit den Hinterlassenschaften Maos, mit maroden Staatsbetrieben und Banken, die nur Instrument der Politik sind. Ein Drittel der mehr als einer halben Milliarde chinesischer Bauern kann nach Schätzungen der OECD sein Einkommen nicht auf dem Feld verdienen – und drängt zunehmend in die Städte. Auf der anderen Seite ist es gerade die Kommandostruktur der Kommunisten, welche die schrittweise Verordnung des Kapitalismus ermöglicht. Während in Indien etwa 40 Prozent der Bevölkerung Analphabeten sind, sind es in China nur 14 Prozent. Indien seinerseits schöpft Gewinn aus der Kolonialzeit:

Es profitiert von der englischen Sprache und dem britischen Rechtssystem. Allerdings bleibt die Last des Kastenwesens, unterhalb dessen noch 160 Millionen Inder als Unberührbare vegetieren. Dies bleibt auf unabsehbare Zeit ein bestimmender Faktor.

China profitiert vor allem von seinem Entwicklungsvorsprung. Es finanzierte seinen Aufschwung seit 1992 konsequent aus der Staatskasse. Obwohl China keine Demokratie und auch sonst sehr unterschiedlich zu westlichen Staaten ist, nutzt es dennoch die besten bekannten Praktiken der Wirtschaftspolitik. Die konsequente Öffnung für Direktinvestitionen aus dem Ausland ist dafür ein gutes Beispiel. Der Westen erkannte seine Chancen und gab in Richtung China einen beispiellosen Investitionsstrom frei.

Indien hat sich dagegen seit Ende der Kolonialzeit auf sich selbst verlassen. Eine Milliarde Menschen sollte als Markt für die heimische Industrie genügen. Erst 1991 schwenkte Indien auf einen Kurs der Öffnung und Deregulierung ein. Während aber China sich seit seiner Öffnung ständig aufwärts bewegte, fuhr Indien Achterbahn: Das Reformtempo schlief unter wechselnden Regierungen so schnell wieder ein, wie es begonnen hatte. Ein Beispiel ist die Infrastruktur:

- In China werden die Metropolen entlang der Küste von Monat zu Monat besser vernetzt.
- Indien hinkt zwanzig Jahre hinterher. Zwischen den Großstädten wird jetzt erst ein Autobahnnetz geknüpft.
- Wer den Flughafen von Neu-Delhi kennt, möchte den von Shanghai nicht mehr missen.

Hat Indien also keine Chance?

Indien, so meinen Experten, hat durch seine organischere, eigenständigere Entwicklung die Möglichkeit, nachhaltiger zu wachsen als das von ausländischen Investorengeldern

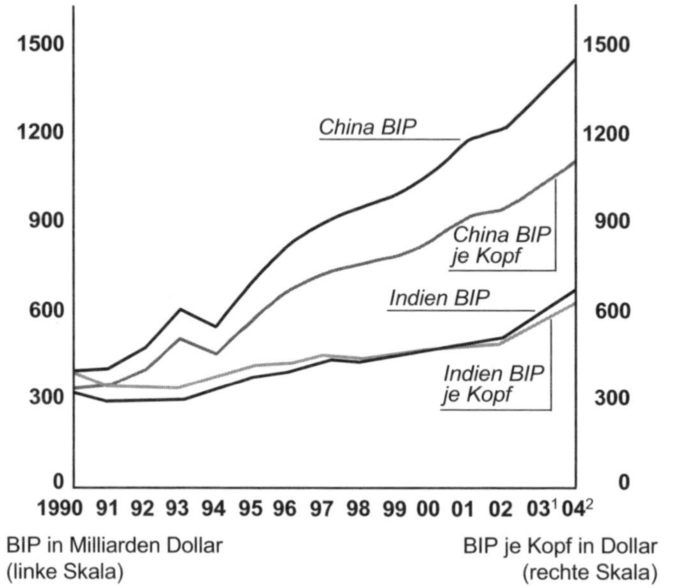

Abb. 10.10: Rasante Aufsteiger: China und Indien

aufgepumpte China. Indien werde vom Fundament her Stück für Stück aufgebaut, sagen sie, China dagegen folge immer noch dem Ansatz, von oben nach unten zu arbeiten. Darin spiegeln sich die politischen Systeme. Indien ist eine Demokratie, China nicht.

Indien besitzt das Potenzial, in den nächsten dreißig bis fünfzig Jahren das stärkste Wachstum vorzulegen. „Es könnte über drei Dekaden bei mehr als fünf Prozent liegen," glauben die Analysten von Goldmann Sachs. 2010, spätestens 2015 könnte ihrer Meinung nach die Wachstumsgeschwindigkeit Indiens jene Chinas überholt haben. Während Indiens Wirtschaft auch nach diesem Zeitpunkt Wachstumsraten von fünf bis sechs Prozent aufweisen wird, wird das Tempo in China zurückgehen. Ausschlaggebend dafür wird u. a. die Bevölkerungsstruktur der beiden Länder sein. Denn während Indien einen stabilen Nachschub an jungen Arbeitskräften hat, nimmt in China wegen der Ein-Kind-Politik der Anteil Jüngerer in der Gesamtbevölkerung schon bald rapide ab. Es sprechen viele Argumente dafür, dass Indien heute dort steht, wo China vor zwanzig Jahren stand – allerdings auf einem besseren Fundament.

Vergleicht man China und Indien, stechen deutliche Unterschiede hervor. So hat China im vergangenen Jahr ausländisches Kapital für Direktinvestitionen in Höhe von 65 Milliarden EUR erhalten, Indien nur knapp 4 Milliarden EUR. Der Unterschied erklärt sich u. a. damit, dass China das Kapital zum Auf- und Ausbau seiner industriellen Basis be-

Tabelle 10.26: Ausgewählte wirtschaftliche Kerndaten im Vergleich

	China	Indien
Bevölkerungswachstum	0,9 Prozent	1,8 Prozent
Bevölkerungsdichte	133	312
Internetanschlüsse je 1000 Einwohner	0,68	0,81
PC je 1000 Einwohner	1,90	0,58
BIP-Wachstum 2002–2012	9,0 Prozent	8,0 Prozent
Exportwachstum 1999–2003	18,6 Prozent	11,1 Prozent
Fremdwährungsreserven	564 Milliarden EUR	92 Milliarden EUR
Haushaltsdefizit	2,3 Prozent	10,4 Prozent
Staatsverschuldung	12,2 Prozent vom BIP	68,8 Prozent vom BIP
Kapital aus dem Ausland 2003	65 Milliarden EUR	3,96 Milliarden EUR

nötigt und Ausländern attraktive Chancen dafür bietet. Indien verfügt dagegen über Humankapital in Form ausgezeichnet ausgebildeter Kräfte – vor allem aus den Branchen Technologie und Pharma.

Reales Kapital ist da in viel geringerem Umfang erforderlich, um das Humankapital hohe Renditen erarbeiten zu lassen. Unternehmen aus den traditionellen Industrieländern nutzen dies in wachsendem Maße, um Dienstleistungen vor allem im technologischen Bereich nach Indien auszulagern. Immer mehr Großunternehmen gehen im Zuge von Sparmaßnahmen dazu über, Call-Center, Hotline-Stellen oder Telefonmarketingabteilungen nach Indien zu verlagern.

10.26 Indien

Noch dreht sich Indien im Teufelskreis und schreckt ausländische Investoren ab. Zwar hat das riesige Land nach Jahrzehnten halbsozialistischen Experimentierens Anfang der neunziger Jahre begonnen, sich der Weltwirtschaft zu öffnen und seitdem vor allem als Exporteur von Informationstechnologie Erfolge erzielt. Doch die großen Probleme sind auch Anfang 2004 noch ungelöst: Überregulierung, Korruption und eine unterentwickelte Infrastruktur als Folge mangelnder Investitionsbereitschaft.

Doch kommen ausländische Investoren nach Indien, werden sie vor Herausforderungen unbekannter Art gestellt. Um beispielsweise im Büro in Neu-Delhi die Klimaanlage, den

PC oder den Kühlschrank betreiben zu können, braucht jedes Gerät einen „Stabilizer“ – und für den gesamten Stromkreislauf muss ein „Inverter“ angeschafft werden oder gar ein Generator. Das Wasser ist rationiert, und die Organisation des täglichen Lebens ist so zeitaufwendig, dass selbst eingesessene Inder für jeden Handgriff Helfer einspannen. Wer sich als Unternehmer in Indien niederlassen will, der sollte derzeit noch angesichts des täglichen Ärgers mit Stromausfällen, Wasserengpässen und kaputten Klimaanlagen besser gleich ins Hotel ziehen.

Hier zeigt sich, dass das mit rund einer Milliarde Einwohnern zweitgrößte Land der Welt ökonomisch auch 2004 noch ein Zwerg geblieben ist. Das Bruttoinlandsprodukt mag zwar mit ansehnlichen Raten Jahr für Jahr wachsen, doch Indiens Anteil am Welthandel liegt noch immer unter einem Hundertstel. Am Pro-Kopf-Einkommen gemessen, zählt das Land zu den ärmsten Staaten der Erde. Über 800 Millionen Menschen leben mit weniger als 2 EUR am Tag. Und nur jeder dreißigste Inder verdient so gut, dass er von den Steuerbehörden überhaupt erfasst wird.

Die Folgen des indischen Nachhinkens gegenüber den asiatischen Nachbarstaaten sind mit bloßem Auge zu sehen. Moderne Büro- und Geschäftsviertel, wie sie von Thailand über Malaysia bis Indonesien – von der chinesischen Küstenregion ganz zu schweigen – zu finden sind, sucht man in den indischen Millionenmetropolen vergebens. Wo in Shanghai der Metrorapid zischt, knattern in Delhi oder Bombay die Dreiräder.

Hauptentwicklungshemmnis ist aus Sicht des IWF immer noch die mangelnde Attraktivität für potenzielle Investoren aus dem Ausland. Doch weil für diese die Bedingungen immer noch schlecht sind, bleibt das große Auslandskapital fern. Und weil zu wenig Kapital ins Land kommt, ändert sich so wenig an den Bedingungen.

„Die Erneuerung Indiens kommt aus der Provinz,“ sagt der Direktor der Indian Development Foundation, einer Denkfabrik in Delhi. Hyderabad, Poona oder Bangalore entwickeln sich schneller als die bürokratisch geprägte Hauptstadt Delhi. Der Süden Indiens prosperiert stärker als der Norden. Hier werden vehement der Amtsschimmel vertrieben und die Bürokratie bürger- und unternehmerfreundlich umgestellt, beispielsweise mit Sonderwirtschaftszonen nach chinesischem Vorbild in den Bundesstaaten Maharashtra und Kerala.

Direktinvestitionen

Mit einer Mittelschicht von rund 200 Millionen kaufkräftigen Konsumenten ist Indien für Investoren nicht nur ein viel versprechender Markt. Die niedrigen Lohnkosten, der in der Mittelschicht vorherrschende gute Ausbildungsstand und der zunehmende Abbau (noch) bestehender Investitionshemmnisse lassen das Land als Produktionsstandort immer attraktiver werden. Die Investitionstätigkeit ausländischer Unternehmen steigt daher auch in den letzten Jahren stetig an.

Die Regierung hat sich zum Ziel gesetzt, jährlich rund 12,5 Milliarden EUR ins Land zu holen. Forciert wird dieses Unterfangen durch Erleichterungen für ausländische Investoren und die Öffnung verschiedener Branchen. So sind u. a. 2001 einige Höchstgrenzen für Kapitalbeteiligungen erweitert worden oder sogar ganz weggefallen. Hinzu kommt der Vorteil niedriger Lohnkosten, gepaart mit gutem Ingenieurwissen. Indien exportiert erfolgreich IT-Dienstleistungen. Insgesamt machen Dienstleistungen mit 49 Prozent einen weitaus größeren Anteil am BIP aus als in anderen Entwicklungsländern. Indiens Industrie hat lediglich einen Anteil von 27 Prozent.

Nach dem Erfolg der indischen Softwarebranche ist das Land jetzt dabei, sich auch zu einem globalen Produktionsstandort für Industriegüter zu entwickeln. Weil Indien inzwischen gute Qualität zu günstigen Preisen bietet, verstärken beispielsweise DaimlerChrysler, Siemens, Ford oder Wal-Mart dort ihre Einkaufsaktivitäten. Doch das Gros der indischen Firmen ist immer noch so rückständig, dass sich die Regierung genötigt sieht, diese mit hohen Einfuhrzöllen vor internationalem Wettbewerb zu schützen. Schon ein paar Schlüsselreformen aber würden genügen, um im Industriebereich einen ähnlichen Boom zu entfachen wie bei den Dienstleistungen. Solange der Industriebereich nicht vorankommt, kann Indien sein Wachstum nicht merklich beschleunigen.

Doch Indien scheint auf dem richtigen Weg zu sein. In einer nie da gewesenen Privatisierungswelle hat der Staat im ersten Quartal 2004 Aktienpakete staatlicher und teilstaatlicher Unternehmen an die Börse gebracht. Der Erfolg spricht für sich: So waren beispielsweise 10 Prozent des größten Ölförderers Oil & Natural Gas Corp. im Wert von 2,1 Milliarden EUR innerhalb von nur einer halben Stunde platziert. Mit den Erlösen wird ein riesiges Infrastrukturprogramm aufgelegt. In den kommenden Jahren sind über 6.000 Kilometer neue Straßen geplant, dazu Kraftwerke mit 100.000 Megawatt Leistung.

Zunehmend interessant wird das Land für Dienstleister. Call-Center, vornehmlich in strukturschwachen Regionen des Subkontinents, sind derzeit der große Hit bei Banken, Versicherungen, Fluggesellschaften und Reiseveranstaltern, verspricht der Export von

Tabelle 10.27: Deutsche Direktinvestitionen in Indien (Saldo) in Millionen EUR
Quelle: Deutsche Bundesbank

1998	514
1999	111
2000	2
2001	285
2002	139
2003	172

Arbeitsplätzen nach Indien angesichts der Kostenklemme in der Heimat doch Entlastung. Die Löhne für Telefonberater betragen dort im Schnitt nur ein Sechstel des vergleichbaren Werts im Inland. Dazu kommt bei den indischen Dienstleistern die gute Ausbildung der Mitarbeiter und deren hohe Motivation.

Die deutschen Direktinvestitionen in Indien haben in den letzten Jahren stark zugenommen. Zwar ist die Dynamik in anderen asiatischen Ländern deutlich größer ausgefallen, doch können Investoren auf Grund der indischen Bestrebungen, das Investitionsklima zu verbessern, positiv in die Zukunft sehen.

Rechtliche Rahmenbedingungen

Grundsätzlich gilt (noch): Als Investor in Indien muss man wissen, durch wen man sich an welche Stelle wendet, um Verfahren zu beschleunigen. Alle Verfahren dauern endlos lange, da bei jedem Einzelvorgang in der Regel eine Vielzahl von Stellen involviert sind bzw. einbezogen werden wollen oder müssen. Das gilt für alle Ebenen der indischen Staatsverwaltung sowie deren rechtliche Beziehungen untereinander. Für Investoren heißt das, die jeweiligen Pläne nachhaltig und intensiv zu verfolgen und zu unterstützen. Das sollte man immer guten Beratern überlassen.

Mittlerweile können ausländische Investoren in zahlreichen Branchen bis zu 100-prozentige Beteiligungen an indischen Unternehmen erwerben. Auch wurden in den letzten Jahren mehrfach die Bedingungen für Kapitaltransaktionen aufgelockert und die Höchstgrenzen für ausländische Investitionen heraufgesetzt und damit auch die Handlungsspielräume erweitert.

Die für ausländische Investoren wichtigen Gesetze sind zum einen das

- Devisentransaktionsgesetz – Foreign Exchange Management Act FEMA –

und zum anderen

- das indische Gesellschaftsrecht – Companies Act.

Die für ausländische Investoren verantwortlichen Behörden sind:

- *Das Secretariat for Industrial Assistance – SIA:* Eine zentrale Stelle im Ministry of Industry, die für Unternehmerunterstützung, Förderung von Investoren, Bearbeitung aller zu genehmigenden Anträge, Organisationsunterstützung von Projekten und zur Überwachung der Projektdurchführung installiert wurde.
- *Das Foreign Investment Promotion Board – FIPB:* Ziel des FIPB ist die Förderung ausländischer Direktinvestitionen in Indien durch investitionsfördernde Maßnahmen sowie durch die Erleichterung von Investitionen internationaler Unternehmen nicht ansässiger Inder und anderer ausländischer Investoren.

- *Die Foreign Investment Implementation Authority (FIIA):* Sie soll die Abwicklung genehmigter ausländischer Direktinvestitionen beschleunigen und Investoren eine zentrale Servicestelle bieten.
- *Das Investment Promition and Infrastructure Development Cell*: Es hilft u. a. bei der Entwicklung von Werbematerial, der Organisation von Tagungen, der Partnersuche und Koordination von Investitionen.

Ausländische Unternehmen investieren in Indien entweder

- durch automatische Zustimmung – Automatic-Approval-Route – durch die Reserve Bank of India – RBI

oder durch

- das Foreign Investment Promotion Board – FIPB.

In den High-Priority-Industries – werden von der indischen Regierung festgelegt – erfolgt die automatische Genehmigung durch das RBI dann, wenn die ausländische Direktinvestition in den

- Annexure III A Industries 50 Prozent,
- Annexure III und III B Industries 51 Prozent und
- Annexure III C Industries 74 Prozent des Eigenkapitals des Unternehmens nicht übersteigt.

In den Annexure III D Industries werden 100-prozentige Kapitalbeteiligungen automatisch genehmigt. Direktinvestitionen in Branchen, die keine High-Priority-Industries sind, müssen unabhängig von der Beteiligungshöhe immer durch Einzelgenehmigungsverfahren des FIPB genehmigt werden.

Die indische Regierung veröffentlicht in regelmäßigen Abständen Guidelines, in denen sie detailliert die jeweils geltende Regelung über die Beteiligungshöhen ausländischer Investoren bekannt gibt. Auskünfte hierzu bekommt man bei der Indo-German Chamber of Commerce in Neu-Delhi.

Eine Reihe von Industriebereichen bleibt ausländischen Investoren trotz aller Reformen immer noch verschlossen bzw. ist für sie nur eingeschränkt zugänglich und nur mit einer Lizenz möglich. Das sind vor allem die Bereiche Luft- und Raumfahrttechnik, Atomenergie, strategisch verteidigungsorientierte Industrien und der Eisenbahnsektor. Dazu kommt der Small Scale Sector, in dem zum Schutz von Kleinbetrieben nur Investitionen mittelständischer Unternehmen aus dem Ausland mit Beteiligungen bis zu 300.000 EUR zugelassen sind. Ausnahmen gibt es nur für Beteiligungen an Unternehmen, die mindestens 75 Prozent ihrer Produktion exportieren.

Mögliche ausländische Beteiligungshöhen ausgewählter Branchen

- *Finanzsektor:* Höchstens 49 Prozent, Beteiligungen an intermediären Finanzunternehmen bis zu 100 Prozent
- *Telekommunikation:* Im Festnetz- und Mobilfunksektor maximal 49 Prozent; im Internetbereich bis zu 74 Prozent
- *Pharmabereich:* Bis zu 100 Prozent
- *Immobiliensektor:* Bis zu 100 Prozent
- *Inländischer Handel:* Bis zu 51 Prozent, für bestimmte Unternehmen können bis zu 100 Prozent durch das FIPB genehmigt werden
- *Medien:* Keine Beteiligung bei Printmedien; Beteiligungen an Rundfunksendern sind auf 20 Prozent beschränkt – hier gibt es jedoch Pläne zur Liberalisierung; in der Werbebranche sind Beteiligungen bis 74 Prozent möglich, in der Filmindustrie bis zu 100 Prozent
- *Dienstleistungssektor:* Investitionen im Hotel- und Gaststättengewerbe bis zu 100 Prozent, Boten- und Kurierdienste bis zu 100 Prozent, Consultingdienstleistungen – außer Rechtsbereich – bis zu 51 Prozent, Bildungs- und Gesundheitswesen bis zu 51 Prozent, höhere Beteiligungen müssen von der FIPB genehmigt werden, Business-to-Business-E-Commerce bis zu 100 Prozent
- *Verarbeitendes Gewerbe:* 100-Prozent-Beteiligungen in den Bereichen Textil, Papierherstellung und -verarbeitung, Chemie, Gummi- und Plastikindustrie, nicht-metallische Mineralprodukte, Schiffs- und Maschinenbau; Großinvestitionen müssen vom FIPB genehmigt werden, Beteiligungen an mittelständischen Unternehmen sind auf 24 Prozent begrenzt, Automobilindustrie bis zu 51 Prozent, Nahrungsmittelindustrie bis zu 51 Prozent, höhere Beteiligungen müssen von der FIPB genehmigt werden

Ausländische natürliche und juristische Personen können an der indischen Börse von dort notierten Unternehmen Aktien kaufen – maximal jedoch bis 25 Prozent des Grundkapitals.

Devisengeschäfte

Sowohl die Aus- als auch die Einfuhr indischer Devisen ist grundsätzlich verboten, die Einfuhr ausländischer Zahlungsmittel ist dagegen in unbeschränkter Höhe möglich, diese müssen über 6.000 bzw. bei Schecks über 12.000 EUR deklariert werden.

Nach indischem Recht gegründete Firmen dürfen auf einem Devisenkonto bis zu 25 Prozent ihrer Deviseneinnahmen deponieren und darüber frei verfügen, die restlichen 75 Prozent müssen jedoch zum Marktwert umgetauscht werden.

Rechtsformen

- *Vertretungsbüro:* Die einfachste Form für ausländische Unternehmen, in Indien präsent zu sein, ist die Eröffnung eines oder mehrerer Vertretungsbüros – Representative Office. Dies ist die von ausländischen Investoren am häufigsten angewandte Form, um sich auf dem indischen Markt zu betätigen.
- *Zweigniederlassung:* Der Vorteil einer Zweigniederlassung – Branch Office – ist die Selbständigkeit bei der Akquisition und Abwicklung von Geschäften. Zweigniederlassungen können für die Muttergesellschaft auf dem indischen Markt ein- und verkaufen, Forschung betreiben, Beratungsleistungen erbringen, Export- und Importhandel betreiben, Dienstleistungen im IT-Bereich anbieten sowie Softwareentwicklungen durchführen und die technische und finanzielle Zusammenarbeit zwischen ausländischen und indischen Unternehmen fördern. Die Tätigkeit der Zweigniederlassung ist auf diese Bereiche beschränkt, sie darf keine Produktion betreiben.
- *100-prozentige Tochtergesellschaft:* Ihre Genehmigung wird grundsätzlich für zehn Jahre erteilt. Sie bietet den größten Handlungsspielraum für geschäftliche Aktivitäten, ist jedoch nicht in allen Industriebereichen zugelassen. Der Einsatz dieser Rechtsform eignet sich beispielsweise für den Fall, in dem der ausländischen Investor keinen Joint-Venture-Partner findet oder aber in einem bestehenden Joint Venture der indische Partner eine eventuell erforderliche Kapitalzufuhr nicht mittragen kann oder möchte.
- *Joint Venture:* Ausländische Unternehmen können in finanzieller und/oder technischer Zusammenarbeit ein Gemeinschaftsunternehmen mit einer indischen Gesellschaft gründen, das wie die 100-prozentige Tochtergesellschaft auch eine indische Gesellschaft mit unabhängiger Rechtsstellung, getrennt von der ausländischen Muttergesellschaft, ist. Die dem ausländischen Investor dabei zur Verfügung stehenden Gestaltungsmöglichkeiten und somit seine wirtschaftliche Handlungsfreiheit hängen vor allem davon ab, in welchem Sektor investiert wird. Ein Joint Venture kann entweder in Form einer Company, eines Partnership oder aber als Joint Working Agreement errichtet werden.

Indische Gesellschaftsformen

- *Partnership:* Sie basiert auf einer vertraglichen Vereinbarung zwischen einem ausländischen Investor und dem indischen Partnerunternehmen und stellt keine juristische Person dar. Eine Partnership ist in etwa vergleichbar mit einer deutschen GbR. Die Zahl der Partner darf zwanzig nicht überschreiten.
- *Private Company:* Bei dieser Gesellschaftsform ist das Recht der Gesellschafter, ihre Anteile zu veräußern, beschränkt, die Anzahl der Gesellschafter auf 50 begrenzt, und es ist verboten, Aktien der Gesellschaft öffentlich anzubieten oder Schuldverschrei-

bungen auszugeben. Das Stammkapital beträgt seit 2002 mindestens 100.000 iR (ca. 2.780 EUR). Die Firmierung muss mit dem Wort „Limited“ enden.

- *Public Company:* Bei der Public Company sind die Anteile der Gesellschaft frei veräußerbar. Die Gesellschaft unterliegt daher einer Reihe gesetzlicher Beschränkungen. Das Stammkapital muss mindestens 500.000 iR (ca. 14.000 EUR) betragen, sie hat sieben Gesellschafter. Die Firmierung muss mit dem Wort „Private Limited“ enden.

Die Haftung der Private Company bzw. der Public Company kann sowohl beschränkt als auch unbeschränkt sein. Die Haftungssumme kann auf das Kapital der Gesellschaft beschränkt sein oder aber im Gesellschaftsvertrag mit einer anderen Haftungssumme fixiert sein. Die Gesellschafter einer Unlimited Company haften unbeschränkt. Fusionen zwischen zwei oder mehreren Gesellschaften sind erlaubt.

Immobilien-Grunderwerb

Ausländische Investoren benötigen immer die Genehmigung der RBI und der zuständigen örtlichen Behörde, die auch die Registrierung vornimmt. Objekte im Wert ab sieben Millionen iR (ca. 175.000 EUR) unterliegen immer einem Vorkaufsrecht der Regierung, wenn die Immobilie beim Verkauf unterbewertet wurde. Sinnvoll ist der Erwerb in vorgesehenen Industriegebieten, da hier die infrastrukturellen Voraussetzungen gegeben sind. Die Baukosten sind niedrig, es gibt gute Architekten und Bauunternehmen.

Arbeitsrecht

- *Kinderarbeit (Child Labour):* Sie ist in bestimmten Bereichen wie etwa beim Eisenbahntransport von Passagieren, Waren oder Post, bei Arbeiten im Hafenbereich, beim Eisenbahnbau sowie bei riskanten Arbeiten (Druckerpressen, Lötarbeiten, Herstellung von Feuerwerkskörpern Zementherstellung etc.) verboten. In Verkaufsläden, Hotels, Restaurants, Theatern oder auf Bauernhöfen ist Kinderarbeit dagegen erlaubt. Hier gibt es allerdings Beschränkungen bei Arbeitszeit, Urlaub und Anzahl der Beschäftigten.

- *Löhne / Gehälter:* Der indische Lohn setzt sich aus Grundlohn, Lebenshaltungszulage und sonstige Zuwendungen zusammen. Der monatliche Einstiegslohn eines ungelernten Arbeiters beträgt ohne Sonderzuwendungen des Arbeitgebers zwischen 1.000 iR und 2.500 iR (ca. 30–70 EUR), die Löhne für Fachkräfte und Techniker liegen je nach Ausbildungsgrad und Erfahrung zwischen 2.500 iR und 6.000 iR (ca. 70–170 EUR), die Vergütung für Bürokräfte liegt zwischen 2.500 iR bis 5.000 iR (ca. 70–140 EUR). Jeder Arbeitgeber, der mindestens 20 Personen beschäftigt, ist verpflichtet, nach einem festgelegten Berechnungsschlüssel Zulagen an seine Arbeitnehmer zu leisten. Diese Zulagen richten sich entweder nach dem Gewinn oder der Produktivität des Unternehmens.

- *Arbeitszeit:* 48 Stunden pro Woche an sechs Tagen, in Büros 35 bis 40 Stunden. Es besteht Anspruch auf wöchentlich einen freien Tag, der aber nicht auf einen Sonntag fallen muss.
- *Urlaub:* Pro gearbeiteten 20 Tagen ein Tag im Folgejahr, sobald mindestens 240 Tage in einem Kalenderjahr in demselben Unternehmen gearbeitet wurden.

Import

Seit Indiens Beitritt zur WTO im April 2001 ist der Import von Waren bis auf einige wenige als „kritisch" eingestufte Waren frei. Zu den „kritischen" Waren gehören u. a. Fette, Waffen, Goldmünzen und -barren, Pestizide bzw. Herbizide, Waren aus dem Agrarsektor, der Öl- und Kraftstoffbranche sowie importlizenzpflichtige Waren.

Zollrecht

Die Zollsätze liegen bei 35, 25, 15 und 5 Prozent. Auf Spirituosen, Weine und tierische Fette werden höhere Zölle erhoben. Der Spitzensteuersatz soll nach Auflagen der WTO ab 2005 auf 20 Prozent gesenkt werden. Das indische Zollsystem sieht im Einzelfall jedoch eine Reihe von Zollbefreiungen, Rückerstattungen und Vergünstigungen vor. Durch Kurierdienste importierte Waren werden immer mit einem Zollsatz von 80 Prozent belegt, wobei diese Sendungen an einen Adressaten einen Wert von maximal 10.000 iR (ca. 280 EUR) nicht überschreiten und bestimmte Produkte wie Tabak oder Alkohol nicht enthalten dürfen. Warenmuster können dagegen zollfrei eingeführt werden. Das gilt auch für Messe- und Ausstellungsgut.

Steuerrecht

- *Persönliche Einkommenssteuer:* Zwischen 10 Prozent (ab 50.000 iR) bis 30 Prozent (über 150.000 iR)
- *Minimum Alternative Tax* (MAT): 30 Prozent auf Gewinne. Auch wenn ein Unternehmen hinsichtlich seiner Gewinne steuerbefreit ist, werden diese dennoch mit 10 Prozent MAT belegt. Diese Regelung hält auch dem DBA stand.
- *Kapitalertragssteuer:* 20 Prozent, ausländische Unternehmen und Foreign Institutional Investors werden mit 10 Prozent besteuert.
- *Dividendensteuer:* 10 Prozent
- *Quellensteuer:* 20 Prozent
- *Steuervergünstigungen:* Um ausländische Investitionen zu fördern und das Wirtschaftswachstum anzukurbeln, hat die indische Regierung vielfältige Investitionsanreize geschaffen. Dazu gehören Steuerfreistellungen in Freihandelszonen, großzügige

AfA-Bemessungen, sonstige Steuervergünstigungen und Zuschüsse für Investitionen in rückständigen Regionen. Hinzu kommen Zollbefreiungen. In den Zollfreizonen sind die ersten fünf Jahre unternehmerischer Tätigkeit steuerfrei, die folgenden fünf Jahre werden nur mit 30 Prozent besteuert.

- *Indirekte Steuern:* Mehrwertsteuer zwischen 4 und 15 Prozent, Expenditure Tax (z. B. für Hotelrechnung) 10 Prozent, Service-Tax 5 Prozent
- *Vermögenssteuer:* 1 Prozent, wenn der Wert der Vermögensanlagen 1,5 Millionen iR bzw. bei Barbeständen 50.000 iR übersteigt
- *Erbschaftssteuer:* Keine, es fällt bei der Übertragung jedoch eine Stempelsteuer an

Investitionsstandort Indien

Fläche:	3,29 Millionen qkm
Hauptstadt	Neu Delhi
Einwohner:	1,05 Milliarden
Sprache:	Hindi, Englisch sowie 17 gleichberechtigte Regionalsprachen
Währung:	Rupie (iR)
Dienstleistung:	49 Prozent
Industrie:	27 Prozent
Landwirtschaft:	24 Prozent
Wirtschaftsleistung:	698 Milliarden EUR
Wirtschaftswachstum:	6,0 Prozent
BIP je Einwohner:	628 EUR
Inflation:	5,0 Prozent
Arbeitslosigkeit:	11,0 Prozent
Flughafen:	Neu-Delhi, Kalkutta, Mumbay sowie weitere Regionalflughäfen
Besondere Stärken:	Niedriglohnland bei gleichzeitig gutem Ausbildungsgrad (englischsprachig), gewachsene Demokratie, politisch stabil
Probleme:	schwache Infrastruktur, über 250 Millionen Arbeitslose bilden sozialpolitischen Sprengstoff, ungelöster Kaschmir-Konflikt

Die Karawane zieht weiter

Bevor die neuen Produktions- und/oder Servicezentren in China und Indien überhaupt so recht hochgefahren sind, zieht die Karawane der Investoren bereits weiter. Längst haben sie auf der weltweiten Suche nach noch kostengünstigere Produktionsstätten Indonesien, Malaysia, Pakistan, die Philippinen, Sri Lanka, Südkorea, Thailand oder Vietnam im Visier. Deren Schalt- und Finanzzentralen werden dann in Hongkong, Singapur oder im Offshore-Domizil Labuan angesiedelt – der attraktiven (Null-)Steuersätze wegen.

11 Die EU und ihr Verhältnis zu Offshore-Finanzzentren und europäischen Steueroasen

Einige EU-Mitgliedstaaten haben spezielle Verbindungen zu Offshore-Finanzzentren und Steueroasen in Europa. Diese Verbindungen lassen sich für Unternehmen nutzen:

11.1 Vollmitgliedschaft

- Luxemburg ist zwar Vollmitglied der EU, doch seine Holdinggesellschaften profitieren nicht vom Netzwerk der Steuerabkommen.
- Madeira und die Azoren sind autonome portugiesische Provinzen und als solche integraler Bestandteil der EU. Sie erhalten staatliche Beihilfen, um die wirtschaftliche Entwicklung in Regionen mit unterdurchschnittlichem Lebensstandard durch Steueranreize fördern zu können. Diese Anreize gelten zunächst bis ins Jahr 2011. Einzelpersonen und Unternehmen, die in den Gebieten ansässig sind, genießen alle Vorteile aus den Steuerabkommen Portugals.
- Die Kanarischen Inseln haben einen ähnlichen Status, da sie zu Spanien gehören und somit EU-Mitglied sind.
- Auch Gibraltar ist Vollmitglied der EU, aber Artikel 28 des Beitrittsabkommens regelt, dass es nicht dem gemeinsamen Zolltarif, der gemeinsamen Agrarpolitik und der Harmonisierung der Umsatzsteuern unterliegt. In Gibraltar gibt es keine Mehrwertsteuer.
- Gleiches gilt für Åland, eine halb-autonome Inselprovinz Finnlands.

Europäische Hoheitsgebiete, deren auswärtige Beziehungen ein Mitgliedstaat wahrnimmt (Art. 299, Römische Verträge):

- Dieser Artikel gilt für die Kanalinseln und die Isle of Man, die im Rahmen der Zollunion nur dem gemeinsamen Außenhandelszoll und bestimmten Agrarabgaben unterliegen. Die Inseln müssen keine Mehrwertsteuer erheben und profitieren auch nicht von den britischen Steuerabkommen.

11.2 Assoziierte Mitglieder

Für assoziierte Mitglieder gelten bilaterale Abkommen:

- Zypern hat ein Assoziierungsabkommen, das Handelsschranken der EU für Exporte von der Insel beseitigt.
- Malta hat ein ähnliches Abkommen.

Beide Staaten sind ab Mai 2004 EU-Vollmitglieder.

11.3 Besonderheiten

- Andorra gehört zwar nicht der EU an, hat jedoch mit ihr eine Zollunion.
- Monaco regelt seine äußeren Angelegenheiten selbst, deshalb gelten die Römischen Verträge nicht für das Fürstentum. Gleichwohl wird Monaco dem Zollgebiet der EU zugeordnet, auch erhebt es keine Mehrwertsteuer. Monaco hat zwar mit Frankreich ein Steuerabkommen, aber seine Ansässigen profitieren nur vom Netz der französischen Steuerabkommen, wenn ein französisches Unternehmen eingeschaltet ist.
- Die Republik San Marino hat ein Zollabkommen mit der EU. Die Einwohner San Marinos sind von den italienischen Steuerabkommen ausgeschlossen.
- Campione gehört zum Zollgebiet der Schweiz, ist aber ein Teil Italiens, also auch der EU. Schweizer Steuerabkommen gelten für Campione nicht, wohl aber die italienischen. Allerdings lässt Campione keine Holdings zu, so dass praktisch auch kein Bedarf für den Schutz durch Steuerabkommen besteht.

11.4 Was europäische Steueroasen bieten

Irland	Internationale Finanzdienstleistungszentren (IFDSC)
Belgien	Koordinierungszentren
Italien	Steuerregelung Finanzzentrum Triest
Österreich	Endbesteuerung von Kapitalvermögen
Luxemburg	Keine Kapitalertragssteuer
Großbritannien / Kanalinseln	non-domiciled status
Niederlande	Erleichterung für Finanzierungsgesellschaften
Frankreich	Niedrigsteuerzone für Korsika

Tabelle 11.1: Steueroasen für Unternehmer

Was sie bieten	Wer sie bietet
Gesellschaftsformen	
– Holdinggesellschaften	Cayman-Inseln, Gibraltar, Hongkong, Isle of Man, Kanalinseln, Labuan, Libanon, Liechtenstein, Nauru, Niederlande, Niederländische Antillen, Schweiz, Turks- & Caicos-Inseln, Vanuatu
– Management-Gesellschaften	Belgien, Gibraltar, Luxemburg, Mauritius, Monaco, Niederlande, Niederländische Antillen, Panama, Schweiz, Zypern
– Offshore-Unternehmen	Anguilla, Azoren, Barbados, Bermudas, Cayman-Inseln, Cook-Inseln, Gibraltar, Hongkong, Isle of Man, Kanalinseln, Labuan, Libanon, Liechtenstein, Madeira, Mauritius, Monaco, Nauru, Panama, Schweiz, Seychellen, Saint Kitts and Nevis, Turks- & Caicos-Inseln, US Virgin Islands, Zypern
– Investmenttrusts	Bahamas, Barbados, Bermudas, Cayman-Inseln, Hongkong, Isle of Man, Kanalinseln, Luxemburg, Madeira, Mauritius, Nauru, Niederländische Antillen, Turks- & Caicos-Inseln, Vanuatu
– Captive-Versicherungen	Anguilla, Bahamas, Barbados, Britische Jungferninseln, Cayman-Inseln, Colorado, Gibraltar, Hongkong, Isle of Man, Kanalinseln, Mauritius, Niederländische Antillen, Panama, Zypern
– Offshore-Banken	Bahrein, Barbados, Britische Jungferninseln, Cayman-Inseln, Cook-Inseln, Hongkong, Isle of Man, Kanalinseln, Labuan, Liberia, Luxemburg, Macao, Madeira, Marshall-Inseln, Mauritius, Nauru, Niederländische Antillen, Panama, Puerto Rico, Singapur, Turks- & Caicos-Inseln, Saint Vincent, Vanuatu, Zypern
– Schiffsregister und -verwaltung	Bahamas, Barbados, Bermudas, Britische Jungferninseln, Cayman-Inseln, Costa Rica, Gibraltar, Hongkong, Isle of Man, Liberia, Madeira, Malta, Mauritius, Monaco, Niederländische Antillen, Panama, Singapur, Sri Lanka, Saint Vincent, Vanuatu, Zypern
Steuervergünstigungen	
– Steuerbefreiungen	Antigua, Barbados, Belize, Cook-Inseln, Dschibuti, Gibraltar, Grenada, Isle of Man, Kanalinseln, Labuan, Libanon, Mauritius, Niederländische Antillen, Schweiz, Seychellen, Saint Vincent, Zypern
– Niedrige Steuer mit Abkommensermäßigung	Barbados, Britische Jungferninseln, Grenada, Irland, Labuan, Mauritius, Montserrat, Niederlande, Niederländische Antillen, Panama, Singapur, Saint Vincent, Zypern
– Keine Steuer auf Fremdquelleneinkommen	Brunei, Ciskei, Costa Rica, Hongkong, Kuweit, Katar, Liechtenstein, Seychellen
– Keine Steuer auf Veräußerungsgewinne	Andorra, Anguilla, Azoren, Bahamas, Bermudas, Cayman-Inseln, Madeira, Malediven, Nauru, Schweiz, Turks- & Caicos-Inseln, Vanuatu

12 Fazit

Bei der laufenden Diskussion über Standortverlagerungen von Unternehmen in die EU-Ostländer und zunehmend auch in die südostasiatischen Staaten rücken immer wieder Lohnkosten in den Vordergrund. Diese sind in Osteuropa und vor allem Asien deutlich niedriger als hierzulande. Die Arbeitskosten liegen in der Regel bei einem Fünftel, einem Siebtel, teilweise sogar bei einem Zehntel dessen, was derzeit in Deutschland üblich ist. Die Zugkraft dieses Standortvorteils, der Unternehmen aus den „alten" EU-Staaten aber auch aus Übersee in den Osten und in die südostasiatischen Staaten lockt, ist aus ökonomischer Sicht nur zu verständlich.

Darüber hinaus erhalten deutsche Unternehmer mit den östlichen EU-Beitrittsländern ein Niedrigsteuergebiet direkt vor der Haustür. Das zeigt ein aktueller Vergleich der effektiven Gewinnsteuerbelastung zwischen diesen Ländern und Deutschland (siehe Tabelle 12.1).

Dazu kommen in diesen Ländern Vorteile bei den Gewinnermittlungsvorschriften – während sich gleichzeitig die deutsche Position durch die Verschärfung der Abschreibungsregeln und der Einführung einer Mindeststeuer weiter verschlechtert hat. Hinzu kommen aber auch die Chancen, welche die Ost-Erweiterung etwa Unternehmen mit Tochtergesellschaften in den Beitrittsstaaten eröffnet. Vor allem die Ausweitung steuerrechtlicher EU-Bestimmungen auf die neuen Länder, die zur Vermeidung von Doppelbesteuerung erlassen wurden, macht eine unternehmerische Betätigung im Osten attraktiv. So sind beispielsweise nach der sogenannten Mutter-Tochter-Richtlinie Ausschüttungen von Tochtergesellschaften an ausländische „Mütter" bei einer Beteiligung von mindestens 25 Prozent von nationalen Quellensteuern freizustellen. Damit gelangen Ausschüttungen aus den Beitrittsländern grundsätzlich steuerfrei an die Muttergesellschaften in den alten EU-Staaten. Ähnliche Effekte sind davon zu erwarten, dass die Beitrittsstaaten auch die Fusions- und die Zinsrichtlinie in nationales Recht umsetzen und dadurch ein noch unternehmerfreundlicheres Steuerrecht schaffen.

Hat man in den Ostländern zunächst auf Steuervergünstigen für ausländische Investoren gesetzt, befinden sich diese Vergünstigungen heute auf dem Rückzug. Sie werden sukzessive abgeschafft. Gleichzeitig werden in den Beitrittsstaaten jedoch die Steuersätze gesenkt. Für ausländische Investoren macht dies das Steuersystem durchschaubarer als in vielen westeuropäischen Ländern, die sich in ihrem Bemühen, die nationalen Steuersysteme zu vereinfachen, längst verheddert haben.

Das trifft auch für Deutschland zu. Deutschland muss sich endlich diesem Steuerwettbewerb innerhalb der EU stellen. So wie aktuell Finnland und Österreich, die beispielsweise ihre Unternehmenssteuern zum 1.1.2004 massiv gesenkt haben.

Tabelle 12.1: Effektive Gewinnsteuerbelastung in Prozent
Quelle: Ernst & Young, ZEW

	2003	2004
Litauen	13,1	13,1
Lettland	17,8	14,4
Slowakei	22,1	16,7
Polen	24,7	17,5
Ungarn	19,4	18,4
Slowenien	21,6	21,6
Estland	22,5	22,5
Tschechien	29,2	25,5
Deutschland	**37,2**	**36,0**
EU-15-Durchschnitt	**–**	**32,0**

Die Folgen der Globalisierung und der zunehmenden Konkurrenz, die sich aus der wirtschaftlichen Umstrukturierung und dem Aufholprozess in vielen Ländern der Welt, einschließlich China und Indien, ergeben, sind unausweichlich. Die Regierungen der EU-15-Länder müssen darauf flexibel reagieren und jene Hindernisse beseitigen, die eine dynamische Anpassung der Märkte an die sich verändernde Bedingungen hemmen. Und sie müssen die notwendigen Ressourcen für eine Verbesserung der allgemeinen wirtschaftlichen Infrastruktur bereitstellen. Das erfordert vor allem Investitionen in Bildung und Humankapital.

Doch bei den Überlegungen, Produktionen in die neuen EU-Mitgliedsländer oder nach Asien zu verlegen, geht es den Unternehmen nicht nur um niedrige Steuersätze, öffentliche Investitionszuschüsse, niedrige Baukosten oder geringe Lohn-, Herstellungs- und Zulieferkosten. Es geht ihnen dort vor allem um die hohe Flexibilität der gut qualifizierten Mitarbeiter. Bei Bedarf arbeiten diese problemlos sieben Tage die Woche rund um die Uhr. Damit lassen sich für Unternehmen die häufig kapitalintensiven Produktionsanlagen maximal auslasten.

Flexibilisierung heißt also das Zauberwort. Nicht nur in Bezug auf bewegliches Denken mit neuen Ideen in der Heimat. Unsere starren Arbeitsmarktregeln erdrücken auch größte Unternehmen. Eine Rückkehr zu längeren Arbeitszeiten scheint unvermeidlich. Die Alternative dazu ist das vermutlich unwiederbringliche Verlagern von Arbeitsplätzen nach Osteuropa und künftig verstärkt auch nach Asien. Bosch, SAP, Siemens, Volkswagen und Co. lassen grüßen.

Anhang

A 1 Länderbezogene Kontaktadressen

Bulgarien

Botschaft der Republik Bulgarien
Leipziger Strasse 19, 10117 Berlin, Tel.: 030-2 01 09 22, Fax: 030-2 08 68 38;
www.botschaft-bulgarien.de

Bulgarian Industrial Association (Bulgarische Wirtschaftskammer)
http://www.bia-bg.com

Bulgarian Foreign Investment Agency (BBFIA)
ul. Sveta Sofia 3, 1000 Sofia, Tel.: 00359-2-9 80 09 18, Fax: 00359-2-9 80 13 20;
http://bfia.org

Business Center-Bulgaria Ltd.
http://bcenter.hypermart.netindex.htm

Bulgarian International Business Association (BIBA)
http://www,bol.bg/biba/index.html

Wirtschaftsratgeber der bulgarischen Behörde für Auslandsinvestitionen (BFIA)
http://www.bfia.org/BusinessGuide/index.htm#contents

Estland

Botschaft der Republik Estland
Hildebrandstrasse 5, 10785 Berlin, Tel.: 030-25 46 06 00, Fax: 030-25 46 06 01;
www.estemb.de

Ministry of Foreign Affairs
www.vm.ee

Wirtschaftsministerium Estlands
www.mkm.ee

Estonian Investment Agency
www.eia.ee

Kammer für Handel und Industrie
www.koda.ee/e index en.html

Information on investing in Tallinn
http://ger.investor.tallin.ee

Griechenland

Wirtschafts- u. Handelsabteilung der Griechischen Botschaft
Kurfürstenstrasse 130, 10785 Berlin, Tel.: 030-23 60 99-0, Fax: 030-23 60 99 20; www.oeyberlin.de

Deutsch-Hellenische Wirtschaftsvereinigung (DHW)
Gothaer Allee 2, 50969 Köln, Tel.: 0221-9 36 55-742, Fax: 0221-9 36 55-749; www.dhwv.com

Botschaft der Bundesrepublik Deutschland
Karaoli & Dimitriou, GR-10675 Athen-Kolonaki, Tel.: 0030-210-7 28 51 11, Fax: 030-210-7 25 12 05; www.boathens.gr

Deutsch-Griechische Industrie- u. Handelskammer
Dorileou 10–12/IV, GR-11521 Athen, Tel.: 0030-210-6 41 90 00, Fax: 0030-210-6 44 51 75; www.ahkathen.de

Hellenic Center for Investment (ELKE)
3, Mitropoleos Street, GR-10557 Athen, Tel.: 0030-210-3 35 57 00, Fax: 0030-210-3 24 20 79; www.elke,gr

Hellenic Foreign Trade Board (HEPO)
86, Marinou Antipa Street, GR-16346 Elioupoli-Athen, Tel.: 0030-210-9 98 21 00, Fax: 0030-210-9 96 91 00; www.hepo.gr

Irland

IDA – Irland Investition- und Entwicklungsbehörde
Bockenheimer Landstraße 39, 60325 Frankfurt a. M., Tel.: 069-70 60 9 90, Fax: 069-70 60 99 70; www.idaireland.com

Italien

Italienische Handelskammer für Deutschland
Kettenhofweg 65, 60325 Frankfurt a. M., Tel.: 069-97 14 52 10, Fax: 069-97 14 52 99; E-Mail: info@ccig.de

Deutsch-Italienische Handelskammer
Via Napo Torriani 29, I-20124 Mailand, Tel.: 0039-02-67 91 31, Fax: 0039-02-66 98 09 64; E-Mail: info@ahk-italien.it

Sviluppo Italie (National. Agentur zur Förderung von Unternehmensentwicklung und Investitionen)
Via Calabria, 46, I-00187 Rom, Tel.: 0039-06-42 16 00 60, Fax: 0039-06-42 16 09 46;
E-Mail: investinitaly@sviluppoitalia.it

Instituto per la Promozione Industriale (IPI) – Institut z. Förderung der Industrie
Viale Maresciallo Piludski, 124, I-00197 Rom, Tel.: 0039-06-80 97 21,
Fax: 0039-06-8 07 28 98; E-Mail: info@ipi.it

Kroatien

Croation Investment Promotion Agency (CIPA)
Ulica Grada Vukowara 78, 10000 Zagreg, Tel.: 00385-1-6 10 62 50,
Fax: 00385-1-6 10 91 18

Botschaft der Republik Kroatien
Ahornstrasse 4, 10787 Berlin,

Croation Chamber of Economy
http://www.hgk.hr//komora/eng/HTD/nas e.htm

Croatian Privatization Fund
http://www.hfp.hr

Kroatische Wirtschaftskammer
http://www.hgk.hr

Ministry of Foreign Affairs
http://www.mvp.hr/mvprh-www-eng/index.html

Lettland

Botschaft der Republik Lettland
Reinerzstrasse 14, 14193 Berlin, Tel.: 030-82 60 0 20, Fax: 030-82 60 02 33;
www.botschaft-lettland.de

Lettisches Finanzministerium
www.fm.gov.lv

Lettisches Wirtschaftsministerium
www.lem.gov.lv

Agentur für Investitions- und Exportförderung Lettlands
Gotenstrasse 11A, 20097 Hamburg, Tel.: 040-23 50 77 50, Fax: 040-23 50 77 59

Lettische Entwicklungsagentur (LDA)
Perses iela 2, 1442 Riga, Tel.: 00371-7-28 34 25, Fax: 00371-7-82 04 58;
http://www.lda.gov.lv

Liechtenstein

Botschaft des Fürstentum Liechtenstein
Morenstrasse 42, 10117 Berlin, Tel.: 030-10117 Berlin, Tel.: 030-52 00 06 30,
Fax: 030-52 00 06 31; E-Mail: vertretung@ber.rep.llv.li

LGT Treuhand AG
Städtle 28, FL-9490 Vaduz, Tel.: 00423-2 35 26 21, Fax: 00423-2 35 27 15;
E-Mail: erik.mueller@lgt.com

Marxer & Partner
Heiligkreuz 6, FL-9490 Vaduz, Tel.: 00423-2 35 81 81, Fax: 00423-2 35 82 82;
www.info@amrxerpartner.com

Litauen

Botschaft der Republik Litauen
Charité Strasse 9, 10117 Berlin, Tel.: 030-89 06 8 10, Fax: 89 06 81 15;
www.botschaft-litauen.de

Litauisches Wirtschaftsministerium
www.ekm.lt

Deutsche Botschaft in Litauen
www.deutschebotschaft-wilna.lt

Lithuanian Development Agency (LDA)
Sv. Jono g, 3, 2600 Vilnius, Tel.: 00370-2-62 74 38, Fax: 00370-2-22 01 60;
http://www.lda.lt/

Malta

Botschaft von Malta
Klingelhöferstrasse 7, 10785 Berlin, Tel.: 030-26 39 11 0, Fax: 030-26 39 11 23

Malta Development Corporation, P.O.Box 571, Valetta CMR 01, Tel.: 00356-66 71 00,
Fax: 00356-66 71 11

Niederlande

Königlich Niederländische Botschaft
Friedrichstrasse 95, 10117 Berlin, Tel.: 030-20 95 60, Fax: 030-20 95 64 41

Nederlands-Duitse Kamer van Koophandel
Nnnassauplein 30, NL-2585 EC Den Haag, Tel.: 0031-70-3 11 41 14,
Fax: 0031-70-3 63 22 18

Curacao Chamber of Commerce and Industry
Kaya' Junior Salas 1, Willemstad, Tel.: 0059-99-4 61 14 51, Fax: 0059-99-4 61 56 52

Österreich

Austrian Business Agency (ABA)
Opernring 3, A-1010 Wien, Tel.: 0043-1-5 88 58-0, Fax: 0043-1-5 86 86 59;
E-Mail: office@aba.gv.at

Wirtschaftskammer Österreich
Wiedner Hauptstrasse 63, A-1040 Wien, Tel.: 0043-1-50 10 50,
Fax: 0043-1-50 10 52 50; http://www.wk.or.at

Abelshauser & Preindl
Jakob Gapp-Strasse 10, A-6600 Reutte, Tel.: 0043-5672-69 66 0,
Fax: 0043-5672-69 66 40; E-Mail: office@abelshauser-preindl.at

Auditor Treuhand AG
Teinfaltstrasse 8, A-1010 Wien, Tel.: 0043-1-53 13 30, Fax: 0043-1-5 33 19 59;
www.auditor.at

Polen

Botschaft der Republik Polen
Lassenstrasse 19–21, 14193 Berlin, Tel.: 030-22 31 30, Fax: 030-22 31 31 55;
www.botschaft-polen.de

Wirtschafts- u. Handelsabteilung
Ginkastrasse 5–7, 10117 Berlin, Tel.: 030-2 29 77 39, Fax: 030-2 29 24 51;
www.wirtschaft-polen.de

Deutsch-Polnische Wirtschaftsförderungsgesellschaft AG (TWG)
Am Karlsbad 11, 10785 Berlin, Tel.: 030-25 45 92-0, Fax: 030-25 45 92 99; www.twg.pl

Deutsch-Polnische Industrie- u. Handelskammer (DPIHK)
ul. Miodowa 14, PL-00-246 Warszawa, Tel.: 0048-22-53 10-500,
Fax: 0048-22-53 10-500; www.pniph.com.pl

Polnische Agentur für Auslandsinvestitionen (PAIZ)
al. Roz 2, PL-00-559 Warszawa, Tel.: 0048-22-6 21 07 06, Fax: 0048-22-6 21 84 27;
www.paiz.gov.pl/

Ministerstwo Gospodarki (Wirtschaftsministerium)
pl. Trzech Kryzý 3, PL-00-507 Warszawa, Tel.: 0048-22-6 93 50 00,
Fax: 0048-22-6 28 68 08; www.cup.gov.pl/

Portugal

Portugiesisches Handelsbüro
Kreuzzstrasse 34, 40210 Düsseldorf, Tel.: 0211-13 85 70, Fax: 0211-32 09 68

Madeira Development Company
P.O.Box 41 64, P-9052 Funchal, Tel.: 00351-91-25 44 66, Fax: 00351-91-2 89 50

Madeira Managment Company I.D.A.
Rua das Murcos No. 68, P-9000 Funchal, Tel.: 00351-91-22 06 66,
Fax: 00351-91-22 71 44

Camara de Commercio e Industria Luso-Alemana
Av. Da Liberdade 38-2, P-1200 Lisbao, Tel.: 0035-11-3 47 27 24,
Fax: 0035-11-3 46 71 50

Rumänien

Rumänische Botschaft
Dorotheenstrasse 62-66, 10117 Berlin, Tel.: 030-21 23 91 43, Fax: 030-21 23 93 99;
www.rumaenische-botschaft.de

Rumänisches Wirtschaftsbüro Karlsruhe
Zähringerstrasse 65a, 76124 Karlsruhe, Tel.: 0721-1 33 73 41, Fax: 0721-7 33 73 49;
E-Mail: wifoe@karlsruhe.de

Deutsche Botschaft in Rumänien
Strada Gheorghe Demetriade, cpt.av.6-8, RO-011848 Bucuresti,
Tel.: 0040-21-2 02 98 30, Fax: 0040-21-2 30 58 46;
www.deutschebotschaft-bucarest.org

Deutsch-Rumänische Industrie- u. Handelskammer
Strada Clucerului 35/III, RO-713091 Bucuresti, Sector I, Tel.: 0040-21-2 23 15 31, Fax: 0040-21-2 23 15 38; E-Mail: deg@softnet.ro

Consiliul Investittorilor Straini (Rat der ausländischen Investoren in Rumänien)
ING Building, Sosea Kiseleff 11-13, RO-011342 Bucuresti, Sector I, Tel.: 0041-21-2 22 19 31; Fax: 0040-21-2 22 19 31; E-Mail: office@fic.romailto:office@fic.ro

Agentia Romana Pentru Investii Straine (ARIS) – Rumäniche Agentur für Auslandsinvestitionen
Primaverii Boulevard 22, RO-011974 Bucuresti, Sector I, Tel.: 0040-21-2 33 91 03, Fax: 0040-21-2 33 91 04; E-Mail: aris@arisinvest.ro

Ministerium für Wirtschaft u. Handel
Cale Victoriei 152, RO-0110096 Bucurest, Sector 1, Tel.: 0040-21-6 50 50 20, Fax: 0040-21-3 12 05 13; www.minind.ro

Schweiz

Credit Suisse Private Banking
Bahnhofstrasse 30, Postfach 500, CH-8070 Zürich, Tel.: 0041-1-334 30 46, Fax: 0041-1-333 97 36; www.cspb.com

Steueramt des Kanton St. Gallen
Tel.: 0041-71-2 29 41 36, Fax: 0041-71-2 29 41 99; www.steuern.sg.ch

Steueramt des Kantons Thurgau
Tel.: 00-52-7 24 14 58; Fax: 0041-7 24 14 88; E-Mail: arnaud.knobel @kttg.ch

Wirtschaftsförderung des Kantons Schaffhausen
Tel.: 0041-52-6 74 03 03, Fax: 0041-52-6 74 06 09; www.sh.ch/wf

Wirtschaftsförderung des Kantons Zürich
Tel.: 0041-43-2 59 26 23; Fax: 0041-43-2 59 51 71; www.awa.zh.ch

Deutsch-Schweizerische Handelskammer
Tödistrasse 60, CH-8022 Zürich, Tel.: 0041-1-2 83 61 61, Fax: 0041-1-2 83 61 00; www.handelskammer-d-ch.ch

Slowakei

Botschaft der Slowakischen Republik
Pariser Straße 44, 10707 Berlin, Tel.: 030-8 89 26 20, Fax: 030-88 92 62 22; www.botschaft-slowakei.de

Deutsche Botschaft in der Slowakischen Republik
Hviezdoslavovo nám. 10, SK-81303 Bratislava, Tel.: 00421-2-59 20 44 00, Fax: 00421-2-54 41 96 34; www.germanembassy.sk

Slowakische Nationalagentur für ausländische Investitionen und Entwicklung (SARIO)
Martincekova 17, SK-82101 Bratislava, Tel.: 00421-2-58 10 03 10, Fax: 00421-2-54 41 14 77; www.sario.sk

Deutsche Auslandshandelskammer
http://www.diht.de/ahk/home/bueros/s/slowakei/index.html

Slowenien

Botschaft der Republik Slowenien
Hausvogteiplatz 3, 10117 Berlin, Tel.: 0030-20 61 4 50, Fax: 030-20 61 45 70

TIPO Trade and Investment Promotion Office
E-Mail: tipo@gov.si

Slowenische Industrie- und Handelskammer
http://www.gzs.si

Spanien

Handels- u. Wirtschaftsabteilung der Spanischen Botschaft
Dorotheenstrasse 97-II, 10117 Berlin, Tel.: 030-2 29 21 34, Fax: 030-2 29 30 95; www.berlin.ofcomes.mcx.es

Amtliche Spanische Handelskammer für Deutschland
Friedrich-Ebert-Anlage 56, 60325 Frankfurt a. M., Tel.: 069-74 34 81-0, Fax: 069-74 34 81-55; www.spanische-handelskammer.de

Deutsche Handelskammer für Spanien
Avenida Pio XII 26-28, E-28016 Madrid, Tel.: 0034-91-3 53 09 10, Fax: 0034-91-3 59 12 13; www.ccape.es

Sociedad Estatal de Participaciones Industriales (SEPI) – Büro f. Investitionsförderung
Velazquez, 134, E-28006 Madrid, Tel.: 0034-91-3 96 14 73, Fax: 0034-91-3 96 12 26; www.sepi.es

Ministério de Economia
Paseo de la Castellana 162, E-28071 Madrid, Tel.: 0034-91-5 83 74 00, Fax: 0034-91-3 49 35 00; www.mineco.es

Tschechien

Botschaft der Tschechischen Republik
Wilhelmstrasse 44, 10117 Berlin, Tel.: 030-22 63 80, Fax: 030-22 94 0 33; www.mzv.cz/berlin

CzechInvest (Nationale Agentur zur Förderung von Investitionen)
www.czechinvest.org

Ministerium für Industrie und Handel
www.mpo.cz

Handelskammer der Tschechischen Republik
www.komora.cz

Türkei

Türkische Botschaft Berlin, Büro des Wirtschaftsrats
Rungestrasse 9, 10179 Berlin, Tel.: 030-27 89 80-0, Fax: 030-27 89 80-20
E-Mail: wirtschaftsabteilung@t-online.de

Türkisch Deutsche Industrie- und Handelskammer
Im Medienpark 2, 50670 Köln, Tel.: 0221-5 40 22 00, Fax: 0221-5 40 22 01; www.td-ihk.de

Deutsch-Türkische Industrie- und Handelskammer
Muallim Naci Caddesi 40, TR-34347 Ortaköy-Istanbul, Tel.: 0090-212-2 59 11 95, Fax: 0090-212-2 59 19 39; E-Mail: info@dtr-ihk.de

IS Kueleri
Kule II-Kat 3, 80620-4, Levent, Istanbul, Tel.: 0090-212-2 82 40 01, Fax: 0090-212-2 82 40 02

Istanbul Chamber of Industry
Mesrutiyet Caddesi 118, TR-34430 Tepebasi-Istanbul, Tel.: 0090-212-2 52 29 00, Fax: 0090-212-2 49 50 84; E-Mail: musteri@iso.org.tr

General Directorate of Free Trade Zones, Yolu Inonu Bulvari, Emek Mevkii
TR-Eskisehir; Tel.: 0090-312-2 12 82 61, Fax: 0090-312-2 12 89 06

Ungarn

Botschaft der Republik Ungarn
Unter den Linden 76, 10117 Berlin, Tel.: 030-20 31 00, Fax: 030-2 29 13 14;
www.ungarische-botschaft.de

Ungarisches Außenhandelsbüro (ITD Hungary)
Falkensteinerstrasse 32a, 60322 Frankfurt a. M., Tel.: 069-15 68 07 20,
Fax: 069-59 03 26; www.huntradeffm.de

Deutsche Botschaft in Ungarn
Úri utca 64-66, H-1014 Budapest, Tel.: 0036-1-4 88 35 00, Fax: 0036-1-4 88 35 05;
www.deutsche-botschaft.hu

Deutsch-Ungarische Industrie-u. Handelskammer (DUIHK)
Lövohaz u. 30, H-1024 Budapest, Tel.: 0036-1-3 45 76 00, Fax: 0036-1-3 15 06 38;
www.ahkung.hu

Privatisierungsagentur
www.fornax.hu/indexe.html

Zypern

Botschaft von Zypern
Wallstrasse 27, 10179 Berlin, Tel.: 030-3 08 68 30, Fax: 030-27 59 14 54;
E-Mail: cyprusembassy@t-online.de

Bank of Cyprus
86-90 Phaneromeni Street, Nicosia, Tel.: 00357-22-84 81 00, Fax: 00357-22-66 36 33;
www.bankofcyprus.com

Costas Indianos & Co.
4 Diagoras Street, Kermia House, Flats 601/602, Nocosia, Tel.: 00357-22-67 52 31,
Fax: 00357-22-66 96 78; www.indianos.com.cy

CMS Consulting Tld.
Makarios Ave. 141-CY-3723 Limassol, Tel.: 00357-25-82 24 56,
Fax: 00357-25-82 24 60; E-Mail: info@IBCzypern.com

Russland

Botschaft der Russischen Föderation
Unter den Linden 63-65, 10117 Berlin, Tel.: 030-2 29 11 10, Fax: 030-2 29 93 97;
www.russische-botschaft.de

Handels- u. Wirtschaftsbüro der Russischen Föderation
Unter den Linden 55-61, 10117 Berlin, Tel.: 030-2 34 30 1^2, Fax: 030-2 29 03 90;
www.rfhwb.de

Russland Kompetenzzentrum c/o IHK Düsseldorf
Ernst-Schneider-Platz 1, 40212 Düsseldorf, Tel.: 0211-35 57-300, Fax: 0211-35 57-378,
E-Mail: gebauer@duesseldorf.ihk.de

Botschaft der Bundesrepublik Deutschland
Mosfilmowskaja ul. 56, RF-119285 Moshau, Tel.: 007-095-9 37 95 00,
Fax: 007-095-9 38 23 54; www.deutschebotschaft-moskau.ru

Koordinierungsstelle für wirtschaftliche Beratung der KfW
Leninski Prospekt 95a, RF-117313 Moskau, Tel.: 007-095-9 36 26 88,
Fax: 007-095-1 32 53 88, E-Mail: kostmosc@com2com.ru

Delegation der Deutschen Wirtschaft i.d. Russischen Föderation
Kasatschij per.7, RF-109017 Moskau, Tel.: 007-095-2 34 49 50,
Fax: 007-095-2 34 49 51; E-Mail: ahk@dihk.ru

Ministervesvo Ekonomitscheskowo Rasvitija i Torgovli
(Ministerium für wirtschaftliche Entwicklung + Handel)
GSP-3, A-47
ul. 1 Twerskaja-Jamskaja, 1,3; RF-125993 Moskau, Tel.: 007-095-200-03 53,
Fax: 007.095-251-69 65; www.economy.gov.ru

USA

Botschaft der Vereinigten Staaten
Neustädter Kirchstrasse 4, 10117 Berlin, Tel.: 030-2 38 51 74, Fax: 030-2 38 62 90;
www.usembassy.de

German American Chamber of Commerce
40 West, 57 Street, 31 st Floor, New York, N.Y. 10019-4092
Tel.: 0012 12-9 74 88 30, Fax: 0012-9 74 88 67

Bundesagentur für Außenwirtschaft bfai
Agrippastrasse 87–93, 50676 Köln, Tel.: 0221-20 57-0, Fax: 0221-20 57-276;
www.bfai.de; E-Mail: amerika@bfai.de

China

Botschaft der Volksrepublik China
Märkisches Ufer 54, 10179 Berlin, Tel.: 030-27 58 82 35, Fax: 030-7 26 20 30

OAV Ostasien Verein
Neuer Jungfernstieg 21, 20354 Hamburg, Tel.: 040-35 75 59-0, Fax: 040-35 75 59 25; www.oav.de

Bundesagentur für Außenwirtschaft bfai
Agrippastrasse 87–93, 50676 Köln, Tel.: 0221-20 57-0, Fax: 0221-20 57-276; www.bfai.de; E-Mail: china@bfai.de

Indien

DEG – Deutsche Investitions- u. Entwicklungsgesellschaft mbH
Belvederestrasse 40, 50933 Köln, Tel.: 0221-49 86-402, Fax: 0221-49 86-290; www.deginvest.de

Botschaft der Republik Indien, Wirtschafts- u. Handelsabteilung
Tiergartenstrasse 17, 10785 Berlin, Tel.: 030-25 79 50, Fax: 030-25 79 00; www.indianembassy.de

Generalkonsulat der Republik Indien
India House, Friedrich-Ebert-Anlage 26, 60325 Frankfurt a. M., Tel.: 069-15 30 05-0, Fax: 069-55 41 25; www.cgifrankfurt.de

Embassy of the Federal Republic of Germany
No. 6/50G, Shanti Path, Chanakyapuri, Neu-Delhi 110021, Indien, Tel.: 0091-11-6 87-18 31, Fax: 0091-11-6 87-31 17; www.germanembassy-india.org

Ministry of External Affairs, Investment Promotion & Publicity Division
South Block, Neu-Delhi 110011, Indien, Tel.: 0091-11-3 01 43 67, Fax: 0091-11-3 01 43 67

Secretariat for Industrial Assistance (SIA), Department of Industrial Development
Ministry of Industry, Udyog Bhavan, Neu-Delhi 110011, Indien, Tel.: 0091-11-3 01 19 83, Fax: 0091-11-3 01 17 70; www.indmin.nic.i

A 2 Doppelbesteuerungsabkommen

Nr. 3 **Bundessteuerblatt 2004 · Teil I** Seite 135

Doppelbesteuerung

Bundesministerium der Finanzen
IV B 6 — S 1300 — 852/03

Berlin, 22. Dezember 2003

Oberste Finanzbehörden
der Länder

nachrichtlich:

Vertretungen der Länder
beim Bund

Bundesministerien

Bundesamt für Finanzen

Stand der Doppelbesteuerungsabkommen und der Doppelbesteuerungsverhandlungen am 1. Januar 2004

Hiermit übersende ich eine Übersicht über den gegenwärtigen Stand der Doppelbesteuerungsabkommen und der Abkommensverhandlungen.

Wie die Übersicht zeigt, werden verschiedene der angeführten Abkommen nach ihrem In-Kraft-Treten rückwirkend anzuwenden sein. Ich wäre dankbar, wenn Sie die Finanzämter anweisen würden, Steuerfestsetzungen in geeigneten Fällen vorläufig durchzuführen, wenn ungewiss ist, ob und wann ein Abkommen wirksam wird, das sich zugunsten des Steuerschuldners auswirken wird. Umfang und Grund der Vorläufigkeit sind im Bescheid anzugeben. Ob bei vorläufiger Steuerfestsetzung der Abkommensinhalt — soweit bekannt — bereits berücksichtigt werden soll, ist nach den Gegebenheiten des einzelnen Falles zu entscheiden.

Bei der Veranlagung unbeschränkt Steuerpflichtiger zur Vermögensteuer bis zum Veranlagungszeitraum 1996 einschließlich kann das aufgezeigte Verfahren auf Fälle beschränkt bleiben, in denen der Steuerpflichtige in dem ausländischen Vertragsstaat Vermögen in Form von Grundbesitz, Betriebsvermögen oder — falls es sich bei dem Steuerpflichtigen um eine Kapitalgesellschaft handelt — eine wesentliche Beteiligung an einer Kapitalgesellschaft des betreffenden ausländischen Vertragsstaats besitzt.

Zur Rechtslage nach dem **Zerfall der Sozialistischen Föderativen Republik Jugoslawien (SFRJ)** ist auf Folgendes hinzuweisen:

Vereinbarungen über die Fortgeltung des DBA mit der SFRJ vom 26. März 1987 wurden geschlossen mit:

Republik Bosnien und Herzegowina (BGBl. 1992 II S. 1196),

Republik Kroatien (BGBl. 1992 II S. 1146),

Republik Slowenien (BGBl. 1993 II S. 1261),

Republik Mazedonien (BGBl. 1994 II S. 326) und

Serbien und Montenegro [Namensänderung; ehem. Bundesrepublik Jugoslawien (BGBl. 1997 II S. 961)].

Zur Rechtslage nach dem **Zerfall der Sowjetunion** ist auf Folgendes hinzuweisen:

Vereinbarungen über die Fortgeltung des DBA mit der UdSSR vom 24. November 1981 wurden geschlossen mit:

Republik Georgien (BGBl. 1992 II S. 1128),

Republik Kirgisistan (BGBl. 1992 II S. 1015),

Republik Armenien (BGBl. 1993 II S. 169),

Republik Weißrussland (BGBl. 1994 II S. 2533),

Republik Usbekistan (BGBl. 1995 II S. 205),

Republik Tadschikistan (BGBl. 1995 II S. 255),

Republik Moldau (BGBl. 1996 II S. 768),

Aserbaidschanische Republik (BGBl. 1996 II S. 2471) und

Turkmenistan (Bericht der Botschaft Aschgabat vom 11. August 1999 — Nr. 377/99).

Zur Rechtslage nach der **Teilung der Tschechoslowakei** ist auf Folgendes hinzuweisen:

Vereinbarungen über die Fortgeltung des DBA mit der Tschechoslowakischen Sozialistischen Republik vom 19. Dezember 1980 wurden mit der Slowakischen Republik und mit der Tschechischen Republik getroffen (BGBl. 1993 II S. 762).

Hongkong wurde mit Wirkung ab 1. Juli 1997 ein besonderer Teil der VR China (Hongkong Special Administrative Region). Das allgemeine Steuerrecht der VR China gilt dort nicht. Damit ist das zwischen der Bundesrepublik Deutschland und der VR China abgeschlossene DBA vom 10. Juni 1985 nach dem 1. Juli 1997 in Hongkong nicht anwendbar. Eine Einbeziehung Hongkongs in den Geltungsbereich des DBA China ist nicht angestrebt. Verhandlungen über ein gesondertes Abkommen mit Hongkong sind nicht geplant (zur Vermeidung der Doppelbesteuerung bei Luftfahrtunternehmen s. Anlage).

Vorgenannte Ausführungen zu Hongkong (außer Luftfahrtunternehmen) gelten in entsprechender Weise auch für **Macau** nach dessen Übergabe am 20. Dezember 1999 an die VR China (Macau Special Administrative Region).

Es werden Verhandlungen geführt, wie im Verhältnis zu **Taiwan** Doppelbesteuerungen vermieden werden können.

Hinsichtlich der Abkommen auf dem Gebiet der Kraftfahrzeugsteuer ist zur Rechtslage nach dem Zerfall der Sowjetunion auf Folgendes hinzuweisen:

Das Abkommen mit der UdSSR vom 21. Februar 1980 ist im Verhältnis zu den Nachfolgestaaten der UdSSR sowie zu Estland, Lettland und Litauen anzuwenden, bis mit diesen Staaten eine Neuregelung vereinbart wird. Voraussetzung ist, dass die genannten Staaten die im Abkommen vereinbarte Befreiung für deutsche Fahrzeuge gewähren. Diese Gegenseitigkeit muss auch hinsichtlich neuer Abgaben gewährleistet sein, die anstelle der UdSSR-Straßengebühr oder daneben eingeführt worden sind oder eingeführt werden, sofern sie mit der Kraftfahrzeugsteuer vergleichbar sind (siehe Ländererlasse).

Im Auftrag

Müller-Gatermann

IV B 6 / StandDBA01012004

Stand der Doppelbesteuerungsabkommen

1. Januar 2004

I. Geltende Abkommen

Abkommen		Fundstelle				Inkrafttreten				Anwendung grundsätzlich ab
		BGBl. II		BStBl I		BGBl. II		BStBl I		
mit	vom	Jg.	S.	Jg.	S.	Jg.	S.	Jg.	S.	
1. Abkommen auf dem Gebiet der Steuern vom Einkommen und vom Vermögen										
Ägypten	08.12.1987	1990	278	1990	280	1991	1.042	1992	7	01.01.1992
Argentinien	13.07.1978/	1979	585	1979	326	1979	1.332	1980	51	01.01.1976
	16.09.1996	1998	18	1998	187	2001	694	2001	540	01.01.1996
Armenien	24.11.1981	1983	2	1983	90	1983	427	1983	352	01.01.1980
(DBA mit UdSSR gilt fort, BGBl. 93 II S. 169)										
Aserbaidschan	24.11.1981	1983	2	1983	90	1983	427	1983	352	01.01.1980
(DBA mit UdSSR gilt fort, BGBl. 96 II S. 2.471)										
Australien	24.11.1972	1974	337	1974	423	1975	216	1975	386	01.01.1971
Bangladesch[1]	29.05.1990	1991	1.410	1992	34	1993	847	1993	466	01.01.1990
Belarus (Weißrussland)	24.11.1981	1983	2	1983	90	1983	427	1983	352	01.01.1980
(DBA mit UdSSR gilt fort, BGBl. 94 II S. 2.533)										
Belgien	11.04.1967/	1969	17	1969	38	1969	1.465	1969	468	01.01.1966
	05.11.2002	2003	1.615			2003	1.744			01.01.2004
Bolivien	30.09.1992	1994	1.086	1994	575	1995	907	1995	758	01.01.1991
Bosnien und Herzegowina	26.03.1987	1988	744	1988	372	1988	1.179	1989	35	01.01.1989
(DBA mit SFR Jugoslawien gilt fort, BGBl. 92 II S. 1.196)										
Brasilien	27.06.1975	1975	2.245	1976	47	1976	200	1976	86	01.01.1975
Bulgarien	02.06.1987	1988	770	1988	389	1988	1.179	1989	34	01.01.1989
China	10.06.1985	1986	446	1986	329	1986	731	1986	339	01.01.1985
(ohne Hongkong und Macau)										
Côte d'Ivoire	03.07.1979	1982	153	1982	357	1982	637	1982	628	01.01.1982
Dänemark	22.11.1995	1996	2.565	1996	1.219	1997	728	1997	624	01.01.1997
Ecuador	07.12.1982	1984	466	1984	339	1986	781	1986	358	01.01.1987
Estland	29.11.1996	1998	547	1998	543	1999	84	1999	269	01.01.1994
Finnland	05.07.1979	1981	1.164	1982	201	1982	577	1982	587	01.01.1981
Frankreich	21.07.1959/	1961	397	1961	342	1961	1.659	1961	712	01.01.1957
	09.06.1969/	1970	717	1970	900	1970	1.189	1970	1.072	01.01.1968
	28.09.1989/	1990	770	1990	413	1991	387	1991	93	01.01.1990
	20.12.2001	2002	2.370	2002	891	2003	542	2003	383	01.01.2002
Georgien	24.11.1981	1983	2	1983	90	1983	427	1983	352	01.01.1980
(DBA mit UdSSR gilt fort, BGBl. 92 II S. 1.128)										
Griechenland	18.04.1966	1967	852	1967	50	1968	30	1968	296	01.01.1964
Indien	19.06.1995	1996	706	1996	599	1997	751	1997	363	01.01.1997
Indonesien	30.10.1990	1991	1.086	1991	1.001	1991	1.401	1992	186	01.01.1992
Iran, Islamische Republik	20.12.1968	1969	2.133	1970	768	1969	2.288	1970	777	01.01.1970
						1970	282			
Irland	17.10.1962	1964	266	1964	320	1964	632	1964	366	01.01.1959
Island	18.03.1971	1973	357	1973	504	1973	1.567	1973	730	01.01.1968
Israel	09.07.1962/	1966	329	1966	700	1966	767	1966	946	01.01.1961
	20.07.1977	1979	181	1979	124	1979	1.031	1979	603	01.01.1970
Italien	18.10.1989	1990	742	1990	396	1993	59	1993	172	01.01.1993
Jamaika	08.10.1974	1976	1.194	1976	407	1976	1.703	1976	632	01.01.1973
Japan	22.04.1966/	1967	871	1967	58	1967	2.028	1967	336	01.01.1967
	17.04.1979/	1980	1.182	1980	649	1980	1.426	1980	772	01.01.1977
	17.02.1983	1984	194	1984	216	1984	567	1984	388	01.01.1981
Kanada	19.04.2001	2002	671	2002	505	2002	962	2002	521	01.01.2001
Kasachstan	26.11.1997	1998	1.592	1998	1.029	1999	86	1999	269	01.01.1996
Kenia	17.05.1977	1979	606	1979	337	1980	1.357	1980	792	01.01.1980
Kirgisistan	24.11.1981	1983	2	1983	90	1983	427	1983	352	01.01.1980
(DBA mit UdSSR gilt fort, BGBl. 92 II S. 1.015)										
Korea, Republik	10.03.2000	2002	1.630	2003	24	2002	2.855	2003	36	01.01.2003
Kroatien	26.03.1987	1988	744	1988	372	1988	1.179	1989	35	01.01.1989
(DBA mit SFR Jugoslawien gilt fort, BGBl. 92 II S. 1.146)										
Kuwait	04.12.1987	1989	354	1989	150	1989	637	1989	268	01.01.84 – 31.12.97
	18.05.1999	2000	390	2000	439	2000	1.156	2000	1.383	01.01.1998
Lettland	21.02.1997	1998	330	1998	531	1998	2.630	1998	1.219	01.01.1996
Liberia	25.11.1970	1973	1.285	1973	615	1975	916	1975	943	01.01.1970
Litauen	22.07.1997	1998	1.571	1998	1.016	1998	2.962	1999	121	01.01.1995
Luxemburg	23.08.1958/	1959	1.269	1959	1.022	1960	1.532	1960	398	01.01.1957
	15.06.1973	1978	109	1978	72	1978	1.396	1979	83	01.01.1971
Malaysia	08.04.1977	1978	925	1978	324	1979	288	1979	196	01.01.1971
Malta	08.03.2001	2001	1.297	2002	76	2002	320	2002	240	01.01.2002
Marokko	07.06.1972	1974	21	1974	59	1974	1.325	1974	1.009	01.01.1974
Mauritius	15.03.1978	1980	1.261	1980	667	1981	8	1981	34	01.01.1979

Änderungen sind durch seitliche Striche gekennzeichnet

Fortsetzung siehe nächste Seite

[1] Gilt nicht für die VSt

– 2 –

Abkommen mit	vom	Fundstelle BGBl. II Jg.	S.	BStBl I Jg.	S.	Inkrafttreten BGBl. II Jg.	S.	BStBl I Jg.	S.	Anwendung grundsätzlich ab
(noch 1. Abkommen auf dem Gebiet der Steuern vom Einkommen und vom Vermögen)										
Mazedonien	26.03.1987	1988	744	1988	372	1988	1.179	1989	35	01.01.1989
(DBA mit SFR Jugoslawien gilt fort, BGBl. 94 II S. 326)										
Mexiko	23.02.1993	1993	1.966	1993	964	1994	617	1994	310	01.01.1994
Moldau, Republik	24.11.1981	1983	2	1983	90	1983	427	1983	352	01.01.1980
(DBA mit UdSSR gilt fort, BGBl. 96 II S. 768)										
Mongolei	22.08.1994	1995	818	1995	607	1996	1.220	1996	1.135	01.01.1997
Namibia	02.12.1993	1994	1.262	1994	673	1995	770	1995	678	01.01.1993
Neuseeland	20.10.1978	1980	1.222	1980	654	1980	1.485	1980	787	01.01.1978
Niederlande	16.06.1959/	1960	1.781	1960	381	1960	2.216	1960	626	01.01.1956
	13.03.1980/	1980	1.150	1980	646	1980	1.486	1980	787	01.01.1979
	21.05.1991	1991	1.428	1992	94	1992	170	1992	382	21.02.1992
Norwegen	04.10.1991	1993	970	1993	655	1993	1.895	1993	926	01.01.1991
Österreich	24.08.2000	2002	734	2002	584	2002	2.435	2002	958	01.01.2003
Pakistan[2]	14.07.1994	1995	836	1995	617	1996	467	1996	445	01.01.1995
Philippinen	22.07.1983	1984	878	1984	544	1984	1.008	1984	612	01.01.1985
Polen	18.12.1972/	1975	645	1975	665	1975	1.349	1976	6	01.01.1972
	24.10.1979	1981	306	1981	466	1981	1.075	1981	778	01.01.1977
Portugal	15.07.1980	1982	129	1982	347	1982	861	1982	763	01.01.1983
Rumänien	04.07.2001	2003	1.594							01.01.2004
Russische Föderation	29.05.1996	1996	2.710	1996	1.490	1997	752	1997	363	01.01.1997
Sambia	30.05.1973	1975	661	1975	688	1975	2.204	1976	7	01.01.1971
Schweden	14.07.1992	1994	686	1994	422	1995	29	1995	88	01.01.1995
Schweiz	11.08.1971/	1972	1.021	1972	518	1973	74	1973	61	01.01.1972
	30.11.1978/	1980	751	1980	398	1980	1.281	1980	678	01.01.1977
	17.10.1989/	1990	766	1990	409	1990	1.698	1991	93	01.01.1990
	21.12.1992/	1993	1.886	1993	927	1994	21	1994	110	01.01.1994
	12.03.2002	2003	67	2003	165	2003	436	2003	329	01.01.02/01.01.04
Serbien und Montenegro	26.03.1987	1988	744	1988	372	1988	1.179	1989	35	01.01.1989
(Namensänderung; ehem. Bundesrepublik Jugoslawien) (DBA mit SFR Jugoslawien gilt fort, BGBl. 97 II S. 961)										
Simbabwe	22.04.1988	1989	713	1989	310	1990	244	1990	178	01.01.1987
Singapur	19.02.1972	1973	373	1973	513	1973	1.528	1973	688	01.01.1968
Slowakei	19.12.1980	1982	1.022	1982	904	1983	692	1983	486	01.01.1984
(DBA mit Tschechoslowakei gilt fort, BGBl. 93 II S. 762)										
Slowenien	26.03.1987	1988	744	1988	372	1988	1.179	1989	35	01.01.1989
(DBA mit SFR Jugoslawien gilt fort, BGBl. 93 II S. 1.261)										
Spanien	05.12.1966	1968	9	1968	296	1968	140	1968	544	01.01.1968
Sri Lanka	13.09.1979	1981	630	1981	610	1982	185	1982	373	01.01.1983
Südafrika	25.01.1973	1974	1.185	1974	850	1975	440	1975	640	01.01.1965
Tadschikistan	24.11.1981	1983	2	1983	90	1983	427	1983	352	01.01.1980
(DBA mit UdSSR gilt fort, BGBl. 95 II S. 255)										
Thailand	10.07.1967	1968	589	1968	1.046	1968	1.104	1969	18	01.01.1967
Trinidad und Tobago	04.04.1973	1975	679	1975	697	1977	263	1977	192	01.01.1972
Tschechien	19.12.1980	1982	1.022	1982	904	1983	692	1983	486	01.01.1984
(DBA mit Tschechoslowakei gilt fort, BGBl. 93 II S. 762)										
Türkei	16.04.1985	1989	866	1989	471	1989	1.066	1989	482	01.01.1990
Tunesien	23.12.1975	1976	1.653	1976	498	1976	1.927	1977	4	01.01.1976
Turkmenistan	24.11.1981	1983	2	1983	90	1983	427	1983	352	01.01.1980
(DBA mit UdSSR gilt fort, Bericht der Botschaft Aschgabat vom 11. August 1999 – Nr. 377/99)										
Ukraine	03.07.1995	1996	498	1996	675	1996	2.609	1996	1.421	01.01.1997
Ungarn	18.07.1977	1979	626	1979	348	1979	1.031	1979	602	01.01.1980
Uruguay	05.05.1987	1988	1.060	1988	531	1990	740	1990	365	01.01.1991
Usbekistan	07.09.1999	2001	978	2001	765	2002	269	2002	239	01.01.2002
Venezuela	08.02.1995	1996	727	1996	611	1997	1.809	1997	938	01.01.1997
Vereinigte Arab. Emirate	09.04.1995	1996	518	1996	588	1996	1.221	1996	1.135	01.01.1992
Vereinigtes Königreich	26.11.1964/	1966	358	1966	729	1967	828	1967	40	01.01.1960
	23.03.1970	1971	45	1971	139	1971	841	1971	340	30.05.1971
Vereinigte Staaten	29.08.1989	1991	354	1991	94	1992	235	1992	262	01.01.1990
Vietnam	16.11.1995	1996	2.622	1996	1.422	1997	752	1997	364	01.01.1997
Zypern	09.05.1974	1977	488	1977	340	1977	1.204	1977	618	01.01.1970

Änderungen sind durch seitliche Striche gekennzeichnet

[2] Gilt nicht für die VSt

– 3 –

Abkommen		Fundstelle				Inkrafttreten				Anwendung
		BGBl. II		BStBl I		BGBl. II		BStBl I		grundsätzlich
mit	vom	Jg.	S.	Jg.	S.	Jg.	S.	Jg.	S.	ab
2. Abkommen auf dem Gebiet der Erbschaft- und Schenkungsteuern										
Dänemark[3]	22.11.1995	1996	2.565	1996	1.219	1997	728	1997	624	01.01.1997
Griechenland	18.11.1910/ 01.12.1910	1912	173[4]	–	–	1953	525	1953	377	01.01.1953
Österreich	04.10.1954	1955	755	1955	375	1955	891	1955	557	08.09.1955
Schweden[3]	14.07.1992	1994	686	1994	422	1995	29	1995	88	01.01.1995
Schweiz	30.11.1978	1980	594	1980	243	1980	1.341	1980	786	28.09.1980
Vereinigte Staaten	03.12.1980/	1982	847	1982	765	1986	860	1986	478	01.01.1979
	14.12.1998	2000	1.170	2001	110	2001	62	2001	114	15.12.2000
3. Sonderabkommen betreffend Einkünfte und Vermögen von Schiffahrt (S)- und Luftfahrt (L)-Unternehmen[5]										
Brasilien (S) (Protokoll)	17.08.1950	1951	11	–	–	1952	604	–	–	10.05.1952
Chile (S) (Handelsvertrag)	02.02.1951	1952	325	–	–	1953	128	–	–	08.01.1952
China (S) (Seeverkehrsvertrag)	31.10.1975	1976	1.521	1976	496	1977	428	1977	452	29.03.1977
Hongkong (L)	08.05.1997	1998	2.064	1998	1.156	1999	26	2000	1.554	01.01.1998
Jugoslawien (S)	26.06.1954	1959	735	–	–	1959	1.259	–	–	23.10.1959
Kolumbien (S, L)	10.09.1965	1967	762	1967	24	1971	855	1971	340	01.01.1962
Paraguay (L)	27.01.1983	1984	644	1984	456	1985	623	1985	222	01.01.1979
Venezuela (S, L)	23.11.1987	1989	373	1989	161	1989	1.065	1990	2	01.01.1990
4. Abkommen auf dem Gebiet der Rechts- und Amtshilfe										
Belgien[3]	11.04.1967	1969	17	1969	38	1969	1.465	1969	468	01.01.1966
Dänemark[3]	22.11.1995	1996	2.565	1996	1.219	1997	728	1997	624	01.01.1997
Finnland	25.09.1935	1936	37[4]	1936	94[4]	1954	740	1954	404	01.01.1936
Frankreich[3]	21.07.1959	1961	397	1961	342	1961	1.659	1961	712	01.01.1957
Italien	09.06.1938	1939	124[4]	1939	377[4]	1956	2.154	1957	142	23.01.1939
Luxemburg[3]	23.08.1958	1959	1.269	1959	1.022	1960	1.532	1960	398	01.01.1957
Niederlande	21.05.1999	2001	2	2001	66	2001	691	2001	539	23.06.2001
Norwegen[3]	04.10.1991	1993	970	1993	655	1993	1.895	1993	926	01.01.1991
Österreich	04.10.1954	1955	833	1955	434	1955	926	1955	743	26.11.1955
Schweden[3]	14.07.1992	1994	686	1994	422	1995	29	1995	88	01.01.1995

Änderungen sind durch seitliche Striche gekennzeichnet

Fortsetzung siehe nächste Seite

[3] Die Erbschaftsteuer bzw. Vorschriften zur Rechts- und Amtshilfe sind in den unter I.1. bzw. II.1 aufgeführten Abkommen enthalten.

[4] Angabe bezieht sich auf RGBl bzw. RStBl.

[5] Siehe auch Bekanntmachungen über die Steuerbefreiungen nach § 49 Abs. 4 EStG (und § 2 Abs. 3 VStG):

Äthiopien L (BStBl 1962 I S. 536),
Afghanistan L (BStBl 1964 I S. 411),
Bangladesch L (BStBl 1996 I S. 643),
Chile L (BStBl 1977 I S. 350),
China L (BStBl 1980 I S. 284),
Ghana S, L (BStBl 1985 I S. 222),
Irak S, L (BStBl 1972 I S. 490),
Jordanien L (BStBl 1976 I S. 278),
Libanon S, L (BStBl 1959 I S. 198),
Litauen L (BStBl 1995 I S. 416),
Papua-Neuguinea L (BStBl 1989 I S. 115),
Seychellen L (BStBl 1998 I S. 582),
Sudan L (BStBl 1983 I S. 370),
Syrien, Arabische Republik S, L (BStBl 1974 I S. 510),
Taiwan S (BStBl 1988 I S. 423) und
Zaire S, L (BStBl 1990 I S. 178).

r. 3 **Bundessteuerblatt 2004 · Teil I** Seite 141

II. Künftige Abkommen und laufende Verhandlungen

Abkommen mit	Art des Abkommens[11]	Sachstand[12]	Geltung für Veranlagungssteuern[13] ab	Geltung für Abzugsteuern[14] ab	Bemerkungen
1. Abkommen auf dem Gebiet der Steuern vom Einkommen und vom Vermögen					
Aserbaidschan	A	V:			
Australien	R-A	P: 05.10.1995	KR	KR	
Belarus (Weißrussland)	A	P: 14.11.1996	KR	KR	
Chile	A	V:	–	–	
Costa Rica	A	V:	-	-	
Georgien	A	V:	-	-	
Ghana	A	P: 08.08.2003			
Griechenland	E-P	P: 28.03.2000	–	–	
Island	R-A	V:	–	–	
Kirgisistan	A	V:	–	–	
Kroatien	A	P: 01.07.1999	2000	2000	
Kuba	A	V:	-	-	
Libanon	A	V:	–	–	
Malaysia	R-A	P: 08.07.2003	-	-	
Mazedonien	A	P: 12.09.2002	KR	KR	
Niederlande	R-A	V:	–	–	
	E-P	P: 25.11.2003	–	–	
Oman	A	P: 12.04.2002	KR	KR	
Papua-Neuguinea	A	U: 17.01.1995	ab dem Jahr des Inkrafttretens	ab dem Jahr des Inkrafttretens	Text: BGBl. 1999 II S. 826 BStBl 1999 I S. 883
Philippinen	R-A	V:			
Polen	R-A	U: 14.05.2003	KR	KR	
Saudi-Arabien	A	V:	-	-	
Singapur	R-A	V:	–	–	
Slowakei	R-A	V:			
Slowenien	R-A	P: 06.05.1999	KR	KR	
Südafrika	R-A	P: 13.01.1998	KR	KR	
Syrien	A	V:			
Tadschikistan	A	U: 27.03.2003			
Thailand	R-A	V:			
Tschechien	R-A	V:	–	–	
Turkmenistan	A	V:			
Venezuela	R-P	V:			
2. Abkommen auf dem Gebiet der Erbschaft- und Schenkungsteuern					
Frankreich	A	V:			
Österreich	R-P	U: 15.10.2003	2003		
3. Sonderabkommen betreffend Einkünfte und Vermögen von Schiffahrt (S)- und Luftfahrt (L)-Unternehmen					
Algerien	A (L)	P: 10.04.1981	1969 (S, L)/	–	
	A (S, L)	P: 27.01.1988	1988 (S)	–	
Hongkong	A (S)	U: 13.01.2003	1998 (S)	-	
Jemen	A (L)	P: 24.06.1988	1982	–	
Oman	A (S, L)	P. 22.05.2000	-	-	
Saudi-Arabien	A (L)	P: 09.01.1996	–	–	
4. Abkommen auf dem Gebiet der Amtshilfe					
Österreich	R-A	P: 25.09.2000	KR	KR	
5. Abkommen auf dem Gebiet der Kraftfahrzeugsteuer					
Belarus (Weißrussland)	R-A	P: 10.10.2002	–	–	
Slowenien	A	V:	–	–	

Änderungen sind durch seitliche Striche gekennzeichnet

[11] A: Erstmaliges Abkommen
R-A: Revisionsabkommen als Ersatz eines bestehenden Abkommens
R-P: Revisionsprotokoll zu einem bestehenden Abkommen
E-P: Ergänzungsprotokoll zu einem bestehenden Abkommen

[12] V: Verhandlung
P: Paraphierung
U: Unterzeichnung hat stattgefunden, Gesetzgebungs- oder Ratifikationsverfahren noch nicht abgeschlossen

[13] Einkommen-, Körperschaft-, Gewerbe- und Vermögensteuer KR: Keine Rückwirkung vorgesehen

[14] Abzugsteuern von Dividenden, Zinsen und Lizenzgebühren KR: Keine Rückwirkung vorgesehen

A 3 Abkürzungsverzeichnis

AG	Aktiengesellschaft
AO	Abgabenordnung
AR	Aufsichtsrat
AstG	Außensteuergesetz
BFH	Bundesfinanzhof
BIP	Bruttoinlandsprodukt
ErbSt	Erbschaftssteuer
ErbStG	Erbschaftssteuergesetz
BSP	Bruttosozialprodukt
BStBl	Bundessteuerblatt
CARDS	Community Assistance for Reconstruction
DBA	Doppelbesteuerungsabkommen
DIHK	Deutsche Industrie- und Handelskammer(tag)
EAGFL	European Agriculture Guidance and Guarantee Fund
EFRE	Europäischer Regionalentwicklungsfonds
EFTA	European Free Trade Association
ESF	Europäischer Sozialfonds
ESt	Einkommenssteuer
EStG	Einkommenssteuergesetz
EU	Europäische Union
EuGH	Europäischer Gerichtshof
EUR	Euro
EWU	Europäische Währungsunion
EZB	Europäische Zentralbank
GmbH	Gesellschaft mit beschränkter Haftung
GuV	Gewinn- und Verlustrechnung
IFSC	International Finance Service Centers
ISPA	Förderfonds für Projekte in Umweltschutz und Verkehrsinfrastruktur
ITO	International Trade Organization
IW	Institut der Deutschen Wirtschaft

IWF	Internationaler Währungsfonds
KG	Kommanditgesellschaft
KgaA	Kommanditgesellschaft auf Aktien
KMU	Klein- und Mittelbetriebe
KSt	Körperschaftssteuer
KStG	Körperschaftssteuergesetz
OECD	Organization for Economic Co-operation und Development
OHG	Offene Handelsgesellschaft
OLG	Oberlandesgericht
PHARE	Förderfonds für Maßnahmen innerhalb EU-Beitrittsvorbereitung
SAP	Stabilisierungs- und Assoziierungsprozess
SAPARD	Förderfonds für strukturelle Anpassung in der Landwirtschaft
SchenkSt	Schenkungssteuer
SchenkStG	Schenkungssteuergesetz
UmwStG	Umwandlungssteuergesetz
VSt	Vermögenssteuer
ZAV	Zentralstelle für Arbeitsvermittlung

A 4 Quellen

Abelshauser & Preindl Steuerberater
Aengevelt Immobilien KG
Agentia Romana Ppentru Investtii Straine (ARIS)
American Chamber of Commerce in Germany
Amt für Wirtschaft des Kantons St. Gallen
Asian Development Bank (ADB)
Auditor Treuhand AG
Austrian Business Agency (ABA)
Banca d'Italia
Bilanz
Botschaft der Republik Ungarn
Bulgarian International Business Association (BIBA)
Bank Austria Creditanstalt
Börsen-Zeitung
Botschaft der Republik Indien
Bulgarische Investitionsbehörde
Bundesagentur für Außenhandel (bfai)
Bundesamt für Ausländerfragen (BFA)
Bundesministerium der Finanzen
Bundesministerium für Wirtschaft und Technologie
Bundesverband deutscher Banken
Bundesversicherungsanstalt für Angestellte (BfA)
Bureau of Economic Analysis
Bureau of Labor Statistics
Cabinet Hohl Avocats
CB Richard Ellis
China Economic News
China Monthly Exports & Imports
China's Customs Statistics
China Statistical Yearbook
CMS Hasche Sigle
CMS Seminars & Consulting
Coface Intercredit Holding AG
Croation Chamber of Economy
Credit Suisse Private Banking CSPB
Credit Suisse Trust
Croation Investment Promootion Agency (CIPA)
CzechInvest
Datastream
DEG – Delegation der Deutschen Wirtschaft in der Russischen Föderation
Der Spiegel
Deutsche Investitions- und Entwicklungsgesellschaft mbh
Deutsch-Griechische Industrie- und Handelkammer
Deutsch-Polnische Industrie- und Handelskammer
Deutsche Bank AG
Deutsche Botschaft Neu-Dehli
Deutsche Bundesbank
Deutsche Handelskammer in China
Deutsche und Schweizerische Schutzgemeinschaft für Auslandsgrundbesitz e.V.
Deutsch-Indische Handelskammer
Die Welt
DIHK Deutscher Industrie- und Handelskammertag
Dresdner Bank
Economic Review Committee (ERC)
Eidgenössische Steuerverwaltung
Ernst & Young
Estonian Investment Agency (EIA)
Euroforum Deutschland GmbH
Europäische Bank für Wiederaufbau und Entwicklung (EBRD)

Europäische Investitionsbank (EIB)
Europäische Kommission
Europäischer Gerichtshof
Eurostat
F.A.Z.-Institut
Financial Times Deutschland
Finanzen
FJK Consultants Ptd.Ltd.
Focus
Fondul Proprietatii des Stat
Frankfurt Bukarest Bank AG
Frankfurter Allgemeine Zeitung
Frankfurter Allgemeine Sonntagszeitung
Global Investor
Globogate
Goldmann Sachs
Goskomstat
Greater Zurich AG
Handelskammer Deutschland-Schweiz
Handels- und Wirtschaftsbüro der Russischen Föderation
Hauck & Aufhäuser Privatbankiers
Hewitt Associates
HypoVereinsbank
IBC BAK International Benchmark Club
Industrie- und Handelskammer Athen
IHK für München und Oberbayern
IHRES-Institut für Wirtschaftsforschung
IKB Deutsche Industriebank AG
Indo-German Chamber of Commerce
Informationsagentur für Mittel- und Osteuropa
Institut der Deutschen Wirtschaft (IW)
Institut für Höhere Studien
Institut für Mittelstandsforschung
Institut für Weltwirtschaft
Instituto per la Promozione Industriale (IPI)
International Bureau of Fiscal Documentation
Internal Revenue Service
Internationaler Währungsfonds (IWF)
A.T.Kearny
Klingenberg / Körber
KPMG
Kreditanstalt für Wiederaufbau (KfW)
KSV Wirtschaftsauskünfte
Prof. Dr. Eduard Lechner
Leitner & Leitner
Lettisches Wirtschaftsministerium
LGT Trust Management
Litauisches Wirtschaftsministerium
manager magazin
Marxer & Partner Rechtsanwälte
McKinsey
Ministerium für wirtschaftliche Entwicklung und Handel Moskau
Ministry of Commerce Indien
Ministry of Labour and Social Security
Mofcom
Nasscom
National Association for Business Economics (NABE)
National Council of Applied Economic Research (NCAER)
Neue Zürcher Zeitung
Notariat Thomas Wachter
Österreichische Nationalbank
Parliament of India
Polnische Agentur für Auslandsinvestitionen (Paiz)
PriceWaterhouseCoopers (PwC)
Raiffeisenverband Salzburg
Raiffeisen Zentralbank Österreich AG
Reserve Bank of India

Richter & Partner
Rödl & Partner
Russisches Zollkomitee
Russland Kompetenzzentrum Düsseldorf
Schitag Ernst & Young Deutsche Allgemeine Treuhand AG
Schönherr Rechtsanwälte
Secretariat for Industrial Assistance (SIA)
Shearman & Sterling
Slowakische Nationalagentur für ausländische Investitionen und Entwicklung (SARIO)
Slowakische Nationalbank
SNAZIR – Invest in Slowakia
Sociedad Estatal de Participaciones Industriales (SEPI)
Staatliche Polnische Agentur für Auslandsinvestitionen (PAIZ)
Staatssekretariat für Wirtschaft seco
Standard & Poor's
State Bank of India
Steueramt des Kantons St. Gallen
Süddeutsche Zeitung
The Polish Agency for Foreign Investment
Statistisches Bundesamt
Trade and Investment Promotion Office (TIPO)
Ungarische Agentur für Investitions- und Handelsförderung (ITD Hungary)
Ungarische Wirtschaftskammer
Universität Göttingen
US Department of Commerce
US International Trade Commission
VDMA
Voelker Rechtsanwälte
UBS AG
Walder Wyss & Partner Rechtsanwälte
Wall Street Journal
Washington Post
Welt am Sonntag
Wirtschaftskammer Salzburg (WKS)
Wirtschaftswoche
WTO Welthandelsorganisation
Zentrum für Europäische Wirtschaftsforschung (ZEW)

A 5 Kontaktadressen

Ausgewählte auf grenzüberschreitende Standortverlagerungen von Privatpersonen und Unternehmen spezialisierte Kanzleien in Deutschland:

Beiten Burkhardt Gördeler, Rechtsanwälte
Bockenheimer Anlage 15, 60322 Frankfurt a. M., Tel.: 069-75 60 95 0,
Fax: 069-75 60 95 5 12

Deloitte & Touche, Wirtschaftsprüfer
Rosenheimer Platz 4, 81669 München, Tel.: 089-29 03 60, Fax: 089-2 90 36 81 08

Ernst & Young Wirtschaftsprüfungsgesellschaft
Arnulfstrasse 126, 80636 München, Tel.: 089-14 33 10, Fax: 089-14 33 15 50

Flick Gocke Schaumburg, Rechtsanwälte
Bockenheimer Landstrasse 23, 60325 Frankfurt a. M., Tel.: 069-71 70 30,
Fax: 069-71 70 31 00

Haarmann Hemmelrath & Partner, Rechtsanwälte
Maximilianstrasse 35, 80539 München, Tel.: 089-21 63 60, Fax: 089-21 63 61 33

Peter Hack & Kollegen, Rechtsanwälte
Berliner Strasse 219, 63067 Offenbach a. M., Tel.: 069-8 00 73 50, Fax: 069-81 81 77

Heuking Kühn Lüer Wojtek
Cecilienallee 5, 40474 Düsseldorf, Tel.: 0211-60 05 500, Fax: 069-60 05 50 50

KPMG Deutsche Treuhand Gesellschaft AG
Marie Curie Sttrasse 30, 60439 Frankfurt a. M. , Tel.: 069-9 58 70, Fax: 069-9 58 22 12

Pöllath + Partner
Linkstrasse 2, 10785 Berlin, Tel. 030-25 35 30, Fax: 030-25 35 39 99

PwC PriceWaterhouseCoopers, Wirtschaftsprüfer
Olof Palme Strasse 35, 60439 Frankfurt a. M., Tel.: 069-95 85 0, Fax: 069-95 85 10 00

RICHTER HUBER KÖNIG MÜLLER SCHÖNHERR
Steuerberater Wirtschaftsprüfer Rechtsanwälte
Nymphenburger Straße 3b, 80335 München

Tel.:+49-(0)89-55066-250, Fax:+49-(0)89-55066-140, Mobil:+49-(0)172-7401064
Mail: Humbert.Lechner@rhkpartner.de; http://www.rhkpartner.de

Richter & Partner ist eine von Partnern und leitenden Mitarbeitern der Münchener Niederlassung von Ernst & Young gegründete Sozietät. Die Partner können alle aus einem Reservoir umfangreicher Erfahrungen grenzüberschreitender Strukturierungen von insbesondere mittelständischen Konzernstrukturen, Cross-Border Finanztransaktionen, Verlagerung von Unternehmensteilen und des Wegzugs von Privatpersonen (persönlicher Wohnsitz im Ausland) schöpfen.

Rödel & Partner, Wirtschaftsprüfer, Steuerberater, Rechtsanwälte
Äußere Sulzbacher Strasse 100

Shearman & Sterling
Otto-Beck-Strasse 42, 68165 Mannheim, Tel.: 0621-4 25 70, Fax: 0621-4 25 72 95

Söffing & Partner
Niederkasseler Lohweg 18, 40547 Düsseldorf, Tel.: 0211-52 02 70,
Fax: 0211-52 02 71 00

Susat & Partner
Domstrasse 15, 20095 Hamburg, Tel.: 040-41 52 20, Fax: 040-41 52 21 11

Weitnauer Rechtsanwälte
Ohmstrasse 22, 80802 München, Tel.: 089-38 39 95-0, Fax: 089-38 39 95 99

Auf Förderungs- und Finanzierungsfragen von Investitionen im Ausland sind u.a. spezialisiert:

Bundesministerium für wirtschaftliche Zusammenarbeit und Entwicklung (BMZ)
Stresemannstrasse 92, 10963 Berlin, Tel.: 030-25 03 34 84, Fax: 030-25 03 44 84;
http://www.bmz.de

Ausfuhrkredit-Gesellschaft mbh(AKA)
Große Gallusstrasse 1–7, 60311 Frankfurt a. M., Tel.: 069-2 98 91 00,
Fax: 069-2 98 91-150; E-Mail: info@akabank.de

Bundesministerium für Wirtschaft und Technologie, Ref. V D 5 / Osteuropa
Scharnhorststrasse 34-37, 10115 Berlin, Tel.: 030-20 14 63 94, Fax: 0030-20 14 53 76;
E-Mail: ursula.horn@bmwa.de

DEG Deutsche Investitions- und Entwicklungsgesellschaft mbH
Belvederestrasse 40, 50933 Köln, Tel.: 0221-49 86 580, Fax: 0221-49 86-290;
http://www.deginvest.de

Deutsche Gesellschaft für Technische Zusammenarbeit (GTZ) GmbH
Dag-Hammarskjöld-Weg 1–5, 65760 Eschborn, Tel.: 06196-79 21 18,
Fax: 06196-79 73 57; http://www.gtz.de

Deutscher Industrie- und Handelskammertag (DIHK)
Breite Strasse 29, 10178 Berlin, Tel.: 030-2 03 08 23 12, Fax: 030-2 03 08 23 33;
E-Mail: boving.dagmar@berlin.dihk.de

Dresdner Bank AG UB FKI IG, SCTF/MPPF
Jürgen-Ponto-Platz 1, 60301 Frankfurt a.M., Tel.: 069-26 35 83 36,
Fax: 069-26 31 60 42; http://www.dresdner-bank.de

EBWE – European Bank for Reconstruction and Development
One Exchange Square, GB-London EC 2A 2EH, Tel.: 0044-171-3 38 60 00,
Fax: 044-171-3 38 61 00; http://www.ebrd.com

EU-Generaldirektion Unternehmen – Zugang zu Finanzierung
Rue de la Science 27 (04/05), B-1040 Brüssel, Tel.: 0032-2-2 95 16 76,
Fax: 0032-2-2 95 21 54;
http://europa.eu.int/comm/enterprise/entrepreneurship/financing/jev.htm

Europäische Investitionsbank (EIB)
100, Boulevard Konrad Adenauer, L-2950 Luxemburg, Tel.: 0035-2-43 79 31 50,
Fax: 0035-2-43 79 31 89; http://www.eib.org/

Europäische Kommission Generaldirektion Erweiterung
Rue de la Loi 170 (06/186), B-1040 Brüssel, Tel.: 0032-2-2 99 20 55;
E-Mail: goran.segerlund@cec.eu.int

IKB Deutsche Industriebank AG
Wilhelm-Bötzkes-Strasse 1, 40474 Düsseldorf, Tel.: 0211-82 21-47 44,
Fax: 0211-82 21-27 44; E-Mail: paul.bernhard@ikb.de

Hermes Kreditversicherungs-AG
Friedensallee 254, 22763 Hamburg, Tel.: 040-88 34 10 57, Fax: 0040-88 34 10 59;
E-Mail: info@hermes-kredit.com

Kreditanstalt für Wiederaufbau (KfW), Abt. Lia-Südosteuropa
Palmengartenstrasse 5–9, 60325 Frankfurt a.M., Tel.: 069-74 31 35 93,
Fax: 069-74 31 34 90; http://www.kfw.de

PwC Deutsche Revision AG Wirtschaftsprüfungsgesellschaft
New-York-Ring 13, 22 297 Hamburg, Tel.: 040-63 78 15 11, Fax: 040-63 78-15 10;
http://www.pwc.de/investitionsgarantien

Vertretung des DIHK bei der EU
49a, Boulevard Clovis, B-1000 Brüssel, Tel.: 0032-2-2 86 16 11,
Fax: 0032-2-2 86 16 05; E-Mail: heidenreich.anna@bruessel.dihk.de

Weltbankgruppe
Bockenheimer Landstrasse 109, 60325 Frankfurt a.M., Tel.: 069-74 34 82 30,
Fax: 069-74 34 82 39, http://www.worldbank.org